规则精释与案例指导丛书

最高人民法院
审理医疗损害责任纠纷司法解释
规则精释与案例指导

杜万华　郭锋　吴兆祥　陈龙业 等／编著

法律出版社 | LAW PRESS

导 言

推进健康中国建设是实现中华民族伟大复兴中国梦的必然要求,具有重大而深远的意义。党的十九大报告指出:“人民健康是民族昌盛和国家富强的重要标志。要完善国民健康政策,为人民群众提供全方位全周期健康服务。深化医疗卫生体制改革,全面建立中国特色基本医疗卫生制度、医疗保障制度和优质高效的医疗卫生服务体系,健全现代医院管理制度。”医疗卫生事业与广大人民群众的生活息息相关,医患关系是构建和谐社会的重要内容。人民法院必须担负起充分发挥司法职能、促进卫生与健康事业改革发展、切实保障人民身体健康、推动构建和谐医患关系、为推进健康中国建设提供优质高效司法服务和保障的神圣使命。经过长期的调研、讨论、起草、修改,2017 年 3 月 27 日,最高人民法院审判委员会第 1713 次会议审议通过了《最高人民法院关于审理医疗损害责任纠纷案件适用法律若干问题的解释》(以下简称医疗损害司法解释),并于 2017 年 12 月 14 日起实施。

医疗损害司法解释秉承以人民为中心的发展理念,按照新时代中国特色社会主义的本质要求,认真贯彻党的十八大和十八届三中、四中、五中全会精神,按照全面依法治国,推进健康中国建设的总体部署,在深入调研总结全国法院审判实践经验基础上起草完成,旨在健全医疗损害责任纠纷案件法律适用的长效机制,统一医疗损害纠纷案件的裁判尺度,指导法官妥善审理医疗损害纠纷案件,规范并指引医患双方行为,为健康中国建设提供优质高效司法保障。

医疗损害司法解释的特点是:

首先,注意平衡好保护患者合法权益与保障医药卫生事业健康发展的关系。一方面,以医学为基础的诊疗行为具有鲜明的公益性特征,医药卫生事业的发展与每个人的生命健康密切相关;另一方面,诊疗行为又具有专业性,基于医学进步和社会公益的需要，医学本身需要探索，不可避免地伴有风险。确定医疗损害责任纠纷的法律适用规则，需要在尊重医学自身特点前提下，合理分配医疗风险，既要保护患者合法权益，又要促进卫生与健康事业发展。

其次，紧紧围绕《侵权责任法》《民事诉讼法》等法律，对于法律规定较为原则的规则予以细化。比如，按照《侵权责任法》规定医疗损害责任适用过错责任原则的规定和《民事诉讼法》关于举证证明责任的规定精神，规定了医疗损害责任的举证责任分配具体规则。

最后，紧密结合审判实践需要，积极回应社会关切。坚持问题导向，针对当前医疗损害责任纠纷案件审判实践中的亟须解决且有一定普遍性的问题，对各方反映较为突出的医疗损害责任举证难、证据认定难、鉴定难、责任认定难等问题，通过分析研究典型案例、梳理并总结吸收各地审判实践经验，对医疗损害责任纠纷的法律适用难点、争点问题作出较为细化的法律适用规定。

为了让社会各界，特别是广大法官、律师、医务工作者以及法学院、医学院师生准确理解医疗损害司法解释的起草背景、具体条文内涵，为各方当事人参与的涉医疗损害纠纷的司法活动提供指导和参考，最高人民法院参加该司法解释起草和讨论工作的部分同志集体编撰了这部著作。由于时间仓促，水平有限，疏漏之处在所难免，请广大读者批评指正。

参加本书编写的同志有：杜万华、郭锋、吴兆祥、陈龙业、段小京、汪治平、仲伟珩、李予霞。全书由杜万华、郭锋、吴兆祥、陈龙业审改定稿。

2017 年 12 月 26 日

目　　录

附录

典型案例索引

第一条　患者以在诊疗活动中受到人身或者财产损害为由请求医疗机构，医疗产品的生产者、销售者或者血液提供机构承担侵权责任的案件，适用本解释。

患者以在美容医疗机构或者开设医疗美容科室的医疗机构实施的医疗美容活动中受到人身或者财产损害为由提起的侵权纠纷案件，适用本解释。

当事人提起的医疗服务合同纠纷案件，不适用本解释。

【起草背景】

本条是关于本解释适用纠纷案件范围的规定。

由于《医疗事故处理条例》和最高人民法院《关于参照〈医疗事故处理条例〉审理医疗纠纷民事案件的通知》（以下简称《通知》，自2013年4月8日起予以废止）没有协调好，导致现实中出现了赔偿依据二元化的局面。按照《医疗事故处理条例》第2条的规定，过失是构成医疗事故的前提条件，无过失则不构成医疗事故。而最高人民法院的《通知》第1条规定："条例施行后发生的医疗事故引起的医疗赔偿纠纷，诉到法院的，参照条例的有关规定办理；因医疗事故以外的原因引起的其他医疗赔偿纠纷，适用民法通则的规定。"这就意味着，医疗机构非过失造成医疗损害事故损害患者人身的，如果患方提出诉讼，法院不应当按照《医疗事故处理条例》，而应按照最高人民法院《关于审理人身损害赔偿案件适用法律若干问题的解释》（以下简称《人身损害赔偿解释》）的规定来处理。由于上述司法解释的赔偿标准远高于《医疗事故处理条例》第50条规定的赔偿标准，因此，在医疗纠纷审判活动中，一些法院在社会压力之下往往倾向于给经济上处于弱势的患方在赔偿上有所倾斜。直至《侵权责任法》出台，才从根本上解决了此问题。[①]《侵权责任法》专章规定了医疗损害责任，并原则上适用

① 常纪文：《医疗损害纠纷处理的若干法律问题——兼论侵权责任法的不足及其完善》，载《中国政法大学学报》2010年第2期。

一般过错责任原则。《侵权责任法》第 54 条规定，患者在诊疗活动中受到损害，医疗机构及其医务人员有过错的，由医疗机构承担赔偿责任。可以说，《侵权责任法》统一了医疗损害责任纠纷损害赔偿的法律适用问题，但法律规则表述不够明确具体，导致实践仍然存在对于如何适用《侵权责任法》及《医疗事故处理条例》的问题存在分歧，对此，本解释第 1 条在此基础上作了进一步明确，即医疗损害责任纠纷，要适用本解释的内容，当然也是适用《侵权责任法》的规定。即有关行政法规、部门规章的规定与《侵权责任法》规定不一致的，应当适用《侵权责任法》及本解释的规定。在此需要注意的是，本条所界定的医疗损害责任纠纷构成要素包括：(1)纠纷是由于患者在诊疗活动中受到损害而引起；(2)纠纷的主体一方为患者，另一方为医疗机构，在医疗产品责任纠纷或者输入不合格血液纠纷中还包括医疗产品的生产者、销售者或者血液提供机构；(3)纠纷的案由属于医疗损害责任纠纷的范畴。

审判实践中因为美容问题引发的纠纷如何适用法律，尤其是对此类纠纷是否属于医疗损害责任纠纷的范畴争议较大。明确医疗美容损害责任纠纷的法律适用规则对于规范医疗美容行业健康有序发展、维护广大人民群众的健康利益具有重要意义。在充分调研论证的基础上，参考《医疗机构管理条例实施细则》第 88 条、《医疗美容服务管理办法》第 2 条的规定，本解释明确了医疗美容属于“诊疗活动”的范围，规定了因医疗美容行为引发的纠纷应属于医疗损害责任的范围，应当适用医疗损害责任的规定。

同时，审判实践中对于医疗服务合同纠纷的法律适用问题，尤其是是否能够适用侵权损害赔偿的标准确定违约损害赔偿的规则有很大争议，本解释在综合各方意见的基础上，对于这一问题也做了积极回应，按照违约责任和侵权责任竞合的一般规则，明确了违约责任的问题不适用本解释的要求。

【条文释义】

本条的适用主要是确立有关医疗损害责任纠纷的基本法律规则。对于本条的适用，需要注意以下问题：

一、医疗损害责任的基本特征

1. 责任主体是医疗机构、医疗产品的生产者、销售者或者血液提供机构。

按照本解释,责任主体还扩展至美容医疗机构或者开设医疗美容的科室。医疗机构是依法取得医疗机构执业许可在的机构。根据《医疗机构管理条例》的规定,医疗机构应为从事疾病诊断、治疗活动的医院、卫生院、疗养院、门诊部、诊所、卫生所(室)和急救站等机构。此外,还应包括经卫生行政主管部门批准或确认的其他担负医疗职责的机构。《医疗机构管理条例实施细则》对医疗机构的种类详细列举了 14 种。

2. 行为主体是医务人员。医务人员包括医师和其他医务人员。按《执业医师法》的规定,医师包括执业医师和执业助理医师,指依法取得执业医师或执业助理医师资格,经注册在医疗、预防、保健机构中执业的专业医务人员。尚未取得执业医师或执业助理医师资格,经注册在村医疗卫生机构从事预防、保健和一般医疗服务的乡村医生也视为医务人员。还有一种观点从更宽泛的意义上理解医务人员,认为其包括医疗防疫人员、药剂人员、护理人员、其他技术人员。如果造成患者损害的不是医疗机构的医务人员,一般就属于非法行医。

3. 损害责任发生在诊疗活动中。诊疗活动又称医疗活动,是指医疗机构及其医务人员借助其医学专业知识、技术、仪器设备、药物等,为患者提供检查、诊断、紧急救治、治疗、护理、保健、医疗美容,以及相关的后勤、管理等维护患者健康所必需的活动的总和。患者在医院进行身体检查、医疗器械的植入,医院对病人的诊断、护理、康复和观察都属于诊疗活动。按照本解释,还包括医疗美容活动。如果患者所受损害并非在诊疗活动中产生,那么医疗机构及其医务人员的行为与患者的损害之间没有因果关系,当然就不承担法律责任。

4. 医疗损害责任是因患者人身权益受损害而发生的责任,即因患者身体、健康、生命权,或者知情权、隐私权被医疗机构损害而产生的责任。就该责任的性质而言,是替代责任和不真正连带责任。替代责任是责任人为他人的行为所致损害而承担的赔偿责任。在医疗损害责任中,实施医疗损害行为的是医务人员,但承担赔偿责任的是医疗机构,这种责任是不真正连带责任。但按照《侵权责任法》第 59 条的规定,因药品、消毒药剂、医疗器械的缺陷,或者输入不合格的血液造成患者损害的,医疗机构和生产者或者血液提供机构承担的是真正连带责任。患者可以向生产者或者血液提供机构请求赔偿,也可以向医疗机构请求赔偿。患者向医疗机构请求赔偿的,医疗机构赔偿后,有权向负有责任的生产者或者血液提供机构追偿。

5. 医疗损害责任原则上适用过错责任归责原则，但因类型不同也有适用过错推定责任、严格责任。

二、关于本条规定在法律适用中应当注意的问题

对于本条的适用，在审判实践中尤其要注意以下问题：

（一）关于案由的确定

最高人民法院于2008年2月4日公布的《民事案件案由规定》，使用了“医疗损害赔偿纠纷”。2011年4月1日起施行的最高人民法院《民事案件案由规定》在第120个三级案由“服务合同纠纷”项下列了“医疗服务合同纠纷”作为第四级案由，同时在第351个三级案由“医疗损害责任纠纷”项下列了“侵害患者知情同意权责任纠纷、医疗产品责任纠纷”作为第四级案由。民事案件案由应当依据当事人主张的民事法律关系的性质来确定，法院原则上不能依职权改变案件的案由。但由于此类案件较为复杂，随着案件的审理、诉争法律关系的明晰，法官会发现当事人在起诉时确定的案由不准确，在此情况下，法官就应当向当事人释明，由原告选择案由。

医疗损害责任纠纷的案由，是原告以医疗机构实施的医疗行为侵犯了其合法权益而向人民法院起诉的诉因。当医疗机构及其医务人员的医疗过失行为造成患者人身损害时，患方如果要追究医方的民事责任，理论上拥有两个请求权的法律基础可以选择。即根据《合同法》第122条的规定，患方既可以选择违约之诉，也可以选择侵权之诉。但要根据本解释追究医疗机构的侵权责任，原则上应当选择侵权之诉，案由为“医疗损害责任纠纷”。如果当事人以医疗服务合同纠纷为由提起诉讼的，案由应为“服务合同纠纷”，不适用本解释。

（二）关于医疗美容纠纷的法律适用

本解释参考《医疗机构管理条例实施细则》《医疗美容服务管理办法》的有关规定，对医疗美容损害责任纠纷作了明确界定，即患者以在美容医疗机构或者开设医疗美容科室的医疗机构实施的医疗美容活动中受到人身或者财产损害为由提起侵权诉讼的案件，这一方面在于明确医疗美容责任纠纷的法律适用规则，将医疗美容纠纷纳入到医疗损害责任纠纷中；另一方面也是要与生活美容类损害责任纠纷相区别。依据《美容美发业管理暂行办法》第2条第2款的规定，美容是指运用手法技术、器械设备并借助化妆、美容护肤等产品，为消费者提供人体表面无创伤性、非侵入性的皮肤清洁、皮肤保养、化妆修饰等服务的经营性行为。这里的"美容"即为生活美容的含义。医疗美容和生活美容是两类不同性质的美容。因生活美容引发的纠纷并非医疗美容责任纠纷，也不能界定为医疗损害责任纠纷，不能适用医疗损害责任的法律规则，而应当适用过错责任的一般侵权责任构成规则。

（三）关于违约责任与侵权责任竞合时的处理

《合同法》第122条规定，因当事人一方的违约行为，侵害对方人身、财产权益的，受损害方有权选择依照本法要求其承担违约责任或者依照其他法律要求其承担侵权责任。按照本条规定，违约责任与侵权责任竞合的，受损害人可以选择违约责任或者侵权责任请求行为人承担。此条规定是基于在合同关系中，一方当事人的违约行为往往会给另一方造成损失，这种损失可能是财产损失，也可能存在人身伤害。在这种情况下，如果允许债权方当事人同时行使两个请求权，必然会导致债务人承担双重民事责任，出现责任承担不公现象。

按照《合同法》第122条的规定，在请求权竞合的情况下，诉讼时受害方既可提起违约之诉，要求对方承担合同责任，也可提起侵权之诉，要求对方承担侵权责任，这就赋予了受害方以选择权。

因为违约之诉与侵权之诉在诉讼管辖、归责原则、举证责任、免责条件、责任形式、法律适用等方面均不同，当事人有改变诉因的权利。因此，最高人民法院《关于适用〈中华人民共和国合同法〉若干问题的解释（一）》第30条规定，债权人……在一审开庭以前又变更诉讼请求的，人民法院应当准许。

按照本解释，除了当事人以医疗服务合同纠纷为由提起诉讼不适用本解释，即应当适用《合同法》及相关司法解释外，医疗损害责任纠纷基本上都适用侵权法的规定，裁判行为人承担侵权责任，而非违约责任，即不适用《合同法》第122条关于责任竞合的规定。《侵权责任法》第16条、第54条的规定，在表面上似乎硬化了这样处理的根据。这些案件的损害赔偿中时常包含精神损害赔偿，而我国民法的主流学说反对违约责任中含有精神损害赔偿。如此，采用违约责任制度处理医疗事故、美容美体、损害人格物等案件，精神损害的抚慰问题将无法获得解决，即使允许受害人另案起诉，也会大大增加成本，得不偿失；而裁判行为人承担侵权责任则可将财产损失和精神损害一并解决,既保护了受害人的合法权益,又降低了成本。

【典型案例指引】[①]

1. 姜某与航空总医院医疗损害责任纠纷案[②]

基本案情

姜某在航空总医院处门诊病历记载:“2012 年 5 月 4 日 9 时,左面部痉挛,2006 年做面部整容手术。此后出现左面部眼角抽动,涉及面部,发作时不痛,无感觉异常。查体:左眼睑、左口角面部痉挛,左面部肌肉萎缩。诊断:美容术后面肌痉挛,面部肌肉萎缩。治疗:1. 修正式面神经孔(颈乳孔)穿刺渗透法 3 ~6 次;2. 星状神经节阻滞 10 次左右。预约下周过来治疗。2012 年 5 月 16 日 9 时 30 分,按预约今天进行左修正式面神经孔穿刺压迫法。Rx:常规,丁卡因,无水乙醇。Px:生理盐水 250ml,VC1000mg,用法:缓慢静脉点滴。5 月 18 日 10 时,痉挛已停止,已治愈。左眼闭不上及歪嘴(治疗前已交代,同意),今天进行 1. SL照射星状神经节,80% 输出 20min。2. 注射用腺苷钴胺 1.5mg * 20,用法:肌肉注射,1 天 1 次。6 月 1 日 10 时,面肌痉挛好了,但尚有歪斜嘴,患者着急,要行治疗。星状神经节阻滞,Rx:常规。6 月 6 日 9 时 30 分,行星状神经节阻滞。6 月 8 日 9 时 40 分,星状神经节阻滞。6 月 13 日 9 时 20 分,(1)神经妥乐平,1 天 1 次,肌注;(2)注射用腺苷钴胺 1.5mg * 20 肌注,1 天 1 次;(3)维生素 B11 片,口服,一天三次,饭后;(4)左星状神经节阻滞。6 月 15 日 9 时 40 分,今天察看,面歪消失,有明显好转。左星状神经节阻滞。6 月 20 日 9 时 50 分,(1)左星状神经节阻滞(至此 6 次);(2)左上下眼睑 Naosan 局注。8 月 8 日 10 时,(1)上、下眼睑 Naosan 法;(2)左星状神经节超激光照射,Px:常规,地米,照射 80% 输出 20min。8 月 10 日 10 时,(1)上、下眼睑 Naosan 法;(2)左星状 SL 照射,Px:常规,地米,照射 80% 输出量 20min 持续。”宣武医院门诊病历载:“2012 年 8 月 15 日,面肌痉挛做阻滞术后出现面神经损伤(左周围性面瘫)。PE:神

---

① 典型案例指引部分所有引用的法律法规皆为作出判决时生效的法律法规。

② 案号:北京市第三中级人民法院(2014)三中民终字第 07684 号。

清，左周围性面瘫。诊断：面神经损伤。"北京军区总医院肌电图诱发电位报告："2012 年 8 月 21 日结论：1. 左面神经损伤（运动神经复合电位波幅低）。2. 瞬目反射：左侧周围性损害（传出型）。请结合临床。"北京天坛医院肌电图诱发电位报告："2013 年 6 月 4 日临床诊断：面神经麻痹（面瘫）。结论：1. 面神经直接反应：眼轮匝肌与口轮匝肌记录，左侧复合肌肉动作电位波幅下降，潜伏期较右侧延长。右侧复合肌肉动作电位波幅正常，潜伏期正常。2. F 波：左侧面神经 F 波出现率正常，潜伏期延长。3. 瞬目反射：刺激左侧 R1，R2 波形分化差，潜伏期延长；R2 波形分化尚可，重复性尚可，潜伏期正常。刺激右侧 R1，R2 波形分化尚可，重复性尚可，潜伏期正常；R2 波形分化差，潜伏期延长。提示：左侧面神经受损。"

一审审理期间，姜某申请就其损害后果是什么；航空总医院的医疗行为有无过错，如有过错，与姜某的损害后果之间是否存在因果关系及责任程度；以及姜某的伤残等级和误工期限进行鉴定。经双方当事人共同选择确定，由中天司法鉴定中心作为本案的鉴定机构。2014 年 1 月 24 日，中天司法鉴定中心做出中天司鉴中心（2013）临鉴字第 023 号《法医临床鉴定意见书》，鉴定意见为："1. 被鉴定人姜某的损害后果为左侧面神经麻痹（面瘫）。2. 航空总医院对姜某的医疗行为中存在过错，过错与损害后果之间存在因果关系，医疗过失参与度考虑为 E 级。3. 被鉴定人姜某的伤残等级为七级。4. 被鉴定人姜某的误工期为 120 日。"姜某、航空总医院均认可《法医临床鉴定意见书》的真实性。姜某认可鉴定结论，航空总医院不认可鉴定结论，称依据《人体损伤致残程度鉴定标准（试行）》第2.7.6条的规定，具有"一侧面神经完全性麻痹"症状方可鉴定为七级伤残。而根据《人体损伤致残程度鉴定标准（试行）》的附录 B《损伤检查和判定依据》中第 B.4.1 条明确规定"一侧面神经完全性麻痹"的表现为："（1）额纹消失；（2）眼睑不能充分闭合；（3）口角下垂，饮食时汤水流溢。"根据第 B.4.2 条的规定，若只出现上述部分症状，应为面神经不完全性麻痹，依据《人体损伤致残程度鉴定标准（试行）》第 2.10.11 条的规定，应鉴定为十级伤残。鉴定机构在对姜某进行查体后描述为"左侧额纹变浅、双侧眼裂尚对称、双侧口角尚对称"，明显与附录 B《损伤检查和判定依据》中第 B.4.1 条描述不吻合。就此，航空总医院申请鉴定人杨保丰出庭，鉴定人的答复为：《人体损伤致残程度鉴定标准（试行)》中面瘫伤残的级别只有十级和七级,鉴定中只要被鉴定人五个面神经分支都受损了就是完全性麻痹,为七级伤残;部分分支受损就是部分麻痹,为十级伤残,而不论各分支的受损程度。航空总医院问及鉴定时如何认定被鉴定人处于治疗中还是治疗终结,鉴定人的答复为:鉴定时机通常为损伤发生后3至6个月,我们一般要求损伤发生后6个月以上进行鉴定。姜某自损伤发生到进行鉴定已经超过12个月,姜某的临床状态已经稳定,可以进行鉴定。航空总医院对于鉴定人的意见仍不予认可。法院以航空总医院提出的异议致电北京市司法鉴定业协会,对方答复称:鉴定业协会受理的投诉,审查仅限于标准的适用,不涉及标准的制定和解释,现本案中当事人的疑问已涉及标准的制定,现无法因个案启动制定人体损伤致残程度鉴定标准的标准委员会再行讨论。此后,航空总医院又自行向北京市司法鉴定业协会投诉,但北京市司法鉴定业协会以当事人"仅对鉴定意见有异议的,不属于投诉受案范围"为由未予受理。为此,姜某支付鉴定费11200元,航空总医院支付鉴定人出庭费1200元。

就医疗费,姜某称其在国内发生的医疗费共计6181.2元,其中航空总医院医院的医疗费共计4341.26元,北京军区总医院的医疗费共计1842.94元,在美国发生的医疗费共计249.92美元,但相应票据原件均在美国,现仅能提供医疗费票据复印件。航空总医院认可姜某在航空总医院处发生的医疗费金额,但称不清楚姜某是否已经医保报销;需要姜某提供票据原件证明其没有经过医保报销。北京军区总医院和美国的医疗费票据没有原件,均不认可。姜某称其没有医保,且在航空总医院处治疗前签署了自费协议,现协议原件在航空总医院处保留,说明姜某是自费治疗的。航空总医院称没有这份协议,姜某全部病历资料都应该在其病历中。

就交通费,姜某提交机票代理公司的证明、电子客票行程单和机票订购网页打印件(英文,未提供翻译件)各一份。航空总医院不认可证据的真实性,称即使姜某去过美国,也不能证明姜某是去治疗的。

就误工费和直接经济损失,姜某提交演员聘用合同、解聘合同、姜某在新浪网站上的明星网页打印件各一份以及拍摄协议两份,其中聘用合同和解聘合同中相对方均为益彩年华(北京)文化传媒有限公司,两份拍摄协议中甲方均为北京M2文化发展有限公司,约定姜某作为模特参加甲方平面拍摄活动,拍摄时间分别为2012年5月9日至10日和2012年5月14日至15日。航空总医院不认可演员聘用合同、解聘合同、姜某在新浪网站上的明星网页打印件的真实性,认可两份拍摄协议的真实性,称演员聘用合同和解聘合同可能是姜某诉讼后补做的,聘用合同中没有写明合同价款,姜某也没有证据证明聘用方曾经出品过电视作品,不能证明姜某的损失;根据拍摄协议约定的内容看,两份协议均应该在航空总医院对姜某进行治疗前履行完毕,与本案无关。

姜某另提交离婚协议书复印件一份,欲证明因航空总医院给其造成的损害导致其离婚,使其遭受了精神痛苦。航空总医院不认可证据的真实性,称离婚不是精神损害的根本原因。

就护理费、住宿费、住院伙食补助费,姜某均未举证。

一审法院另查明,姜某系城镇居民户口。

一审法院判决:(1)航空总医院于判决生效之日起7日内赔偿姜某医疗费3255.95元、误工费3万元、残疾赔偿金218814元、精神损害抚慰金4万元。(2)驳回姜某的其他诉讼请求。如果未按判决指定的期间履行给付金钱的义务,应当依照《民事诉讼法》第253条之规定,加倍支付迟延履行期间的债务利息。二审法院判决:驳回上诉,维持原判。

裁判理由

法院生效裁判认为,患者在诊疗活动中受到损害,医疗机构及其医务人员有过错的,由医疗机构承担赔偿责任。医务人员未尽向患者说明病情和医疗措施,造成患者损害的,医疗机构应当承担赔偿责任。本案中,航空总医院未提供证据证明该医院在2012年5月16日对姜某进行面神经穿刺治疗时履行了告知相关风险及多种治疗方法的义务,使姜某丧失了知情权,航空总医院对此存在过错,原审法院认定航空总医院应对患者的损害结果负主要责任,承担民事赔偿责任的比例为75%,认定正确,二审法院予以维持。

关于姜某伤残等级问题。根据相关规定,涉及人体损伤残疾程度的标准,应适用北京司法鉴定业协会制定的《人体损伤致残程度鉴定标准(试行)》的规定,在该标准中,对于一侧面神经完全性麻痹的病理反应并无具体标准。鉴定机构通过被鉴定人面部表情肌肉的变化、查体后认为属于七级伤残,并无不当。航空总医院认为属于十级伤残,依据不充分,二审法院不予支持。

关于航空总医院主张的误工费及医疗费问题，姜某为证明其系演员职业，提供了《演员聘用合同》，航空总医院未提出相反证据，二审法院予以认可，因姜某无法就其收入水平提出证据，但参照本市相同或相近行业平均收入确定其工资标准，具有合理性，相应的误工费数额确定适当，二审法院予以支持。姜某医疗费的主张虽仅提供了医疗费复印件，但以此能印证姜某存在医疗费支出的事实，航空总医院主张姜某存在医疗保险，仅系该院猜测，无证据支持，二审法院不予采信。

裁判指引 1

医疗美容纠纷属于医疗损害责任纠纷的范畴，应当适用医疗损害责任的相关规定。在医疗美容过程中，医疗机构未尽向患者说明病情和医疗措施的义务，造成患者损害的，应当承担赔偿责任。患者一方可以就医疗机构的诊疗行为是否存在过错申请鉴定，医疗机构应当对实施手术、特殊检查、特殊治疗的，尽到就其尽到告知义务并取得患者或者其近亲属书面同意的事实承担举证证明责任。本案中，医疗机构未提供证据证明其在对患者进行面神经穿刺治疗时履行了告知相关风险及多种治疗方法的义务，使患者丧失了知情权，医疗机构对此存在过错，法院认定医疗机构应对患者的损害结果负主要责任。

另，患者主张误工费的损害赔偿，应提供相应证据证明。本案中，患者为证明其系演员职业，提供了《演员聘用合同》，医疗机构未提出相反证据，法院予以认可，但患者仍未就其收入水平提出证据，故法院依法参照当地相同或相近行业平均收入确定其工资标准，确定其误工费损失。

2. 郑雪某、陈国某诉江苏省人民医院医疗服务合同纠纷案

基本案情

郑雪某、陈国某系夫妻关系，因生育障碍到江苏省人民医院就医。2002 年 9 月 9 日，郑雪某、陈国某与江苏省人民医院签订了“试管婴儿辅助生育治疗协议和须知”（以下简称“协议和须知”）。人工辅助生育存在多种治疗技术，IVF

和 ICSI 都是人工辅助生育的技术手段,"协议和须知"中没有明确约定江苏省人民医院将采取哪一种技术为原告进行治疗。但郑雪某交纳的检查费为 5400 元,与江苏省人民医院举证的 ICSI 技术的收费标准中前三项相加的数额相符,而郑雪某交费时 ICSI 技术的收费项目中最后一项相应的医疗措施尚未进行。江苏省人民医院的诉讼代理人在庭审中亦认可江苏省人民医院按照 ICSI 技术的收费标准收取了医疗费。江苏省人民医院举证的 2002 年 9 月 9 日"IVF 促排卵治疗记录单"中也记载了"拟行治疗"为"ICSI"。因此,虽然原、被告双方没有书面约定采取何种技术进行治疗,但是综合分析以上证据可以认定,原告已知悉存在两种不同的治疗技术手段,其交费的行为应当认为是对治疗技术方案做出的选择,江苏省人民医院收费的行为应当认为是对原告选择的确认,因此亦可以推定,原、被告之间已经就采取 ICSI 技术进行人工辅助生育治疗达成合意,江苏省人民医院有义务按照 ICSI 技术为原告进行治疗。

2002 年 9 月 25 日,郑雪某向江苏省人民医院交纳了检查费 5400 元,同日江苏省人民医院对郑雪某进行了采卵手术并采集了陈国某的精子。医务人员在观察了陈国某的精子后,认为适宜按照 IVF 技术进行治疗,遂按照 IVF 技术操作,但是最终治疗未获成功。

另查明,郑雪某、张国青向江苏省人民医院支付检查费、医药费等共计人民币 6072 元(包括上述 5400 元),为促进排卵,郑雪某、陈国某在院外购买药品支出人民币 5362.05 元,两项合计 11434.05 元。

上述事实有原、被告的陈述、病历记录、医药费发票等证据证实。

一审法院判决:(1)被告江苏省人民医院自本判决生效之日起 5 日内一次性向原告郑雪某、陈国某赔偿医疗费人民币 11434.05 元;(2)驳回原告郑雪某、陈国某的其他诉讼请求。二审法院判决:驳回上诉,维持原判。

裁判理由

法院生效裁判认为,当事人应当按照约定全面履行自己的义务。当事人一方不履行合同义务或者履行合同义务不符合约定的,应当承担继续履行、采取补救措施或者赔偿损失等违约责任。郑雪某、陈国某现虽无直接证据证明双方约定采取 ISCI 治疗技术,但其所提交的 2002 年 9 月 25 日的交费单据表明,江苏省人民医院是按照 ISCI 技术的收费标准收取的医疗费;电话录音及郑雪某、陈国某致江苏省人民医院医务处的信件中均提到他们原来是要求采取 ISCI 技术进行治疗；江苏省人民医院提交的 2002 年 9 月 9 日“IVF 促排卵治疗记录单”中亦记载了拟行治疗为 ISCI。上述间接证据相互印证，可以认定郑雪某、陈国某与江苏省人民医院口头约定采取 ISCI 技术进行人工辅助生育治疗，江苏省人民医院应当按照双方的约定全面履行医疗服务合同。履行医疗服务合同时，在非紧急情况下，医院在未经过患者或其代理人同意的情况下，擅自改变双方约定的医疗方案，属于《合同法》第 107 条规定的履行合同义务不符合约定的行为。在本案中，江苏省人民医院为郑雪某、陈国某治疗过程中，在未出现需要紧急抢救等非常状态的情况下，未经郑雪某、陈国某同意，擅自改变治疗方案。江苏省人民医院的行为，属于履行合同义务不符合约定，由此造成合同相对方的损失，依法应当承担赔偿损失的责任，一审法院对违约责任和具体损失的认定是正确的，据此所作的判决并无不当。江苏省人民医院上诉理由不足，故不予支持。

—— 裁判指引 2 ——

医疗服务合同纠纷中，医疗机构作为合同一方当事人，未适当履行合同义务的，医疗机构履行医疗服务合同时，在非紧急情况下，未经同意擅自改变合同双方约定的医疗方案，属于《合同法》第 107 条规定的履行合同义务不符合约定的行为，应当承担赔偿损失等违约责任。损失赔偿的数额不得超过违反合同一方订立合同时预见到或者应当预见到的因违反合同可能造成的损失，也不包括精神损害赔偿。

【相关法条链接】

《侵权责任法》第 6 条、第 54 条、第 55 条、第 57 条、第 59 ~ 62 条，《合同法》第 122 条，《药品管理法》第 102 条，《医疗机构管理条例实施细则》第 2 条、第 4 条、第 88 条，《医疗美容服务管理办法》第 2 条。

第二条　患者因同一伤病在多个医疗机构接受诊疗受到损害，起诉部分或者全部就诊的医疗机构的，应予受理。

患者起诉部分就诊的医疗机构后，当事人依法申请追加其他就诊的医疗机构为共同被告或者第三人的，应予准许。必要时，人民法院可以依法追加相关当事人参加诉讼。

【起草背景】

本条是关于患者在多个医疗机构就诊受到损害如何诉讼的程序规定。

患者因同一伤病连续在两家以上的医疗机构就诊而受有损害的情况比较常见，特别是在一定医疗机构就诊后没有达到预期的治疗效果而转到其他医疗就诊的案例常见。在这种情况下，患者能否同时起诉多家就诊的医疗机构？仅起诉一家医疗机构后能否再申请追加其他医疗机构？人民法院能否依职权追加其他医疗机构参加诉讼？被追加的医疗机构的诉讼地位？针对上述问题，制定了本条解释。

解释第1款本着尊重当事人诉权、方便诉讼的原则，规定"患者因同一伤病在多个医疗机构接受诊疗受到损害，起诉部分或者全部就诊的医疗机构的，应予受理"。本款规定允许患者同时起诉多数医疗机构为共同被告，应当具备两个前提条件：

一是基于同一伤病接受治疗。同一伤病是指同一疾病或者伤痛。患者因同一伤病而到数家医疗机构进行治疗，因此受有同一损害的，各医疗机构与损害后果之间存在形式上的关联性，构成必要的共同诉讼，才允许作为共同被告一并起诉。如果患者因不同的伤病分别在两家以上的医疗机构进行治疗而受有损害的，各损害只能是一一对应于不同的医疗机构，治疗不同伤病的医疗机构的医疗行为分别与不同损害后果之间具有关联，各自分别为独立的诉讼标的，在一案中处理，只能是多个诉讼的合并审理，而不构成共同诉讼，因此这种情况下不允许当事人一案起诉。患者将各医疗机构作为共同被告一并起诉的，人民法院应当告其作为不同案件分别起诉，并按照各案分别确定管辖法院。在解释起草过程中，曾考虑使用“同一损害”作为共同诉讼的前提，但经研究认为，对患者存在多处损伤的是否属于“同一损害”在理解上容易产生分歧，加之“同一损害”属于实质判断，按照《侵权责任法》的规定是确定责任的条件，以之作为起诉条件会加重立案审查难度，要求过于严格，会影响患者诉权的行使，故改采本条规定的“同一伤病”，立案时只作形式审查即能判明，有利于保障患者的诉权。

二是应当是就诊的多家医疗机构。就诊的医疗机构，既包括两个以上的医疗机构共同对患者进行治疗的情形，也包括患者在某一家医院就诊后，又转诊到其他医疗机构就诊的情形。所谓就诊，即指患者与医疗机构形成了医疗关系，接受了医疗机构“诊疗活动”，包括诊断、治疗、护理等环节。根据《医疗机构管理条例实施细则》第 88 条规定，诊疗活动：是指通过各种检查，使用药物、器械及手术等方法，对疾病作出判断和消除疾病、缓解病情、减轻痛苦、改善功能、延长生命、帮助患者恢复健康的活动。

根据《侵权责任法》的规定，多家医疗机构构成共同侵权承担连带责任的为类似的必要的共同诉讼；多家医疗机构分别实施医疗行为造成同一损害承担按份责任的，是必须的共同诉讼。本款规定原则上适用于上述两类共同诉讼。但本款并没有要求造成“同一损害”，可能会出现既非连带责任也非按份责任的不属于必要的共同诉讼情形，也能够作为共同诉讼，由患者一并作为共同诉讼起诉。本款规定的情形系发生在起诉和受理阶段，人民法院还未就纠纷本身作实体判断，故患者请求将就诊的医疗机构列为共同被告的，人民法院予以准许，这样也便于查清案件事实，认定各相关医疗机构应当承担的责任，彻底解决纠纷，实现案结事了。

解释第 2 款明确了患者仅起诉部分医疗机构时，当事人能否追加其他医疗机构的问题。经研究，本解释规定患者起诉部分医疗机构后，患者或者该被诉医疗机构申请追加其他就诊的医疗机构为案件当事人的，基于纠纷的彻底解决、便于查明案件事实以及防止重复诉讼、节约司法资源的需要，有必要予以准许。这样可能存在的问题是有的被追加医疗机构可能最终并不承担责任，导致追加其参加诉讼增加了不必要的应诉负担。但由于判断医疗损害责任的专业性很强，该医疗机构是否承担责任只能通过案件审理、往往还要鉴定等复杂过程才能认定,故有必要将其先追加到诉讼中来。

当事人申请追加其他医疗机构为案件的当事人,既包括追加共同被告,也包括追加第三人。至于将被申请的医疗机构追加为共同被告还是第三人,应当根据当事人的申请以及民事诉讼法的规定来确定。在法律没有禁止性规定的情形下,人民法院应当准许。

【条文释义】

1. 本款规定的"当事人",并不限于作为原告的患者一方,也包括作为被告的医疗机构。但原告申请追加当事人的范围及被追加人的诉讼地位与被告申请追加不同。

2. 患者既可以申请追加其他医疗机构为共同被告,也可以申请追加其他医疗机构为第三人。患者如果申请追加其他医疗机构为共同被告,应当符合本条第 1 款规定的条件,既要符合同一伤病条件,也要符合就诊的条件。符合这两个条件的,可以作为共同诉讼,追加其他医疗机构为共同被告是合格的。患者申请追加其他医疗机构为第三人,应当符合《民事诉讼法》第 56 条规定的条件。按照《民事诉讼法》第 56 条规定,第三人包括有独立请求权的第三人和无独立请求权的第三人两类。有独立请求权的第三人相对于本诉的原告和被告而言处于原告的地位,故其只能通过起诉的方式参加诉讼,不能被追加参加诉讼。无独立请求权的第三人是与案件的处理结果有法律上的利害关系的人,其参加诉讼可以自行申请,也可以由其他当事人申请追加。本款规定的申请追加其他医疗机构为第三人,只限于追加无独立请求权的第三人情形。

3. 作为被告的医疗机构申请追加其他医疗机构为案件当事人的,也可以是共同被告和第三人。但被告能够申请追加的共同被告,不仅要符合本条第 1 款规定的条件,同时还应当符合《民事诉讼法》第 132 条的规定,即属于"必须共同参加诉讼的"被告。《民事诉讼法》第 132 条规定的"必须共同参加诉讼"的情形,属于固有的必要共同诉讼,即不仅诉讼标的相同应当合一作出裁判,还应当必须在一个案件中一并处理,属于不可分之诉。我们认为,《侵权责任法》所规定的数人分别侵权承担按份责任的情形,属于"必须共同参加诉讼"的情形,此时被告申请追加其他医疗机构为共同被告的,人民法院应当依法予以追加。

为查明案件事实的需要，或者在原告没有申请追加而被诉医疗机构申请追加其他医疗机构且不构成必要共同诉讼的情况下，这时应当允许追加其他医疗机构为第三人。在实践中被告申请追加其他医疗机构为第三人，目的是向其他医疗机构追偿，亦应予准许。《侵权责任法》第14条规定：连带责任人根据各自责任大小确定相应的赔偿数额；难以确定责任大小的，平均承担赔偿责任。支付超出自己赔偿数额的连带责任人，有权向其他连带责任人追偿。连带责任人之间依据责任大小确定各自己应当承担的责任数额，向被侵权人支付超出自己责任数额的连带责任人，可以对其他连带责任人追偿。

4. 本条在当事人申请追加当事人之外，增加了必要时人民法院可以依职权依法追加当事人的规定。"必要时"是指两种情形：一是被追加的当事人是遗漏的必须共同诉讼的当事人，追加为共同原告或者共同被告；二是为了查明案件事实的需要，追加为第三人，当然只能是无独立请求权的第三人。人民法院依职权追加必须的共同诉讼当事人，既是权力也是法定义务。

5. 无论是依当事人申请还是依职权追加共同诉讼当事人、第三人的，应当书面通知被追加的当事人，并在开庭前通知其他当事人出庭，保障被追加当事人的诉讼权利。严格执行最高人民法院《关于适用〈中华人民共和国民事诉讼法〉的解释》（以下简称《民诉法解释》）第74条规定，人民法院追加共同诉讼的当事人时，应当通知其他当事人。应当追加的原告，已明确表示放弃实体权利的，可不予追加；既不愿意参加诉讼，又不放弃实体权利的，仍应追加为共同原告，其不参加诉讼，不影响人民法院对案件的审理和依法作出判决。

【典型案例指引】

1. 李佩某等诉六盘水某医院等医疗损害责任纠纷案①

基本案情

原告李佩某的母亲周兴某于2011年4月27日上午入住被告六盘水某医院待产，于当日22时许，分娩产下原告。由于周兴某产后出现大流血，原告及周兴某被六盘水某医院医生送往第三人六盘水某某医院进行抢救治疗，原告经医

---

① 案号：（2013）黔六中民终字第693号。

院诊断为:(1)新生儿窒息(重度);(2)新生儿吸入性肺炎并感染;(3)新生儿缺氧缺血性脑病(重度);(4)颅内出血(蛛网膜下腔出血);(5)多器官功能损害;(6)肺出血;(7)产瘤并头皮血肿;(8)新生儿贫血(轻度);(9)高糖血症;(10)过期产儿。2011 年 4 月 27 日至 5 月 17 日,原告在该院住院治疗。原告出院后,先后到多家医院进行检查并治疗,原告共产生医疗、检查费用为 30593.56 元。2012 年 10 月 31 日,经贵州省警察职业学院司法鉴定中心作出贵警院司鉴中心(法临)鉴字(2012)第 881 号司法鉴定意见书认定,原告的损伤构成五级伤残,后期综合康复治疗所需的医疗费为 60000 至 80000 元,原告因此花去鉴定费用 1300 元。原告认为其所受之伤系被告在接生过程中所致,故诉至法院。

法院经审理,判决:

1. 六盘水某医院、王某于本判决生发生法律效力后 30 日内赔偿上诉人李佩某各项损失费用 342533.68 元;

2. 第三人六盘水某某医院在本案中不承担赔偿责任;

3. 驳回原告李佩某的其他诉讼请求。

裁判理由

原审判决认为,本案当事人争议的主要问题是:(1)二被告是否是本案适格主体;(2)二被告的医疗行为是否有过错,应否承担责任;(3)第三人的医疗行为是否有过错,应否承担责任。

关于二被告是否是本案适格主体的问题。企业法人被吊销营业执照后,应当由企业上级主管部门或者由企业自行组织清算组进行清算。清算程序至工商部门注销前,仍可以以自己名义或清算组织名义从事清算范围内活动,包括起诉、应诉等,它具有民事诉讼的主体资格。六盘水某医院系个人独资企业,其法定代表人王某可以是诉讼当事人。故二被告系本案适格主体。

关于二被告的医疗行为是否有过错,应否承担责任的问题。《侵权责任法》第 58 条规定:“患者有损害,因下列情形之一的,推定医疗机构有过错:……(二)隐匿或者拒绝提供与纠纷有关的病历资料……”原告在被告六盘水某医院出生后即出现了新生儿窒息、缺血、缺氧、脑病严重等病情,被告应提供相关病历资料证明自己有无过错,但被告未提供与纠纷有关的病历资料,故推定被告对于原告的损害有过错,被告应对原告所受之伤承担民事赔偿责任。

关于第三人的医疗行为是否有过错,应否承担责任的问题。原告被送到第三人处治疗时已出现了新生儿窒息、缺血、缺氧、脑病严重等情况,第三人的医疗行为仅是对原告已出现的病情进行治疗,故第三人对原告已出现的病情没有过错,不应承担责任。

原告系贵州省毕节市田坝镇沙炭沟村三组的居民,其于2012年6月25日将户口迁入本市,在本市并未连续居住满一年以上,故对于原告的残疾赔偿金应按农村居民标准计算。因原告未提供证据证明其是否需要护理、护理期限及护理依赖程度,故本案无标准计算残疾护理费用,对原告请求残疾护理费用77156.38元的诉讼请求,本案不予处理。原告无工作,其受伤后并无误工损失,故对于误工费的诉讼请求,不予支持。

原告因受伤产生的各项合理费用194337.76元[其中:残疾赔偿金按2012年度贵州省农村居民人均纯收入4145.35元计算为49744.2元(4145.35×20×60%)、医疗费以实际产生的30593.56元计算、交通费酌情支持1500元、精神损害抚慰金酌情支持30000元、住院期间护理费以每天30元计算住院时间20天为600元、住院期间伙食补助费以每天30元计算20天为600元、鉴定费1300元、后续综合康复治疗费80000元],应由被告承担全部赔偿责任。原审判决依照《侵权责任法》第16条、第54条,最高人民法院《人身损害赔偿解释》第17条、第18条、第19条、第21条、第22条、第23条、第24条、第25条之规定作出。

一审宣判后,上诉人李佩某不服一审判决认定其为农村户口,提起上诉。二审法院经审理认为,因上诉人的父母已在城镇居住满一年以上,本案损害发生于上诉人出生时,即上诉人生时即居住于城镇,故对上诉人残疾赔偿金的计算标准应当依据城镇居民人均可支配收入的标准进行计算。

裁判指引3

本案中原告母亲在被六盘水某医院住院待产,分娩出原告,原告母亲生产后大出血,两人被送往六盘水某某医院就诊。原告经医院诊断为:(1)新生儿窒息(重度);(2)新生儿吸入性肺炎并感染;(3)新生儿缺氧缺血性脑病

（重度）；(4)颅内出血(蛛网膜下腔出血)；(5)多器官功能损害；(6)肺出血；(7)产瘤并头皮血肿；(8)新生儿贫血(轻度)；(9)高糖血症；(10)过期产儿。原告向人民法院起诉了六盘水某医院和该医院的投资人王某为共同被告，同时追加六盘水某某医院为第三人参加诉讼。在本案中六盘水某医院是原告出生的接诊医疗机构，六盘水某某医院是原告出生后对其进行救治的医疗机构。本案原告虽然先后在两家医疗机构接受诊疗，但并非就同一伤病先后接受两家以上医疗机构诊疗，故原告只起诉接生的医疗机构，未起诉救治的医疗机构的，人民法院应予准许，不必依职权追加另一家医疗机构为共同被告。原告申请将另一家医疗机构追加为第三人的，符合追加第三人条件，可予准许。

2. 吕某与淮南东方医院、淮南朝阳医院、龙眼社区卫生服务站医疗损害责任纠纷案①

基本案情

2008年8月6日，原告吕某因“大便次数增多，3～4次/日，糊状伴呃逆”，前往被告淮南东方医院集团总医院门诊(专家)就诊，检查：心肺(－)，腹软，无压痛。未做相关辅助及实验室检查，拟诊“肠易激综合征(IBS)”给予口服药物治疗。8月13日，原告因“大便出血”又去该院找同一专家就诊，仍未做相关检查，继续给予口服药物治疗。8月27日，原告再次就诊，门诊医生开出大便化验单，8月28日大便常规检验报告显示：色黄、硬度稀，镜检WBC(＋＋)，建议住院进一步检查治疗，但原告因故没有住院。8月31日，大便常规检验报告显示：大便红，脓血便，镜检WB(＋＋＋)、RBC(＋＋)。同日，原告前往被告龙泉社区卫生服务站治疗，该站予以输液治疗，处方笺显示：“0.9% NS250ml、庆大霉素、左氧……”同年9月2日，处方笺显示：“0.9% NS、头孢曲松钠、5% GSAmK、654－2、左氧”。同年9月6日，处方笺显示：“AmK、左氧、头孢曲松钠……”同年9月13日，原告又前往被告淮南东方医院就诊，该院对其大便常规检验报告显示：

① 案号：(2013)淮民一再终字第00039号。

大便黄,黏脓便、WBC+++、RBC3~4/HP。次日,原告前往被告淮南朝阳医院住院治疗。同年9月19日,该院电子结肠镜及病理诊断为:直肠乙状结肠炎。同年9月26日,原告经治疗好转出院。此后,原告多次前往安徽医科大学第一附属医院门诊及安徽省立医院门诊就诊,安徽省立医院拟诊为:"乙状结肠炎",给予相关药物灌肠治疗。同年10月21日,原告入住被告淮南东方医院消化内科进行治疗,诊断:溃疡性结肠炎。经治疗,原告于同年12月10日出院。2009年1月6日,原告吕某与被告淮南东方医院集团总医院共同申请淮南市医学会对双方的医疗纠纷进行医疗事故鉴定。同年1月15日,淮南市医学会作出淮医鉴(2009)01号医疗事故技术鉴定书,内容:"……八、分析意见:(一)经审核,淮南东方医院集团总医院为合法医疗机构,医护人员为合法执业人员。(二)根据医患双方提供的相关资料,鉴定专家组认为:1.医方门诊诊疗过程基本正确。2.医方门诊诊疗过程中存在以下不足:(1)门诊病历记载不完整。(2)医方未予患者做详细的体格检查、相关的实验室及辅助检查。3.医方的不足之处与患者病程的发展及转归无因果关系。4.不属于医疗事故。鉴定意见:本病例不属于医疗事故。"原告吕某不服,向安徽省医学会提出申请,要求进行再次鉴定,同年4月15日,安徽省医学会作出皖医鉴(2009)10号医疗事故技术鉴定书,内容:"……八、分析意见:1.该患者因腹泻一周去淮南东方医院集团总医院门诊就诊,因患者系年轻男性,仅腹泻无脓血,病程短,未作大便检查,当时给予相应治疗,未违反诊疗常规;2.患者及家属陈述,以后数次去该院就诊,但没有提供患者本人就诊及检查取药依据(所提供化验单及处方均与吕某姓名不符);3.患者目前一般情况正常,无脓血便,不存在不良后果,故不构成医疗事故;4.院方存在一些管理上不足,如门诊病历书写欠规范、欠完整,但这和患者疾病的变化、转归无因果关系。九、结论:本病例不属于医疗事故。"2009年5月18日,原告吕某因医疗损害赔偿纠纷起诉本案三被告至人民法院。案件审理过程中,原告于2009年9月4日前往安徽省立医院住院治疗,诊断为:溃疡性结肠炎(慢性复发型、活动期、直肠),同年9月24日原告出院。2009年9月29日,原告至南京市鼓楼医院(南京大学医学院附属医院)入院治疗,该院诊断为溃疡性结肠炎,经治疗,原告病情好转,于2009年10月20日出院。2010年1月17日本院委托南京医科大学司法鉴定所,对被告淮南东方医院集团总医院、淮南朝阳医院、龙泉社区卫生服务站对原告吕某的诊疗行为是否有过错、该过错与损害结果是否有因果关系及过错参与度进行司法鉴定,该所于同年4月26日作出南医大司鉴所(2010)书鉴字第10号《司法鉴定意见书》,其《分析说明》载明:溃疡性结肠炎是一种病因尚不十分清楚的直肠和结肠慢性非特异性炎症性疾病。病变主要限于大肠黏膜与黏膜下层,临床表现为腹泻、黏液脓血便、腹痛,病情轻重不等,多呈反复发作的慢性病程。本病可发生于任何年龄,多见于20~40岁。起病多数缓慢,病程慢性经过,多表现为发作期与缓解期交替,少数症状持续并逐渐加重。对于溃疡性结肠炎初发病例临床表现、结肠镜改变不典型者,临床往往暂不作出诊断,须随访3~6个月,观察发作情况,在认真排除各种可能有关的病因后才能作出本病诊断。根据委托方的送检材料,结合临床专家会诊意见,分析如下:(1)淮南东方医院集团总医院的诊疗行为:根据委托方提供的材料,吕某2008年8月6日因"大便次数增多"前往淮南东方医院集团总医院就诊,门诊病历记载查体"心肺(-),腹软,无压痛",诊断为肠激惹综合征(IBS);予以兰索拉唑、思密达、金双歧治疗。门诊病历显示院方未对吕某进行全面的体格检查和常规的辅助检查,如血常规、粪常规等以帮助诊断,直至2008年8月31日查粪常规"脓血便,镜检(+++)、RBC(++)"。腹泻原因很多,只有通过认真排除各种可能有关的病因后才能作出明确诊断。一个完整的诊断应包括其临床类型、临床严重程度、病变范围、病情分期及并发症。淮南东方医院集团总医院门诊在未行全面体格检查和必要辅助检查的情况下,仅凭临床症状诊断为肠激惹综合征、未尽谨慎注意义务,存在医疗过错,不能排除院方对吕某的诊疗行为有延误疾病诊断的可能。2008年10月21日吕某入住淮南东方医院集团总医院住院,诊断为溃疡性结肠炎,予抗感染、灌肠等治疗,期间病情有缓解,住院期间的诊疗行为未见明显违反原则之处。(2)田家庵区龙泉街道龙眼社区卫生服务站的诊疗行为:社区卫生服务功能有开展健康教育、预防、保健、康复、计划生育技术服务和一般常见病、多发病的诊疗服务;因受自身条件所限,对于一些稍复杂或疑难疾病,其诊疗水平难以满足需要。吕某在田家庵区龙泉街道龙眼社区卫生服务站2008年8月31日、2008年9月2日、2008年9月6日3天输注庆大霉素、左氧、头孢曲松钠、654-2等抗感染、解痉等处理,其输液行为本身符合一般社区卫生服务站的水平,未违反医疗原则。

(3)淮南朝阳医院的诊疗行为:吕某于2008年9月14日因"腹泻2月余"入住淮南朝阳医院,入院考虑为直肠乙状结肠炎,并于2008年9月18日经电子肠镜检查,确诊为直肠乙状结肠炎。院方在其住院期间予以营养肠道、调节菌群、补液等处理,提示治疗后症状好转,治疗未见明显违反诊疗常规之处。综上所述,淮南东方医院集团总医院门诊对吕某未行全面体格检查和必要辅助检查,未尽谨慎注意义务,存在医疗过错。田家庵区龙泉街道龙眼社区卫生服务站和淮南朝阳医院对吕某的诊疗行为未见违反医疗原则之处。(4)因果关系:溃疡性结肠炎具有慢性过程、反复发作的特点,其目前状况符合其自身疾病自然转归;虽不能排除淮南东方医院集团总医院的医疗过错有延误诊治的可能,但对其最终后果无必然影响。鉴定意见:(1)根据现有材料,淮南东方医院集团总医院门诊对吕某未行全面体格检查和必要辅助检查,未尽谨慎注意义务,存在医疗过错。田家庵区龙泉街道龙眼社区卫生服务站和淮南朝阳医院对吕某的诊疗行为未见违反医疗原则之处。(2)吕某目前情况符合自身溃疡性肠炎的自然转归;虽不能排除淮南东方医院集团总医院的医疗过错有延误诊治的可能,但对其最终后果无必然影响。案件在审理过程中,由于原告未按期缴纳诉讼费用,本院于2010年6月25日作出(2009)田民一初字第1091号民事裁定:该案按自动撤回起诉处理。2010年11月1日,原告再次起诉淮南东方医院,要求淮南东方医院集团总医院赔偿损失,同年12月21日,原告撤回了起诉。现吕某再次提起诉讼,以上述同样理由,请求判决三被告连带赔偿各项损失98212.33元[医疗费22512.18元、误工费53325.15元、护理费5450元(109天×50元=5450元)、住宿费2545元、交通费7920元、住院伙食补助费1090元(109天×10元=1090元)、营养费3270元(109天×30元=3270元)、第一次医疗事故鉴定费2100元,合计98212.33元],精神抚慰金和残疾赔偿金待定残后追加起诉,后续各项费用待发生后另行起诉。

吕某在淮南东方医院集团总医院门诊治疗期间花去医疗费180元,住院59天,花去医疗费3045.84元(其中保险公司支付1324.05元);在淮南朝阳医院住院12天,花去医疗费1960.3元(其中保险公司支付927.3元);在安徽省立医院、南京鼓楼医院等医院治疗,花去医疗费21428.68元。

本案经法院审判委员会讨论决定,依据《民事诉讼法》第64条第1款、最高人民法院《关于民事诉讼证据的若干规定》(以下简称《民诉证据规定》)第2条、第4条第1款第8项之规定判决:驳回原告吕某的诉讼请求。

裁判理由

法院认为:医疗损害责任指医疗机构及其从业人员在医疗活动中,未尽相关法律、法规、规章和诊疗技术规范所规定的注意义务,在医疗过程中发生过错,并因这种过错导致患者人身损害所形成医疗机构应当对患者承担的民事赔偿责任。医疗机构承担医疗损害赔偿责任的要件是医疗机构医疗行为有过错、造成了损害后果,医疗行为与损害后果之间具有因果关系。本案中,原告因病前往三被告处就诊,原、被告之间形成了医患关系。原告认为三被告在对其的诊断治疗过程中存在过错,由于三被告的过错导致了其目前的损害后果,要求三被告承担民事赔偿责任。故本案的争议焦点是三被告的医疗行为有无过错及该过错与原告的人身损害后果之间是否存在因果关系。医疗行为是一种具有高度专业性、相当复杂性并同时具有一定的风险性的活动过程,确定医疗机构在对患者的诊疗过程中是否存在过错及该过错与患者目前的损害后果是否存在因果关系是一个相当专业的问题。故必须依赖具有专业知识、经验、技能的医疗鉴定部门专家的权威意见和评判结论。根据本案证据显示,三被告对原告医疗行为是否存在过错及被告的医疗过错行为是否与原告的人身损害后果存在因果关系,本院委托了南京医科大学司法鉴定所进行了司法鉴定,该鉴定机构的主体资质合法、鉴定程序正当、鉴定结论的依据充分,具有较高的科学性、公正性,且原、被告对该份鉴定意见书的真实性和合法性均无异议,故该份鉴定书可以作为认定案件事实的证据。依据该鉴定意见书分析意见和鉴定结论,淮南东方医院门诊对原告未行全面体格检查和必要辅助检查,未尽谨慎注意义务,存在医疗过错。虽不能排除淮南东方医院的医疗过错有延误诊治的可能,但对原告最终后果无必然影响。且该起病例经淮南市医学会、安徽省医学会鉴定不构成医疗事故,淮南东方医院在对原告的门诊治疗过程中虽存在门诊病历记载不完整、未予患者做详细的体格检查、相关的实验室及辅助检查的不足之处,但淮南东方医院的不足之处与原告病程的发展及转归无因果关系。故原告要求被告淮南东方医院赔偿损失的诉讼请求无事实和法律依据,不能成立;该鉴定意见书认为被告龙眼社区卫生服务站和被告淮南朝阳医院对原告的诊疗行为未见违反医疗原则之处，故原告要求被告龙眼社区卫生服务站和被告淮南朝阳医院赔偿损失的诉讼请求缺乏事实依据，不能成立。综上，原告吕某无证据证明被告淮南东方医院、淮南朝阳医院、龙眼社区卫生服务站的医疗行为与其目前的损害后果存在因果关系，故原告要求被告淮南东方医院、龙眼社区卫生服务站、淮南朝阳医院承担民事赔偿责任无事实和法律依据，本院不予支持。

—— 裁判指引 4 ——

本案原告因"大便次数增多，3～4次/日，糊状伴呃逆"，先后在本案三被告处接受诊疗，认为存在诊疗过错，向人民法院同时起诉三家医疗机构作为本案的共同被告，要求承担医疗损害责任。虽三被告作为独立的医疗机构，先后对原告同一疾病进行诊疗，符合本条解释规定的就同一伤病到不同医疗机构就诊的条件，原告认为三被告存在医疗过失，向人民法院同时起诉三被告要求损害赔偿，符合共同诉讼的条件，人民法院应予受理。

【相关法条链接】

《侵权责任法》第 8 条、第 10～14 条；《民事诉讼法》第 52 条，第 56 条第 1 款、第 2 款，第 132 条；《民诉法解释》第 73 条、第 74 条、第 81 条。

第三条　患者因缺陷医疗产品受到损害，起诉部分或者全部医疗产品的生产者、销售者和医疗机构的，应予受理。

患者仅起诉医疗产品的生产者、销售者、医疗机构中部分主体，当事人依法申请追加其他主体为共同被告或者第三人的，应予准许。必要时，人民法院可以依法追加相关当事人参加诉讼。

患者因输入不合格的血液受到损害提起侵权诉讼的，参照适用前两款规定。

【起草背景】

本条是关于如何确定医疗产品及不合格血液案件当事人的规定。《侵权责任法》第59条规定，因药品、消毒药剂、医疗器械的缺陷，或者输入不合格的血液造成患者损害的，患者可以向生产者或者血液提供机构请求赔偿，也可以向医疗机构请求赔偿。患者向医疗机构请求赔偿的，医疗机构赔偿后，有权向负有责任的生产者或者血液提供机构追偿。通说认为，医疗机构与药品、消毒药剂、医疗器械的生产者之间的责任形态是不真正连带责任。不真正连带责任之诉讼，在诉讼架构上有不同的观点和做法。不真正连带责任可以同时起诉全部责任人，也可以选择起诉部分责任人，但不真正连带责任人之间对受害人不承担连带责任。主要理由是：第一，不真正连带责任在性质上确实不同于连带责任，各责任人的责任是独立的，不具有连带性[①]，但不能因此否认可以作为共同诉讼。不真正连带责任最本质的特征之一是给付标的是同一的，即无论是哪个责任人承担责任，均属于是对受害人的同一责任，一个责任人承担全部责任后，其他责任的责任对受害人而言全部消灭。在这一点上与连带责任完全相同，符合《民事诉讼法》第52条规定的必要共同诉讼的基本要件。第二，从不真正连带责任立法目的来看，主要是方便受害人行使诉讼，加强对受害人诉权的保护

① 对此实体责任形态，本解释第21条有明确规定，否认了不真正连带责任对外具有连带责任的效力。

和救济,如果禁止采用共同诉讼方式由受害人同时起诉各不真正连带责任人,将致其诉权保护和救济的立法目的难以很好实现,既不方便诉讼,也会造成各个判决审理和执行上的复杂性。第三,从全国法院审判实践来看,尽管采用的理论不同,但基本上都肯定了不真正连带责任下,允许受害人选择起诉部分或者全部责任人。从审判效果来看,既没有因此致使受害人得到重复赔偿,也没有造成审理和判决上的困难,而且能够一并妥当地实现了对受害人的充分救济,也及时确定了不真正连带责任人之间的替代责任和终局责任,有利于一揽子解决纠纷。第四,如果区分替代责任和终局责任而限制受害人起诉的被告,由于责任的具体确定需要通过审理程序作出认定,在立案阶段无法进行实体审查,违背了审判规律,也会不当限制当事人的诉权。

【条文释义】

1. 本条第1款规定,患者因缺陷医疗产品受到损害,起诉部分或者全部医疗产品的生产者、销售者和医疗机构的,应予受理。医疗产品是指《侵权责任法》第59条规定的“药品、消毒药剂、医疗器械”。药品,依据《药品管理法》第100条的规定,是指用于预防、治疗、诊断人的疾病,有目的地调节人的生理机能并规定有适应证或者功能主治、用法和用量的物质,包括中药材、中药饮片、中成药、化学原料药及其制剂、抗生素、生化药品、放射性药品、疫苗、血清、血液制品和诊断药品等。本款将“缺陷医疗产品的生产者、销售者或者医疗机构”并列规定为共同诉讼当事人,相比《侵权责任法》第59条规定增加了“医疗产品的销售者”。主要理由是:第一,《侵权责任法》第59条规定的“药品、消毒药剂、医疗器械”本身属于产品的范畴。《侵权责任法》第59条规定医疗产品的生产者和医疗机构对缺陷医疗产品造成患者损害的承担侵权责任,属于产品责任的特殊规定。《侵权责任法》第五章规定了产品责任属于一般规定,按照法律适用的一般原则,特别法有规定的优先适用,特别法没有规定的,可以适用一般法的规定。《侵权责任法》第43条规定,“因产品存在缺陷造成损害的,被侵权人可以向产品的生产者请求赔偿,也可以向产品的销售者请求赔偿。产品缺陷由生产者造成的,销售者赔偿后,有权向生产者追偿。因销售者的过错使产品存在缺陷的,生产者赔偿后,有权向销售者追偿”。该条规定不仅赋予了受害人向生产者和销售者进行求偿的权利,同时也明确了终局责任的确定标准,即以造成缺陷的过错归属而确定由生产者或者是销售者承担终局责任。《侵权责任法》第59条规定了患者可以向生产者和医疗机构求偿以及医疗机构的追偿权,对终局责任的确定仍应适用《侵权责任法》第43条的规定。同样,第59条没有规定销售者的责任,但适用第43条时必然涉及销售者的责任承担问题。第二,医疗产品的缺陷产生,既可能是生产者生产时造成的,也可能是销售者在销售过程中造成的,还可能是因为医疗机构在使用过程中造成的,对于产品缺陷具有过错的销售者,当然应当依法对患者承担损害赔偿责任。第三,销售是现行医疗产品流通领域的重要环节,销售者对产品缺陷造成的损害承担责任是各国普遍采用的做法,其目的在于加大对受害人的救济力度,避免因为生产者在国外或者不明时无法行使诉权。同样,根据《侵权责任法》第59条规定医疗机构承担责任后,也可以依法向负有责任的销售者进行追偿。

2. 对于医疗机构是不是医疗产品的销售者的问题,在《侵权责任法》立法过程中曾专门研究过,从我国现行医疗产品的采购程序来看,不宜认定医疗机构为医疗产品的销售者,故《侵权责任法》明确规定因诊疗使用了医疗产品造成患者损害的,医疗机构应当承担赔偿责任。此责任为无过错责任,不问医疗机构是否对产品缺陷具有过错,都应当承担责任,以加强对患者权利的保护。故本解释将医疗产品的生产者、销售者和医疗机构并列为承担医疗产品责任的三类责任主体。

3. 对于患者仅起诉部分责任主体,如何追加其他责任主体的问题,解释第2款规定,患者仅起诉医疗产品的生产者、销售者、医疗机构中部分主体的,当事人依法申请追加其他主体为共同被告或者第三人的,应予准许。必要时,人民法院可以依法追加相关当事人参加诉讼。对于患者而言,其可以依法申请追加其他责任主体为共同被告,也可以申请追加为无独立请求权的第三人,人民法院应予准许。对于被起诉的责任主体,其不能申请追加其他责任主体为共同被告,但可以申请追加为无独立请求权的第三人。在追加其他责任主体为无独立请求权的第三人后,也可以行使其追偿权。人民法院在必要时也可以依职权追加其他责任主体参加诉讼,但原则上只能追加为无独立请求权的第三人,不宜追加为共同被告。所谓必要时,主要是指为查明案件的事实的情形。

【典型案例指引】

1. 高某诉德士鼎公司、枣阳一医院医疗产品责任纠纷案[①]

基本案情

高某系枣阳市第七中学高三(七)班学生,2011 年 10 月 17 日中午,高某在学校操场不慎摔倒,致其右股骨骨折。高某于当日到枣阳一医院住院治疗,诊断为“右股骨骨折”。2011 年 10 月 18 日,枣阳一医院为高某行椎管内麻醉下右股骨切开复位钢板内固定术。高某住院治疗 19 天,于同年 11 月 5 日出院。为此支付医疗费 13536.80 元,高某个人自付 8014.20 元,城镇居民医疗保险报销 5522.60 元。2012 年 1 月 9 日,其突然感到右大腿剧烈疼痛,活动受限,当日入枣阳一医院治疗,其病情诊断为“右股骨陈旧性骨折术后钢板断裂”,其于 2012 年 1 月 11 日出院转入襄阳市中医医院住院治疗,支付医疗费 565.90 元。高某的病情在襄阳市中医医院诊断为“右股骨骨折术后再骨折”,于同年 1 月 16 日行右股骨断裂钢板取出、切开复位,交锁髓内钉内固定 + 取自体髂骨混合同种异体骨植骨术,于 2012 年 2 月 24 日出院,住院治疗 24 天,支付医疗费 33599.03 元。高某出院后自 2012 年 3 月 1 日至 2012 年 6 月 15 日期间在襄阳市中医医院门诊部治疗 3 次,花费医疗费 3792.70 元。2012 年 4 月 19 日,高某委托襄阳中立法医司法鉴定所就枣阳一医院对高某行右股骨骨折内固定术后内固定钢板断裂,枣阳一医院的治疗行为是否存在过错,该过错行为与高某的损害后果是否有因果关系;高某二次骨折后人身损伤的伤残程度,需护理日数、人数及后续治疗费等事项进行鉴定。2012 年 6 月 18 日襄阳中立法医司法鉴定所作出(2012)法医临鉴字第 1135 号法医学鉴定意见书,鉴定意见为:“枣阳一医院为高某提供使用的钢板存在瑕疵或缺陷,钢板存在瑕疵或缺陷与钢板断裂存有因果关系,枣阳一医院为高某右股骨中段粉碎性骨折行内固定使用钢板不当,且使用了存在瑕疵或缺陷钢板而导致钢板断裂存在过错。高某人身右股骨骨折内固定术后二次骨折之损伤构成《道标》十级伤残。高某人身右股骨自 2012 年 1 月 9 日二次骨折时起需他人护理日数建议确定为 100 日。其中 2012 年 1 月 9 日

---

① 案号:(2015)鄂襄阳中民二终字第 00688 号。

（钢板断裂之日）至2012年2月4日先后在枣阳一医院和襄阳市中医医院住院26日期间每日需2人护理。高某右股骨骨折内固定钢板后期住院行手术取出及后期复查约需9500元。高某支付鉴定费6000元。2012年6月19日，高某再次入襄阳市中医医院住院治疗，于6月21日行右股骨交锁髓内钉下部锁钉取出术，动力化内固定治疗。于6月24日出院，住院5天，支付医疗费5427.01元。2014年1月20日，高某入襄阳市中医医院住院治疗，于次日行右股骨内固定取出术，住院治疗6天，于1月26日出院。本次医疗费6173.66元，高某个人支付3101.56元，居民医疗保险报销3072.10元。高某因二次骨折治疗及伤情鉴定，共支付交通费2045元。"

高某认为其钢板断裂是枣阳一医院造成的，要求枣阳一医院赔偿未果，其诉至法院请求解决。本案在审理中，因高某植入的内固定钢板是德士鼎公司销售给枣阳一医院的，根据枣阳一医院的申请，原审法院依法追加德士鼎公司作为被告参加诉讼。

法院判决：(1)被告武汉德士鼎医疗器械有限公司和枣阳市第一人民医院连带赔偿原告高某各项损失100544.89元，于本判决生效后10日内付清。(2)驳回原告高某的其他诉讼请求。如果未按本判决指定的期间履行给付金钱义务，应当依照《民事诉讼法》第253条之规定，加倍支付迟延履行期间的债务利息。案件受理费933元，由枣阳一医院和德士鼎公司连带负担，于本判决生效后10日内交纳。

裁判理由

法院认为，高某因伤于2011年10月17日到枣阳一医院住院治疗，枣阳一医院为高某行椎管内麻醉下右股骨切开复位钢板内固定术，治疗好转后出院，双方已形成医患关系。2012年1月9日，高某在休养康复期间其内固定钢板突然断裂，导致高某再次住院治疗，造成高某经济上的损失和身体上的痛苦。枣阳一医院给高某治疗过程中是否存在过错及钢板断裂原因，钢板断裂与高某受到的二次损害是否存在因果关系是本案争议的焦点。对此高某诉前委托襄阳中立法医司法鉴定所进行鉴定，但是枣阳一医院对襄阳中立法医司法鉴定所作出的(2012)法医临鉴字第1135号法医学鉴定意见书的鉴定意见不服，申请重新鉴定。经双方当事人选择，法院委托苏州华碧微科检测技术有限公司司法鉴定所和湖北中真司法鉴定所对相关鉴定事项进行了重新鉴定。苏州华碧微科检测技术有限公司司法鉴定所鉴定意见为“1. 送检的涉案金属接骨版表面存在不连续裂纹缺陷,不符合 YY 0017 – 2008《骨接合植入物金属接骨板》的要求,系产品质量不合格。2. 涉案金属接骨版断裂与其表面存在不连续裂纹缺陷存在因果关系。”湖北中真司法鉴定所鉴定意见为“1. 枣阳一医院在对高某治疗过程中存在钢板质量把关不严之过错,该过错与被鉴定人的损伤后果之间存在一定的因果关系,关于过错责任参与度,目前国家法律、地方法规尚无统一的评定标准,基于法院鉴定委托要求,故根据湖北省司法鉴定协会关于《医疗损害司法鉴定中医疗过失参与度的有关规定》,建议过错参与度约 60%。2. 被鉴定人高某的损伤为 X 级伤残;二次骨折护理时间建议 60 日,护理人数为 1 人。”经法院要求,湖北中真司法鉴定所对该所的鉴定作如下补充说明“1. 枣阳一医院的过错残疾的约 60%,患者高某对钢板断裂无病历资料证明有过错。2. 枣阳一医院 60% 的过错仅为钢板质量把关不严。3. 钢板质量不合格的过错责任,根据钢板质量不合格的鉴定评定。”上述两个鉴定机构具备相应的鉴定资质,鉴定程序合法,结论客观真实,法院对上述鉴定意见予以采信。《侵权责任法》第 54 条规定,患者在诊疗活动中受到损害,医疗机构及其工作人员有过错的,有医疗机构承担赔偿责任。第 59 条规定,因药品、消毒药剂、医疗器械的缺陷,或者输入不合格的血液造成患者损害的,患者可以向生产者患者血液提供机构请求赔偿,也可以向医疗机构请求赔偿。患者向医疗机构请求赔偿的,医疗机构赔偿后,有权向负有责任的生产者或者血液提供机构追偿。枣阳一医院为高某植入的内固定钢板,经鉴定存在缺陷,产品质量不合格,因内固定钢板断裂,导致高某二次伤害,致其 X 级伤残。在医疗产品责任纠纷案件中,产品本身的缺陷是产生问题的关键,但是对于给患者造成的损害,医疗机构开出的处方是不可或缺的,因此医疗产品的生产者、销售者以及医疗机构对患者的损害承担无过错连带赔偿责任,故对高某的人身损害,作为缺陷医疗产品的销售者德士鼎公司依法应当承担赔偿责任。枣阳一医院在对高某治疗过程中存在钢板质量把关不严之过错,该过错与被鉴定人的损伤后果之间存在一定的因果关系,其应当承担与德士鼎公司的连带赔偿。根据湖北中真司法鉴定所的鉴定补充说明,高某对钢板断裂无过错,对其因钢板断裂致二次伤害造成的损失,德士鼎公司应当承担全部赔偿责任。高某提起诉讼,要求枣阳一医院赔偿按照 2012 年度《湖北省道路交通事故损害赔偿标准》计算赔偿因本次医疗损害所致的各项损失共计 126632 元。后因枣阳一医院申请对高某体内内固定钢板的质量及二次骨折伤情进行重新鉴定,新的鉴定意见于 2014 年作出,其变更诉讼请求,要求按照 2014 年度《湖北省道路交通事故损害赔偿标准》城镇居民标准计算赔偿原告的各项损失共计 133942.66 元。高某二次骨折伤情第一次鉴定定残之日为 2012 年 6 月 18 日,本案第一次庭审于 2012 年 7 月 19 日辩论结束,只是由于进行重新鉴定延长了案件的审理时间,并且高某伤情定残重新鉴定意见对其伤情定残仍为十级,与原鉴定意见相同,故高某的伤情致残情况在 2012 年 7 月第一次庭审辩论结束时已经明确固定,故应当按照 2012 年度《湖北省道路交通事故损害赔偿标准》计算高某的相关损失。对高某因内固定钢板断裂致二次骨折身体受到损害造成的损失,法院核定如下:

1. 医疗费 46486.20 元。高某因内固定钢板断裂二次骨折在枣阳一医院及襄阳市中医医院治疗(包括后期行内固定取出术),共花费医疗费 46486.20 元,由医疗发票为证,予以确认。

2. 住院伙食补助费 740 元(20 元/天 ×37 天 =740 元)。

3. 护理费 3525.69 元。根据鉴定意见:高某二次骨折护理时间建议 60 日,护理人数为 1 人。故其护理费为 3525.69 元(21448 元/年 ÷365 天/年 ×60 天 = 3525.69 元)。

4. 交通费 2045 元。高某因二次骨折治疗及伤情鉴定共支付交通费 2045 元,由交通费支出明细及票据为证,予以确认。

5. 残疾赔偿金 36748 元。高某属城镇居民,其十级伤残残疾赔偿金为 36748 元(18374 元/年 ×20 年 ×10% =36748 元)。

6. 鉴定费 6000 元。

7. 精神损害抚慰金 5000 元。高某因内固定钢板断裂致二次骨折,虽经治疗,目前其右下肢负重差,萎缩明显,影响行走及负重功能,致右下肢功能丧失约 10%,致其 X 级伤残。由于高某现年 21 周岁,正值读书求学年龄,其身体致残,对其以后的求学、就业和家庭组成均会产生加大影响,其必然遭受要为严重的精神痛苦,侵权人应当赔偿精神损害抚慰金予以抚慰,结合侵权人的过错程度、高某的伤残构成情况以及当地平均生活水平，法院酌定精神损害抚慰金以5000元为宜。

综上，高某因内固定钢板断裂致二次骨折人身损害造成的各项损害共计100544.89元。虽然湖北中真司法鉴定所的鉴定意见对枣阳一医院在对高某治疗过程中存在钢板质量把关不严之过错的责任参与度建议约为60%，但该过错责任参与度并不是医疗机构、医疗产品的生产者和销售者对患者的损害承担赔偿责任比例的计算依据，而是医疗机构与医疗产品生产者和销售者在内部关系中适用过错责任原则承担责任的参考依据。对高某因内固定钢板断裂致二次骨折人身损害造成的各项损害共计100544.89元，依法应当由德士鼎公司承担全部赔偿责任，枣阳一医院承担连带赔偿责任。关于枣阳一医院支付鉴定费用9962元，德士鼎公司支付的鉴定费用23116元，由于鉴定意见认为德士鼎公司销售的植入高某体内的钢板为不合格产品，枣阳一医院对高某治疗过程中存在钢板质量把关不严之过错，故上述鉴定费用应当枣阳一医院和德士鼎公司各自承担。据此，依照《侵权责任法》第16条、第22条、第54条、第57条；最高人民法院《关于审理人身损害赔偿案件适用法律若干问题的解释》第17条第1款、第2款，第18条；最高人民法院《关于确定民事侵权精神损害赔偿责任若干问题的解释》第10条之规定作出判决。

上诉人德士鼎公司不服原审法院作出的上述判决，提出上诉，二审驳回上诉，维持原判。

—— 裁判指引5 ——

本案原告因“右股骨骨折”，由枣阳一医院为高某行椎管内麻醉下右股骨切开复位钢板内固定术，术后不久“右股骨陈旧性骨折术后钢板断裂”，其入襄阳市中医医院住院治疗，高某的病情在襄阳市中医医院诊断为“右股骨骨折术后再骨折”，于同年1月16日行右股骨断裂钢板取出、切开复位，交锁髓内钉内固定+取自体髂骨混合同种异体骨植骨术。本案是典型的医疗产品存在缺陷造成患者二次损害的医疗侵权纠纷案件，原告向人民法院只起诉了枣阳一医院，后在诉讼过程中，枣阳一医院申请追加手术使用钢板的生产厂家德士鼎公司为共同被告，人民法院予以准许。从本案件所列当事人看，在医疗产品责任纠纷中，原告只起诉医疗机构的，符合起诉条件，人民法院应当受理。受理以后，当事人可以申请追加其他责任主体为共同被告或者第三人参加诉讼。作为本案当事人的枣阳一医院申请追加医疗产品的生产者为共同被告，人民法院予以准许，从案件处理结果来看，并无不当，从审理程序来看，有利于一并解决纠纷。但依被告申请追加生产者为共同被告，不符合本条规定。因为医疗产品的生产者和医疗机构对受害人承担的是不真正连带责任，依法原告有权选择起诉一责任人也可以同时起诉全部责任人，未被起诉的责任人，由于不是必须的共同被告，此时应当尊重原告的起诉选择权，只列被起诉的责任人为被告，被告申请追加其他责任人为共同被告的，人民法院应当追加其为无独立请求权的第三人，对于被告承担赔偿责任之后，可以在本诉中一并主张追偿权，可以一并作出裁判。

2. 毛某诉徐州市第一人民医院、徐州市红十字血液中心医疗产品责任纠纷案①

基本案情

原审法院查明，毛某于2008年5月20日因“反复胸闷、心悸5年、加重1周”入住市一院，入院诊断：“冠状动脉粥样硬化性心脏病、陈旧性前壁心梗、新功能2级”。2008年5月21日毛某的血液检验报告单显示，其丙肝抗体呈阴性。2008年5月31日，毛某行“非体外循环不停跳冠状动脉旁路移植术”，手术记录显示术中输血400毫升，麻醉记录显示输血量1000毫升、代血浆500毫升、晶体量1500毫升。同年6月24日，毛某出院。2008年9月4日，毛某在市一院进行健康体检，体检结果显示，谷丙转氨酶497（参考值4.0～44.0）、谷草转氨酶290（参考值0～40）。2009年10月29日，毛某至市一院检查，结果显示，谷丙转氨酶560（参考值4.0～44.0）、谷草转氨酶400（参考值0～40）。2009年10月31日，毛某至市一院检查，结果显示丙肝抗体呈阳性（+）。2011年1月4

① 案号：（2014）徐民终字第2042号。

日、7月18日，毛某至徐州市中医院检查，结果显示丙肝抗体呈阳性(+)。2014年1月4日，毛某至徐州医学院附属医院检查，2014年1月13日徐州医学院附属医院向毛某下发《住院通知单》，对毛某的病情诊断为："CHC"。2014年3月11日，徐州医学院附属医院为毛某出具《病情证明书》：慢性丙型肝炎、定期复查(因有冠心病、抗病毒……)。

毛某的一审诉讼请求为：请求判令市一院、血液中心赔偿医药费653元、交通费1000元、营养费18347元、精神损害抚慰金30000元，合计5万元；后续治疗费待实际发生后另行主张。

一审法院判决：(1)判决生效后10日内，徐州市第一人民医院、徐州市红十字血液中心连带赔偿毛某医疗费653元、交通费100元、精神损害抚慰金10000元，合计10753元。(2)驳回毛某的其他诉讼请求。案件受理费400元，由徐州市第一人民医院、徐州市红十字血液中心负担。二审维持原判。

裁判理由

一审法院认为，依据《侵权责任法》第59条规定，因药品、消毒药剂、医疗器械的缺陷，或者输入不合格的血液造成患者损害的，患者可以向生产者或者血液提供机构请求赔偿，也可以向医疗机构请求赔偿。患者向医疗机构请求赔偿的，医疗机构赔偿后，有权向负有责任的生产者或者血液提供机构追偿。《江苏省高级人民法院2001年全省民事审判工作座谈会纪要》规定，患者就医期间因输血感染丙肝要求医疗机构、血站赔偿的，实行举证责任倒置。患者能够证明其曾经接受输血、输血后6个月内感染丙肝或者虽在6个月后确诊、但能够明确判断出丙肝系输血感染的，可推定其感染丙肝与输血行为之间存在因果关系。医疗机构、血站应就其履行了法定义务，以及医疗行为或血液质量与损害后果之间无因果关系负举证责任。本案中，毛某提供的证据可以证实，其在市一院输血后，肝部体检数据异常，后检查显示为丙肝抗体呈阳性，继而确诊为慢性丙型肝炎的事实。要排除输入毛某体内的血液为不合格的血液，市一院、血液中心应承担举证责任。血液中心提供的献血者张某的健康情况申请表中没有献血者签字，毛某及市一院亦对此提出异议，故血液中心无法证明血液合格的事实，应对毛某产生的损失承担赔偿责任。市一院作为为毛某输血的医疗机构，也应承担赔偿责任，市一院向毛某赔偿损失后，有权向血液中心追偿。毛某主张医疗费653元，已提交医疗费发票、检查报告等证据证明，予以支持。毛某主张交通费1000元，考虑到毛某赴医院治疗所必需，酌定支持其交通费100元。毛某主张营养费18347元，结合其已提交的证据，对该项诉请不予支持，毛某可在住院治疗后另行主张。毛某主张精神损害抚慰金3万元，结合其患病情况，酌定支持其精神损害抚慰金1万元。上述各项损失共计10753元，应由市一院、血液中心予以赔偿。依照《侵权责任法》第59条之规定，作出如上判决。

——— 裁判指引6 ———

在本案中，原告在徐州市第一人民医院接受手术并输血，徐州市红十字血液中心提供的血液。原告输血前检测丙肝抗体呈阴性，术后不久体检丙肝抗体呈阳性。依据《侵权责任法》第59条的规定，因药品、消毒药剂、医疗器械的缺陷，或者输入不合格的血液造成患者损害的，患者可以向生产者或者血液提供机构请求赔偿，也可以向医疗机构请求赔偿。患者向医疗机构请求赔偿的，医疗机构赔偿后，有权向负有责任的生产者或者血液提供机构追偿。本案原告同时起诉医疗机构和血液提供机构作为共同被告，人民法院作为共同诉讼予以受理并审理，尊重了原告的起诉选择权。

【相关法条链接】

《侵权责任法》第43条、第59条，最高人民法院《关于审理食品药品纠纷案件适用法律若干问题的规定》（以下简称《审理食品药品案件规定》）第2条。

第四条 患者依据侵权责任法第五十四条规定主张医疗机构承担赔偿责任的，应当提交到该医疗机构就诊、受到损害的证据。

患者无法提交医疗机构及其医务人员有过错、诊疗行为与损害之间具有因果关系的证据，依法提出医疗损害鉴定申请的，人民法院应予准许。

医疗机构主张不承担责任的，应当就侵权责任法第六十条第一款规定情形等抗辩事由承担举证证明责任。

【起草背景】

本条是关于诊疗损害责任纠纷举证证明责任的规定。

诊疗损害责任是医疗损害责任的最主要的责任形态，也是最为基本和常见的医疗侵权案件类型。举证证明责任分配问题对于医疗纠纷的妥善解决至关重要，也是实务中最为复杂和极易引发当事人争议的内容。本条规定针对《侵权责任法》第54条规定的诊疗损害责任的举证证明责任进行了明确，本解释第5条对医疗伦理责任的举证证明责任作了规定，第7条对医疗产品责任的举证证明责任作了规定，这三个条文共同构成了医疗损害责任的举证证明责任体系，各自适用于相应的医疗损害责任案件类型，在适用中应当特别予以注意。

长期以来，我国医疗侵权责任的归责原则和举证证明责任问题，在理论上和实务中争议较大，并经历了不断发展变化的演进过程。

1986年的《民法通则》对医疗损害责任没有作出专门的规定。《民法通则》第106条第3款规定，没有过错，但法律规定应当承担民事责任的，应当承担民事责任。按照该规定，侵权责任仅在法律有明确规定的情况下适用无过错责任原则。因此，在《民法通则》的体系下，医疗损害责任应当适用该法第106条第2款的规定采过错责任原则，[①]“公民、法人由于过错侵害国家的、集体的财产，侵害他人财产、人身的应当承担民事责任。”在此阶段，诊疗损害责任为过错侵权

① 王成：《论医疗损害侵权行为归责原则的配置》，载《证据科学》第17卷第3期。

责任,其举证证明责任的分配亦按照过错侵权责任的构成要件事实进行。

此后,《医疗事故处理条例》第 2 条规定,本条例所称医疗事故,是指医疗机构及其医务人员在医疗活动中,违反医疗卫生管理法律、行政法规、部门规章和诊疗护理规范、常规,过失造成患者人身损害的事故。《医疗事故处理条例》进一步明确了医疗侵权的过错责任原则的适用,第 2 条一方面规定了医疗损害责任采过错责任原则,另一方面规定了过错认定的客观标准。

虽然《医疗事故处理条例》第 49 条第 2 款规定,不属于医疗事故的,医疗机构不承担赔偿责任。但是,虽然经鉴定不构成医疗事故,但医疗机构实施的诊疗活动造成了患者的损害,并具有过错的,符合《民法通则》第 106 条第 2 款"公民、法人由于过错侵害国家的、集体的财产,侵害他人财产、人身的,应当承担民事责任"的规定,因此,在司法实务中,对于经鉴定不构成医疗事故,但法院认为构成侵权行为的,法院亦判决医疗机构承担损害赔偿责任。在处理此类案件时,法院采用的同样是过错归责原则。

在《医疗事故处理条例》实施以后,诊疗损害责任实行了双轨制,构成医疗事故的,按照《医疗事故处理条例》规定,医疗机构承担医疗事故责任;没有构成医疗事故的,按照《民法通则》的规定承担过错的侵权责任。但医疗事故责任和医疗过错侵权责任,都适用过错归责原则,都按照过错侵权责任确定构成要件事实,进行举证责任分配。

2001 年,最高人民法院出台了《民诉证据规定》,该规定第 4 条第 1 款第 8 项规定,因医疗行为引起的侵权诉讼,由医疗机构就医疗行为不存在医疗过错和因果关系承担举证责任。该规定明确将医疗过错的举证证明责任分配给医疗机构,实质上采用了过错推定责任的归责原则,改变了此前医疗侵权责任过错归责的原则。主要考虑是医疗损害责任纠纷中患者一方举证困难,而多数医疗病历资料由医疗机构保管,且医疗技术性和专业性过强,不利于患者获得公正赔偿。《民诉证据规定》出台以后,医疗侵权责任纠纷案件在过错方面实行了举证证明责任倒置的做法。这种做法,极大地促进了对患者权益的保护,但同时也引发广泛争议。有意见认为,适用该司法解释举证责任倒置条款带来了两个负面后果:一是部分患者没有损害也告医院,增加了许多诉讼案件;二是给医疗机构和医务人员造成了巨大的责任压力,许多医务人员不得不采取"非常规"

办法来保护自己，即在诊疗活动中多做检查，留下证据保护自己，在一定程度上导致了过度医疗和保守医疗越来越严重，看病也越来越贵。当然，最为主要是第二个方面的影响，受到社会各界广泛关注。

2009年《侵权责任法》立法过程中，医疗损害责任的归责原则一直是争议焦点问题。当时理论界提出了四种不同的观点，分别是过错推定责任原则说、过错责任原则说、无过错责任原则说、综合性的归责原则体系说。在《侵权责任法（草案）》征求意见过程中，主要形成了三种意见。一种意见认为，医疗损害责任一般应当适用过错责任原则。医疗行为不同于一般的民事行为，其本身往往具有侵害性，即在治疗疾病的同时亦会给患者造成一定的损害后果。如果对医疗损害责任一般适用无过错责任或者过错推定责任，将会给医疗机构带来过重的负担，影响正常的医疗活动。医学是一门探索性、经验性的学科，并受到患者体质特异的局限，简单地采用过错推定，加重医务人员的责任，可能会阻碍医学的发展，最终是对患者不利。另一种意见认为，最高人民法院《民诉证据规定》中的举证责任倒置规则应当在侵权责任法中继续保留。实行举证责任倒置更符合医疗侵权案件的特殊性。如果不规定举证责任倒置，对患者来说，打医疗官司实在太难。医学文书基本掌握在医疗机构手中，只要医疗机构在证据上采取一些对患者不利的措施，患者将毫无办法。还有一种意见认为，在举证责任分配方面，可采用“谁主张，谁举证”以及特定条件下的举证责任转移方式。在一般情况下，应当由患者就医疗机构存在过错承担初步的举证责任。在实践中，该举证责任可以通过提交相关证据或者专业鉴定的方式完成。如果有医疗机构隐匿或者销毁患者病历资料等情形，则可以推定医疗机构有过错，举证责任转移至医疗机构。①

立法机关充分考虑医疗活动的未知性、特异性和专业性，为防止过错推定可能助长保守医疗，不利于医学科学进步，对诊疗活动引起的纠纷，采用了一般过错责任。医疗机构及其医务人员有过错的，医疗机构才承担赔偿责任，原则上由原告承担举证责任。只有在特殊情况下如医务人员有违规治疗行为或者隐匿、拒绝提供与纠纷有关的医学资料，才适用过错推定责任原则，发生举证责

① 王胜明主编：《中华人民共和国侵权责任法释义》，法律出版社2010年版，第278页。

任转移。[①] 但由于没有解决医疗方和患者一方信息不对称的问题,在理论上和司法实务中对诊疗损害纠纷案件的举证证明责任的分配问题仍有争议,特别是仍有意见认为,《侵权责任法》第 54 条虽然规定为过错责任,但并没有明确举证证明责任的分配,依然有适用《民诉证据规定》第 4 条第 1 款第 8 项规定的余地。

《侵权责任法》第 54 条规定诊疗损害责任为过错责任的同时,第 58 条规定在违反诊疗法规规范、隐匿或者拒绝提供病历资料、伪造篡改或者销毁病历资料三种情形下推定诊疗行为有过错,并在第 55 条规定了医疗伦理责任为过错责任,第 59 条明确规定医疗产品责任和输入不合格血液采无过错责任,以缓和患者一方的举证证明责任,符合各国立法和实践做法。唯欠缺表现证明规则的规定,但在审判实践中对于出现的把手术刀、棉纱等遗落在患者身体中,或者诊断为左肾有病却将右肾切除等显而易见的过错,亦无须再由患者进一步提供证明医方有过错的证据,即视为患者一方已经完成了举证证明责任,此即表现证明规则事实上已经被采用,也无须在立法和司法解释中予以规定。

本条规定是针对《侵权责任法》第 54 条关于诊疗损害责任的举证证明责任的规定,对医疗伦理责任和医疗产品责任的举证证明责任另外单独予以规定。在本司法解释起草过程中,对于诊疗损害责任适用过错责任归责原则没有争论,但对于举证证明责任的分配有不同的观点。第一种观点认为,侵权责任法明确规定诊疗损害责任为过错责任,在举证证明责任分配上,应当依据举证责任分配的一般规则,即"谁主张,谁举证"规则,适用《民诉法解释》第 91 条的规定,由患者一方对医疗损害责任构成的四个要件事实包括:侵权行为、过错、损害和因果关系负举证证明责任。但《侵权责任法》第 58 条规定的三种情形,适用过错推定。第二种观点认为,医疗损害责任案件仍然应当适用举证责任倒置的规定。主要理由:一是侵权责任法对医疗损害责任虽然规定了过错责任原则,但并没有对举证责任作出明确规定,不应简单地推论出举证责任实行"谁主张,谁举证"的原则。因此,根据《侵权责任法》第 54 条的规定,不能当然地得出举证责任由患者承担的结论。二是举证责任的分配要考虑证据偏在和当事人

① 王利明主编:《中华人民共和国侵权责任法释义》,法律出版社 2010 年版,第 279 页。

举证能力等因素。在医患关系中,由于事实上患者处于信息、专业劣势,往往导致其举证不能达到相应的证明标准,若因此判决患者承担举证不能的不利后果,显然是不公平的。三是《民诉证据规定》第4条第1款第8项规定了举证责任倒置的规则,经过这么多年的实践,已为大家所能接受。四是举证责任倒置有利于督促医疗机构加强管理,提高医务人员的责任心和诊疗行为规范水平。第三种观点为折中意见,对患者实行举证责任缓和。考虑到患者存在专业性或者其他方面的客观障碍无法达到法律要求的证明标准时,适当降低其举证责任。在患者提供医疗机构有过错的初步证据后,即视为其已经完成举证责任,这时转由被告举证证明其不存在诊疗过错,其诊疗行为与损害后果之间没有因果关系,被告不能证明的,认定过错要件和因果关系要件成立,构成医疗损害责任。

本条主要采纳了第一种观点。主要理由在于,《侵权责任法》第54条规定了诊疗损害责任案件采过错责任原则,而依据一般法理,对于过错侵权行为,实行的是"谁主张,谁举证"的举证原则。而且,诊疗损害责任案件具有特殊性,由于其高度专业化、显著的实验性、探索性特点,对诊疗行为是否有过错、过错与患者损害之间是否有因果关系,一般难以通过普通的生活经验知识去判断,必须借助于专业的医疗损害鉴定来解决。患者起诉时,除了证明到医疗机构就诊及损害事实外,还应当举证证明诊疗行为具有过错和因果关系要件。如果医疗机构认为没有过错或不具有因果关系的,患者应当申请进行医疗损害鉴定,最终通过鉴定认定过错和因果关系要件是否成立。因此,本条第2款也对鉴定程序的启动作了明确规定。

依据《侵权责任法》第58条的规定,患者能够举证证明医疗机构存在该条规定的三种推定医疗机构有过错的情形之一的,不再就医疗机构及其医务人员有过错承担举证责任,以此减轻患者的举证证明责任。该条规定了在医疗机构或者其医务人员违反法律、行政法规、规章等有关诊疗规范的规定实施的诊疗行为、隐匿或者拒绝提供与纠纷有关的病历资料、伪造、篡改或者销毁病历资料的情形下,推定医疗机构有过错。现代法律中有两种"推定":第一种是许可被推定人以反证予以推翻的推定,第二种是不允许被推定人以反证予以推翻的推定。《侵权责任法》第58条规定的"推定医疗机构有过错"属于哪种情况,存在争议。在以前的司法实务中曾出现过人民法院在查明医疗机构或者医务人员显然违反有关诊疗规范，或者有隐匿有关病历资料甚至伪造、篡改、销毁有关病历资料的事实之后，却仍然认定医疗机构不存在过错或者采纳不构成医疗事故的鉴定意见，作出医疗机构不承担责任的判决的情况。对此，全国人大法律委员会和全国人大常委会法制工作委员会认为，按照《侵权责任法》的立法思想，违反有关诊疗规范，或者隐匿有关病历资料甚至伪造、篡改、销毁有关病历资料，这类行为本身即是过错。对这种情形，人民法院应当直接根据“违反有关诊疗规范，者有隐匿有关病历资料甚至伪造、篡改、销毁有关病历资料”的事实，认定被告医疗机构有过错，既不应要求原告证明被告有过错，也不得许可被告举证证明自己无过错。全国人大法律委员会在审议《侵权责任法(草案)》时，主持审议的时任主任委员胡康生即已指出，《侵权责任法》第 58 条所谓“推定医疗机构有过错”不同于《侵权责任法》第 6 条第 2 款所谓“推定过错”，而是“直接认定”，是“不可推翻的过错推定”。

另外，免责、减责的情形作为抗辩事由，独立于请求权基础事实。因此，在患者主张诊疗损害侵权赔偿时，医疗机构关于免责、减责事由的主张系抗辩性事实主张，产生独立的举证责任。因此，本条第 3 款规定：“医疗机构主张不承担责任的，应当就侵权责任法第六十条第一款规定情形等抗辩事由承担举证证明责任。”

本条规定，第 1 款明确了患者一方应当提交到医疗机构就医的证据和受损害的证据，即明确了患者一方应当就两项要件事实承担举证证明责任。第 2 款明确了患者一方对医疗机构或者其医务人员的诊疗行为有过错及诊疗行为与损害后果之间有因果关系的证据欠缺时，可以向人民法院申请进行医疗损害鉴定，通过鉴定意见完成举证责任。第 3 款明确了医疗一方对免责和减责等抗辩事由负有举证证明责任。本条没有规定存在《侵权责任法》第 58 条规定的情形之一如何举证的规则，是考虑到《侵权责任法》第 58 条规定直接推定医疗机构有过错，是缓和患者一方举证责任的规则，其意义在于患者能够证明医疗机构一方有第 58 条规定情形时，直接认定医疗机构有过错，此时其对医疗过错的举证责任即告完成，甚为明确，无须在解释中再次重复。上述 3 款内容加上《侵权责任法》第 58 条的规定，共同构成了诊疗损害责任纠纷案件的举证证明责任的分配规则体系。无疑第 2 款是依据侵权责任法和民事诉讼法规定对患者一方采取的缓和其举证证明责任的方法。

诊疗损害责任纠纷的举证责任分配规则的确立既要充分保护患者权益,也要为医疗机构的正常运转、医学发展和医疗水平的提高提供司法保障。经院审判委员会讨论,最终确定了以“谁主张,谁举证”为原则,同时对患者一方采取举证责任缓和的做法。这符合目前大陆法系国家和英美法系国家的通行做法,比如美国目前绝大多数州都将事实自证法则运用于医疗损害赔偿诉讼以减轻原告的举证负担;德国采取表见证据规则和重大诊疗过失的举证责任转换对患者实行举证责任缓和。同时,这一规则符合我国各地法院的实践经验做法。

【条文释义】

1. 对于诊疗损害责任的构成要件事实的举证证明责任问题

《侵权责任法》第 54 条规定是关于诊疗损害责任适用过错责任原则,原告主张损害赔偿责任的,即应当对诊疗行为、过错、损害后果和因果关系承担举证证明责任。

(1)对诊疗行为的认定。诊疗行为是否存在,主要看患者与医疗机构之间是否存在诊疗关系。按照《第八次全国法院民事商事审判工作会议(民事部分)纪要》(以下简称《八民会纪要》)的精神,对于是否存在诊疗关系,应综合挂号单、交费单、病历、出院证明及其他能证明存在医疗行为的证据加以认定。

(2)对损害后果的认定。“无损害则无责任”,在医疗损害责任纠纷中只有在损害后果实际发生的情况下,才需要考虑是否要由医疗机构承担损害赔偿责任。患者对于医疗损害责任纠纷中的损害事实承担举证证明责任。这就意味着患者必须提供证据证明自己的人身受到损害,即证明自己的生命权、健康权、身体权等权利受到了损害的客观事实。一般要证明以下事实:其一,哪种权利受到侵害,是生命权、健康权还是身体权;其二,受到的人身伤害后果是一般伤害、残疾还是死亡;其三,受到的财产损失,如医疗费、误工费等;其四,是否存在精神损害。

(3)对《侵权责任法》第 58 条规定三种情形的认定。《侵权责任法》第 58 条规定的三种推定医疗机构有过错的情形,首先应当由原告一方提供证据证明这些事实的存在，才可以推定医疗机构有过错。如果原告不能提供证据予以证明，自无法进行过错推定。实践中对于上述三项事实的证明能否达到过错推定的程度，有时也会发生争议，医疗一方提出反驳证据的，法官应综合考虑双方提交的证据的证明力大小，按照民事诉讼法解释规定的证明标准，做出认定。

对当事人所举证据材料，应根据民事诉讼法及其司法解释的相关规定进行综合审查。《八民会纪要》对此作了大致相似的表述，“对当事人所举证据材料，应根据法律、法规及司法解释的相关规定进行综合审查。因当事人采取伪造、篡改、涂改等方式改变病历资料内容，或者遗失、销毁、抢夺病历，致使医疗行为与损害后果之间的因果关系或医疗机构及其医务人员的过错无法认定的，改变或者遗失、销毁、抢夺病历资料一方当事人应承担相应的不利后果；制作方对病历资料内容存在的明显矛盾或错误不能作出合理解释的，应承担相应的不利后果；病历仅存在错别字、未按病历规范格式书写等形式瑕疵的，不影响对病历资料真实性的认定。”

2. 对于免责或者减责事由的举证证明责任

免责事由是指被告针对原告的诉讼请求而提出的，证明原告的诉讼请求不成立或不完全成立的事实。在侵权责任法中，免责事由是针对承担民事责任的请求而提出来的，所以，又称免责或减轻责任的事由，也叫作抗辩事由。[①] 免责事由具有法定性，法律对其采取列举的形式加以规定，而抗辩事由是无法列举的，凡是可以起到对抗效果的事实和理由都可以纳入抗辩之中。由此可见，抗辩事由的外延要比免责事由大得多，它是一个可以包括免责事由的概念。[②] 也有意见进一步认为，抗辩事由不仅包括免除责任的情形，也包括减轻责任的情形。而被侵权人对于损害发生的过错，属于减轻侵权人责任的情形。将被侵权人的过错作为侵权人的抗辩事由，并不妨碍在侵权人没有据此抗辩的情况下，法院在确定损害赔偿额时可以主动考虑被侵权人过错的情形，即法院可以斟酌被侵权人的过错程度，确定减少损害赔偿的数额。[③]

---

① 王利明、杨立新：《侵权行为法》，法律出版社1997年版，第76页。

② 王利明等主编：《侵权责任法裁判要旨与审判实务》，人民法院出版社2010年版，第159页。

③ 王胜明主编：《〈中华人民共和国侵权责任法〉条文解释与立法背景》，人民法院出版社2010年版，第112页。

《侵权责任法》第三章专门规定了一般情况下免责和减责情形的内容,侵权责任法分则有关侵权责任不同类型中也有免责事由的规定。对此在适用上应该理解为前者是关于免责事由的一般性规定,后者则属于特殊规定,在侵权责任法分则有特殊规定的情况下,则应当适用该特殊规定,在没有特殊规定或者该特殊规定并没有排除上述侵权责任法总则的三种关于免责事由一般性规定的情况下,则就要适用该一般性规定。具体到医疗损害责任的情形,《侵权责任法》第三章规定的一般情况下免责和减责情形的内容,如损害是因受害人故意造成的,行为人不承担责任;再如,因不可抗力造成他人损害的,不承担责任等。上述免责事由的规定,对于医疗损害责任也是适用的。在医疗损害责任中,如果构成不可抗力造成不良后果,应当依据《侵权责任法》第 29 条规定免除责任或者减轻责任。例如,医务人员在手术过程中发生地震,造成患者死亡或者不良后果,当然可以免除责任。确定适用不可抗力免责或者减轻责任的规则,应当是医疗机构在正常的医疗活动中造成患者的损害,其直接原因是不可抗力,不是医疗过失所致,因而应当免责。如果不可抗力与医疗过失作为造成损害的共同原因的,则应当根据过错程度和原因力的分析,确定医疗机构减轻责任。①

《侵权责任法》在"医疗损害责任"一章第 60 条第 1 款对于医疗损害责任的免责事由作了进一步的特殊规定,患者有损害,因下列情形之一的,医疗机构不承担赔偿责任:(1)患者或者其近亲属不配合医疗机构进行符合诊疗规范的诊疗;(2)医务人员在抢救生命垂危的患者等紧急情况下已经尽到合理诊疗义务;(3)限于当时的医疗水平难以诊疗。对于第一项情形,一般而言包括两种类型:一类是患者主观上故意不配合的情形。虽然实践中这一情形相对较少,但在近年来"医闹"问题不断出现的情况下,故意不配合的情形也有多发现象。另一类是过失的情况,其较为常见,比如不遵医嘱错误用药、错误饮食甚至饮酒等情形导致病症加重甚至出现并发症等的情形,医疗机构不承担赔偿责任。对于患者囿于其医疗知识水平的局限而对医疗机构采取的诊疗措施难以建立正确的理解,从而导致其不遵医嘱、错误用药等与诊疗措施不相配合的现象,是否属于患者一方不配合诊疗的行为问题,我们认为,通常需要根据个案具体情况判断医

① 杨立新:《侵权法论(第五版)》,人民法院出版社 2013 年版,第 602 页。

务人员是否向患者一方履行了相应的告知说明义务或者存在其他过错情形。若医务人员已经尽到相应义务，患者的损害是因患者或者其近亲属不配合的行为所致，则医疗机构对此不应当承担赔偿责任。

对于第二项在抢救生命垂危的患者等紧急情况下，如何判断何为“合理诊疗义务”。立法机关认为，考虑到在紧急情况下，患者生命危在旦夕，抢救时间紧迫，医务人员对患者的病情及病状无法作详细的检查、观察、诊断，难以要求医生具有与平常时一样的思考时间、判断能力和预见能力。对于这种情况，法律对医生在注意程度上的要求相对低于一般医疗时的情形。具体而言，根据现行的诊疗规范，紧急情况下合理的诊疗义务包括如下四个方面：一是对患者伤病的准确诊断。对患者伤病的准确诊断是正确实施治疗措施的前提。如情况紧急，应当采取控制患者伤病恶化的紧急措施后，再作进一步诊断和治疗。二是治疗措施的合理、适当，包括治疗措施和治疗用药的适当、合理。三是谨慎履行说明告知义务。紧急情况下，如果事前告知不可行，那么采取紧急救治措施后仍应履行该项义务。四是将紧急救治措施对患者造成的损害控制在合理限度之内。结合上述情况，如果医务人员已经尽到在紧急救治情况下医务人员通常应尽到的诊疗义务，即合理诊疗义务的，医疗机构不承担赔偿责任；否则，即便是为抢救生命垂危的患者，但医务人员未尽到紧急救治情况下医务人员应尽到的合理诊疗义务，医疗机构仍难以免除其赔偿责任。① 从审判实务的角度来讲，如何认定紧急情况下医务人员已经尽到合理诊疗义务，这涉及专业判断问题，必要时可以通过鉴定来解决。

对于第三项规定的“限于当时的医疗水平难以诊疗”，关键在于如何判断“当时的医疗水平”。对医务人员采取的诊疗行为是否存在过错的判断，只能基于当时的医学科学本身的发展，即是否尽到与当时的医疗水平相应的诊疗义务，尽到该项义务的，就视为医疗机构及其医务人员没有过错，对于患者的损害不承担赔偿责任。但对于诊疗行为是否尽到当时医疗水平要求下的义务往往属于专业判断问题，必要时可以通过鉴定来解决。

---

① 王胜明主编：《〈中华人民共和国侵权责任法〉条文解释与立法背景》，人民法院出版社 2010 年版，第 240 页。

特别应当注意的是，在第一种情形下，医疗机构及其医务人员也有过错的，仍然应当承担相应的赔偿责任。从规范的内容看，《侵权责任法》第60条第1款第1项规定的患者或者其近亲属存在过错的情形，对此结合《侵权责任法》第26条的规定，应当适用过失相抵规则，而结合第60条第2款的规定，这实际上是过失相抵规则在医疗损害责任领域的具体化。换言之，患者或者其近亲属不配合医疗机构进行符合诊疗规范的诊疗情形下医疗机构完全免责的前提，必须是医疗机构及其医务人员没有过错。如果患者或者其近亲属有不配合诊疗的行为，但医疗机构及其医务人员也有过错的，医疗机构仍应对患者的损害承担相应的赔偿责任。[①] 在第二、三种情形下，依侵权责任法规定，即不能认定医疗一方具有过错，因此不存在医疗机构或者其医务人员有过错仍然要承担责任的问题。基于立法原意的考量，按照反对解释，在这两种情形应当排除过失相抵规则的适用。

另外有意见认为，对于医疗机构主张存在《侵权责任法》第60条规定情形的情况下，存在与《侵权责任法》第58条规定的推定过错之间协调的问题，即医疗机构存在第58条规定情形而被推定过错时，同时又存在第60条规定的免责事由时如何处理的问题。我们认为，对于这一问题的处理的基本思路是应当坚持免责事由能够对抗责任构成要件事实的基本规则。医疗损害责任的一般归责原则是过错责任原则，医务人员是否尽到了相应的诊疗义务，这是判断医疗机构是否有过错的基础。按照过错责任的要求，医疗机构承担医疗损害责任须要以医疗机构及其医务人员有过错作为基本构成要件，存在《侵权责任法》第58条规定情形的，就应当推定医疗机构具有过错，即符合了医疗损害责任构成中的过错这一基本要件。但从《侵权责任法》第60条第1款规定的三种免责事由看，它们所对抗的首先就是医疗损害责任构成中的过错这一要件，甚至同时还可能对抗诊疗行为违法性或者因果关系的要件，比如上述第1项的内容，就能发生阻却这三个要件事实的效力。因此，在医疗机构主张《侵权责任法》第60条第1款第1项免责事由的，又存在《侵权责任法》第58条规定的推定医疗

---

① 王胜明主编：《〈中华人民共和国侵权责任法〉条文解释与立法背景》，人民法院出版社2010年版，第238页。

机构有过错的情形的,可以按照过失相抵处理。但如果存在《侵权责任法》第60条第1款规定的第2项、第3项免责事由的,则可以认定医疗机构并不存在过错,此时即使存在《侵权责任法》第58条规定的推定医疗机构有过错的情形,也应当免除医疗机构的侵权责任。

3. 关于鉴定程序的申请主体问题

医疗损害责任构成中诊疗过错、诊疗行为与损害后果之间因果关系问题甚至损害的大小等都属于专业性很强的专门性问题,医疗损害鉴定对于医疗损害责任纠纷责任的确定具有极其重要的作用。医疗损害责任纠纷中举证证明责任的分配与确定鉴定程序启动的主体密切相关,如果将医疗损害责任构成要件事实的举证证明责任分配给患者,则按照当事人主义诉讼模式的要求,则原则应当由患者一方来申请鉴定从而启动鉴定程序。有意见认为,这样将会影响医疗机构启动鉴定的积极性,甚至会将申请鉴定的责任完全加给患者。我们认为,本条规定既没有规定患者应当申请鉴定,也没有否定医疗机构申请鉴定的情形。本条规定的重要考虑是对患者构成举证证明责任的缓和,即对医患双方在举证责任分配上给予适当平衡。尤其是上述有关医疗过错的证明,并非患者仅提供其到医院就诊受到损害的证据就能完成举证。正因如此,本条第2款明确规定了"患者无法提交医疗机构及其医务人员有过错、诊疗行为与损害之间具有因果关系的证据,依法提出医疗损害鉴定申请的,人民法院应予准许。"同样,患者对于自身损害的大小,如何定残评残等问题也需要通过鉴定来解决,这些情形以及其他有关医疗损害责任大小确定的案件事实与患者一方切身利益有关,患者基于维护自身利益所需,有必要时也应当申请鉴定。有意见指出在本条鉴定的情形要对医疗机构申请鉴定的情形也予以规定。经研究,这一规定旨在赋予患者在难以举证时的一个缓和举证责任的出路,在此规定医疗机构申请鉴定在逻辑衔接上不尽妥当。而且第3款规定医疗机构承担举证证明责任本身就意味着其根据案件具体情况需要申请鉴定的,可以申请鉴定。对于医疗机构而言,其举证证明相关免责事由时,尤其是对于阻却侵权责任构成的事由进行举证时,也会涉及专业判断问题,这往往也需要申请鉴定来解决。还有,考虑到在不少案件中,因病致贫的情形较为多见,患者一方经济实力与医疗机构差距甚大,一概要求患者申请鉴定,涉及可能数额不菲的鉴定费预交问题,无疑会加重患者经济负担。也正因如此，为推动构建和谐医患关系，缓和患者的举证责任负担，本条第3款明确规定了对有关免责、减责事由以及阻却责任构成的事实承担举证证明责任。

在本解释起草过程中有意见指出，条文表述中对于患者的“提交证据”与医疗机构“承担举证证明责任”之间有什么区别？是否将患者的举证责任也明确写明为“对下列事实承担举证证明责任”，原有对患者的表述是否意味着提交证据的责任仅是行为意义上的举证责任呢。经研究，“提交证据”的提法主要是从行为意义上的举证责任的规定，比直接规定承担举证证明责任在表述上要缓和一些，也可以与医疗机构对免责事由承担举证证明责任相衔接。换言之，本条第3款规定内容从举证责任分配的形式上看，有利于人民法院根据案件具体情况灵活能动的指导双方当事人中的一方或者共同来申请鉴定，避免完全将鉴定申请的义务交由患者或者医疗机构一方，而另一方拒绝申请鉴定而必须由法院职权启动鉴定或者因没有启动鉴定而完全按照举证责任分配判决带来的实体不公而难以彻底解决纠纷的问题出现。

4. 本条规定与立案登记的关系

需要特别说明的是，本条关于举证责任分配的规定，属于在医疗损害责任纠纷案件审理过程中的法律适用规则，并不涉及案件的立案条件问题。医疗损害责任纠纷案件的立案应当按照立案登记制的要求，依法做到有案必立、有诉必理。

【典型案例指引】

薛某、关魁某等与被申请人郑州市第一人民医院医疗损害责任纠纷案①

基本案情

2012年4月12日，关宇某以“发现心脏杂音5年余”为主诉到第一医院处就诊，第一医院门诊以“先天性房间隔缺损”收入先心病区住院治疗，入院诊断为：先天性房间隔缺损、21－三体综合征。2012年4月12日的住院记录上专科检查显示“呼吸节律规整……呼吸运动两侧对称，未触及语颤及胸膜摩擦感，双

① 案号：(2015)豫法民提字第00390号。

肺呼吸音清晰,未闻及干湿啰音。"病程记录显示:4 月 18 日,第一医院在全麻低温体外循环下对关宇某行房间隔缺损修补术,并给予呼吸机辅助呼吸。4 月 19 日,关宇某双肺呼吸音粗,闻及少量干湿啰音……考虑灌注肺出现。4 月 20 日,充分吸痰后拔除气管插管,给予面罩吸氧,患儿呼吸平稳,无呼吸困难。5 月 3 日,关宇某出院,出院记录上载明:出院诊断为:"先天性心脏病:房间隔缺损、动脉导管未闭",出院医嘱为:(1)注意休息,避免剧烈运动;(2)3 个月后复查心脏彩超;(3)若病情出现变化,随时来院就诊。

同年 5 月 5 日,关宇某以"反复喘息 15 天,再发加重 1 天"为主诉到第一医院就诊,第一医院门诊以"急性支气管炎、21 - 三体综合征"收入儿科一病区住院治疗,入院诊断为:急性支气管炎、21 - 三体综合征。第一医院对关宇某给予头孢西丁钠针、阿糖腺苷针抗感染,配合平喘、化痰止咳等对症治疗处理,住院 4 天。经复查血常规及 CRP 正常。5 月 9 日关宇某出院,出院诊断为:急性支气管炎、21 - 三体综合征。出院医嘱载明:(1)继续巩固治疗,避免受凉,防止感冒;(2)合理营养,加强护理;(3)如有不适,及时来院就诊。

同年 5 月 21 日,关宇某到驻马店市中心医院就诊,在进行胸部正位检查后,该院影像诊断报告显示影像表现为:"两侧胸廓对称,气管居中;两肺野内带可见索条状及片子高密度影,双侧肺门阴影增浓;双侧膈面光整,双侧肋膈角锐利";印象为:"考虑两肺感染,请结合临床。"5 月 31 日,关宇某又到该院进行胸部正位检查,影像表现为:"临床提示肺炎治疗后:两侧胸廓对称,气管居中;两下肺野条片状高密度影,双侧肺门阴影增浓;双侧膈面光整,双侧肋膈角锐利";印象为:"两肺感染治疗后,请对比原片。"6 月 12 日,关宇某到河南省胸科医院进行胸部 CT 平扫,该院出具的检查报告单显示:"双肺散在结节及片条影,邻近胸膜增厚粘连,双肺野局限透光度增强,纵隔及两腋窝见增大淋巴结影,胸壁骨质及软组织未见异常。"印象为:"两肺感染灶并局限疱性气肿;纵隔及两腋窝淋巴结增大;请结合临床考虑。"6 月 13 日,关宇某到郑州市儿童医院进行鼻咽镜检查,该检查报告显示镜检所见为:"喉黏膜呈慢性充血,声门上区,双声带也轻度充血,声带稍肥厚,活动好,声门闭合欠佳,声门下气管狭窄。"诊断为:"1. 慢性喉炎;2. 气管狭窄。"建议为:"转上级医院诊治。"

同年 6 月 20 日,关宇某以"气急、呼吸困难 2 月余"到上海交通大学医学院附属新华医院(以下简称新华医院)处就诊,新华医院门诊以“声门下狭窄、先心术后”收入耳鼻喉颈外科住院治疗,入院诊断为:声门下狭窄、先心术后。7月1日,新华医院对关宇某实施了全麻下行气管镜探查+气管切开术。关宇某于7月13日出院,出院小结上载明:出院诊断为:“声门下狭窄、先心术后”,出院时情况为:“体温正常,一切情况可,呼吸平稳,无吸气性凹陷,咽部无充血,两肺呼吸音清、对称。”出院后用药及建议为:“出院3月后门诊随访(周二、五下午黄琦主任专家门诊),忌硬、烫食物。带药:可尔生75mg*2盒,每日3次,每次1包,口服。”

同年7月16日,关宇某到驻马店市中心医院进行胸部CT检查后,该院影像诊断报告显示影像表现为:“胸廓对称,纵隔居中;肺窗显示两肺内见多发片状、斑片状高密度影,密度不均,边界模糊。左肺下叶肺透亮度增强;纵隔内见多发囊样低密度气体影;胸部皮下见低密度气体影;纵隔窗显示两肺门无增大,气管内见插管影;纵隔未见肿大淋巴结。”印象为:“1. 两肺炎性病变。2. 胸部皮下及纵隔积气。3. 左肺下叶局限性肺气肿。”

2013年1月19日,关宇某以“咳嗽、气喘3天,加重1天”为主诉到驻马店市中心医院儿童重症科住院治疗,入院诊断为:(1)支气管肺炎;(2)呼吸功能不全;(3)气管切开术后;(4)先天性心脏病术后。同年1月23日出院,出院记录上载明:出院诊断为:(1)支气管肺炎;(2)呼吸功能不全;(3)气管切开术后;(4)先天性心脏病术后。出院医嘱载明:(1)院外巩固治疗;(2)预防感染;(3)注意个人卫生;(4)不适时随诊。

2013年6月18日,关宇某以“气管切开术后1年”到郑州市儿童医院耳鼻喉科住院治疗,入院诊断为:(1)喉狭窄;(2)气管切开术后状态;(3)21-三体综合征;(4)先天性心脏病(术后)。2013年6月19日,该院对关宇某实施了局麻下更换气管套管手术,给予头孢西汀抗感染对症治疗。关宇某于6月20日出院,出院记录上载明出院诊断为:(1)喉狭窄;(2)气管切开术后状态;(3)21-三体综合征;(4)先天性心脏病(术后)。出院医嘱为:(1)做好气管切开术后护理;(2)不适随诊。

关宇某认为第一医院在2012年4月12日至5月9日住院手术治疗过程中进行呼吸插管,导致原告出现支气管肺炎及灌注肺症状,第一医院在医疗过程中存在过错,对关宇某的人身造成损害,向人民法院提起诉讼。

本案审理过程中,关宇某申请进行鉴定,鉴定请求为:(1)对治疗过程中第一医院是否构成医疗过错进行鉴定;(2)对关宇某的人身损害结果与第一医院的医疗行为是否存在因果关系及第一医院的医疗过错参与度进行鉴定;(3)对关宇某的伤残等级程度、护理人数以及期间、营养期间、后期治疗费用进行鉴定。一审法院于2013年6月5日委托河南同一法医临床司法鉴定所进行鉴定,该鉴定所以案件案情复杂,难以较好完成本案件鉴定工作为由终止鉴定。后经第一医院申请,一审法院调取了关宇某在上海交通大学医学院附属新华医院2012年6月20日至2012年7月13日住院治疗的全套住院病历,委托司法鉴定科学技术研究所司法鉴定中心对关宇某的申请进行鉴定。2013年10月28日,一审法院技术科作出退卷通知:“司法鉴定科学技术研究所司法鉴定中心认为根据现有材料,无法出具明确的鉴定意见,故本案不予受理。致使本次鉴定无法进行,鉴定机构终止此次鉴定。”后经关宇某、第一医院双方同意,一审法院委托北京法源司法科学证据鉴定中心对关宇某的申请进行鉴定,该中心于2013年12月17日出具不予受理说明函,以“患儿手术后出现呼吸困难的病情在临床上比较少见,患儿本身发育存在先天性异常,对该术后的病情评价系并发症还是过失行为非常困难,属于疑难复杂案件,超出我中心鉴定能力”为由不予受理。

本案判决:驳回原告诉讼请求。二审、再审均予以维持。

裁判理由

一审法院认为,当事人对自己提出的诉讼请求所依据的事实或者反驳对方诉讼请求所依据的事实有责任提供证据加以证明。没有证据或者证据不足以证明当事人的事实主张的,由负有举证责任的当事人承担不利后果。根据《侵权责任法》的规定,医疗机构承担赔偿责任的情形有两种:其一,在医疗损害责任纠纷案件中,患者在诊疗活动中受到损害,医疗机构及其医务人员有过错的,由医疗机构承担赔偿责任。其二,在诊疗过程中,医疗机构未尽相关诊疗义务,应承担赔偿责任。本案中,应当事人申请先后三次委托相关司法鉴定机构对第一医院在对关宇某实施的诊疗活动中医疗过错参与度以及第一医院的医疗行为与损害后果之间是否存在因果关系等事项进行鉴定,但均被退回,造成本案鉴定不能，故无法确认第一医院在诊疗活动中是否存在过错。关于第一医院是否尽到诊疗义务，由于关宇某未提交相应证据证明第一医院没有尽到诊疗义务，故不能确认第一医院没有尽到诊疗义务。综上，关宇某要求第一医院赔偿相关损失的诉讼请求，证据不足，理由不能成立。

二审法院认为，当事人对自己提出的主张，有责任提供证据。根据《侵权责任法》第七章关于医疗损害责任的相关规定精神，患者在诊疗活动中受到损害，医疗机构及其医务人员有过错的或者医务人员在诊疗活动中未尽到相应诊疗义务的，由医疗机构承担赔偿责任，适用过错责任归责原则。结合本案，一审法院根据关宇某的申请事项，先后三次委托相关司法鉴定机构进行鉴定，均因疑难复杂鉴定不能而被退卷，法院也无法确定第一医院在本案纠纷中是否存在过错或者未尽到应有的诊疗义务。故一审法院以关宇某要求第一医院赔偿相关损失的诉讼请求证据不足为由，判决驳回关宇某诉讼请求并无不当。

再审法院认为，从第一医院提交的关宇某病历的整体内容看，在 2012 年 5 月 3 日夜晚至同年 5 月 5 日期间，第一医院对关宇某未实施任何诊疗行为，薛某、关魁某也未能提交第一医院在此期间对关宇某实施诊疗行为的有力证据，故根据本案现有证据不能认定，2012 年 5 月 3 日夜晚至同年 5 月 5 日期间第一医院对关宇某实施了诊疗行为，也不能认定第一医院存在隐匿病历的行为。在一审审理过程中，经一审法院委托，鉴定机构进行了三次鉴定，均因疑难复杂鉴定不能而被退卷，三次鉴定均未认定第一医院在诊疗过程中存在过错。薛某、关魁某的再审理由不能成立，本院不予支持。一、二审判决正确，应予维持。

裁判指引 7

本案作为诊疗损害责任纠纷，原告起诉要求医疗机构承担医疗损害责任，依法应当承担举证责任。本案法院按照《侵权责任法》第 54 条的规定，明确由原告对其主张的医疗损害责任承担医疗过错、因果关系的举证证明责任，属于对本案要件事实的举证证明责任，分配合法。鉴于对于判断医疗机构是否存在诊疗过错属于高度专业性问题，原告没法自行提供证据证明，此时应当准许当事人申请医疗损害责任鉴定，对是否有医疗过错以及与损害之间的因果关系进行鉴定。本案人民法院依原告之申请，先后向三家鉴定机构委托鉴定。但由于鉴定问题过于复杂，三家鉴定机构均无法作出鉴定意见。原告既无提供证据证明医疗机构存在过错，通过鉴定也没有取得鉴定意见，因此无法证明医疗机构存在医疗过错。三级法院按照民事诉讼法和民事诉讼法解释的规定，综合案件相关证据和事实，无法认定医疗机构存在医疗过错，则由负有举证责任的一方承担不利的法律后果，因此判决驳回原告的诉讼请求。

【相关法条链接】

《侵权责任法》第 54 条、第 58 条、第 60 条，《民诉法解释》第 90 条、第 91 条、第 284 条，《民诉证据规定》第 4 条第 1 款第 8 项，《审理食品药品案件规定》第 5 条，最高人民法院《关于审理侵害信息网络传播权民事纠纷案件适用法律若干问题的规定》（以下简称《侵害信息网络传播权案件规定》）第 6 条。

第五条 患者依据侵权责任法第五十五条规定主张医疗机构承担赔偿责任的,应当按照前条第一款规定提交证据。

实施手术、特殊检查、特殊治疗的,医疗机构应当承担说明义务并取得患者或者患者近亲属书面同意,但属于侵权责任法第五十六条规定情形的除外。医疗机构提交患者或者患者近亲属书面同意证据的,人民法院可以认定医疗机构尽到说明义务,但患者有相反证据足以反驳的除外。

【起草背景】

本条是关于侵害患者知情同意权责任纠纷中举证证明责任分配规则的规定。这其中的关键问题是医疗机构及其医务人员是否尽到说明义务以及其未尽到说明义务与患者损害后果有无因果关系的问题。尤其是医疗机构是否尽到说明义务的问题,在事实分类上属于消极事实,对此如何分配举证证明责任,在理论和实务上存在较大争议。第一种意见认为,侵害患者知情同意权案件的归责原则应为无过错责任原则,患者无须对医务人员是否具有过错承担举证责任,但应当对损害事实和因果关系要件承担举证责任。医务人员是否尽到说明义务,应当由医疗机构承担举证责任,主要理由在于:第一,由于医务人员未尽到说明义务,对于患者而言属于待证法律事实中的“消极事实”,患者对此难以举证。而且医疗机构本身负有妥善保管病历资料的义务,客观上掌控着患者的病历资料,医疗机构对其尽到说明义务比较容易完成举证。第二,将医务人员尽到说明义务的举证责任分配给医疗机构,有利于督促医疗机构规范诊疗行为,更有利于保护患者知情同意的权利。第二种意见认为,医疗机构是否尽到说明义务的举证责任,通常应当由患者承担,因为这实质上是医疗机构及其医务人员是否有过错的问题,由患者来举证,符合医疗损害责任采过错责任原则的基本法理。而且这也涉及专门性问题,通常需要通过鉴定来解决,明确由患者举证,本质上仅是涉及由谁来申请启动鉴定程序的问题。让医疗机构承担过重的举证责任,也可能会引发医疗机构的保守治疗、过度检查等问题,给医疗机构过重的负担,也不利于医学的进步,最终影响的是全体人民群众的健康福祉。本解释在深入调研,综合各方意见的基础上最终规定了患者依据《侵权责任法》第55条规定主张医疗机构承担赔偿责任的,应当按照前条第1款规定提交证据。对于实施手术、特殊检查、特殊治疗的,医疗机构应当承担说明义务并取得患者或者患者近亲属书面同意,但属于《侵权责任法》第56条规定情形的除外。医疗机构提交患者或者患者近亲属书面同意证据的,人民法院可以认定医疗机构尽到说明义务,但患者有相反证据足以反驳的除外。这一规则实际上采取了相对折中的方案,对患者予以一定的举证责任缓和。调研中,也有高级人民法院建议明确医疗机构的说明义务的范围,不能仅有患者的书面同意即认为医疗机构尽到说明义务。经研究,这一建议有一定道理,对于医疗机构是否尽到说明义务(包括完全尽到或者部分尽到的情形)的问题,本解释明确规定了患者可以通过反证推翻其签署的书面同意。而且医疗机构说明义务的范围问题非常复杂,可能因具体疾病的不同而不同,有关法规规章也没有明确规定,而且这也涉及专业判断问题,并非本解释所能涵盖,故对此未作规定。涉及说明义务是否履行问题,患者一方可以通过申请鉴定来解决。调研中也有意见指出,应该由医疗机构对说明义务承担举证责任,患者对此无法举证。也有意见指出,从医疗服务合同履行的角度讲,医疗机构尽到说明义务的举证责任应当由医疗机构来承担。我们经研究后认为,有关消极事实的举证责任究竟如何分配,争议非常大,而且有关合同履行的举证责任分配规则也不能简单套用到侵权责任当中。本条规定与第4条规定一脉相承,而且这也涉及专业判断问题,审判实践中多是将医疗机构是否尽到说明义务的问题一并纳入医疗过错的范畴通过申请鉴定来解决。

【条文释义】

一、关于举证证明责任分配的基本规则

我国民事诉讼实务上是以法律要件分类说中规范说的基本观点为依据,确定举证责任分配的规则。我国立法和司法层面均认为举证责任包括行为意义的举证责任和结果意义的举证责任两层含义。行为意义的举证责任也称为主观上的举证责任,是指当事人在具体的民事诉讼中,为避免败诉的风险而向法

院提出证据证明其主张的一种行为责任。结果意义的举证责任又称客观上的证明责任,是指待证事实的存在与否不能确定、真伪不明时,由哪一方当事人对不利后果进行负担的责任和风险。待证事实真伪不明,是指在诉讼结束时,当所有能够释明事实真相的措施都已经采用过了,但争议事实仍然不清楚(有时也称无法证明、法官心证模糊)的最终状态。由于结果意义的举证责任建立在法官不能因事实不清而拒绝裁判的理念之上,它所解决的是待证事实真伪不明时法官如何裁判的问题,实质上是对事实真伪不明的一种法定的风险分配形式。[①] 尽管《民诉证据规定》第2条内容上并未在对要件事实分类的基础上明确规定举证责任分配的基本内容,但根据法律要件分类说中规范说的理论理解举证责任分配一般规则观点,是最高人民法院自《民诉证据规定》以来的一贯立场。[②] 因此,《民诉法解释》第91条即采取法律要件分类说中规范说作为我国举证责任分配的原则。应该说,法律要件分类说相对于其他学说,规则上相对清晰、简单,也具有较强的操作性。而法律要件分类说中的一些缺点,如不能很好地兼顾个案公平,则可以通过实体法律和司法解释的特别规定予以矫正。[③] 依照该条规定,主张法律关系存在的当事人,应当对产生该法律关系的基本事实承担举证证明责任;主张法律关系变更、消灭或者权利受到妨害的当事人,应当对该法律关系变更、消灭或者权利受到妨害的基本事实承担举证证明责任。但法律另有规定的除外。此但书条款中的法律另有规定也应当包括司法解释另有规定的情形。此外,该条所称的"法律关系的基本事实"与构成要件事实为同义语,即法律关系构成要件所必需的事实。对于本条的适用,比如在合同法上,主张合同有效的,应当对合同有效的构成要件事实承担举证证明责任;同样,在侵权责任法上,主张过错责任的,则应该对过错责任的构成要件事实承担举证证明责任。《侵权责任法》第54条规定作为诊疗损害责任纠纷的一般条款,实际上确立过错责任的归责原则,在举证证明责任的法律适用上,也应当适用"谁

---

① 宋春雨:《论〈民事诉讼法〉司法解释中的若干证据问题的理解与适用》,载《法律适用》2015年第4期。

② 最高人民法院民事审判第一庭:《民事诉讼证据司法解释的理解与适用》,中国法制出版社2002年版,第24页。

③ 沈德咏主编:《最高人民法院民事诉讼司法解释理解与适用》(上),人民法院出版社2015年版,第316页。

主张,谁举证”的一般规则,这一点对于医疗机构未尽告知义务的情形,也不例外,因为在侵权责任法上,未尽告知义务,也就意味着医疗机构存在诊疗过错。

二、关于本条规定的具体适用

对于本条的适用,需要注意以下几点:

1. 关于患者一方关于本证事实的举证证明责任

依据本条第 1 款的规定,患者依据《侵权责任法》第 55 条规定主张医疗机构承担赔偿责任的,应当按照医疗损害责任举证证明责任的一般规则提供就医疗机构违反告知义务侵权责任构成要件事实相应的证据。具体而言,患者应当依据本解释第 4 条的规定提供到该医疗机构就诊的证据、受到损害的证据。对于医疗机构或者医务人员有过错的证据以及诊疗活动与损害事实之间具有因果关系的证据,按照举证责任分配的一般规则也应当由患者一方举证,考虑到这里的医疗机构或者医务人员有过错的证据即为医疗机构未尽到说明义务的证据,医疗机构未尽到说明义务本身及因果关系问题都涉及专业判断问题,而且医疗机构尽到说明义务的问题相对于患者而言属于消极事实,完全由患者进行举证可能会因患者举证能力等原因而无法举证。因此,在法律适用上,有关患者举证证明责任不仅要适用本解释第 4 条第 1 款的规定,对于第 4 条第 2 款的规定也应当适用,即允许患者通过申请医疗损害鉴定的方式来解决。此医疗损害鉴定申请是给患者缓解举证难的一个方法,并非将鉴定申请完全限定为患者一方的义务,医疗机构为维护自身诉讼权益及实体权利也可以就有关专门性问题积极举证,也可以通过申请鉴定的方式来确定过错及原因力的大小。

2. 实施手术、特殊检查、特殊治疗情形下举证证明责任的平衡

考虑到患者的举证能力以及《侵权责任法》第 55 条第 1 款规定的实施手术、特殊检查、特殊治疗的情况下医务人员不仅负有告知义务,还有取得患者或者患者近亲属书面同意的义务。为弥补患者举证能力不足可能带来实体处理不公而影响医患纠纷彻底化解的问题,本条第 2 款对患者作了进一步的举证责任缓和,规定了对于实施手术、特殊检查、特殊治疗的情形,由医疗机构承担尽到说明义务并取得患者或者患者近亲属的书面同意的举证责任。理由在于,第一,医疗机构客观上掌控着患者的病历资料,医疗机构对其尽到说明义务比较容易完成举证;第二,实施手术、特殊检查、特殊治疗对患者而言影响较大,要求

医疗机构承担举证责任,有利于督促医疗机构规范诊疗行为,切实维护患者合法权益;第三,在举证责任分配上适度平衡患者与医疗机构之间的关系,也有利于构建和谐的医患关系。

同样是基于平衡医患关系的需要,避免给医疗机构过重负担而影响医疗卫生事业发展,本条第2款明确规定了医疗机构提交患者或者患者近亲属书面同意证据的,人民法院可以认定医疗机构尽到说明义务。同时又规定了一个除外条款,即在患者提供了相反证据证明的情况下,仍应认定医疗机构未尽到说明义务,以有效保护患者合法权益。因为实践中,书面同意的内容与说明义务的要求有时可能会不尽一致,对于只要患者书面同意的,一概认定医疗机构尽到说明义务,可能会有失偏颇。这时应当允许患者一方通过反证对于书面同意的情形予以反驳,以更加符合审判实践的具体情况,也有利于医患纠纷的彻底化解。当然,由于诊疗活动中医疗机构说明义务的专业性问题,这里的患者一方的反证,往往也需要患者通过申请鉴定来解决。

在此还要注意的是,鉴于《侵权责任法》第56条规定了"因抢救生命垂危的患者等紧急情况,不能取得患者或者其近亲属意见的,经医疗机构负责人或者授权的负责人批准,可以立即实施相应的医疗措施",即在这一情形下医疗机构不能取得患者或者其近亲属意见,当然也就没有取得他们书面同意的可能,在此情形下医疗机构不必就其尽到说明义务及取得书面同意的问题承担举证责任。

【典型案例指引】

周某等与中国人民武装警察部队总医院医疗损害责任纠纷案①

基本案情

周某、徐凌某向原审法院诉称:2012年5月4日患者徐龙某步入中国人民武装警察部队总医院就诊,武警医院以脑出血后遗症将患者转入神经干细胞移植科。入院检查生命体征正常,专科检查一般情况:神志清,精神可,言语流利,对答切题,定向力、理解力、判断力、计算力正常,记忆力正常。2012年5月7日

① 案号:北京市第一中级人民法院(2014)一中民终字第03621号民事判决书。

武警医院给患者行干细胞移植术。2012 年 5 月 11 日行干细胞移植术并脑立体定位术。2012 年 5 月 16 日行干细胞移植术。2012 年 5 月 17 日医生通知“明天可以出院了”,家属要求观察两天,但武警医院没有同意。2012 年 5 月 18 日 14:00,徐龙某在万般无奈的情况下出院。2012 年 5 月 19 日凌晨 2 时左右,也就是出院后不足 12 小时家属发现徐龙某精神举止有异常情况,但因不懂得医学知识没有重视。7 时许发现患者情况不对,遂呼 120 急送武警医院救治。急诊头部 CT 示:左侧额颞顶部硬膜下出血。门(急)诊诊断:脑出血,昏迷,神经干细胞移植术后。武警医院于 2012 年 5 月 19 日 11:00 开始实施“左侧额颞顶硬膜下血肿清除术及大骨瓣减压术”,术前后诊断:(1)左侧额颞顶部硬膜下出血;(2)脑疝。术后患者呈昏迷状态,双瞳等大等圆 5mm,光反射迟钝,双侧巴宾斯基征(+),复查 CT 示:左侧硬膜下及硬膜外血肿,中线移位。于 2012 年 5 月 21 日再次行“左侧额颞顶硬膜下血肿清除术”。术后高热,呼吸机辅助呼吸。双瞳不等大,反射迟钝,病情急剧恶化,于 2012 年 5 月 27 日因抢救无效死亡。2012 年 5 月 28 日尸检证实:患者系干细胞移植术后及硬膜下出血血肿清除术后,病人硬膜下血肿形成,并继发脑水肿、脑内多灶性出血、软化,循外呼吸衰竭死亡。武警医院采取哄瞒欺骗手段令患者接受了一个并不认可的手术,导致患者命丧黄泉。武警医院没有履行告知义务,违法对患者实施了手术,干细胞移植手术知情同意书非患者本人签字;手术同意书也均非患者本人签字;神经干细胞移植手术系属第三类医疗技术,处于临床试验阶段,但武警医院对患者只字未提实验性临床医疗这个概念。武警医院医疗过错导致患者脑出血的发生并加重。武警医院没有告知术后注意事项,术后患者没有得到专业的护理指导和病情观察。脑立体定向术后并发颅内出血通常在术后 5~10 天发生而武警医院无视危险因素的存在,于术后第 7 天强行要求患者出院。武警医院强行要求患者提早出院,使患者并发脑出血没有得到及时的病情观察和救治。武警医院怠于履行救治义务,导致患者病情急剧恶化而死亡。武警医院伪造病历,并且不依法提供客观病历给患方。综上,武警医院违反医疗常规规范,违反《药物临床试验质量管理规范》《医疗技术临床应用管理办法》《执业医师法》《侵权责任法》《医疗事故处理条例》《世界医学会赫尔辛基宣言——涉及人类受试者的医学研究伦理原则》等法律法规,剥夺患者知情同意权,怠于履行职责,严重不负责任,伪造病历,不提供客观病历,在患者不知情的情况下,给患者实施了一个不该实施的实验医学研究行为,最终,直接导致患者不幸身亡的后果。医院应对其侵害患者知情同意权、侵犯患者健康生命权的侵权行为,承担法律后果。请求法院判令:(1)请求判令武警医院赔偿患者方医疗费 139625.99 元;(2)请求判令武警医院赔偿患者方陪护费 13549.80 元;(3)请求判令武警医院赔偿患者方误工费 3778 元;(4)请求判令武警医院赔偿患者方交通费、住宿费 27149 元;(5)请求判令武警医院赔偿患者方住院伙食补助费 1100 元;(6)请求判令武警医院赔偿患者方营养费 1100 元;(7)请求判令武警医院赔偿患者方死亡赔偿金 729380 元;(8)请求判令武警医院赔偿患者方丧葬费 31338 元;(9)请求判令武警医院赔偿患者方精神损害赔偿金 144276 元;(10)请求判令武警医院赔偿患者方尸检费、复印费、邮件费 9199.4 元;(11)请求判令武警医院赔偿我方尸体存放费 34380 元;(12)请求判令武警医院赔偿患者方司法鉴定费 15500 元。

武警医院向原审法院辩称:我方不同意周某、徐凌某诉讼请求,患者 15 年前因为脑出血遗留后遗症,后到我院神经干细胞科治疗,我方告知风险,患者家属签字同意治疗,进行治疗过程中,患者情况稳定,病情缓解后出院。5 月 19 日出现患者神志问题,经我院诊断急性脑出血,后进行手术,发现是新的出血,经过第二、三次出血,认为再行治疗没有太大意义,5 月 27 日患者徐龙某死亡。病人死亡后经过尸检,是硬膜下的出血,我方的医疗技术是经过武警后勤部批准,术前也进行了充分告知,患者出院后出现的情况是其自身情况所致,与我方无关,请求法院驳回周某、徐凌某诉讼请求。

原审法院经审理查明:周某系患者徐龙某的妻子,徐凌某系徐龙某与周某之子。徐龙某主因脑出血后左侧偏身感觉、运动障碍 15 年余。现病史记载患者于 15 年前在家休息状态下出现的嘴歪、左侧肢体活动障碍、无意识丧失、癫痫发作、二便失禁等情形。在辽宁中医院门诊就诊,诊断为“脑血栓”给予中药治疗,症状未见明显变化。2 天后自感肢体活动障碍加重,遂被朋友送至辽宁中医院行头颅 CT 检查示“右侧基底节区出血”,随后患者出现躁动、神志模糊等,给予脱水、营养神经等药物保守治疗 2 月后好转出院,出院时遗留左侧肢体活动障碍、左侧偏身感觉障碍。2 年前患者在当地医院行腰骶部 SPR 手术,术后左侧肢体发紧症状稍有缓解。

徐龙某于2012年5月4日以“脑出血后遗症”入武警医院就医。2012年5月6日病程记录记载,患者晨起精神状态佳,无发热。主任医师指示目前脑出血后遗症患者尚无明确、有效地诊疗手段,干细胞移植治疗该病是一种新的治疗方案,且有肯定的疗效,脑出血后遗症适合行干细胞移植;同患者家属交代病情及相关手术风险,并发症,患者及家属表示理解,同意并要求行干细胞移植治疗。

2012年5月7日行腰椎穿刺干细胞移植术,2013年5月10日术前小结记载术中及术后可能的危险级预防措施,术中术后颅内出血,脑损伤等。2012年5月11日行双额立体定向干细胞移植术,手术顺利,麻醉满意,术中出血少,生命体征平稳。术后无不良反应,说明患者对细胞接受好,现患者病情稳定。2013年5月16日行经右侧股动脉穿刺介入干细胞移植术,切口愈合良好。患者本疗程干细胞移植已结束,细胞移植入体内需要一段时间与抗体的整合过程,现患者病情较平稳,无特殊不良主诉,准予出院。患者徐龙某于2012年5月18日13时出院。出院医嘱:(1)继续康复、功能锻炼;(2)病情变化随诊。2012年5月19日患者因突发意识障碍伴肢体活动不利5小时,再次收入武警医院就诊,诊断:(1)脑疝;(2)左侧硬膜下出血;(3)神经干移植术后。患者于2012年5月19日10时入手术室在全麻下行“开颅脑内血肿清除术+去骨瓣减压术”。入科后给予脱水降颅压、脑保护、抗感染、营养支持、抑酸治疗,密观察患者瞳孔及意识变化,控制血压。于2012年5月21日上午9时15分再次推入手术室全麻下行“原切口入路左侧硬膜下血肿清除术”。术毕于12时5分由手术入ICU病房,入科时麻醉状态,高热,心率快,经口麻醉插管接呼吸机辅助呼吸,观双侧瞳孔不等大,对光反射略迟钝。次日观患者右侧瞳孔较前明显大,双侧瞳孔等大等圆,直径约6.0mm,对光反射消失,与神经创外科及神经干细胞移植科医生联系,暂无特殊处理,继续加强脱水治疗,促醒、营养脑细胞、营养支持及对症支持治疗。2012年5月27日患者心率突然下降至43次/分,立即给予心肺复苏,经积极多次专救,于当日15:16患者心电监护仍示直线,双侧瞳孔散大固定,无自呼吸,血压及血氧饱和度测不出,宣布患者死亡。患者徐龙某入院后先后两次行开颅颅内血肿清除术,最终抢救无效于2012年5月27日死亡。北京市尸检中心北京大学病理系尸体解剖报告书记载结论为:干细胞移植术后及硬膜下出血血肿清除术后病人,硬膜下血肿形成,并继发脑水肿、脑内多灶性出血、软化、循环呼吸衰竭。徐龙某第一次住院时间为2012年5月4日到18日,住院时间为14天;第二次住院时间为2012年5月19日到27日,住院时间为8天。2012年5月27日徐龙某死亡,终年56周岁。

诉讼中,周某、徐凌某向法院提出对本例病例进行医疗司法鉴定并预交了鉴定相关费用14000元,法院经委托北京法源司法科学证据鉴定中心(以下简称"法源中心")进行医疗司法鉴定,该中心出具司法鉴定意见书认为:"四、分析说明。1.关于患者自身脑血管疾病:送检病历材料记载,被鉴定人徐龙某于入院15年前在家休息状态下出现嘴歪、左侧肢体活动障碍,就诊医院行头颅CT检查示'侧基底节区出血';后患者出观躁动、神志模糊,经给予脱水、营养神经等药物保守治疗;出院时遗留左侧肢体活动障碍,左侧偏身感觉障碍。近年自觉左侧肢体活动障碍及麻木感逐渐加重。2012年5月4日,入中国人民武装警察部队总医院脑系科,入院查体见左侧肢体活动障碍,头部MRI检查示:右侧基底节区软化灶一右侧放射冠点状软化灶,因此,医方对患者病情做出脑出血后遗症诊断具有依据。2.关于干细胞移植相关问题:神经干细胞是指来源于神经组织或能分化为神经组织,具有自更新能力和多向分化潜能的一类细胞。近年来,神经干细胞研究和应于神经退行性疾病和中枢神经系统损伤治疗领域,已经成为一个新热点,具体方法有:(1)局部注射移植;(2)经脑脊液途径移植:(3)血液循环途径移植。但对于神经干细胞的临床研究和应用疗效,目前尚缺乏明确的定论,也未纳入卫生部、中华医学会或相关临床专学会认可或推荐的临床医学规范性治疗方法之一。且在前一时期,针对应用神经干细胞开展临床研究和应用存在的问题,卫生部和国家药品食品监督管理局联合下发《关于开展干细胞临床研究和应用自查自纠工作的通知》文件,要求全国各级各类从事干细胞临床研究和应用的医疗机构及相关研制单位,应当按照《药物临床试验质量管理规范》和《医疗技术临床应用管理办法》要求,开展干细胞临床研究和应用项目(暂不包括未经体外处理的骨髓移植)自查自纠工作,认真掌握已经和正在开展的干细胞临床研究和应用活动,如实报告调查内容。同时指出,对于军队和武警部队所属医疗机构的相关工作,由总后勤部卫生部和武警部队后勤部根据本通知要求参照执行方提供材料显示,院方根据中国人民武装警察部队后勤部卫批复卫医〔2006〕11 号文件,获同意开展神经干细胞移植治疗中枢神经系统损伤技术工作。对此本次鉴定认为,医院在开展神经干细胞的临床研究和应用方面获得相应的审批同意,但并不表明该项临床研究应用属于成熟、规范的治疗技术和方法,根据卫生部和国家药监局的文件该工作仍然具有临床研究性的特点,属于第三类医疗技术。因此在管理和告知方面应当遵循相关的卫生法律法规。3. 关于实施神经干细胞移植术告知和治疗方案。病历材料记载患者徐龙某入院后经 MRI 检查,显示右侧基节区软化灶,右侧放射冠点状软化灶,其脑组织病变在现有医学的诊疗技术和水平下,尚缺乏成熟性、规范性的治疗方法。而就目前的术研究性观点而言,神经干细胞移植对患者展现了一种探索性的医疗新技术方法可能。因此,神经干细胞移植作为一种临床研究性治疗法,在患者方全面了解和知情的基础上,不失成为其可选择的期待治疗方法之一。医患双方的陈述了解,医患双方在患者收入医院之前已经有过相应的接触性了解,本次收入医院接受神经干细胞治疗时,患者方对此已具有初步的认识。但审查医院手术知情告知书,未能完整地向患方介绍该治疗方法目前在临床医学中仍属于研究和应用的性质,治疗效果仍有待今后严谨的科学确认,在治疗上存在相应未知风险及并发症等内容。因此,医院的告知存在缺陷,在一定程度上影响了患者的知情和最终同意权。审查送检病历材料,本次治疗手术同意书并非患者本人签字;虽医院方提出患者患者 14 年前曾因患有'抑郁症'而未让其本人签字。但就本次治疗而言,一方面病历中未见医院对其本次住院期间是否仍然具有'抑郁症'进行会诊或评价;另一方面也未要求患者方民事授权人代理签字,在告知的法律程序上存在缺陷。但从病历材料记载,患者及家属对于实施神经干细胞移植治疗的医疗行为,客观上知晓配合,在一定程度上反映患者当时对于治疗方法的认可。病历材料记载,医院根据患者的病情共实施三次神经干细移植治疗,分别为腰穿干细胞移植术、头部立体定向干细胞移植术及经右侧股动脉介入术。以上三次干细胞移植手术治疗方案,家属在知情同意书进行签字。就移植治疗的方法学,符合现有学术资料上相关的观点,故本次鉴定认为该方法学无明显的争议之处。4. 关于脑出血问题送检病历材料记载,患者出院次日出现突发意识障碍伴肢体活动不利 5 小时,于 2012 年 5 月 19 日急诊入院。急查 CT 示左侧颞顶枕部硬膜下血,中线移位。入院查体见患者昏迷状态,GCS 评分 7 分,双瞳孔不等大、左侧 5mm,对光反射消失,右侧 2.5mm,对光反射灵敏。临床入院诊断:(1)脑疝;(2)左侧硬膜下出血;(3)神经干细胞移植术后。入院后遂急诊全麻下行左侧硬膜下出血开颅、血肿清除术十去骨瓣减压术,术中切开硬膜见黑色血凝块,逐渐清除颞部、额部、顶部血肿,量约 200ml。结合对 19 日颅脑 CT 复阅示左侧前额至枕部可见较大范围硬膜下血肿,血肿呈混合密度特点,鉴定人分析认为患者术后硬膜下血肿,不符合急性出血的表现,属亚急性出血特点。从与医疗行为关联性分析,鉴于双额脑立体定位神经干细胞移植术具有经颅骨铅钻钻孔侵袭性操作特点,且该操作客观上存在损伤颅骨脑膜血管、引发颅内出血并发症的可能性。因此,本次鉴定认为,从诊疗行为的特点以及出血部位、出血肉眼所见和 CT 所见特点,反映出患者术后脑出血与行双额脑立体定位干细扫胞移植术存在因果关系。5. 关于对双额脑立体定向干细胞移植术后围手术观察问题。患者术前 CT 显示脑萎缩、尤其以右颞叶萎缩更为明显,脑组织与颅骨之间存在一较明显的可容性空间。该空间在颅内慢性出血下,一定程度上可缓解出血占位性效应对脑组织的压迫作用。由于神经干细胞移植属于第三类医疗技术,仍处于研究和应用阶段,缺乏专业学会相关的指南、专家共识以及规范性操作指南或临床途径对该医疗行为进行规范。故开展此类医疗行为时,临床应参照神外科有关颅骨立体定向钻孔技术操作和临床要求,对患者加强围手期的观察、护理以及术后动态进行头部 CT 检查等。审查医方病历材料,术前小结预防措施中已经提示术中、术后可能在颅内出血,同时移植手术知情书告知内容有术后可能导致颅内出血,引起患者死亡情形。这些内容表明医方术前已经预料到术后有脑出血之医学危险,为慎重在出院前行头颅 CT 复查是必要的。医方对患者术后观察处理存在缺陷。综上所述,被鉴定人徐龙某入院诊断脑出血后遗症明确,给予神经干细胞移植在目前的学术研究和运用领域中,属于第三类医疗技术运用对象范畴。但医院在本次医疗技术性质开展的全面性告知方面存在缺陷,在实施头部立体定向手术移植神经干细胞后,未能参照相关技术规范对患者进行术后复查,因此,医院的诊疗工作存在过错,该医疗过错与患者术后颅内出血未能及时发现、最终死亡的结果具有一定的因果关系。在因果关系参与度评价方面,实际上属于目前临床法医学领域中最具争议的工作,本次鉴定认为评定其本质是建立在鉴定人内心判断基础上的一种学理性观点,不能与审判确定民事赔偿程度完全相同,是供法官审判和确定民事赔偿的一个考虑依据。本案鉴定人认为参与度需要考虑的因素有:(1)患者具有脑出血后遗症基础病,且脑萎缩病变呈现逐步加重性,给予相应的医学治疗包括新技术的治疗具有医学适用性的特点。(2)神经干细胞移植技术作为新的第三类医疗技术,一方面取得新闻注目的创新成绩、另一方面尚有待学术最终评价;本次鉴定无法对其临床运用的优劣进行评价。(3)本案神经干细胞移植作为一种新的运用治疗技术,患者方对其已具有一定程度的认识和了解,但在本治疗技术的性质和特点方面,医院对其全面性告知方面仍存在不足,以及术后参照相关技术规范进行复查存在不足。(4)患者自身脑萎缩病情程度对于术后疾病临床发展和判断,客观上带来的不利影响。因此,本次鉴定建议医疗过错与患者死亡因果关系参与度拟议评定为D级。五、鉴定意见。中国人民武装警察部队总医院对被鉴定人徐龙某行神经干细胞植的诊疗过程中,存有医疗过错,该医疗过错与被鉴定人死亡结果有一定因果关系,法医学参与度理论数值拟评定为D级,是否妥供法庭审判裁定。"

该鉴定报告送达双方后,武警医院对该鉴定意见书提出异议并申请鉴定人出庭接受质询,法源中心指派鉴定人温承茂出庭接受质询,鉴定人何颂跃、于龙出具授权委托温承茂代为出庭接受质询。温承茂接受了双方当事人的质询并进行了相应答复,重申了鉴定分析及结论意见。后武警医院向法院申请就本例重新鉴定,法院经合议后未受理其重新鉴定申请。

就医疗费赔偿一节,周某、徐凌某主张共计花费医疗费139625.99元,包括第一次住院医疗费58718.91元,第二次住院医疗费78158.45元,就此向法院提交了医疗费票据,武警医院对医疗费票据的真实性认可,但称第二次住院医疗费中有6万元是该院程医生代为支付并当庭追认程医生是以医院名义付款,周某、徐凌某对此亦表示认可,但武警医院并未就垫付的款项提出反诉并要求从医疗费赔偿额度中进行抵扣。就护理费一节,武警医院对周某的工资条不予认可。就交通费一节,武警医院称其只认可其中3张车票。就营养费一节,周某、徐凌某主张花费营养费共计1100元,但没有提供相应证据且当庭表示没有加强营养的医嘱或者证明。关于尸检费、复印费、邮寄费,武警医院对尸检费的真实性认可,但主张复印费、邮寄费不属于法定赔偿项目。周某、徐凌某主张因为武警医院拒不开具死亡证明产生尸体存放费34380元,武警医院主张周某、徐凌某为重复主张,尸体存放费应当包含在丧葬费中。

上述事实,有双方当事人陈述、住院病历、费用票据、鉴定书等证据材料在案佐证。

原审法院经审理认为:因医疗机构的医疗行为而构成侵权的,患者要求医疗机构承担民事责任必须满足以下条件:患者受到损害;患者的损害是由医疗行为引起的或两者之间存在因果关系;医疗机构在实施医疗行为时主观上存在过错;行为具有违法性。本案关键在于确定因果关系和医疗机构的医疗行为是否有过错。

为确定武警医院的医疗行为与徐龙某的死亡结果之间有无因果关系,是否存在医疗过错,法院委托了法源中心对本例进行了司法鉴定,该中心的鉴定结论指出武警医院对被鉴定人徐龙某行神经干细胞植的诊疗过程中,存有医疗过错,该医疗过错与被鉴定人死亡结果有一定因果关系,法医学参与度理论数值拟评定为D级。虽周某、徐凌某、武警医院对法源中心所做出的鉴定结论及答复持有异议,但均未向法庭提交充分证据证明该鉴定中心的程序严重违法、该鉴定机构或者鉴定人员不具备相关鉴定资格或该鉴定结论明显依据不足及不能作为证据使用的其他情形。依照《民诉证据规定》规定,法医鉴定结论在民事诉讼中作为证据使用,须经人民法院审查决定是否采信。经法院审查,法源中心及其鉴定人员具备相关鉴定资格,且双方均未能证明鉴定程序违法或鉴定结论有缺陷,该鉴定行为程序合法,鉴定意见依据充分,符合上述民事证据规则有关鉴定意见审核认定的规定,故法院对法源中心认定武警医院存在医疗过错及该过错与徐龙某死亡的损害后果之间存在一定因果关系的鉴定意见予以采信,因此,法院认定武警医院的医疗行为已构成对徐龙某生命权一定程度的侵犯,其应当承担相应的侵权民事责任,现周某、徐凌某要求武警医院承担相应的医疗损害赔偿责任,理由正当,予以支持。法院同时考虑到,徐龙某自身疾病特点及诊治过程中本身所具有的风险,故对武警医院应当承担的具体责任比例,将综合考虑武警医院的医疗过错程度及过错造成损害的原因力予以判定。

因武警医院对患者徐龙某的医疗行为存在过错且与徐龙某损害后果存在一定因果关系,故应当赔偿周某、徐凌某的合理的损失,包括医疗费、护理费、伙食补助费、住宿费、交通费、死亡赔偿金、精神损害赔偿金等。法院考虑到患者徐龙某治疗自身疾病的应付费用与医疗过失造成的实际损失难以截然区分，故参照双方的责任比例系数由双方予以合理分担。其中，就医疗费一节，武警医院主张徐龙某第二次住院的医疗费中有6万元为该院垫付，但该院并未在本案中提出反诉并主张从医疗费赔偿额度中予以抵扣，故法院不在武警医院应赔偿周某、徐凌某的医疗费额度中折抵该6万元垫付费用，武警医院可就该6万元垫付医疗费另行主张权利。就护理费一节，因患者徐龙某病情较重，需要专人陪护护理，该项损失应系合理损失范围，因周某仅提供了其工资条打印件且武警医院对此不予认可，但考虑到徐龙某护理的实际情况，故参照本地护工从事同等级别护理的劳务报酬标准以判定。就误工费的主张，因未提交相应的误工证明，故无法予以支持。就住宿费一节，因患者徐龙某系从外地前往北京就医，其住院期间需要陪护，故其陪护人员实际发生的住宿费，其合理部分应予赔偿，具体数额由法院予以判定。就交通费一节，因部分交通费票据与就医地点、时间、人数、次数不相符合，且武警医院仅对其中三张车票予以认可，考虑到患者就医必然产生交通费用，故法院将综合考虑责任比例、患者本人及家属合理的交通费损失予以判定。就住院伙食补助费一节，患者住院期间必然花费相应的伙食费，故法院对该项诉讼请求予以支持，具体金额将参照本地国家机关一般工作人员的出差伙食补助标准予以确定。就营养费一节，周某、徐凌某并未向法院提交加强营养的医嘱或者医疗机构的证明，故对周某、徐凌某的该项诉讼请求无法支持。就死亡赔偿金一节，该项诉讼请求属于法定赔偿项目，法院将按照本地上一年度城镇居民人均可支配收入标准计算。就精神损害抚慰金，因周某、徐凌某系死者徐龙某的近亲属，其有权向人民法院请求赔偿精神损害抚慰金，患者徐龙某死亡必将对周某和徐龙某的精神和心理带来痛苦，故应对周某、徐凌某进行相应的精神抚慰，其主张精神抚慰金赔偿的诉讼请求，法院予以支持，就精神损害抚慰金的具体数额，法院结合考虑武警医院的过错程度、侵权行为方式、侵权行为造成的后果、受诉法院所在地平均生活水平等因素综合判定。因周某、徐凌某主张的其他赔偿项目缺乏相应的法律依据，故法院对除前述赔偿项目之外的其他赔偿项目均不予支持。综上所述，依照《侵权责任法》第16条、第54条，《民事诉讼法》第64条第1款规定，判决如下：(1)中国人民武装警察部队总医院于本判决生效后7日内向周某、徐凌某赔偿医疗费68438.68元、护理费1100元、交通费1000元、住宿费1650元、住院伙食补助费550元、死亡赔偿金364690元、丧葬费15669.25元、精神损害抚慰金5万元，共计503097.93元。(2)驳回周某、徐凌某的其他诉讼请求。

判决后，周某、徐凌某、武警医院均不服原判，周某、徐凌某上诉认为：根据司法鉴定意见，武警医院存在风险告知不充分、未按照规范对脑手术患者进行术后复查及护理，直接与患者的死亡存在因果关系，应当承担100%的赔偿责任；我们提交了患者的尸体鉴定费、存放费以及相关复印和邮寄费的单据，应当判决武警医院予以赔偿，请求二审法院依法改判支持我们的全部诉讼请求。

武警医院上诉认为：鉴定意见不客观、不科学，鉴定人员对诊疗参阅不全面，不能作为定案的依据，患者自身所患疾病是患者死亡的原因，与我院的医疗行为无因果关系；患者入院后，我院已将治疗方案及风险和并发症向患者告知，神经干细胞移植手术受目前医疗发展水平限制，并发症难以避免，根据《侵权责任法》的规定，医疗机构不承担赔偿责任；我院为患者方垫付了6万元医疗费，双方对此均认可，依法应当予以扣除，鉴于一审法院认定事实错误，故请求二审法院依法改判或发回重审。

二审法院经审理查明：双方在二审审理期间均未提供新证据，原审法院对证据的审核符合法律规定，据此认定的事实二审法院予以确认。

裁判理由

法院生效裁判认为：医务人员在诊疗活动中未能尽到与当时的医疗水平相应的诊疗义务，造成患者损害的，医疗机构应当承担赔偿责任。本案中，因涉及的医疗活动具有高度的专门性、科学性和风险性，法院为查明医疗机构的医疗行为是否符合医疗法律、法规和规范的要求、医疗机构是否尽到与当时医疗水平相应的义务，委托具有资质的司法鉴定机构进行了鉴定，所得出鉴定意见是对案件事实的一种证明方法。该鉴定意见经具有鉴定资质、且与当事人没有利害关系的鉴定人员，依据了相关诊疗规范，结合双方当事人均认定的病历资料以及本案中其他证据作出，本院认为该鉴定意见具有专业性和科学性，双方当事人均没有提供足以反驳的证据和理由，其证明力本院亦予以确认。武警医院在对患者实施头部立体定向手术移植神经干细胞后，未能参照相关技术规范对患者进行术后复查,对患者发生的亚急性出血未能及时采取诊疗措施,未能尽到与其医疗水平相应的诊疗义务,存在医疗过错,其过错与患者的死亡后果具有因果关系,武警医院上诉认为其不应承担责任的抗辩主张,本院不予采信。一审法院参照司法鉴定评定的过错参与度,以及患者自身疾病发展的实际情况,酌定赔偿比例范围符合法律规定,周某、徐凌某上诉要求武警医院承担100%的赔偿责任,缺乏相应依据,本院不予支持。周某、徐凌某要求武警医院赔偿尸体检查、存放等费用的诉讼请求,虽然提供了支付凭证,但从该费用支出的目的性来判断,并不影响本案事实及责任的认定,与本案无直接关联性,故本院不予支持。关于武警医院垫付医疗费的问题,周某、徐凌某在诉讼中认可其提交法院的医疗费单据中,确有武警医院垫付的60000元医疗费,故由其实际支付的医疗费金额应为76877.36元,一审法院认为武警医院未以反诉的形式提出予以抵扣,不予认定不妥,本院予以纠正。综上所述,依照《侵权责任法》第16条、第54条,《民事诉讼法》第64条第1款、第170条第1款第2项之规定,判决如下:

1. 撤销北京市海淀区人民法院(2013)海民初字第5919号民事判决第一项。

2. 维持北京市海淀区人民法院(2013)海民初字第5919号民事判决第二项。

3. 武警医院于本判决生效后7日内赔偿周某、徐凌某医疗费38438.68元、护理费1100元、交通费1000元、住宿费1650元、住院伙食补助费550元、死亡赔偿金364690元、丧葬费15669.25元、精神损害抚慰金5万元,共计473097.93元。

4. 驳回武警医院的其他上诉请求。

5. 驳回周某、徐凌某的上诉请求。

裁判指引8

医务人员在诊疗活动中未能尽到与当时的医疗水平相应的诊疗义务,造成患者损害的,医疗机构应当承担赔偿责任。本案中,因涉及的医疗活动具有高度的专门性、科学性和风险性,法院为查明医疗机构的医疗行为是否符合医疗法律、法规和规范的要求、医疗机构是否尽到与当时医疗水平相应的义务，依法委托具有资质的司法鉴定机构进行了鉴定，所得出鉴定意见是对案件事实的重要证据。该鉴定意见经具有鉴定资质、且与当事人没有利害关系的鉴定人依据相关诊疗规范，结合双方当事人均认定的病历资料以及本案中其他证据作出，双方当事人均没有提供足以反驳的证据和理由，其证明力应当予以确认。

对于医疗机构是否尽到说明义务，特别是说明义务是否充分的情形，也是一个专业性问题，需要通过鉴定来解决。本案中涉及的神经干细胞移植的情形，属于探索性医疗的范畴，对此治疗行为的风险及并发症的问题，医疗机构对此是否尽到说明义务，也需要通过鉴定来解决。原告方即按照“谁主张，谁举证”的一般要求，对相关专门性问题申请了鉴定。鉴定意见认为医疗机构未要求患者方民事授权人代理签字，在告知的法律程序上存在缺陷，但对此探索性治疗的对错问题不评价，仅就参与度问题提出了参考范围，由法院酌定。

【相关法条链接】

《侵权责任法》第 55 条、第 56 条、第 60 条，《医疗机构管理条例》第 33 条，《病历书写基本规范》第 10 条、第 23 ~ 27 条。

第六条 侵权责任法第五十八条规定的病历资料包括医疗机构保管的门诊病历、住院志、体温单、医嘱单、检验报告、医学影像检查资料、特殊检查(治疗)同意书、手术同意书、手术及麻醉记录、病理资料、护理记录、医疗费用、出院记录以及国务院卫生行政主管部门规定的其他病历资料。

患者依法向人民法院申请医疗机构提交由其保管的与纠纷有关的病历资料等,医疗机构未在人民法院指定期限内提交的,人民法院可以依照侵权责任法第五十八条第二项规定推定医疗机构有过错,但是因不可抗力等客观原因无法提交的除外。

【起草背景】

本条是关于病历资料范围及医疗机构未在合理期限内提供病历资料推定其有过错的规定。医疗机构的门诊病历、住院志、检验报告、手术及麻醉记录、病理资料、护理资料等病历资料,在发生医患纠纷时,医疗侵权诉讼中的关键证据,往往直接影响医疗诉讼的成败。同时,考虑到病历资料的制作、保管均由医疗机构一方完成,从证据角度讲,医疗机构一方对于证据的掌握和控制是强势的,因此,必须在合理的限度内赋予患者查阅和复制这类资料的权利,以平衡双方在举证责任能力上的悬殊。[①] 正因如此,《侵权责任法》第 61 条对于医疗机构保管病历的义务和患者一方查阅复制病历的权利作了规定,同时在第 58 条分两项对有关伪造、篡改或者销毁病历,隐匿或者拒绝提供与纠纷有关的病历资料等推定为医疗机构有过错。目前审判实践中对于第 58 条规定的病历资料范围与第 61 条规定的患者查阅、复制的病历资料范围是否一致,抑或在发生医疗损害责任纠纷后,医疗机构应当提交病历的范围是否全部包括主观性病历、客观性病历存有很大争议。第一种意见认为,对此按照《侵权责任法》第 61 条规

① 王胜明主编:《〈中华人民共和国侵权责任法〉条文解释与立法背景》,人民法院出版社 2010 年版,第 247 页。

定的范围为准进行确定;第二种意见认为,有必要结合既有的行政法规、规章的规定,对病历的范围作进一步细化,以更好地指导审判实践。经研究,本解释最终采纳了第二种意见,根据《医疗事故处理条例》并参照《医疗机构病历管理规定(2013 年版)》的规定,细化了《侵权责任法》第 58 条第 2 项规定的病历资料的范围,新增了门诊病历、体温单、医学影像检查资料、特殊检查(治疗)同意书、手术同意书、医疗费用、出院记录,并以国务院卫生行政部门规定的其他病历资料作为兜底,以防止列举不全。考虑到一般情况下,门(急)诊病历由患者负责保管,只有在医疗机构建有门(急)诊病历档案的才由医疗机构负责保管;而住院病历一般均由医疗机构负责保管,本条第 1 款将此病历资料限定为“医疗机构保管”的范围。

调研中也有不少意见建议明确将主观性病历列明,建议修改为“疾病诊治、讨论、会诊记录等国务院卫生行政部门规定的其他病历资料”。这一主张的主要理由是,病历资料分为两大类:客观性病历资料和主观性病历资料,第 1 款所列举的门诊病历、住院志等均为客观性病历资料,按规定是允许复制查阅,而疾病诊治讨论记录、会诊记录等属于主观性病历资料,相当于法院的合议庭笔录、审委会笔录,是属于不可复制查阅的范围,但在发生纠纷时需要封存,以便在解决纠纷时作为客观的证据使用。也有反对意见认为主观性病历若允许使用文书提供命令,势必导致所有的医疗纠纷的主观性病历都要提出,对于医务人员的独立自主的诊疗行为可能会造成相应的限制,甚至会诱发保守治疗,不利于医学的发展。故此争议太大,不宜写入本解释。还有意见认为,将提供主观病历作为医方义务,不利于保护医生职业安全,建议以进入诉讼作为时间节点,进入诉讼程序后,经患者申请,法院要求医方提供主观性病历的,医方应当履行提供主观性病历的义务。经研究,上述意见都有一定道理,但由于主观性病历和客观性病历的提法目前并无有关法律、行政法规规定,且可能会发生本条规定与《侵权责任法》第 61 条病历资料范围混淆,患者会过多地主张查阅复制该病历,而给医务人员进行疾病的诊断,尤其是疑难病例的诊断甚至探索性医疗可能带来不当干预,甚至会诱发保守治疗、过度检查而阻碍医学的进步。如上所述,这些病历资料类似于法官的合议庭笔录,具有一定的私密性,在侵权责任法并没有明确列举的情况下,本解释也没用对此予以规定。

同时本条第 2 款对于医疗机构不提供病历资料而推定医疗机构过错的问题作了规定。

【条文释义】

对于本条的适用，在审判实践中应当注意以下几个问题：

1. 关于病历资料的范围。本条规定病历资料的范围旨在明确《侵权责任法》第 58 条第 2 项所规定的推定过错的认定，此涉及侵权责任的构成问题，应当严格依据侵权责任法及有关法律法规予以明确。本条第 1 款即按照这一思路对病历资料的范围作了规定。除了条文列举范围类型的要求外，对于本款的适用还要注意以下几个问题：

其一，本款所强调的病历资料必须与《侵权责任法》第 58 条规定要求一致，即必须是“与纠纷有关的病历资料”，强调病历资料与纠纷的关联性。同时，本条第 2 款在病历资料后面加一“等”，其要义仍系不违反《侵权责任法》第 58 条第 2 项情形下保持司法解释条文的开放性和发展性，以适应复杂社会生活的需要，但仍不改变此病历资料这一典型形态。而且“推定医疗机构过错”的法律依据仍然是《侵权责任法》第 58 条第 2 项的规定。

其二，主观性病历对于认定过错、确定责任大小等具有重要作用，应当属于《民诉法解释》第 112 条等规定的书证，此可以在“国务院卫生行政主管部门规定的其他病历资料”中包括。但对此要区分好本款所列病历资料范围系《侵权责任法》第 58 规定所列推定过错的范畴，而非针对《侵权责任法》第 61 条规定的复印病历的范围作出的规定。查阅复印病历的范围应当依据有关行政法规规章的规定处理，在立法没有作出规定的情况下，司法解释不宜作进一步延伸。《医疗事故处理条例》第 16 条规定，“发生医疗事故争议时，死亡病例讨论记录、疑难病例讨论记录、上级医师查房记录、会诊意见、病程记录应当在医患双方在场的情况下封存和启封。封存的病历资料可以是复印件，由医疗机构保管。”封存这些病历资料也主要是从其证据价值、解决纠纷的角度作出的规定。同时，依据《医疗事故处理条例》第 10 条的规定，这些主观性病历并未被明确列举为当事人可以查阅复印的病历资料范围。

2. 隐匿或者拒绝提供病历资料的认定。按照“谁主张，谁举证”的一般规则,患者一方要对医疗机构隐匿或者拒绝提供病历的事实承担举证证明责任,但这在审判实践中通常难以举证。为解决患者对此的举证难问题,本条第2款对于《侵权责任法》第58条第2项情况,医疗机构应提供与治疗有关的所有资料,无正当理由拒不提供的,采取了视为隐匿或拒绝提供的做法,将"患者申请医疗机构向人民法院提交由其保管的与纠纷相关的病历资料,医疗机构未及时提交"的情形,纳入"医疗机构隐匿或者拒绝提供与纠纷有关的病历资料"的情形。其主要考虑是,病历资料对于医疗纠纷的处理至关重要,医疗机构不及时提交病历资料,会导致诉讼拖延,影响受害人的救济。规定患者申请医疗机构向人民法院提交由其保管的与纠纷相关的病历资料,医疗机构未及时提交的,适用《侵权责任法》第58条的规定推定医疗机构有过错,可以督促医疗机构妥善保管和及时提交与纠纷相关的病历资料,同时将因不可抗力等客观原因导致无法提交的情形作为除外条款予以规定,这既符合客观实际情况,不至于给医疗机构造成过重负担,也有利于构建和谐的医患关系。对于本款的理解,需要注意以下几点:

其一,至于其他客观情况的界定,按照本条表述,即使不能与不可抗力同日而语,但必须是医疗机构没有过错的客观事由,否则就应当构成推动医疗机构有过错的事由。

其二,这里的隐匿或者拒绝提供病历资料的对象在诉讼中应当最终表现为作为一方当事人的医疗机构拒绝向人民法院提供有关病历资料或者隐匿该病历资料,如本款所称,即在人民法院指定的期间内未向人民法院提交。

其三,人民法院指定的期间,基于诚信原则的要求,应当属于合理期间的范畴,结合民事诉讼法的有关规定,原则上以不低于3日为宜,如果指定的期间属于医疗机构显然无法完成这一举证行为情形的,则为不妥当。至于期间范围,这会因案件具体情况不同而有差异,本解释没有作统一硬性的规定。

3. 关于患者提供病历的要求。实践中患者也掌握一些病历材料,而这些病历材料对于案件事实的认定也会起到重要作用。本解释未对患者提交病历的情形作出规定,对此的法律适用可以按照患者举证责任的一般规则和《民诉法解释》有关文书提交命令等规则来解决。具体而言,对于患者提交病历的法律适用问题,需要注意以下几点:

其一，明确患者掌握病历的范围。依据《医疗机构病历管理规定（2013 年版）》第 10 条的规定，门（急）诊病历原则上由患者负责保管。第 11 条又规定，门（急）诊病历由患者保管的，医疗机构应当将检查检验结果及时交由患者保管。因此，对于患者保管的门（急）诊病历资料，在发生医疗纠纷后尤其是诉至法院后，患者应当及时提交这些病历资料，这也是患者实现自己权利主张的重要证据材料。

其二，患者有提交其掌握的病历资料的义务，否则应当按照举证证明责任分配的规则，承担相应的不利后果。门（急）诊病历不仅属于证明医疗关系存在的基本证据材料，而且对于确定诊疗过错大小乃至责任大小具有重要作用。《第八次全国法院民事商事审判工作会议（民事部分）纪要》中明确，患者一方请求医疗机构承担侵权责任，应证明与医疗机构之间存在医疗关系及受损害的事实。对于是否存在医疗关系，应综合挂号单、交费单、病历、出院证明以及其他能够证明存在医疗行为的证据加以认定。这里的拒不提供其持有的病历资料的主体既包括医疗机构也包括患者。实践中存在患者丢失病历资料的情形，也存在隐匿、销毁或者拒不提交的情形。对于前者，这涉及医疗关系存在的证明问题，在结合其他证据不能证明医疗关系存在时，应当按照举证证明责任分配的一般规则，由患者承担举证不能的后果；对于后者，由于患者不提交相应证据导致无法鉴定或者案件事实难以认定的，也应当由患者承担相应的不利后果，但这必须以该病历资料对于案件事实认定具有实质性影响为前提。如果通过其他病历材料比如住院病历等或者其他证据能够进行鉴定或者认定案件事实的，应当依据该证据来裁判，而不可简单按照举证证明责任分配的规则判决患者承担不利后果。

【典型案例指引】

济源市第二人民医院与贾军某医疗损害赔偿纠纷案[①]

基本案情

上诉人济源市第二人民医院（以下简称济源二院）与被上诉人贾军某医疗

① 案号：河南省济源中级人民法院（2012）济中民一终字第 30 号。

损害赔偿纠纷一案，贾军某于2011年3月25日向济源市人民法院提起诉讼，请求判令济源二院赔偿其医疗费、误工费、护理费、住院伙食补助费、营养费、残疾赔偿金、交通费、精神损害抚慰金共计1079316.4元。

原审法院查明：2010年3月16日，贾军某因发生单方交通事故，被送往济源二院治疗，经诊断主要是急性重型闭合性颅脑损伤。同年5月6日出院，病历中记载的出院情况均为治愈，出院医嘱显示一个月后来院复查，建议两个月后来院行颅骨修补术。出院后，贾军某因身体不适，于2010年6月29日再次到济源二院检查，经检查诊断为脑积水，同日贾军某办理住院手续，同年9月9日出院。贾军某该次的住院病历有两套，均加盖有济源二院病案复印专用章，但两套病历中存在多处不同，如病历的书写、住院病室、质控护士、现病史记录、既往史记录、体格检查及专科检查记录等。其中一套病历，贾军某称该套病历复印在先，记录的出院情况为患者显嗜睡状态，而另一套复印在后的病历，未记录出院情况、出院诊断、出院医嘱。后贾军某与济源二院发生医疗纠纷，济源市卫生局委托济源市医学会对贾军某在济源二院住院期间，医方的医疗行为有无过错，与贾军某现在的损害后果有无因果关系，是否构成医疗事故进行技术鉴定。2011年2月24日，根据济源二院提供的病历原件，济源市医学会出具医疗事故技术鉴定书，结论为贾军某医疗纠纷不属于医疗事故。原审庭审中，济源二院不清楚济源市医学会依据的病历原件是贾军某提供的复印在前的第二次住院病历，还是复印在后的第二次住院病历，但济源二院表示贾军某在其处的两次住院病历原件现封存于济源市卫生局。诉讼中，贾军某申请对其伤残等级、护理依赖程度及后续治疗费进行鉴定。济源二院认为贾军某无法证明其院的医疗行为存在过错，故不同意贾军某的鉴定事项，拒绝选择鉴定机构。后济源市人民法院委托洛阳陇平法医临床司法鉴定所进行鉴定，2011年8月3日，该鉴定机构出具鉴定意见书，认定贾军某的伤残等级为一级，属完全护理依赖，需2~3人护理；洛阳市第三人民医院于同日出具医疗评估意见书，认为贾军某的后期医疗费每年需10000元左右。贾军某主张护理为3人，即其父亲贾小某、母亲李秋某、妻子李海某，护理人员均为城镇户口。贾军某至今仍在济源二院处治疗，但二次住院后至目前的医疗费，贾军某未负担。

原审法院认为：判断医疗机构的医疗行为是否存在过错，基本上要依赖于医疗鉴定,而进行医疗鉴定不可或缺的就是患者的住院病历资料。通常情况下,患者每住院一次,医疗机构都应有一套住院病历。但该案中,贾军某第二次在济源二院治疗时,却同时存在两套病历,且两套病历中存在多处不同。庭审中,济源二院未对为何会存在两套病历进行合理解释,致使鉴定医疗过错的依据无法确定。根据《侵权责任法》第58条的规定,济源二院的行为属于伪造病历资料,患者有损害的,推定医疗机构有过错。济源二院应对贾军某的损失承担侵权赔偿责任。贾军某的损失有:(1)误工费,从2010年6月29日计算至定残日前一天即2011年8月2日,共400天,贾军某系城镇户口,计算为400天×43.6元/天=17440元;(2)护理费,从鉴定意见看,贾军某为一级伤残,属完全护理依赖,需2~3人护理,根据贾军某目前的情况,济源市人民法院认为护理人员按2人计算为宜,护理时间从定残日起暂计算5年,为(400天+1825天)×2人×43.6元/天=194020元;(3)后续治疗费,每年10000元,暂计算5年,为50000元;(4)住院伙食补助费,因贾军某至今仍在济源二院治疗,贾军某主张395天,每天按20元计算,并无不当,395天×20元/天=7900元;(5)营养费,395天×10元/天=3950元;(6)残疾赔偿金,15930.26元/年×20年=318605.2元;(7)交通费,根据贾军某住院时间、陪护人员人数、往返医院的次数及陪护人员陪同受害人往返鉴定机构的费用,济源市人民法院酌定1500元;(8)精神损害抚慰金,考虑济源二院的过错程度、侵权行为所造成的后果及当地平均生活水平,济源市人民法院酌定20000元。以上共计613415.2元,由济源二院予以赔偿。济源二院辩称,贾军某是否为无民事行为能力人,是否需要法定代理人参加诉讼,应通过特别程序确定,但从济源市人民法院委托鉴定机构出具的鉴定意见看,贾军某现在属一级伤残,呈植物人状态,现由贾军某的法定代理人参加诉讼,不违反法律规定,济源二院的辩称理由不成立,济源市人民法院不予采信。原审法院根据《民法通则》第119条、《侵权责任法》第58条第3项、《人身损害赔偿解释》第17条第1款、第2款之规定,判决:济源二院于该判决生效后20日内赔偿贾军某613415.2元。案件受理费14154元(系缓交),鉴定费1910元,由贾军某负担5806元,济源二院负担10618元。

济源二院上诉称:(1)济源二院的行为不属伪造病历,不应承担赔偿责任。①所谓伪造,是为了掩盖事实,故意制造假象,以逃避责任,属主观故意。但本案中贾军某称其一审提供的两份病历均来自济源二院的档案室，如果济源二院为了故意规避责任，根本不会在档案室内出现两份病历，也不会由两个不同的人以不同的笔体书写两份病历，很显然不具有掩盖事实的行为，没有主观故意的特征。②贾军某也十分清楚其主治医生是郭某，应按郭某医生书写的病历为准，并且从笔体上也能确定主治医生郭某书写的病历。根据卫生部《病历书写基本规范》的有关规定，除经主治医生书写病历外，转科医生或实习医生也可书写病历，作为将来考核的依据。所以如果贾军某一审提供的两份病历复印件属实，也是符合规范的。贾军某提供的两份病历复印件中有几处不同，是因为不同的人书写所运用不同的语言所致，但对病人的诊断、治疗、用药、手术过程等主要内容的记录是一致的，不存在刻意掩盖或更改事实的主观故意，故本案不适用《侵权责任法》第 58 条之规定，不应推定济源二院有过错。③一审时，虽然贾军某提供了两份内容稍有差异的病历复印件，但济源二院多次提醒一审法院因病历原件封存在济源市卫生局应调取原件进行核对，以免复印时漏掉部分内容，增加病历的不同之处，但一审法院未慎重行使，而是草率轻信贾军某之言。④一审判决书在认证部分写到“均加盖有济源二院的公章”，这一点不符合事实，贾军某提供的两份病历复印件上加盖的署名为“济源二院病案复印专用章”系椭圆形印章，不是在行政主管部门备案的公章，不具有法定效力，不符合客观真实性，故不应作为证据使用，应以市卫生行政部门封存的病历原件内容为准。⑤对是否属伪造病历的认定具有一定的专业性，应由特定机构进行评估、鉴定，不应由法院认定，且不能简单根据医疗机构伪造病历情况来认定医疗行为的过错、过失，而要通过鉴定最终认定有无过错、过失，因为这一问题具有复杂性，在认定医疗机构存在伪造病历的基础上，还要进一步确定伪造情况是否影响诊疗过失与诊疗损害因果关系的鉴定。如不影响，则可以鉴定结论作为证据，经质证、认证，最终认定事实。如确实能够证明诊疗行为并无过错，则推定过错也不能成立。正如本案中，贾军某提供的两份病历复印件中的主要诊疗、手术、用药过程并无过错，内容一致，直接推定济源二院过错不能成立。（2）贾军某目前的损害后果是其单方交通事故所致，与济源二院的医疗行为无关。本案在一审中，贾军某申请鉴定的鉴定书内容及洛阳第三人民医院的意见书内容均证明贾军某现在的情况是因其颅脑损伤、颅骨骨折、外伤性蛛网膜下腔出血、脑积水等因素造成,符合单方交通事故后的特征;两份意见书内容没有显示与济源二院的医疗行为有关。并且,贾军某在第二次入住济源二院前在济源市中医院及济源二院已确诊脑积水,此脑积水病症是交通事故外伤所导致,不是患者先天发育畸形所致。根据临床医学理论,脑积水可导致木僵,即所谓的植物人。也就是说,贾军某患脑积水,不治疗也会产生目前的后果,治疗并不一定会完全恢复,只是有可能好转或恶化。虽然一审时,贾军某提供了其第一次住院病历,以此证明其第一次出院时系治愈出院,一审法院据此认定贾军某目前状况全部是由医疗行为造成的,与交通事故无关,这是一种错误理解,病历中记载的治愈系临床医学标准,并不是贾军某理解的完全康复,已达到出事前的效果。故贾军某目前的状况仍属交通事故所致,与济源二院的医疗行为无关。(3)济源二院对贾军某实施的医疗行为正确,没有过错。济源医鉴字(2011)1 号医疗事故技术鉴定书可证实济源二院的医疗行为正确,没有过错。虽然贾军某对鉴定书的合法性及结论有异议,但济源二院认为该理由是不能成立的,因为鉴定过程中所依据的病历材料是其主治医生郭某书写的,有病历笔体及医疗事故鉴定卷宗中的材料为证,此病历是患者的唯一合法病历,医方未对此病历进行伪造、篡改,据此病历得出的鉴定结论应是合法的。(4)济源二院不应承担赔偿责任。根据济源医鉴字(2011)1 号医疗事故技术鉴定书及一审时的鉴定意见书内容、洛阳三院的医疗评估意见书内容,济源二院不应承担赔偿责任,贾军某目前身体状况及后期治疗费每年约需 10000 元,是交通事故所致的损害结果,一级伤残的鉴定结论是其正在住院治疗过程中的鉴定结果,不是出院后 3 至 6 个月病情稳定后的鉴定,不具有确定性,济源二院不应赔偿任何费用。(5)一审法院理解法律错误,判决结果错误。《侵权责任法》第 58 条是过错推定责任,但仍属过错责任的范围,与过错责任不同的是举证责任倒置,只有患者证明医院伪造病历的事实依法成立时才适用过错推定,医院才负举证责任证明其过错较小或无过错,但不是必须承担全部责任。本案中,贾军某提供的是加盖椭圆形印章的病历复印件,一审法院未调取市卫生行政部门封存的病历原件进行核对,也没有考虑济源二院提供的济源医鉴字(2011)1 号医疗事故技术鉴定书及法院委托鉴定的鉴定意见书内容和洛阳三院的意见书内容,直接判决济源二院承担全部责任纯属错误。(6)一审法院审判程序错误。①贾军某及其利害关系人没有按照《民事诉讼法》的有关规定,经过法定程序确定贾军某系无民事行为能力人的情况下,一审法院以医学术语"呈植物人状态",甚至在刚开始诉讼没有鉴定意见时就认可贾军某父亲的诉讼身份,直接确定其父亲作为法定代理人参加诉讼违反法律规定。②一审法院分配举证责任错误,贾军某一审时所举两份病历复印件,不能证明济源二院伪造病历,没有达到证据的法定条件,不具有客观性、真实性、关联性,该病历复印件及椭圆形印章,不具有可鉴定性,贾军某应进一步完成举证责任,并且诉讼中,济源二院多次要求核对封存在市卫生局的病历原件。但一审法院在没有查清事实的情况下,错误分配举证责任,认为济源二院不申请鉴定,应承担不利后果。综上,一审法院认定事实、理解法律、审判程序均存在错误,请求撤销原判,改判驳回贾军某的一审诉讼请求或发回重审。

贾军某答辩称:(1)济源二院的行为属于伪造病历,事实清楚。济源二院就一审法院认定伪造病历事实的上诉理由自相矛盾。第一,对病人同一诊疗过程,出现有不同的人书写的两份内容迥异的病历,且均有相同的医务人员签名认可,不能用"是不同的人运用不同的语言、观察不同所致"作解释;第二,病历应当是客观真实的,为此病历原件应当是唯一的,根本不应当有两种不同的病历出现;第三,在病历中,张晓某既是病人的护士又是病人的住院医师,互相矛盾;第四,同一个病人同一次住院,两份病历记载的病人身份信息、住院信息、住院医师、质控护士、采集病人的信息时间、现病史、既往史、体格检查、专科检查等大量内容均不同,甚至长期医嘱单也不同,济源二院用不同语言记录来解释很不恰当;第五,两份不同病历的真伪,稍有常识的人即可判断,无须医疗专业机构鉴定;第六,医疗机构提供的病历复印件,法律规定应当加盖医疗机构证明印记,贾军某复印的两份病历均加盖有济源二院的病历复印专用章,具有法律效力。(2)一审判决适用法律正确。《侵权责任法》将医疗损害赔偿责任分为三种,即医疗技术过失损害赔偿责任、医疗伦理损害赔偿责任、医疗器械损害赔偿责任。其中,医疗技术过失损害赔偿责任是需要经过医疗过错及对损害后果的参与度来解决,而医疗伦理损害赔偿责任是根本不需要进行医疗过错及对损害后果的参与度的专业司法鉴定,原因是医疗技术过失损害系主观上的过失所致,医疗伦理损害赔偿是主观故意、恶意逃避责任违法所致,两种责任性质截然不同,伪造、篡改、销毁病历是一种严重的丧失医务人员职业道德的行为,不但使病人的健康就诊信息失去价值影响了病人的进一步治疗,而且严重妨害了法院的司法诉讼秩序和司法公正,而济源二院的行为正是这样一种医疗伦理损害的行为。(3)一审审判程序合法。贾军某系植物人,从2010年6月入院进行手术后就再也没有苏醒过来,不但有病历的记载,还有鉴定机构的意见,贾军某作为一个没有任何意识的人,根本没有诉讼行为能力,故而贾军某的父母作为其法定代理人符合《民事诉讼法》的规定,且贾军某的父母作为其法定代理人参加诉讼,本案的当事人没有任何改变,对本案的实体处理结果及当事人权利、义务的分配均没有任何影响,一审判决支持贾军某的父母作为其法定代理人参加诉讼的做法也符合司法惯例。综上,请求驳回上诉,维持原判。

济源二院在二审期间提供的证据有:卫生部制定的《病历书写基本规范》1份,证明根据该规范规定,出现两份住院病历是可能的,病历可由主治医师书写,也可由实习医师书写,实习医生书写的病历只是作为将来考核的依据。

贾军某对济源二院提供证据的质证意见为:对该证据无异议,但对济源二院的解释不认可,两份病历中存在的大量不同之处是不符合该规范规定的。

二审法院对以上证据分析后认为:贾军某对济源二院提供的证据不持异议,应予以采信。二审法院经审理查明的事实与原审法院查明的事实相同。

裁判理由

法院生效裁判认为,(1)根据卫生部制定的《病历书写基本规范》第3条规定的"病历书写应当客观、真实、准确、及时、完整、规范",患者同一次住院只能有一份客观、真实、准确、完整、规范的住院病历,本案中,贾军某在济源二院第二次住院治疗时却同时存在两份住院病历,二审中济源二院对这两份病历的真实性均予以认可,但解释称其中一份由主治医师书写,一份由实习医师书写,认为应以主治医师郭某书写的病历为准。济源二院所称由实习医师书写的病历住院病案首页下方的实习医师一栏中却并无实习医师签名,不能证明该份病历系由实习医师书写,相反,该两份病历却均有主治医师郭某的签名;同时,该两份病历在笔迹、住院病室、质控护士、现病史记录、既往史记录、体格检查及专科检查记录、有无出院记录等方面存在多处不同,济源二院所称的应以经治医师书写的病历为准无相应事实依据,故原审根据《侵权责任法》第58条规定认定济源二院存在过错并无不当。

（2）济源二院上诉称贾军某的损害后果是单方交通事故所致，与其医疗行为无关，其对贾军某实施的医疗行为正确，没有过错。但是，济源二院两份住院病历的存在致使医疗过错的司法鉴定无法进行，故该上诉理由不予采纳。

（3）济源二院上诉称贾军某一级伤残的鉴定结论是贾军某正在住院治疗过程中鉴定的，不是出院后3至6个月病情稳定后的鉴定，不具有确定性，但从该鉴定结论依据的材料来看，符合贾军某在济源二院两次住院治疗后的情况，从鉴定结论作出的时间来看，距贾军某在济源二院两次住院治疗已有近1年6个月之久，且济源二院亦未提供证据证明贾军某的病情尚能继续好转的证据，故济源二院的该上诉理由不能成立，不予采纳。

（4）贾军某在一审起诉时已持续昏迷，经伤残鉴定后属一级伤残，已经丧失民事诉讼行为能力，由其父亲作为法定代理人参加诉讼并未违反法律规定；在贾军某提出同一次住院存在两份不同的住院病历并提供该两份病历的复印件后，济源二院未作出合理解释也未提供相应证据证明其没有伪造病历，原审根据相应法律规定推定其存在过错并无不当。

二审法院遂判决：驳回上诉，维持原判。

—— 裁判指引9 ——

病历资料的真实完整对于医疗损害鉴定的进行乃至医疗损害责任纠纷的处理具有重要作用。伪造病历资料等情形依法应当承担相应的法律责任。医疗机构对患者进行治疗，应当有一套完整的病历资料。本案中，患者在医疗机构治疗时，同时存在两套病历资料，而且两套病历中存在诸多不同之处，医疗机构又未对两套病历的存在作出合理解释，导致无法通过医疗损害鉴定来认定医疗过错。人民法院根据《侵权责任法》第58条的规定，认定这一情形属于伪造病历资料，从而推定医疗机构有过错。

【相关法条链接】

《侵权责任法》第58条、第61条，《民事诉讼法》第64条，《民诉法解释》第

64 条、第 94 条、第 112 条、第 113 条,《医疗事故处理条例》第 10 条、第 16 条、第 17 条,《医疗机构病历管理规定(2013 年版)》第 2 条、第 10 ~ 12 条、第 19 条,《病历书写基本规范》第 1 ~ 3 条、第 11 条、第 16 条、第 17 条、第 22 条。

第七条 患者依据侵权责任法第五十九条规定请求赔偿的，应当提交使用医疗产品或者输入血液、受到损害的证据。

患者无法提交使用医疗产品或者输入血液与损害之间具有因果关系的证据，依法申请鉴定的，人民法院应予准许。

医疗机构，医疗产品的生产者、销售者或者血液提供机构主张不承担责任的，应当对医疗产品不存在缺陷或者血液合格等抗辩事由承担举证证明责任。

【起草背景】

本条是关于医疗产品责任案件中如何分配举证责任的规定。

关于医疗产品责任的举证责任分配的核心问题是产品缺陷以及产品缺陷与损害事实之间的因果关系由哪一方当事人承担举证证明责任的问题。

医疗产品致人损害的责任，应属于产品责任的范畴。患者因药品、消毒药剂、医疗器械的缺陷受到损害的，争议相对较小。药品、消毒药剂、医疗器械属于产品，《产品质量法》第 41 条规定，因产品存在缺陷造成人身、缺陷产品以外的其他财产（以下简称他人财产）损害的，生产者应当承担赔偿责任。第 43 条规定，因产品存在缺陷造成人身、他人财产损害的，受害人可以向产品的生产者要求赔偿，也可以向产品的销售者要求赔偿。属于产品生产者的责任，产品的销售者赔偿的，产品的销售者有权向产品的生产者追偿。属于产品销售者的责任，产品的生产者赔偿的，产品的生产者有权向产品的销售者追偿。《侵权责任法》立法过程中就医疗机构是否为销售者有不同意见。但是，《侵权责任法》第 59 条主要以便利患者受到损害后主张权利为目的，依据《产品质量法》作出具体规定。一些医疗机构的同志也认为，因药品、消毒药剂、医疗器械的缺陷造成患者损害，患者向医疗机构请求赔偿，符合社会一般常理，可以接受。[①] 而产品

① 王胜明主编：《〈中华人民共和国侵权责任法〉条文解释与立法背景》，人民法院出版社 2010 年版，第 228 页。

责任的归责原则是无过错责任原则,即患者无须证明医疗产品的生产者、医疗机构是否有过错。医疗产品造成的损害事实由患者承担举证责任并无争议,有争议的是产品是否存在缺陷以及产品缺陷与损害事实之间是否存在因果关系由哪方承担举证证明责任,立法上并无特别的规定,目前存在两种意见:一种意见认为,应当适用"谁主张,谁举证"的规则。产品缺陷、因果关系也应当由患者承担举证责任;另一种意见认为,医疗产品责任作为产品责任的一种,考虑到患者与医疗产品的生产者之间存在信息上的不对称,特别是对于高科技产品致害原因不易证明等特点,通常应当由生产者就缺陷不存在或者缺陷与损害之间不存在因果关系承担举证责任。本条起草过程中基本采纳了第一种观点,同时对患者一方进行了必要的举证责任缓和。即规定患者依据《侵权责任法》第59条规定请求赔偿的,应当提交使用医疗产品或者输入血液、受到损害的证据。在患者无法提交使用医疗产品或者输入血液与损害之间具有因果关系的证据,依法申请鉴定的,人民法院应予准许。

【条文释义】

本条的核心内容在于确立了医疗产品责任纠纷中患者的举证责任缓和规则。对于本条的具体适用,需要把握以下两个问题:

一、关于患者的举证证明责任

依据本条规定,患者应当提供使用医疗产品或者输入血液的证据,这些往往需要以病历资料的记载作为证据。在此要注意的是,对于医疗产品责任纠纷,这里还隐含着患者需证明存在诊疗关系事实的证据,比如挂号单、交费单、病历、出院证明,这些都是能够证明存在医疗行为的证据。

对于患者能够证明使用过该医疗器械,或者处方载明某一药品,且有医疗机构开具的发票,即可满足使用医疗产品的证据。但是对于实践中仅是医疗机构开具处方,患者并未在该医疗机构而是到药店购买药品的情形,这时医疗机构并不具备类似销售者之地位,医疗机构并未因该药品的销售而获益,且医疗机构处方开具的药品应该理解为是没有缺陷的药品,这时该医疗机构不应该是责任主体,仅以该医疗机构开具的处方不能认定患者完成了医疗产品责任纠纷中有关因果关系的证明。进言之,这一情形不应属于医疗产品责任纠纷,而应为产品责任纠纷。

按照《民诉法解释》第91条的规定,患者一方除了提供上述证据外,还需要提供使用该医疗产品或者输入血液与损害之间具有因果关系的证据。产品责任中的因果关系,是指产品的缺陷与受害人损害事实之间存在引起与被引起的关系。产品缺陷是造成受害人损害的原因,受害人受到损害的事实是由于缺陷产品导致的结果,即受害人的损害是由于产品缺陷造成的,二者有直接的因果关系。确认产品责任的因果关系,通常要由受害人证明。须证明的内容是,损害是由于使用或消费缺陷产品所致。受害人证明损害时,首先要证明曾使用过缺陷产品,其次要证明因使用缺陷产品所产生的损害状况,最后要证明使用缺陷产品是损害发生的原因。虽然也有意见认为,产品责任是一种特殊的侵权,考虑到用户、消费者与生产者之间存在信息上的不对称,特别是对于高科技产品致害原因不易证明等特点,通常要求生产者就缺陷不存在或缺陷与损害之间不存在因果关系举证。如果生产者不能举证证明,则认定产品存在缺陷及缺陷与损害之间存在因果关系。[①] 但考虑到医患双方以及与医疗产品的生产者、销售者之间的利益平衡,在他们之间适当分配举证责任,依据有关产品责任的构成要件的内容,本条规定了医疗产品责任的因果关系的事实由患者一方举证的规则,但患者一方可以通过申请鉴定的方式来解决这一专业判断问题。

二、关于医疗产品责任的责任主体的举证证明责任

依据本条第3款的规定,医疗机构,医疗产品的生产者、销售者或者血液提供机构主张医疗产品不存在缺陷或者血液合格等抗辩事由的,应当承担举证证明责任。据此,在医疗产品责任纠纷中,医疗机构、医疗产品的生产者、销售者承担的举证证明责任如下:

1. 对于医疗产品不存在缺陷的举证证明责任。即应当对医疗产品符合有关国家、行业的强制标准或者不存在危及人身财产安全不合理危险情况承担举证证明责任。在此就需要说明一下有关产品缺陷认定标准问题。

对医疗产品缺陷的判断,应该根据《产品质量法》第46条的规定作出,即

---

① 王胜明主编:《〈中华人民共和国侵权责任法〉条文解释与立法背景》,人民法院出版社2010年版,第175页。

“是指产品存在危及人身、他人财产安全的不合理的危险；产品有保障人体健康和人身、财产安全的国家标准、行业标准的，是指不符合该标准”。具体如何该条标准判断医疗产品是否存在缺陷，则要根据具体案件具体分析。一般来说，产品存在缺陷，即产品存在“不合理危险”。按照标准化法的规定，对在全国范围内需要统一技术要求的产品，由国务院标准化行政主管部门制定国家标准。对没有国家标准又需要在全国某个行业范围内统一技术要求的产品，由国务院有关行政主管部门制定行业标准，并报国务院标准化行政主管部门备案。如果产品有上述保障人体健康，人身安全的国家标准、行业标准的，产品缺陷“是指不符合该标准”的规定。这是从方便对缺陷产品认定的角度出发作出的规定。在此需要注意的是，有关“国家标准、行业标准”可作为认定医疗产品缺陷的“充分”条件，但非“必要”条件。在现代社会，民法越来越追求实质正义并突出对弱者保护的大趋势下，只要医疗产品存在不合理危险并因此造成医疗产品使用者人身或财产损失，医疗产品的生产者、销售者或者医疗机构就应该承担侵权责任。换言之，虽然产品的国家标准、行业标准是现代市场经济竞争非常重要的构成，其具有保障弱势群体消费者的积极功能。[①] 但产品符合相应的国家标准或行业标准未必就说明该产品就不存在不合理危险。该产品符合相应的“国家标准、行业标准”，但如果可以证明该标准不能保证产品不存在缺陷，则生产者或销售者仍要承担责任。

2. 对于免责与减责事由的举证证明责任。从现行法律规定来看，对生产者免除产品责任作出明确规定的主要是《产品质量法》。该法第 41 条第 2 款规定，生产者不承担产品责任的情形主要有：(1)生产者能够证明未将产品投入流通的。产品责任仅发生在投入流通中的产品，如果产品未投入市场流通，则不发生缺陷产品造成他人损害的产品责任。根据《产品质量法》的规定，产品应当是经过加工、制作，用于销售的产品。这里所讲“未将产品投入流通”，是指生产者生产的产品虽然经过了加工制作，但是没有投入市场流通。(2)生产者能够证明产品投入流通时，引起损害的缺陷尚不存在的。这里所讲“产品投入流通时”“引起损害的缺陷尚不存在”，是指生产者能够证明其将产品投放市场，转移

---

① 刘伟：《“强制性标准”与“缺陷”的若干法律思考》，载《财经政法资讯》2006 年第 2 期。

到销售商或者直接出售给购买者时,产品并不存在缺陷。(3)生产者能够证明将产品投入流通时的科学技术水平尚不能发现缺陷的存在的。由于科学技术的发展,根据新的科学技术,可能会发现过去生产并投入流通的产品存在缺陷,但该缺陷是产品投入流通时的科学技术水平不能发现的,对此生产者不承担责任。这是生产者当时生产产品时无法掌握、难以预见到的,对其免除责任是合理的。[①] 上述适用对于医疗产品责任主体同样适用。依据本解释第 7 条第 2 款的规定,医疗产品的生产者、销售者及医疗机构主张上述免责事由的,要承担相应的举证证明责任。

关于其他免责与减责事由,通说认为《侵权责任法》第三章规定的不承担责任和减轻责任的情形,比如不可抗力、第三人过错等都构成医疗产品责任纠纷的免责事由。

此外,《侵权责任法》并没有明确列明医疗机构是医疗产品的销售者,依据《侵权责任法》第 43 条、第 59 条的规定,医疗产品的销售者同样是医疗产品责任的责任主体,具有类似销售者之地位。本条所确立的举证证明责任规则也应当适用于医疗产品的销售者为被告的情形。

3. 关于输入不合格血液导致损害的纠纷中的举证证明责任。从《侵权责任法》第 59 条规定的表述而言,血液提供机构的法律地位实际上与医疗产品的生产者等同,故有关举证责任的规则也应适用与医疗产品责任相同的规则。具体而言,患者一方依据《侵权责任法》第 59 条规定请求血液提供机构或者医疗机构赔偿的,应当提交以下证据材料:(1)使用输入血液的证据,此当然要以与医疗机构存在输血的诊疗关系为前提;(2)受到损害的证据;(3)输入血液与损害之间具有因果关系的证据。

患者不能提供上述有关输入血液与损害之间具有因果关系证据的,可以依法向人民法院申请鉴定。这既是患者一方举证的一个途径,也是缓和患者举证责任的一个重要方式。

医疗机构或者血液提供机构主张不承担责任的,应当对血液合格等抗辩事

---

① 王胜明主编:《〈中华人民共和国侵权责任法〉条文解释与立法背景》,人民法院出版社 2010 年版,第 176 页。

由承担举证证明责任。至于其他免责或者减责事由,则应当适用与上述医疗产品责任中减责或者免责事由相同的规则。

【典型案例指引】

信阳市肿瘤医院与吴卫某医疗损害责任纠纷案①

基本案情

2010年11月5日8时,原告吴卫某驾驶豫S-03097号自卸低速货车沿G312线自西向东行驶过程中遭致另一货车撞击,造成吴卫某受伤的交通事故。原告吴卫某受伤后,由被告肿瘤医院急救车将原告拉入该医院抢救医疗。经被告肿瘤医疗诊断,原告左股骨下段骨折,并采取钢板固定手术后出院。2011年3月10日,原告在正常活动时突发左侧大腿部疼痛,第二日原告到信阳市中心医院拍片显示,4个月前在被告处植入钢板发生断裂。原告吴卫某2011年3月11日入住信阳市中心医院治疗,2011年4月9日出院,其间支付医疗费共计32025.43元。出院医嘱,全休4个月,需1人陪护、取内固定物约需费用8000元。另认定,原告吴卫某体内发生断裂钢板是从经销商信阳市迪恩医疗器械有限公司处购买,该公司具有生产医疗器械生产企业许可证。

原审认为,原告吴卫某受伤到被告肿瘤医疗治疗,诊断过程中不仅要求被告的诊疗行为没有过错,而且要求其提供的医疗器械不存在质量缺陷。对缺陷产品的认定,不仅要求产品应当符合国家标准,行业标准等强制性标准,而且要求产品不应存在不合格的危险。本案中,被告肿瘤医院提供的钢板在植入原告吴卫某体内4个月即发生断裂,使用期限远未达到被告自认的至少1年左右。被告既未能证明钢板断裂的原因是吴卫某造成,又未申请对断裂的钢板进行鉴定,仅凭其庭审中提供的相关材料不能证明其主张,应视为其提供的钢板存在质量缺陷。原告受到的损害系被告使用了缺陷产品造成的,被告未证明存在免除其责任的法定事由,依法应当承担侵权赔偿责任。被告向原告赔偿后,有权向负有责任的生产者追偿。被告肿瘤医院应承担的责任范围包括:(1)医疗费32025.43元;(2)误工费11250元(75元/天×150天);(3)护理费9150元(61

---

① 案号:河南省信阳市中级人民法院(2012)信中法民终字第442号。

元/天×150天);(4)住院伙食补助900元;(5)营养费450元;(6)二次手术费8000元,共计61775.43元。原告吴卫某的其他诉讼请求没有事实或法律依据,本院不予支持。原告吴卫某未提供证据证明被告信阳市120急救指挥中心与本案的责任承担有法律上的因果关系,其要求信阳市120急救指挥中心承担责任的请求本院也不予支持。依照《侵权责任法》第16条、第59条之规定,原审法院判决:(1)被告肿瘤医院于本判决生效后5日内赔偿原告吴卫某医疗费等各项费用61775.43元;(2)驳回原告吴卫某其他诉讼请求。案件受理费2975元,肿瘤医院承担1375元,吴卫某承担1600元。宣判后肿瘤医院不服向本院提出上诉。

肿瘤医院的上诉理由及请求主要是:(1)原审认定事实不清,上诉人提供的钢板不是伪劣产品,而是有合格证的,故完成了举证责任。(2)二次手术费8000元,只是估计,尚未发生,被上诉人可在事实发生后另行主张权利,请求二审依法维护上诉人的合法权益。

裁判理由

生效裁判认为,上诉人肿瘤医院在为被上诉人吴卫某进行治疗过程中,理应提供安全周到的服务,但其提供并植入吴体内用于固定股骨生长的钢板断裂,构成对吴的侵权,理应承担赔偿责任。其上诉称所提供的钢板有合格证,但钢板断裂是客观事实,其未提供因吴自己过错造成钢板断裂的相关证据,应视为其提供钢板存在质量缺陷。吴卫某二次手术费虽未发生,但有相关医疗机构的确认与估算,为减少当事人的诉累,根据一方当事人请求,可以一并处理,且符合有关法律规定。综上,原审认定事实清楚,证据充分,判决正确。二审法院判决:驳回上诉,维持原判。

—— 裁判指引10 ——

医疗产品责任纠纷作为产品责任纠纷的一种,适用无过错责任原则,医疗机构及医疗产品的生产者、销售者应当承担更重的举证证明责任,对于医疗产品不存在缺陷应当承担举证证明责任,对此可以通过申请医疗损害鉴定来解决。本案中,医疗机构既未能证明案涉钢板断裂的原因是患者造成,又未申请对断裂的钢板进行鉴定，仅凭其庭审中提供的相关材料不能证明其主张，人民法院据此认定该钢板存在缺陷。患者受到的损害系使用了该医疗机构提供的缺陷产品造成的，在医疗机构未举证证明存在免除事由的情形，依法应当承担赔偿责任。

【相关法条链接】

《侵权责任法》第59条、第60条，《产品质量法》第41条，《药品管理法》第100条，《医疗器械监督管理条例》第76条，《传染病防治法实施办法》第27条，《审理食品药品案件规定》第5条。

第八条　当事人依法申请对医疗损害责任纠纷中的专门性问题进行鉴定的,人民法院应予准许。

当事人未申请鉴定,人民法院对前款规定的专门性问题认为需要鉴定的,应当依职权委托鉴定。

【起草背景】

本条是关于医疗损害鉴定程序启动的规定。司法鉴定本质上是一种协助司法机关解决诉讼中某些专门性问题的科学认识活动,旨在补充司法人员专门领域知识之不足,以达到正确判断之目的。它既有科学性的内容,又有法律性的要求,体现了法律性与科学性的统一。就其科学性而言,具体的鉴定活动是由掌握专门科学知识和技能的鉴定人运用科学知识、方法、手段,借助科学技术设备进行科学鉴别判断活动;鉴定的结果直接涉及的是从科学角度推理、概括的结论而非法律性的评价。就其法律性而言,鉴定主体必须具有法定资格;鉴定人的鉴定活动不能脱离法律程序;鉴定的结果必须依照法律规定的方式提出并终将被运用到法律性质的活动即诉讼中。关于鉴定程序的启动。依照《民事诉讼法》第 76 条的规定,我国采取的是当事人申请为主,法院职权启动为辅的鉴定启动方式。依照当事人的处分权原则,当事人协商确定鉴定人成为启动鉴定程序的首要模式。当然,双方当事人协商确定的鉴定人必须具有相应的鉴定资格。关于法院依职权启动的方式。对于具有鉴定必要性而当事人又未申请鉴定的情形,法院为查明案件事实的需要,也可以依职权启动鉴定程序。

由于医学本身的专业性,诊疗行为有无过错及其与患者损害后果有无因果关系、原因力的大小等都需要通过鉴定程序来解决。可以说,没有医疗损害鉴定,多数医疗损害责任纠纷案件的处理会非常困难,医疗损害鉴定对于医疗损害责任纠纷案件的处理具有举足轻重的作用。但实践中存在鉴定程序不规范、鉴定意见公信力不足、鉴定人出庭难等问题,很大程度上影响了案件的公正处理。正因如此,本解释依据《民事诉讼法》有关鉴定程序的规定,从人民法院工作的角度对医疗损害鉴定程序的启动、鉴定意见的采信、鉴定人出庭等问题作了系统全面的规定。本条系围绕医疗损害鉴定申请和依职权启动鉴定问题作了规定。

在实践中,是否必须由负有举证责任的一方当事人申请鉴定以及如果承担举证责任的一方不申请鉴定,人民法院是否可以依职权委托鉴定的问题,存有争议:一种意见认为,按照《民诉证据规定》,申请鉴定应当是承担举证责任一方的义务,如承担举证责任一方不申请鉴定,则应当承担不利的诉讼后果,法院不应当主动依职权委托鉴定。主要理由在于,申请鉴定应当看作当事人提交证据的一种方式,这样处理也能够避免发生法院虽委托鉴定但无人申请鉴定和预交鉴定费的尴尬局面。在实际操作中法院应当注意向承担举证责任一方进行释明,避免因其不了解法律规定以及不了解诉讼风险而拒绝鉴定。在人民法院释明后承担举证责任一方仍不申请鉴定的,应当由其承担不利的诉讼后果。另一种意见认为,由于医疗纠纷的专业性问题,鉴定意见往往对于医疗纠纷的解决起到至关重要的作用,如果完全按照举证责任分配的规则,由于承担举证责任的一方往往都是患者,其不申请鉴定,就直接判决败诉,可能会使患者的损害得不到应有的救济,甚至加剧医患矛盾,难以实现案结事了的目的,而且患者没有启动鉴定程序的原因可能很多,比如经济困难,简单判决其败诉也过于僵化。因此,人民法院应当在必要时依职权委托鉴定。经反复调研论证,从构建和谐医患关系,实现案结事了的角度出发,本解释最终采纳了第二种意见,规定了当事人未申请医疗损害鉴定,人民法院可以依职权委托鉴定的情形,即对依职权委托鉴定的情形,按照《民事诉讼法》第76条第2款的规定对人民法院依照职权启动鉴定的问题做了适当从宽的规定,此主要考虑仍然在于医疗损害鉴定对于医疗损害责任纠纷解决的重要性,本着彻底查明案件事实,尽量通过事实来裁判案件,从而达到案结事了人和的目的考虑,对于医疗损害责任纠纷的专门性问题,尽量通过鉴定程序来解决。

【条文释义】

对于本条的理解与适用,需要把握以下几点:

一、关于鉴定程序启动的基本条件

通常而言,启动鉴定程序需要满足以下要求:

其一,须是案件事实认定问题。鉴定程序的启动必须是针对存在争议的案件事实中的问题。至于法律适用问题,则属于法院依法裁判的范畴,不应纳入鉴定的范围。

其二,须是专门性问题。依据《全国人民代表大会常务委员会关于司法鉴定管理问题的决定》(以下简称《决定》)第1条的规定,司法鉴定是指在诉讼活动中鉴定人运用科学技术或者专门知识对诉讼涉及的专门性问题进行鉴别和判断并提供鉴定意见的活动。基于事实认定属于法院行使审判权方面的重要职责范畴以及鉴定程序的启动对于诉讼进程及诉讼效率的影响等因素的考虑,对于一般性的事实认定问题应当由法官根据举证责任的有关要求,通过法庭调查等程序予以认定,不能由鉴定程序越俎代庖。

其三,须符合必要性的要求。鉴定所要解决的问题应当是通过其他方式不能解决,只有通过鉴定才能解决的,或者说应当排除以其他低诉讼成本方法查明案件事实的可能性。比如,对于当事人自认的某些争议事实,可以通过当事人举证、质证和辩论等法庭调查认定的事实,则不宜通过鉴定来认定。

二、关于医疗损害鉴定程序的启动

医疗损害鉴定作为民事诉讼中的一种鉴定类型,要适用上述有关鉴定的共通性规定则。除此之外,依据本条规定,还要注意以下两点:

其一,关于人民法院依职权启动鉴定的问题。本条第2款规定的内容与《民事诉讼法》第76条第2款规定一致,但范围上要比《民诉法解释》第121条要宽,并未严格限定在人民法院依职权调查取证的范畴。这在适用上可以理解为是对《民诉法解释》第121条规定的特殊规定,对于医疗损害责任纠纷案件,当然要优先适用本条规定。但在具体适用上要注意:一方面,要本着通过鉴定彻底查明案件事实来进行裁判的精神适用本款规定。另一方面,也要做好从严把握,对于符合依职权调查取证情形的,当然要依职权委托鉴定;对于这些情形之外的,则只能对于真正确有必要依职权委托鉴定的案件,即不依职权委托鉴定就会导致当事人利益严重失衡,或者案件处理结果严重不公平时,才需要按照这一规则进行,对此可以从双方当事人已经提交证据情况,能否适用事实自证规则以及当事人的经济实力等情况作综合判断。当然,这要人民法院根据具体个案情况作审查认定。但从制度设计的初衷上看,人民法院依职权启动鉴定无论如何都是一种例外模式,这不能动摇当事人申请主义的基本原则。

其二,关于不符合依职权委托鉴定而当事人又不申请鉴定时如何处理的问题。对此,本条虽然删除了上述"当事人未申请医疗损害鉴定,人民法院认为确有必要鉴定的,应当予以释明。当事人仍不申请鉴定的,由负有举证证明责任的当事人承担相应的不利后果"的内容,但我们认为,对于不符合依职权调查收集证据条件的情形,经人民法院释明后当事人仍不申请鉴定的,如果该案件又非上述人民法院确有必要依职权启动鉴定的案件情形,这时可以按照举证证明责任分配的一般规则,由负有举证证明责任的当事人承担相应的不利后果。

【典型案例指引】

肖某某与某某大学附属某华医院医疗损害责任纠纷案①

基本案情

2009 年 10 月 16 日 20 时许,肖某某因突发头痛、恶心、呕吐于同日 21 时 15 分入住某某大学附属某华医院(以下简称"某华医院")神经内科。入院时检查体温 36℃,血压 155/100mmHg,嗜睡状,检查基本合作,双瞳孔等大等圆,四肢肌力、肌张力正常,双侧病理呈阴性,腱反射、感觉检查正常,入院诊断:(1)头痛、恶心、呕吐。查因:①蛛网膜下腔出血;②脑室系统出血。(2)高血压病 3 级极高危组。入院当天行头颅 CT 检查,诊断意见:(1)蛛网膜下腔出血,并第四脑室少量积血;(2)左侧丘脑出血;(3)侧脑室和第三脑室改变,考虑积水可能。入院后,予以降颅压、止血、护胃、镇静、镇痛等治疗,肖某某病情逐渐加重。于同年 10 月 17 日 06:50 出现浅昏迷,同一天行全脑 DSA 检查,诊断为左侧颈内动脉后交通动脉段动脉瘤。随后,某华医院请神经外科会诊,会诊意见为,建议暂行保守治疗。但肖某某亲属要求当即手术,某华医院不同意手术,先输液观察。当天 15:50,肖某某转入 ICU 继续治疗。某华医院在肖某某入院后于 2009 年 10 月 17 日至同月 29 日为肖某某使用了盐酸法舒地尔等药物治疗,肖某某转入 ICU 病房后,仍处于浅昏迷状态。同年 10 月 20 日,肖某某出现 39℃高热,呼吸急促,予以气管切开、呼吸机辅助呼吸。同年 10 月 27 日,肖某某意识有所恢

---

① 案号:衡阳市中级人民法院(2011)衡中法民一终字第 431 号。

复，但仍有发热。同年10月30日，某华医院对肖某某停用盐酸法舒地尔。肖某某在ICU病房期间于10月23日出现骶尾部$0.5\times0.5cm^2$水泡，后来褥疮加重，最大时达到约$4\times2cm^2$，经治疗后褥疮痊愈。11月1日01:05，肖某某出现深昏迷、呼吸停止、双侧瞳孔不等大，肖某某脑动脉瘤第二次出血。11月10日，某华医院为肖某某实施介入治疗（动脉瘤栓塞+左颈内动脉闭塞术），根据湖南省各级综合医院手术分类及批准权限规范的相关规定，该类手术应属于三级医院和主任医生以上才能实施，某华医院给肖某某实施手术医生及资质情况，肖某某的病历资料没有反映。肖某某在手术后生命体征经治疗逐渐平稳，但神志未恢复，现处于植物人状态。2010年7月7日，肖某某的委托代理人向南华大学司法鉴定中心申请司法鉴定，结论为：（1）肖某某目前是“植物人状态”；（2）残疾程度评定为一级；（3）护理依赖程度评定为终生完全护理依赖一名；（4）预计后续每年抗感染等医疗费5000元；（5）配置残疾辅助用具——活动或翻身床一张。之后，肖某某、某华医院因赔偿事宜未达成协议，肖某某于2010年7月19日提起诉讼，要求某华医院赔偿。

在诉讼中，某华医院向一审法院提出申请，要求医学鉴定，一审法院委托衡阳市医学会对肖某某进行医学鉴定，经衡阳市医学会鉴定，肖某某不属于医疗事故。肖某某不服该鉴定结论，申请要求湖南省医学会进行重新鉴定。2011年4月22日，湖南省医学会作出鉴定结论，认为：（1）患者因突发头痛、恶心、呕吐3小时入住某华医院，该院根据其病史、临床表现及相关检查结果，入院诊断为“头痛恶心、呕吐查因：①蛛网膜下腔出血；②脑室系统出血；高血压病3级极高危组”是正确的，予以头颅CT检查，降颅压、止血、护胃、镇静、镇痛等措施符合医疗原则。（2）患者经全脑DSA检查，确诊为左侧颈内动脉后交通动脉段动脉瘤。因其高龄、颅内出血量较大、病情复杂，临床分级为Ⅳ级，故医方采取保守治疗未违反医疗原则。（3）盐酸法舒地尔属于颅内出血的禁忌药物，医方使用该药物违反了医疗原则，其过错不能排除一定程度上增加发生再次颅内出血的概率。（4）颅内动脉后交通动脉段动脉瘤出血的病例，其病情十分凶险、危重，救治难度大，不论临床如何处置都可能发生再次出血。因此，患者目前植物人状态与其自身原发病的特点有主要因果关系，与医方的医疗过错也有一定关系。（5）关于患方提出医方护理不当导致出现压疮的问题。患者在ICU住院期间，因病情极度危重，而在短时间内发生压疮是临床实践中难以避免的不良后果，压疮在较短时间内得以治愈，未对患者造成明显人身损害后果。结论为，一级乙等医疗事故，医方负轻微责任。另查明，肖某某于2009年10月16日入院至2009年11月1日的医疗费用为61164.48元，肖某某2009年10月16日至2011年5月20日止的医疗费用共计344295.89元，肖某某医保可报账的203812.61元，医保已报账的168788元，肖某某自购白蛋白计价4180元，付省医学会鉴定费3200元，司法鉴定费1000元，肖某某付给某华医院医疗费111000元，肖某某尚欠某华医院医疗费29483.28元。

关于肖某某的经济损失的数额认定，肖某某主张其损失为医疗费355809元，残疾赔偿金248490元，终生护理费389860元，住院伙食补助费6840元，后期抗感染费75000元，残疾辅助用具活动翻身床一张，脑康治疗仪5872元，营养费54750元，鉴定费4200元，精神抚慰金50000元，共计人民币1190821元。一审法院根据确认的证据确认如下：肖某某的医疗费348475.89元（含肖某某自购药品付款部分），减出肖某某2009年10月16日至2009年11月1日原发病的医疗费用61164.48元，肖某某的医疗费用实际损失为287311.41元；肖某某的残疾赔偿金，肖某某为一级残疾，属于城镇居民，肖某某受伤时已满65周岁，按15年计算，参照湖南省2010年度城镇居民人均可支配收入计算，应确认为248490元（16566元×15年）；住院护理费，护理时间从2009年11月1日至2011年5月20日止，为566天，肖某某提供了护理人员收入情况，应确认为36790元（566天×65元/天）；终生护理费，参照湖南省2010年度居民服务和其他服务行业标准计算14年，应确认为322224元（23016元×14年）；住院伙食补助费的时间从2009年11月至2011年5月20日止为566天，应确认为16980元（566天×30元/天），肖某某请求6840元，予以支持；肖某某后期治疗费，根据司法鉴定肖某某每年抗感染费用为5000元，计算14年，应确认为70000元；残疾辅助器材翻身床一张，参照市场价格（辅通式）为6000元，脑复康治疗仪为5872元；肖某某的后期治疗费共计为81872元，鉴定费4200元；肖某某请求营养费54750元，一审法院根据肖某某伤残情况，予以支持；肖某某请求精神抚慰金，符合法律规定，应予以支持，但一审法院依据本案的具体情况予以考虑50000元；肖某某的损失共计为1092477.4元。

一审法院认为,原告、某华医院双方属医患关系,在此关系中,某华医院作为具有专业知识和技能的专业机构而赢得患者的信赖,故某华医院方在进行执业活动时,应负有高度注意、救死扶伤、努力完成受委托工作的义务。在具体认定医方主观上有无过错时,必须将医疗行业习惯及惯例,现有医疗科学技术的实际发展状况以及医方的医疗技术水平、医疗等级及设施等作为综合考虑情况,以一个合格的医护工作者所应有的专业知识和技术水平来判断。结合本案的具体情况,分析某华医院的行为:(1)关于某华医院给肖某某使用药物问题,肖某某入住某华医院后,经检查肖某某为左侧颈内动脉后交通动脉段动脉瘤,引起颅内出血,某华医院给肖某某使用了盐酸法舒地尔长达 13 天,该药物属于颅内出血的禁忌药,造成肖某某颅内第二次出血,某华医院存在过错。(2)某华医院未尽告知义务,肖某某入院经诊断后,肖某某方向某华医院要求及时手术,而某华医院一直对肖某某保守治疗,直到肖某某颅内第二次出血后才行手术,虽然某华医院采取保守治疗不违反医疗原则,但某华医院在此时未尽告知义务,违反了医疗常规。(3)某华医院对肖某某护理不当,肖某某在某华医院 ICU 病房住院 45 天,肖某某在第 10 天左右出现压疮,虽然压疮现已治愈,但给肖某某带来了痛苦。某华医院在护理上存在过错。(4)某华医院资质问题,根据湖南省各级综合医院手术分类及批准权限规范,肖某某的疾病手术属于四类手术,根据该规范规定,四类手术由三级医院和主任医师以上才能实施该手术。某华医院在肖某某手术时属于三级医院,但给肖某某做手术时的主刀医师的资质不明,而且某华医院也没有向法院提供主刀医师单位工作协调函。某华医院的行为违反医疗相关规定,其行为存在过错。由于某华医院上述医疗行为存在的缺陷和过错,该院认定某华医院的医疗行为与肖某某损害结果之间有因果关系。对肖某某造成的损失和精神痛苦应承担次要赔偿责任。因肖某某为高龄患者,具有自身机体耐受力低下、抵御力差、病情复杂、救治难度大等因素,对导致肖某某现呈"植物人状态"系主要原因,所造成的损失由肖某某自负主要部分。一审法院判决:(1)某华医院南华大学附属某华医院赔偿肖某某医疗费 287311.41 元、残疾赔偿金 248490 元、护理费 36790 元、终生护理费 322224 元、住院伙食补助费 6840 元、后期治疗费 81872 元、营养费 54750 元、鉴定费 4200 元、精神抚慰金 50000 元,共计人民币 1092477.40 元的 45%,计人民币 491614.83 元,减出肖某某余欠某华医院医疗费 29483.28 元,某华医院实际付给肖某某赔偿款 462131.55 元。限某华医院南华大学附属某华医院在本判决生效之日起 10 日内付清。(2)驳回肖某某的其他诉讼请求。

二审法院经审理查明,某华医院系三级综合性医院。上诉人肖某某入住上诉人某华医院当天(即2009 年 10 月 16 日)直至同年 10 月 29 日,该院每日为肖某某使用了盐酸法舒地尔药物治疗。为肖某某实施手术的手术者(即主刀者)系广东省中医院的医师张某某,其系副主任医师。某华医院聘请其来该院手术前,向广东省中医院发出了"邀请院外专家会诊(手术)申请书"。为肖某某实施手术的另一名医生(即助手)吴某某的执业范围是外科专业,中级职称。

本案二审期间,某华医院向法院申请重新鉴定的申请,二审法院经审查后认为,该申请不符合《民诉证据规定》的相关规定,依法不予准许。

裁判理由

生效裁判认为,本案争议的焦点有三个:一是关于某华医院对肖某某的医疗行为是否存在以下过错的问题:(1)对肖某某使用盐酸法舒地尔药物是否系导致肖某某第二次出血的原因;(2)是否延误了对肖某某的治疗;(3)该院是否具备脑血管瘤介入栓塞手术的资质,为肖某某实施手术的医师是否具备实施该手术的资格;(4)是否侵犯了肖某某的知情同意权;(5)是否存在护理上的过错。二是关于本案责任比例的划分问题。三是原审对有关肖某某的医疗费、后期治疗费(即后期抗感染费用、残疾辅助器材翻身床和脑复康治疗仪)、住院护理费、终生护理费、住院伙食补助费、营养费、精神损害抚慰金、鉴定费等损失的确定是否正确的问题。

一、关于某华医院对肖某某的医疗行为是否存在以下过错的问题

1. 关于某华医院为肖某某使用盐酸法舒地尔药物是否系导致肖某某第二次出血的原因。二审法院认为,盐酸法舒地尔注射液的适应证为,改善和预防蛛网膜下腔出血术后的脑血管痉挛及引起的脑缺血症状。禁忌证为:(1)出血患者:颅内出血;(2)可能发生颅内出血的患者:术中对出血的动脉瘤未能进行充分止血处置的患者;(3)低血压患者。本案中,肖某某于 2009 年 10 月 16 日 20 时许入住上诉人某华医院,该院为其诊断为:(1)头痛、恶心、呕吐,查因:①蛛网膜下腔出血;②脑室系统出血。(2)高血压病 3 级极高危组。入院当天行头颅 CT 检查，诊断意见：(1)蛛网膜下腔出血，并第四脑室少量积血；(2)左侧丘脑出血；(3)侧脑室和第三脑室改变，考虑积水可能。某华医院于当日即2009 年 10 月 16 日 20 时始即为肖某某每日连续输入盐酸法舒地尔注射液，直至同年 10 月 29 日，明显违反了医疗原则。《侵权责任法》第 58 条规定，“患者有损害，因下列情形之一的，推定医疗机构有过错：(一)违反法律、行政法规、规章以及其他有关诊疗规范的规定……”因此，应推定某华医院对肖某某的医疗行为存在过错，不能排除某华医院使用违禁药物后诱发肖某某第二次颅内出血的可能。故某华医院上诉称其于 2009 年 10 月 29 日即停用盐酸法舒地尔注射液，而肖某某于同年 11 月 1 日脑动脉再次出血，由于该药的代谢较快，该院使用该药物不是导致肖某某脑动脉再次出血的原因的理由不能成立。

2. 关于某华医院是否延误了对肖某某的治疗问题。肖某某主张，按照国际治疗脑动脉瘤惯例，在出血后 3 天内进行介入栓塞手术治疗效果最好，其于2009 年 10 月 27 日至同年 10 月 31 日期间神志已清楚，出血也基本吸收，其完全具有手术指征，而某华医院仍未为其实施手术，延误了治疗而导致其第二次出血。二审法院认为，某华医院于 2009 年 10 月 17 日为肖某某行全脑 DSA 检查，确诊为左侧颈内动脉后交通动脉段动脉瘤，该院即请该院神经外科会诊，由于肖某某高龄、颅内出血量较大、病情复杂，故会诊意见为：建议暂行保守治疗。在 2009 年 10 月 27 日至同年 10 月 31 日期间，肖某某又持续发热，因此某华医院未在此期间为其实施手术并无不当，肖某某的上述主张不能成立。

3. 关于该院是否具备脑血管瘤介入栓塞手术的资质及为肖某某实施手术的医师是否具备实施该手术的资格的问题。某华医院系三级综合性医院，根据《湖南省各级综合医院手术分类及批准权限规范》的相关规定，三级医院可开展一、二、三、四类手术，以三、四类手术为主，因此某华医院具备实施该手术的资质。2009 年 11 月 10 日，某华医院为肖某某实施了介入治疗(动脉瘤栓塞 + 左颈内动脉闭塞术)，该手术系四类手术。为肖某某实施手术的医生之一吴某某虽不是主任医师，但其只是助手，为肖某某实施手术的另一位手术者(即主刀者)系广东省中医院的医师张某某，其系副主任医师，具备实施四类手术的资质。某华医院聘请其来该院手术前，向广东省中医院发出了“邀请院外专家会诊(手术)申请书”，符合《医师外出会诊管理暂行规定》第 2 条、第 4 条、第 5

条之规定。因此,某华医院及其为肖某某实施手术的医师具备相应的资质,肖某某认为某华医院及其为其实施手术的医师的资质存在问题的主张不能成立。

4. 关于某华医院是否侵犯了肖某某的知情同意权的问题。

根据医疗常规,医师应当对患者的诊断及诊疗方案均应完整记录于病历中,并向就诊患者或家属交代清楚。医师认为应进行的诊疗措施遇患者或患者家属拒绝,也应记录并予以说明。本案中,肖某某入住某华医院,经诊断疾病后,其家属向某华医院要求及时手术,而该院一直对其采取保守治疗,直到其颅内第二次出血后才行手术,虽然该院采取保守治疗不违反医疗原则,但作为患者一方的家属有权获知肖某某的病情及诊疗方案,并提出自己的要求。某华医院未提供证据证实该院已履行了告知义务,因此,本院认为某华医院侵犯了肖某某的知情同意权。

5. 关于某华医院在对肖某某的治疗过程中是否存在护理上的过错的问题。二审法院认为,肖某某于 2009 年 10 月 16 日入住某华医院,而在同年 10 月 23 日其骶尾部就出现了褥疮,该院在护理上明显存在过错,虽然褥疮现已治愈,但给患者肖某某带来了不必要的痛苦。

综上,某华医院在为肖某某治疗的过程中存在一定的过错,该医疗行为与肖某某的损害后果即植物人状态的后果存在相当的因果关系。

二、关于本案责任比例划分的问题

二审法院认为,由于某华医院在为肖某某治疗的过程中存在用药、护理、侵犯知情同意权等方面的过错,应当对肖某某的损害后果即植物人状态的后果承担主要责任(酌定为 65% 的责任)。虽然湖南省医学会对本案案例作出的鉴定结论认定:构成一级乙等医疗事故,医方负轻微责任。但医疗事故技术鉴定书及司法鉴定意见是法院处理医疗纠纷重要的证据,人民法院可根据案情决定是否采信。因此,某华医院主张应对肖某某的损害后果承担 10% ~ 20% 的责任的理由不能成立。由于颈内动脉后交通动脉段动脉瘤出血的患者,其病情十分凶险、危重,救治难度大,且肖某某系高龄患者,故其现“植物人状态”的后果不能排除其自身身体的原因,因此对造成的损失应由其自行负担次要部分(酌定为 35%)。肖某某主张应由某华医院负担全部责任的理由不能成立。

三、有关肖某某的医疗费、后期治疗费(即后期抗感染费用、翻身床和脑康复治疗仪)、住院护理费、终生护理费、住院伙食补助费、营养费、精神损害抚慰金、鉴定费等赔偿问题

1. 医疗费:经查,肖某某于2009年10月16日入住某华医院至2009年11月1日的医疗费用为61164.48元,系该院为其治疗原发病的费用。2009年10月16日至2011年5月20日止的医疗费用共计344295.89元,其中医保可报账203812.61元,医保已报账的168788元,肖某某自购白蛋白计价4180元,支付给某华医院医疗费111000元。根据法律的相关规定,肖某某对医保可报销的该部分医疗费仍应计入赔偿范围,因此,肖某某应列入赔偿的医疗费用为287311.41元[344295.89元(2009年10月16日至2011年5月20日止的医疗费用)-61164.48元(2009年10月16日至2009年11月1日治疗原发病的医疗费用)],但其对自负部分的医疗费仅支付了111000元,因此,其尚欠某华医院医疗费为29483.28元(344295.89元-203812.61元-111000元),故某华医院主张原审认定数额不当的理由不能成立。

2. 后期治疗费(后期抗感染费用、残疾辅助器材翻身床和脑复康治疗仪)、住院期间的护理费及终生护理费:南华大学司法鉴定中心于2010年7月7日对肖某某的伤情作出的鉴定结论认定:(1)肖某某目前是"植物人状态";(2)残疾程度评定为一级;(3)护理依赖程度评定为终生完全护理依赖一名;(4)预计后续每年抗感染等医疗费5000元;(5)配置残疾辅助用具——活动或翻身床一张。肖某某构成一级伤残,呈"植物人状态",长期卧床,对疾病的抵抗能力下降,抗感染费用不单纯是抗褥疮的费用,亦可能由感染引起的其他疾病的防患和治疗发生的费用,故原审根据上述司法鉴定按每年5000元计算肖某某的后期抗感染费用并无不当。《人身损害赔偿解释》第26条规定,残疾辅助器具费按照普通适用器具的合理费用标准计算。伤情有特殊需要的,可以参照辅助器具配制机构的意见确定相应的合理费用标准。辅助器具的更换周期和赔偿期限参照配制机构的意见确定。本案中,根据肖某某的病情及上述司法鉴定结论,其须配置残疾辅助用具即活动或翻身床一张和脑复康治疗仪一台。原审参照目前的市场价格认定该床的费用为(普通式)6000元、脑康复治疗仪为5872元一台符合实情,原审认定肖某某的后期治疗费共计81872元并无不当。某华医院主张残疾辅助用具即活动或翻身床以6000元计算过高,肖某某暂不需要配置脑康复治疗仪的主张无事实依据和法律依据。肖某某住院期间的护理费,应从2009年11月1日计算至2011年5月20日止,为566天;终生护理费,根据《人身损害赔偿解释》第21条的规定,对肖某某的终生护理费应计算14年。因此,原审对肖某某住院期间的护理费和终生护理费的计算时间符合本案的事实和法律的相关规定,某华医院主张原审多计算了232天的主张与事实不符,依法不予支持。

3. 住院伙食补助费:对肖某某住院伙食补助费的时间应从2009年11月1日计算至2011年5月20日止共566天,为6792元(566天×12元/天),某华医院主张原审对肖某某的住院伙食补助费按30元/天标准计算错误的理由成立,应依法予以支持,但对该院主张原审多计算212天存在错误的主张与事实不符,依法不予支持。

4. 营养费、精神损害抚慰金:肖某某虽已构成一级伤残,长期卧床不起,生活完全不能自理,亦给其亲属带来了精神上极大的伤害,但原审酌情认定其营养费54750元、精神损害抚慰金50000元过高,本院根据本案事实和法律的相关规定,酌定为营养费20000元,精神损害抚慰金40000元为宜。

5. 鉴定费:某华医院支付衡阳市医学会的鉴定费2200元,上诉人肖某某支付湖南省医学会的鉴定费3200元、司法鉴定费1000元。经查,原审遗漏了某华医院支付衡阳市医学会的鉴定费2200元,故在计算肖某某的赔偿数额时,应将肖某某应负的该部分费用即770元(2200元×35%)予以减除。因此,某华医院主张该院支付的衡阳市医学会的鉴定费2200元原审未计入并予以核减的理由成立,依法应予以支持。

综上,二审法院判决:(1)维持湖南省衡阳市珠晖区人民法院(2010)珠民一初字第470号民事判决第2项;

(2)撤销湖南省衡阳市珠晖区人民法院(2010)珠民一初字第470号民事判决第1项;

(3)某华医院赔偿上诉人肖某某医疗费287311.41元、残疾赔偿金248490元、护理费36790元、终生护理费322224元、住院伙食补助费6792元、后期治疗费(后期抗感染费用、残疾辅助器材翻身床和脑复康治疗仪)81872元、营养费

20000元、鉴定费4200元、精神抚慰金40000元，共计人民币1047679.41元的65%，计人民币680991.62元，减出上诉人肖某某尚欠上诉人南华大学附属某华医院的医疗费29483.28元、应支付衡阳市医学会的鉴定费770元，某华医院实际应付给上诉人肖某某赔偿款650738.34元。此款限上诉人某某大学附属某华医院在本判决生效之日起10日内付清。

—— 裁判指引 11 ——

对于医疗机构是否存在诊疗过错以及诊疗过错的大小，往往需要通过专业的鉴定意见予以判定，医患双方当事人均可以就有关案件事实的专门性问题申请医疗损害鉴定，这与人民法院依据法律规定进行裁判并不矛盾。从人民法院适用法律的角度讲，首先要严格依据侵权责任法的有关规定以及有关诊疗规范的内容予以判断，鉴定意见的适用也要以此为前提。本案中，医疗机构为患者使用的盐酸法舒地尔注射液明显违反了其禁忌证，二审法院依据《侵权责任法》第58条第1项的规定，推定为有过错，同时二审法院根据肖某某于2009年10月16日入住某华医院，而在同年10月23日其骶尾部就出现了褥疮的实施，认定该医疗机构在护理上明显存在过错。尤其是该错误用药行为与患者的损害后果即植物人状态的后果存在相当的因果关系。

鉴定意见是人民法院处理医疗损害责任纠纷重要的证据类型，人民法院可以根据案件具体情况决定是否采信。本案中，医疗机构在用药方面存在明显违反诊疗规范的过错行为，且在护理、告知等方面也存在过错。二审法院经审理后认为，医疗机构主张依据鉴定意见应对肖某某的损害后果承担10%~20%的责任的理由不能成立，其应当对肖某某的损害后果即植物人状态的后果承担主要责任，二审法院据此酌定为65%的责任。而且本案中患者系颈内动脉后交通动脉段动脉瘤出血，其病情十分凶险、危重，救治难度大，且患者已是高龄，其现“植物人状态”的后果不能排除其自身身体的原因，因此对造成的损失应由其自行负担次要部分，二审法院据此酌定为35%的责任。

在此需要注意的是，由于诊疗行为本身的专业性、复杂性等，鉴定意见以其科学性和公信力在医疗损害责任纠纷中发生重要作用。人民法院在审理医疗损害责任纠纷中，既不能“以鉴代审”，也不能“以审代鉴”，既要尊重医学规律，发挥医疗损害鉴定在医疗损害责任纠纷专业判断中的独到作用，也要在理由充分的情况下，敢于否定或者部分不采纳不科学甚至违法的医疗损害鉴定意见，真正做到医疗损害责任纠纷的公平妥当处理，维护医患关系的和谐。

【相关法条链接】

《民事诉讼法》第76条，《民诉法解释》第90条、第96条、第121条，《民诉证据规定》第25条，《医疗事故处理条例》第34条，《诉讼费用交纳办法》第12条、第29条。

第九条 **当事人申请医疗损害鉴定的，由双方当事人协商确定鉴定人。**

当事人就鉴定人无法达成一致意见，人民法院提出确定鉴定人的方法，当事人同意的，按照该方法确定；当事人不同意的，由人民法院指定。

鉴定人应当从具备相应鉴定能力、符合鉴定要求的专家中确定。

【起草背景】

医疗损害纠纷案件中如何选择鉴定人往往是双方当事人争议的首要问题。选择鉴定人是当事人的诉讼权利，快速、合理地确定合格的鉴定人有利于诉讼的顺利进行。本条司法解释根据《民事诉讼法》的规定，明确当事人可以协商确定鉴定人；当事人协商不成的，由人民法院指定。无论是当事人协商确定还是人民法院确定鉴定人，都必须选择具备相应的鉴定能力、符合鉴定要求的专家。

【条文释义】

本条是关于如何确定医疗损害司法鉴定程序中鉴定人的规定，其中第 1 款、第 2 款都是明确鉴定人的选定方法，第 3 款明确了鉴定人的资质要求。

一、民事诉讼法有关选定鉴定人的规定

本条是《民事诉讼法》第 76 条第 1 款规定的具体化。《民事诉讼法》第 76 条第 1 款规定，当事人可以就查明事实的专门性问题向人民法院申请鉴定。当事人申请鉴定的，由双方当事人协商确定具备资格的鉴定人；协商不成的，由人民法院指定。《民诉法解释》第 121 条第 2 款明确规定："人民法院准许当事人鉴定申请的，应当组织双方当事人协商确定具备相应资格的鉴定人。当事人协商不成的，由人民法院确定。"民事诉讼法及其司法解释就当事人申请司法鉴定确定鉴定人问题明确了三方面内容：一是当事人依法可以协商鉴定人；二是当事人协商不成时，由人民法院指定；三是鉴定人必须具备相应的资质。

医疗损害鉴定是指对医疗机构及其医务人员在对患者进行的诊疗活动中是否存在过错及是否造成患者人身损害所做的鉴定。医疗机构的诊疗活动是否存在过错及是否对患者造成人身损害当然属于《民事诉讼法》第 76 条第 1 款规定的“专门性问题”。因而对这一专门性问题所做鉴定就是司法鉴定。

《民事诉讼法》第 64 条第 1 款明确规定,当事人对自己提出的主张,有责任提供证据。鉴定意见属于证据的一种。申请鉴定是当事人履行自己举证责任的范畴。当事人需要鉴定意见来证明自己提出的主张时,理所当然应当申请鉴定;否则就应当承担其主张举证不能的法律后果。申请鉴定是当事人对自己诉讼权利的处分,人民法院无须干涉,更不应当强制要求当事人进行鉴定。

当事人申请鉴定的,必须选定鉴定人。在充分尊重当事人意思的前提上,《民事诉讼法》规定了两种选定鉴定人的方式:由当事人协商选定和由人民法院指定。当事人申请鉴定的,只要人民法院同意的,首先由当事人自行协商选定具备资格的鉴定人。只有在当事人协商不成时,才由人民法院指定鉴定人。在当事人申请鉴定的情况下,如果直接由人民法院指定鉴定人,容易产生受案法院根本不征求当事人意见而直接指定某一鉴定人的情形。由于目前鉴定制度还不完善、鉴定标准不统一,受案法院直接指定鉴定人,当事人很可能产生对鉴定人的不信任,导致出现重新鉴定或者多重鉴定等问题。为在诉讼程序上公正地保障当事人的诉讼权利,应当首先由当事人协商选定鉴定人。这不仅体现了对当事人意愿的尊重,而且可以有效地避免当事人对受案法院和鉴定人中立性的质疑,鉴定意见更有可能使当事人心服口服,从而有利于妥当、迅速、信服地解决当事人之间的纠纷。然而,由于司法鉴定机构社会化,加之司法鉴定人员业务素质与职业道德品质参差不齐,当事人自行协商选定鉴定人有时不能达到一致。在这种情况下,人民法院可以向当事人提供选定鉴定人的方法,由当事人决定是否采纳。当事人采纳法院提供的选定鉴定人方法的,实际上接近当事人自行选定鉴定人的效果。当事人如果不能就鉴定人的选定取得一致,又不采纳法院提供的选定鉴定人的方法,为了保障当事人申请鉴定的诉讼权利和查明案件事实,只能由受案法院指定鉴定人。

无论是当事人自行选定鉴定人还是人民法院指定鉴定人都必须具备相应的鉴定资质。《全国人民代表大会常务委员会关于司法鉴定管理问题的决定》

对司法鉴定人的资质有原则要求①。

二、医疗损害案件鉴定人选定的特殊性

2010年6月30日最高人民法院《关于适用〈中华人民共和国侵权责任法〉若干问题的通知》(法发〔2010〕23号)规定"三、人民法院适用侵权责任法审理民事纠纷案件,根据当事人的申请或者依职权决定进行医疗损害鉴定的,按照《全国人民代表大会常务委员会关于司法鉴定管理问题的决定》、《人民法院对外委托司法鉴定管理规定》及国家有关部门的规定组织鉴定。"最高人民法院在此通知中明确了医疗损害鉴定为司法鉴定。这既是严格遵守《全国人民代表大会常务委员会关于司法鉴定管理问题的决定》这一法律文件的体现,又解决了司法实践中对因《医疗事故处理条例》而产生的医疗事故鉴定模式的争议。

《侵权责任法》施行后,《医疗事故处理条例》所产生的医疗事故鉴定模式不适用于医疗损害赔偿案件。《医疗事故处理条例》规定,在医患纠纷诉诸法院之前,政府卫生行政部门和医患双方都有权就诊疗行为是否构成医疗事故申请鉴定。依据该条例的规定,提起医疗事故鉴定方式有两种:一是卫生行政部门在解决医疗事故争议中,对需要进行医疗事故技术鉴定的,交由负责医疗事故技术鉴定工作的医学会组织鉴定;二是医患双方当事人协商解决医疗事故争议,需要进行医疗事故技术鉴定的,共同书面委托医疗机构所在地负责首次医疗事故技术鉴定工作的医学会组织鉴定②。医疗损害鉴定或者医疗损害司法鉴定与医疗事故鉴定无论在内容上,还是程序与形式都有本质的不同。特别是对

---

① 《全国人民代表大会常务委员会关于司法鉴定管理问题的决定》(2005年2月28日第十届全国人民代表大会常务委员会第十四次会议通过　根据2015年4月24日第十二届全国人民代表大会常务委员会第十四次会议《关于修改〈中华人民共和国义务教育法〉等五部法律的决定》修正)规定:"四、具备下列条件之一的人员,可以申请登记从事司法鉴定业务:(一)具有与所申请从事的司法鉴定业务相关的高级专业技术职称;(二)具有与所申请从事的司法鉴定业务相关的专业执业资格或者高等院校相关专业本科以上学历,从事相关工作五年以上;(三)具有与所申请从事的司法鉴定业务相关工作十年以上经历,具有较强的专业技能。因故意犯罪或者职务过失犯罪受过刑事处罚的,受过开除公职处分的,以及被撤销鉴定人登记的人员,不得从事司法鉴定业务。"

② 《医疗事故处理条例》第20条规定:"卫生行政部门接到医疗机构关于重大医疗过失行为的报告或者医疗事故争议当事人要求处理医疗事故争议的申请后,对需要进行医疗事故技术鉴定的,应当交由负责医疗事故技术鉴定工作的医学会组织鉴定;医患双方协商解决医疗事故争议,需要进行医疗事故技术鉴定的,由双方当事人共同委托负责医疗事故技术鉴定工作的医学会组织鉴定。"该规定实际是将医学会这个医学的学术组织,定位为一个社会中介组织。卫生部于2002年7月31日发布了《医疗事故技术鉴定暂行办法》,对医疗事故的鉴定作了具体规定。

鉴定机构和鉴定人的要求,医疗事故鉴定与医疗损害司法鉴定有很大的差异。医疗事故技术鉴定由各级医学会组织进行。医学会建立专家库,专家库应当依据学科专业组名录设置学科专业组。医疗损害司法鉴定则由有资质的司法鉴定机构完成。司法鉴定机构接受委托后,由司法鉴定机构指定司法鉴定人或者由委托人申请并经司法鉴定机构同意的司法鉴定人完成委托事项。同一司法鉴定事项由两名以上司法鉴定人进行。当案件诉诸人民法院之后,经一方或者双方当事人申请,可以进行医疗损害鉴定,由双方当事人协商确定鉴定人或者在当事人就鉴定人的选择无法达成一致意见的,由人民法院指定鉴定人。鉴定人的确定,应当从具备相应的鉴定能力、符合鉴定要求的专家中选择。

本条司法解释秉承《民事诉讼法》第 76 条规定的精神,进一步明确医疗损害鉴定人为自然人。司法解释在起草过程中,有的部门建议将本条中的“鉴定人”修改为“鉴定机构和鉴定人”,有的部门建议要进一步明确医疗损害鉴定的承担主体是鉴定机构还是鉴定人。有的则建议将这里的“鉴定人”修改为“鉴定机构”。我们认为,民事诉讼法关于鉴定机构与鉴定人的表述,在 2012 年第二次修订时已经有明显的所指。修订前的《民事诉讼法》第 72 条规定,“人民法院对专门性问题认为需要鉴定的,应当交由法定鉴定部门鉴定;没有法定鉴定部门的,由人民法院指定的鉴定部门鉴定”。按条文理解,尽管过去存在不同的解读和认识,但实际上是由鉴定部门出具鉴定意见。修订后的《民事诉讼法》第 76 条规定,“当事人未申请鉴定,人民法院对专门性问题认为需要鉴定的,应当委托具备资格的鉴定人进行鉴定”,“鉴定部门和鉴定人应当提出书面鉴定结论,在鉴定书上签名或者盖章。鉴定人鉴定的,应当由鉴定人所在单位加盖印章,证明鉴定人身份”。从“鉴定部门鉴定”“鉴定部门和鉴定人鉴定”修改为“具备资格的鉴定人进行鉴定”,即是由具备资格的鉴定人出具鉴定意见,而非鉴定机构出具鉴定意见。故本解释规定当事人协商确定鉴定人的规则,完全符合《民事诉讼法》修改的原意和立法精神。目前法院在医疗损害案件的审理中,遇有医学专业性问题时,均是委托鉴定机构作鉴定。这些鉴定机构包括两类,一是地级市以上医学会的医疗损害鉴定办公室,二是社会司法鉴定机构。这些鉴定机构在进行鉴定时,医患双方在事先均难以得知出席鉴定听证会的专家姓名:在医学会,是随机抽签产生鉴定专家,医患双方得到的只是一个专家的随机编码,不知名姓;社会司法鉴定机构,是由鉴定机构安排鉴定专家,医患双方在事先也难以得知出席鉴定会的全部专家姓名。鉴定意见由鉴定机构出具。虽然社会司法鉴定机构要求专家签名,但对于医疗损害鉴定,签名的往往只是具有司法资质的法医,而真正对鉴定意见发表专业性、决定性意见的却往往是外聘的临床医师,但他们并非鉴定机构编内人员,不会在鉴定意见上签名;医学会的鉴定意见,大多数只盖医疗鉴定专用公章,鉴定专家连名字都不用签上。这种由鉴定机构鉴定的情形是否符合鉴定的科学性、法律性要求存在争议。毕竟鉴定过程本质上是由有思维能力的自然人对相关问题进行的科学性分析,鉴定意见属于专家证词,系言词证据。法律上要求法官能够通过对鉴定意见的质证而判断鉴定人的思维过程、鉴定依据和鉴定逻辑从而决定采信与否。改变现行以鉴定机构为本位的鉴定弊端,确立以鉴定人个人为本位的鉴定制度。既符合鉴定的本质,又可以实现鉴定人出庭作证的目的,使鉴定意见能够得以法庭充分质证。

落实当事人选择鉴定人的诉讼权利,需要一段过渡过程。现实中法院尚未建立以自然人为主体的鉴定人名册,各地法院的名册均是以鉴定机构为主体,实现"鉴定人应当从具备相应鉴定能力,符合鉴定要求的专家中确定",依赖于医学会的鉴定办或社会司法鉴定机构是有效的方式。司法实践中,可以由受案法院委托医学会或社会司法鉴定机构,再由这些机构按照法院的要求产生鉴定专家。先确定鉴定机构,再以此为平台确定鉴定专家,最终目的是选择合格的鉴定人。只要鉴定人是双方当事人自愿选择的,至于中间采取什么方法,只要不违反法律的强制性规定即可。如此处理,也可以有效地避免一些不必要的争议,从而保证医疗损害鉴定意见具有权威性和客观性。

实务中,可以借鉴仲裁当事人选择仲裁员的做法,由医学会或社会鉴定机构告知医患双方能从事鉴定的全部专家的名册,由医、患双方在这些公开的名册中协商确定鉴定人名单,比如各自提供等额的人选,再由鉴定机构提供另一名单等。医学会目前采抽签方法貌似符合本解释的要求,但由于鉴定人名册对医患双方不公开,故实质是不符合的。以后医学会应当改变这一做法。

根据本条司法解释精神,出于尊重当事人的意思自治和诉讼权利的处分权,当事人双方协商确定委托鉴定人是启动鉴定程序的优先模式。但是,大量的司法实践经验证明，医患之间基于对诊疗行为及其损害的不同认识，致使双方之间产生强烈的排斥、对立和不信任，往往会导致双方协商确定鉴定人的尝试最终落空。对当事人未申请鉴定人以及不能就选择鉴定人达成一致意见的情形，人民法院可以为医患双方当事人提出确定鉴定人的方法和建议。由医患双方当事人按照法院提供的方法产生鉴定专家。司法解释未进一步说明法院产生鉴定人的方法。我们认为可以充分照应现实情况，尊重目前司法实践切实可行的各种做法，包括抓阄，即医患双方在鉴定机构提供的鉴定专家名册中随机抓阄以确定鉴定专家的人选。在必要的时候，人民法院还应当从具备相应的鉴定能力、符合鉴定要求的专家中选择指定鉴定人。医患双方当事人主张对医疗损害进行鉴定，但如果既不能通过友好协商确定鉴定人，又不能接受人民法院提供的建议和方法，导致司法鉴定难以顺利启动时，为提高司法效率，保护当事人少受讼累，尽快解决争端，受案法院依照《民事诉讼法》规定的精神有权为当事人委托医学会或者其他司法鉴定机构指定鉴定人进行司法鉴定。

本条司法解释第 3 款是有关鉴定人的资质要求和范围。鉴定人居于整个医疗损害责任鉴定的核心位置，对鉴定人的选任不仅关系到对医疗损害客观事实的挖掘程度，进而影响整个医疗纠纷案件的责任分配和承担，更关系到医患双方能否准确认识到时各方在诊疗过程中的行为。此外，选任鉴定人涉及医疗纠纷案件的判决可被当事人双方接受的程度，从源头上有效地节省和充分利用司法资源。对此已有前车之鉴。正因为鉴定机构及鉴定人的选任上存在一些不足之处，在《医疗事故处理条例》出台前后，司法理论界和社会中存在较为普遍的认识，即医疗事故鉴定存在双轨制，广泛存在医疗纠纷中患方对政府卫生部门主导而作出的医疗事故鉴定意见表示怀疑，不予认可，进而产生诸多的重复鉴定问题。为消除医疗纠纷双方当事人对医疗事故鉴定程序和鉴定结论的不信任，妥善引导医患双方公平参与到医疗损害鉴定及其纠纷处理中来，《全国人民代表大会常务委员会关于司法鉴定管理问题的决定》出台之后，特别是侵权责任法的颁布实施，医疗纠纷司法活动一方面注意尊重双方当事人意思自治，协商确定鉴定人；另一方面，对鉴定人环节进行人员的严格把关和公开选任。依据《全国人民代表大会常务委员会关于司法鉴定管理问题的决定》和其他相关法律法规，经国务院批准，司法部于 2005 年 9 月 29 日公布了《司法鉴定人登记管理办法》，在国家层面建立了对司法鉴定业务的鉴定人和鉴定机构实行登记管理制度，以适应司法工作和公民、组织的诉讼需求，保障当事人的诉讼权利，促进司法公正与效率。根据该办法，鉴于医疗损害纠纷所涉及内容的高度专业性和复杂性，本着对法律负责，保障当事人合法权益的原则，我国对司法鉴定人从考核授予资格，到登记管理，直至对其执业活动进行全面严格的监督。《全国人民代表大会常务委员会关于司法鉴定管理问题的决定》公布后，对于该决定是否适用于医疗事故技术鉴定，全国人大常委会法工委与卫生部交换意见时明确提出，"医疗事故技术鉴定的组织方式与一般的法医类鉴定有很大区别，医疗事故技术鉴定的内容也不都属于法医类鉴定。但医疗事故技术鉴定中涉及的有关问题，如尸检、伤残鉴定等，属于法医类鉴定范围。对此类鉴定事项，在进行医疗事故技术鉴定时，由已列入鉴定人名册的法医参加鉴定为宜。"①

既往的司法实践中，对如何确定鉴定人的做法不一，其中争议较大的是鉴定人的资质要求以及当事人是选择鉴定机构还是选择鉴定专家的问题。其中第一个争议涉及医疗损害鉴定双轨制问题，这是多年来一直存在且并未取得实质进展的重大问题。因涉及不同部门主管，最高人民法院近几年做了大量的工作，会同卫计委、司法部等有关部门共同研究协商，致力于推动解决医疗损害鉴定的机制问题，但是尚未能完全解决。最高人民法院发布的关于适用侵权责任法的通知中规定，人民法院适用侵权责任法审理民事纠纷案件，根据当事人的申请或者依职权决定进行医疗损害鉴定的，按照《全国人民代表大会常务委员会关于司法鉴定管理问题的决定》《人民法院对外委托司法鉴定管理规定》以及国家有关部门的规定组织鉴定。这符合实际情况，没有引起过多争议，各地也根据自身实际情况细化了选择鉴定人的规则。从本质上看，司法鉴定的根本目的在于借助专家的专门知识、技能和经验，辅助法官对专门性事实问题作出准

---

① 《全国人大法工委关于对法医类鉴定与医疗事故技术鉴定关系问题的意见》（法工委复字〔2005〕29号）："卫生部：你部2005年4月18日（卫政法函〔2005〕75号）来函收悉。经研究，交换意见如下：关于司法鉴定管理问题的决定第二条规定，国家对从事法医类鉴定的鉴定人和鉴定机构实行登记管理制度。医疗事故技术鉴定的组织方式与一般的法医类鉴定有很大区别，医疗事故技术鉴定的内容也不都属于法医类鉴定。但医疗事故技术鉴定中涉及的有关问题，如尸检、伤残鉴定等，属于法医类鉴定范围。对此类鉴定事项，在进行医疗事故技术鉴定时，由已列入鉴定人名册的法医参加鉴定为宜。二〇〇五年九月二十二日"

确判断,以妥当地处理案件,保证案件裁判的公正。《全国人民代表大会常务委员会关于司法鉴定管理问题的决定》中明确规定了"司法鉴定实行鉴定人负责制度"。有关鉴定机构资质方面的争论,法院首先依据的是该行业主管部门作出的判断,往往并不需要更多的介入。专家的鉴定能力,应当是审查司法鉴定意见的重点。具备鉴定资格的专家依法作出的鉴定意见,是应当依据诉讼证据规则予以采纳的。在实践中,社会上的司法鉴定机构出具的鉴定意见质量在总体上差强人意,而中华医学会的专家库囊括了全国水平最高的临床医学专家,能够保证鉴定意见的水准和质量。在本条解释征求意见的过程中,主张以中华医学会为主进行医学鉴定的声音相当大。具体案件诉讼过程中,如果由司法鉴定机构鉴定的,涉及临床医学时,必须保证有相当水平的临床专家参与鉴定。正是基于上述种种原因,本条司法解释第 3 款根据《民事诉讼法》第 76 条规定,直接规定确定鉴定专家,而不是确定鉴定机构。当然,这并不影响法院通过先选择鉴定机构,再确定鉴定专家的惯常做法。但应当强调的是,在确定鉴定人时,法院应当对鉴定专家组成进行审查,确保鉴定专家具备鉴定能力,不能委托给鉴定机构特别是社会司法鉴定机构后,就任凭鉴定机构自行决定鉴定人。

综上,理解与适用本条司法解释应当着重注意以下两个方面的内容:

第一,本条司法解释进一步明确了医疗损害司法鉴定在诉讼中的地位。普遍认为,在过去相当长的一个时期内,医疗鉴定存在双轨制,即中华医学会负责组织医疗事故责任鉴定,社会上的司法鉴定机构负责组织医疗过错责任鉴定。两种不同的医疗鉴定彼此分立,一个是由官方指定的鉴定机构作出带有官方意志的医学鉴定意见,一个是非官方色彩的具有司法鉴定资质的鉴定机构作出的司法鉴定。医学会作出的鉴定意见决定医疗机构的行为是否构成医疗事故,不构成医疗事故的,医疗机构不承担医疗事故赔偿责任;司法鉴定决定诊疗活动过程是否存在诊疗过错、患者的损害后果与诊疗过错二者之间是否存在因果关系。根据《侵权责任法》和《全国人民代表大会常务委员会关于司法鉴定管理问题的决定》的精神和内容,确定医疗损害鉴定司法医学鉴定的定位和属性,保障鉴定人公平、公正、客观地开展司法鉴定工作,出具司法鉴定意见,体现在人民法院通过对医疗损害责任鉴定的最终决定权和审查权,实现对当事人合法权益的保障。

第二,将司法鉴定的责任落实到个人。本条与《民事诉讼法》第76条规定保持一致,改变了医疗事故技术鉴定由鉴定委员会或鉴定组织集体负责的形式,避免集体负责从而导致无人负责,以及由此产生的法律上可追责、实践中难追责的怪象,落实《全国人民代表大会常务委员会关于司法鉴定管理问题的决定》中关于鉴定意见由具体作出鉴定的专家负责的规定。为法院提供医疗损害责任鉴定的,必须是经过主管机构确定的具有医疗损害责任鉴定资质的专家。具有资格的鉴定人才能作为医疗损害责任鉴定人,作出医疗损害鉴定意见。鉴定人依法作出的鉴定意见只向法律负责,不受任何个人或机构的干涉。在诉讼过程中,必要时鉴定人应当出庭作证,支持并解释其鉴定意见,保证医疗损害责任鉴定的严肃性、合法性和权威性。

三、审判实践中应注意的问题

规范司法鉴定人的确定方式及鉴定人的资质要求,目的是为医疗损害纠纷当事人提供可靠、可信的司法鉴定意见。但归根结底,鉴定人作出的司法鉴定意见在整个医疗纠纷诉讼过程中只是作为一项证据呈现在法庭上,需要对该证据的真实性、合法性、关联性进行认真审查,而不能仅凭鉴定意见断案,还需综合双方当事人提供的其他证据材料,结合案件的具体情况,作出最终判决。

司法实践中,前后历经数次司法医学鉴定的医疗损害责任纠纷案件屡见不鲜,大多集中在鉴定人的确定和鉴定人的资质问题。在一些案件中,鉴定意见中对鉴定人的作用不够重视和突出。比如,鉴定意见部分仅以"鉴定意见为"的方式进行,不涉及具体的鉴定人,且判决书部分未提及鉴定人是否出庭就鉴定意见进行解释。依照《民事诉讼法》的规定,只是在当事人对鉴定意见有异议或者人民法院认为鉴定有必要出庭的,鉴定人才出庭,不是每一个案子都需要鉴定人出庭。但人民法院需要重视和突出鉴定人的鉴定意见,逐渐将鉴定人和鉴定机构在司法鉴定中的地位和作用区别开来,改变鉴定机构负责的在先思维方式,强调鉴定人的专业性和责任。人民法院在指定鉴定人方面的工作也有待继续加强,如通过与医学会及其他相关部门的信息共享,掌握不同鉴定机构鉴定人的专业方向及鉴定水平,避免出现鉴定活动中因"超出鉴定机构的技术条件和鉴定能力"而被鉴定机构退卷处理的情形出现。应当尽可能地避免当事人在司法诉讼过程中进行重复鉴定,甚至造成当事人对司法鉴定的不信任。具体案件需要具体分析,鉴定条件成熟,在当事人未提出申请但确有必要的情况下,法院可以向当事人释明,尽可能促进医患之间的信息对称,实现司法裁判的公平公正。

根据《侵权责任法》的规定,人民法院在审理医疗损害责任纠纷案件中,对于医疗损害鉴定意见,应当进行必要的审查。在有新的鉴定意见足以推翻原鉴定意见的,应当采纳新的鉴定意见。在许多案件中的医疗事故鉴定结论,确实出现一些患方多次提出质疑,均以举证不能告终,进而衍生屡次申请鉴定,又屡次鉴定失败的情况。保障当事人申请鉴定的权利是审判工作的重点,还需要人民法院慎重把握鉴定申请,向当事人释明鉴定的程序和配合事项,避免造成无效鉴定。人民法院应当慎重把握鉴定规则和诉讼证据的运用,避免当事人之间连环鉴定,造成不良的影响,既增加当事人的诉讼成本,又浪费有限的司法资源。

此外,需要通过专业裁判进一步加强诉讼引导。就鉴定人的专业管理和能力审核而言,人民法院通过诉讼活动可以督促鉴定人不断更新专业知识,确保鉴定人不仅在申请资质时具备所需的鉴定能力和专业技能,并且在其执业过程中,能够与时俱进,根据社会的发展和司法实践的需要,不断提升其技能和水准,更好地为司法医学鉴定工作服务。

【典型案例指引】

1.薛某等与首都医科大学附属北京胸科医院医疗损害责任纠纷案①

基本案情

原告:薛某、韩某1、韩某2、陈某。

被告首都医科大学附属北京胸科医院(以下简称胸科医院)

薛某等四原告诉称,薛某丈夫韩某2012年1月4日因“刺激性咳嗽2月余”就诊于胸科医院。入院时患者“精神饮食较好”,除间歇咳嗽外无其他异常症状。胸科医院将韩某收治以后,进行了相应治疗,韩某却于2012年1月19日死亡。韩某死亡是因胸科医院在为诊疗的过程中违反诊疗规范及未尽到谨慎注意所致。故请求胸科医院赔偿医疗费等各项损失共计1298395.2元。

---

① 案号:(2013)通少民初字第9363号。

法院经审理查明:2012 年 1 月 4 日,韩某入住胸科医院。2013 年 1 月 18 日,韩某出现高热,医院考虑因右侧胸腔感染引起,继续冲洗胸腔,保证引流通畅,鼓励下床,锻炼呼吸功能。次日晚间 20 时 30 分,韩某突然出现大咯血,呼吸困难并伴有大汗,21 时出现窒息和心脏骤停,该院向家属交代病情后,进行心肺复苏,并将韩某转入 ICU 继续治疗,后抢救无效,当晚 22 时 16 分,宣布韩某临床死亡。医院的死亡记录显示死亡原因为:“患者因大咯血导致气道内血凝块形成,致气道梗阻、窒息、心跳呼吸骤停,最终导致患者死亡。”

经薛某等四原告申请,经北京市高级人民法院摇号确定由北京通达首诚司法鉴定所进行鉴定。鉴定前,法庭组织双方就韩某家属与胸科医院封存的主观病历及胸科医院提供的完整病历进行了质证,四原告对部分病历的真实性与合法性不认可,并提出异议,胸科医院对四原告提出的异议进行了书面答复,四原告对病历中患者及家属签字部分提出异议,但拒绝申请笔迹鉴定。后四原告同意以上述病历作为司法鉴定的检材进行司法鉴定。2013 年 12 月 26 日,鉴定机构出具鉴定意见书,鉴定意见为:“1. 被鉴定人韩某术后出现食管瘘,系医源性损伤,北京胸科医院经过反复多次内镜下粘堵效果不理想时,没有及时探索选择其他治疗方案,致治疗时间延长,给患者造成了痛苦、加大了经济负担,医方存在过失。建议医方承担次要责任。2. 被鉴定人韩某手术后一年突发大咯血窒息死亡,属其自身疾病发展所致,与上述医方诊治过失无因果关系。”胸科医院对鉴定结论无异议。薛某等四原告对鉴定结论提出异议,并提出以下异议:(1)韩某的手术属于重大疑难手术,因此在鉴定过程中外聘了专家参加鉴定,但是无论在鉴定前还是在鉴定过程中都没有向鉴定申请人明示有关专家得到学术领域、学术单位等相关自然情况,影响了申请人判断是否回避的权利,属于程序违法;(2)司法鉴定通则中明确司法鉴定需要遵守国家标准行业标准或司法机构的内部标准,但在本鉴定意见书中没有明确本次鉴定所依据的标准,鉴定无依据;(3)鉴定结论不客观,违背基本的医学理论。鉴定意见书一方面确认韩某食管瘘是医源性,医方有过失另一方面认定医疗行为与死亡结果无因果关系,形成悖论。韩某的直接死亡原因是手术后大咯血导致窒息死亡,意见书中没有依据证明术后大咯血是疾病自身发展结果导致。有过失的医疗行为是不是催化疾病发展的原因之一,意见书中没有明确进行阐述,肺部气管创伤感染是发生大咯血的原因之一,而气管食管感染粘连也可能导致大出血,在本案中恰恰发生了这种情况,意见书罔顾这一事实,直接认定无因果关系,违背医学常识。故申请重新鉴定。针对薛某等四原告提出的异议,法院依法向北京通达首诚司法鉴定所进行问询,2014 年 3 月 17 日,该鉴定所进行了答复,对问题(1)的答复为:在鉴定过程中为鉴定人负责制。对案件中的难点或较强的专业技术问题,我们聘请了相关临床专业高级技术职称的专家共同参与医疗过失的技术判断,聘请咨询专家的方式可以灵活掌握,目的是使鉴定人能够全面掌握案件的技术问题,鉴定人对所采用的专家意见负责。借鉴医疗事故鉴定基本原则,维护专家合法权益。对专家成员的信息、当事人的身份及隐私,医疗机构名称均要求保密。在聘请相关专家前,本所鉴定人对所聘专家做如下了解,第一,此次患者就医未在专家的医疗机构就过诊;第二,聘请专家未给予患者会过诊;第三,了解聘请的专家是否参加与此案相关的医疗过错、医疗调解等活动。本案对于患者提出的要求"天坛医院、同仁医院专家回避",鉴定人已遵守。医患双方及其代理人在听证会上均未对聘请专家提出回避。本所在受理此案的过程中程序合法。问题(2)答复为:迄今国内尚未有针对"医疗过错"出台的国家标准、行业标准等。目前,医疗过失技术鉴定除依据北京司法鉴定业协会《关于办理医疗过失司法鉴定案件的若干意见》外,还遵守了下列原则:(1)"专业判断"原则,以医学技术手段而非法律的推定原则作为医疗过失鉴定的主要技术支撑。(2)"专家注意义务"的客观标准,分为具体标准和抽象标准。具体标准包括专业教科书、临床相关诊疗、护理规范、卫生管理法律、法规、专家意见。抽象标准是评价医方是否"达到与其资质相应的医疗水准",即诊疗行为与其资质相适应原则及诊疗行为与医院等级相适应原则。(3)告知、知情、同意原则。(4)因果关系分析原则,并依据医疗过失行为在导致损害后果中发生的原因力大小确定等级。问题(3)答复:尸检报告结论应理解为患者处于"右肺上叶及下叶背段切除术及食管带膜支架植入术"后状态,死亡是因"大咯血致窒息"造成。而非手术后引起大咯血致窒息死亡。手术后出现食管瘘属医源性损伤,而患者一年后出现大咯血非手术直接原因,也无依据说明系手术远期并发症,但根据组织病理学所见及讨论,肺内支气管扩张合并感染,造成支气管动脉壁破坏,是引起大咯血的组织病理学基础,这种改变是疾病发展所致。手术所造成的食管瘘不能导致大咯血的后果。

因不符合重新鉴定的法定条件,法院驳回了四原告的重新鉴定申请。四原告申请鉴定人出庭接受质询,2014 年 5 月 16 日,鉴定人员北京通达首诚司法鉴定所主任法医师刘 ×2、徐 × 出庭接受询问并相关问题作了答复。四原告对鉴定人员出庭答复的内容提出异议。胸科医院认为鉴定结论基本是客观的,鉴定人员的资质和胸科医院的资质完全符合法律规定,韩某出现大咯血是非常少见的情形,其死亡与食管瘘没有关系。

裁判理由

法院经审理后认为:当事人对自己的主张有责任提供证据予以证明,所提供证据不足以证明自己主张的由负有举证责任的一方当事人承担不利的法律后果。

本案中,韩某因刺激性咳嗽前往胸科医院进行治疗,经查为:“1. 右肺空洞;2. 左上肺球形阴影”,后韩某在该院住院治疗,住院期间因大咯血致窒息死亡。鉴定意见认为胸科医院对韩某术后出现食管瘘,系医源性损伤,胸科医院反复粘堵效果不理想时,没有及时探索选择其他治疗方案,给患者造成了痛苦、加大了经济负担,医方存在过失,建议医方承担次要责任。韩某在术后一年突发大咯血窒息死亡,系其自身疾病发展所致,与医方的诊治过失无因果关系。但鉴定人员在出庭接受质询时,提到长期治疗食管瘘可能会引起胸腔感染、脓胸,而脓胸可能会造成肺部感染,肺部感染可引发支气管扩张,按照尸检报告,肺部支气管扩张合并感染可能是造成支气管动脉壁破坏引起大咯血的组织病理学基础,结合鉴定结论,胸科医院在治疗食管瘘的过程中存在过失,承担次要责任,故食管瘘治疗时间的过分延长与韩某的死亡之间存在间接部分因果关系,胸科医院应当对韩某的死亡后果承担相应的赔偿责任。关于四原告要求赔偿医疗费等诉讼请求,理由正当,法院依法予以支持,具体赔偿数额由本院参照过失程度、法律相关规定及本案实际情况予以酌定,对四原告的过高要求,依据不足,不予支持。对四原告所称鉴定意见书不能作为认定案件事实依据的意见,法院依法不予采纳。综上,法院依据《侵权责任法》等判决:除被告胸科医院已给付原告薛某的人民币 2 万元外,胸科医院再赔偿原告薛某等医疗费等共计 39 万余元,驳回原告薛某等提出的其他诉讼请求。

—— 裁判指引 12 ——

按照北京市高级人民法院2010年11月发布的《关于审理医疗损害赔偿纠纷案件若干问题的指导意见(试行)》规定,人民法院认为需要委托医疗损害鉴定的,一般应要求患者一方申请鉴定,并由北京市高级人民法院统一委托具有相应资质的鉴定机构组织鉴定。本案一审法院经四原告申请,经北京市高级人民法院摇号确定由北京通达首诚司法鉴定所进行鉴定。因而本案判决书并不显示是否征求了胸科医院对鉴定机构的意见。北京市法院的这种做法具有现实理由。

但本司法解释实施后,北京市法院的习惯做法应适当改变。一是申请鉴定是双方当事人的诉讼权利,并不只是患者一方的权利或者义务。二是鉴定人的确定应首先由医患双方当事人协商确定。只有医患双方当事人无法协商确定时,才由法院指定。不过,根据本案实际审理情况,虽然通过摇号确定鉴定机构,但鉴定机构仍然实行鉴定人负责制。

2. 陈某某与平顶山市第四人民医院医疗损害责任纠纷再审案①

基本案情

申请再审人(一审原告、二审上诉人):陈某某。

法定代理人:马秋红,无业。

申请再审人(一审被告、二审上诉人):平顶山市第四人民医院。住所地:平顶山市湛河区。

2014年3月28日,一审原告陈某某起诉至平顶山市湛河区人民法院称:陈某某因第四人民医院医疗损害已经湛河区人民法院判决,但就3年后的继续治疗相关费用未处理。根据相关病历及鉴定机构意见,陈某某需继续进行相关复查、治疗及康复治疗。为此,陈某某自2010年12月17日至起诉之日止,共花费医疗费、交通费、住宿费等207948.56元。故请求判令:第四人民医院支付继续

① 案号:(2015)豫法民提字第362号。

治疗费、护理费、交通费、伙食补助费、营养费、住宿费等共计 314242.29 元。

平顶山市湛河区人民法院一审查明:2008 年 5 月 30 日马秋红在第四人民医院生下陈某某,当日发现陈某某左臂抬起困难。2008 年 5 月 31 日第四人民医院组织妇科与外科会诊,考虑陈某某有臂丛神经损伤的可能,建议进一步检查,接受理疗按摩及营养神经药物应用,必要时到外院进一步治疗。2008 年 6 月 2 日马秋红携女出院。2008 年 6 月 20 日陈某某到河南省人民医院进行检查,诊断为左上肢臂丛神经重度损伤。随后,陈某某于 2008 年 9 月 5 日起诉后,平顶山市中级人民法院二审判决,第四人民医院于本判决生效后 3 日内赔偿陈某某包含医疗费 20489.39 元、后续治疗费 48000 元等在内各种费用共计 428290.35 元。其中后续治疗费的期间为 2010 年 12 月 17 日至 2013 年 12 月 16 日。

陈某某分别于 2013 年和 2014 年间到中国人民解放军第一五二中心医院治疗并到上海复查。2014 年 6 月 3 日,陈某某到郑州市第三人民医院进行鉴定,支出鉴定费 1200 元,检查费 466 元,交通费 421 元,鉴定材料邮寄费 45 元。

在诉讼过程中,2014 年 3 月 26 日马秋红申请对陈某某后续治疗费用及护理人数进行鉴定。经法院委托郑州华美法医临床司法鉴定所对上述事项进行鉴定。2014 年 6 月 10 日,该所作出司法鉴定意见书,鉴定意见为:被鉴定人陈某某康复治疗以运动疗法和作业疗法、电子生物反馈疗法。

2014 年 4 月 22 日,第四人民医院申请对陈某某现阶段左臂功能状态与其自 2010 年 12 月后没有按照后续治疗意见进行正规康复治疗之间的因果关系及参与度进行鉴定。经法院委托北京法源司法科学证据鉴定中心对其申请的上述事项进行鉴定。该中心于 2014 年 6 月 9 日以第四人民医院的鉴定要求超出其机构技术条件和鉴定能力为由,作出不予受理的决定。

一审法院认为:公民的生命健康权受法律保护。对于 2010 年 12 月 17 日至 2013 年 12 月 16 日期间原告所支出的各项费用,因生效判决已予以支持其后续治疗费 48000 元,根据“一事不再理”的法律原则,对此不再予以处理。对于 2013 年 12 月 16 日至 2014 年 6 月 3 日期间原告所支出的医疗费用、鉴定费用予以支持。对陈某某主张的护理费及护理依赖费参照郑州华美法医临床司法鉴定所(2014)临鉴字第 369 号司法鉴定意见书的评估意见,对于陈某某的后续治疗费核定为87840元。参照郑州华美法医临床司法鉴定所的评估意见,陈某某的护理认定为100967.2元。综上,一审法院判决第四人民医院赔偿陈某某医疗费、鉴定费用、后续治疗费、护理费等共计193961.2元。

陈某某与第四人民医院均不服一审判决提起上诉。第四人民医院辩称一审不支持医院的再次鉴定申请错误。一审时该院申请司法鉴定,被鉴定机构退回后又修改了鉴定申请,在2014年9月1日的庭审中合议庭当庭同意进行司法鉴定,庭下却又反悔,不让鉴定,在判决书中也未提及原因。医院的医疗行为已经不再是导致陈某某伤残的唯一因素,陈某某的监护人应当为其未履行鉴定意见和法院判决的过错导致陈某某手臂病情恶化进行二次手术这一后果承担相应的责任。

平顶山市中级人民法院二审查明:一审法院于2014年9月18日开庭时,就第四人民医院2014年6月21日再次提出的鉴定申请,当庭明确告知因该院的鉴定申请与上次申请(指2014年4月22日第四人民医院提出的鉴定申请)重复,经评议不予受理。二审审理中,第四人民医院仍然请求就该院于2014年6月21日在一审中提出的鉴定申请进行重新鉴定。除此之外,其他事实与原审认定的事实一致。

平顶山市中级人民法院二审认为,二审审理中,第四人民医院仍然请求就该院于2014年6月21日在一审中提出的鉴定申请进行重新鉴定。二审认为,一审法院以该次鉴定申请与第四人民医院于2014年4月22日提出的鉴定申请重复而不予受理的意见并无不妥,故对第四人民医院提出的鉴定申请亦不予准许。综上,陈某某的上诉理由部分成立,第四人民医院的上诉理由不能成立,判决:第四人民医院赔偿陈某某医疗费、鉴定费用、后续治疗费等共计194261.1元。

陈某某、第四人民医院均不服二审判决,向河南省高级人民法院申请再审。

陈某某申请再审请求判令第四人民医院赔偿2010年12月17日至2013年12月16日期间因继续治疗所产生的各项费用74294.97元。第四人民医院申请再审称,第四人民医院已经预付的2010年12月17日至2013年12月16日的后续治疗费48000元,陈某某的监护人未给陈某某规范治疗,仅花费检查费及手术费21507.47元。故原审不应再判决第四人民医院支付87840元的预付款。第四人民医院不应承担100%的责任。根据鉴定,第四人民医院在马秋红分娩过程中医疗行为不存在过错,仅存在医疗缺陷,该缺陷与陈某某损伤存在间接因果关系,应负30%的责任。陈某某七级伤残不应完全护理依赖,原审判决第四人民医院承担100%的三年护理费100967.2元无依据。

河南省高级人民法院再审查明事实除与原审查明事实一致外,另查明:(1)2011年10月10日,北京盛唐司法鉴定所关于对京盛唐司鉴所(2009)临鉴字第225号法医学鉴定意见书及2009年5月31日相关问题答复函的说明第2项说明,陈某某出生后发现左上肢臂丛神经损伤,经多家医院检查未见先天性疾病,属分娩性损伤。正常分娩是靠产妇的子宫肌收缩,胎儿由产道自然娩出,仅以子宫肌的收缩力不会造成此种损伤,只有在助产或助产不当的情况下才有可能对其造成损伤(如外力挤压、牵拉等),由于病历材料中未见明确的相关记录,故该所认定第四人民医院的医疗缺陷与陈某某的左上肢臂丛神经损伤存在间接因果关系。(2)2010年12月17日,郑州华美法医临床司法鉴定所作出郑华美司鉴所(2010)临鉴字第105号司法鉴定意见书,鉴定意见:陈某某左臂丛神经损伤需后续治疗(康复治疗:按摩、针灸、理疗)。

裁判理由

再审法院认为:首先,原审认定第四人民医院承担责任比例适当。2011年10月10日,北京盛唐司法鉴定所关于对京盛唐司鉴所(2009)临鉴字第225号法医学鉴定意见书及2009年5月31日相关问题答复函的说明,系对该所对原鉴定意见及答复意见的修正与补充。根据该说明,陈某某左上肢臂丛神经损伤,系在助产或助产不当的情况下才有可能对其造成损伤(如外力挤压、牵拉等),并非先天性疾病或因自然分娩造成的损伤。虽然北京盛唐司法鉴定所在2009年5月31日,作出答复函,“存在医疗缺陷的情况下,参与度建议掌握在30%以内为宜”,又在2011年10月10日,作出说明,“第四人民医院的医疗缺陷与陈某某的左上肢臂丛神经损伤存在间接因果关系”。但是从目前现有证据,能够证明第四人民医院的医疗缺陷行为系造成陈某某损伤的唯一原因,在没有证据证明陈某某损伤结果的产生还存在其他原因的情况下,可以认定第四人民医院的医疗缺陷行为系造成陈某某损伤结果的唯一原因力。因此,原审判决第四人民医院承担全部责任并无不妥。其次,关于原审认定本案后续治疗费

87840 元和护理费 100967.2 元是否正确的问题。(1)本案后续治疗费系陈某某第二次起诉请求的 2013 年 12 月 17 日之后三年的后续治疗费。根据 2014 年 6 月 10 日郑州华美法医临床司法鉴定所关于陈某某后续治疗的评估意见,该项费用系因陈某某治疗所必要支出的费用,亦是合理的费用,第四人民医院理应支付。故再审予以维持。(2)关于陈某某的护理费在参考鉴定机构评估意见的同时,综合考量陈某某的伤残等级和年龄以及陈某某的实际生活状况包括进食、翻身、大、小便穿衣、洗漱、自我移动等因素,以认定陈某某需大部分护理依赖为宜(70%)。故原审按照 100% 判定护理费不妥,再审予以纠正。再审法院判决,第四人民医院给付陈某某 2010 年 12 月 17 日至 2013 年 12 月 16 日期间产生的医疗费等费用。

裁判指引 13

本案涉及多次鉴定,既有当事人自行鉴定,又包括法院委托鉴定,还涉及再次鉴定。本案反映的实践做法再次表明司法解释就鉴定人的选择统一规定确有必要。不过,本案同前案一样,判决书内容显示不出鉴定人的确定是双方当事人协商的结果,也看不出当事人协商过程。本司法解释实施后,各级法院有关鉴定人的确定应当严格遵守民事诉讼法和本司法解释的规定,充分尊重当事人就鉴定人确定所应享有的诉讼权利。

【相关法条链接】

《民事诉讼法》第 76 条第 1 款,《民诉法解释》第 121 条第 2 款,《全国人民代表大会常务委员会关于司法鉴定管理问题的决定》第 1 条、第 2 条、第 4 条、第 9 条、第 10 条,最高人民法院《关于适用〈中华人民共和国侵权责任法〉若干问题的通知》第 3 条。

第十条 委托医疗损害鉴定的，当事人应当按照要求提交真实、完整、充分的鉴定材料。提交的鉴定材料不符合要求的，人民法院应当通知当事人更换或者补充相应材料。

在委托鉴定前，人民法院应当组织当事人对鉴定材料进行质证。

【起草背景】

本条第 1 款规定了当事人提交鉴定材料的要求和鉴定不符合要求的处理。鉴定材料是鉴定意见的物质基础，鉴定材料的来源是否真实，与案件是否有关联，是否充分完整，与鉴定质量密切相关，可以说，鉴定材料的质量对案件事实的查明和人民法院的认证活动发挥着重要的作用。但在医疗损害司法鉴定实践中，鉴定材料的提交混乱，鉴定中送检的检材和样本不真实、不合法或者不相关，或是检材和样本保护不当都会直接影响鉴定的质量，导致鉴定意见错误或者失真，从而导致案件事实认定的错误以及错误判决。对此，本解释规定了人民法院在委托鉴定前应当对鉴定材料的真实性、完整性以及充分性进行审查的程序和鉴定材料的质证程序，以此来保障鉴定活动顺利推进，保证鉴定意见准确。《司法鉴定程序通则》第 14 条第 2 款规定，对于鉴定材料不完整、不充分，不能满足鉴定需要的，司法鉴定机构可以要求委托人补充；经补充后能够满足鉴定需要的，应当受理。本解释第 10 条第 1 款规定在此基础上增加了对鉴定材料真实性的要求。对于当事人提交的鉴定材料不符合要求的，人民法院应当通知当事人更换或者补充相应材料。

本条第 2 款规定了委托鉴定前的质证程序。过去理论上和实务中大家比较关注的是对医疗损害鉴定意见的质证。但是对委托鉴定前，鉴定材料是否需要当事人质证没有具体的规定。本解释规定了在委托鉴定前，人民法院要组织对鉴定材料进行质证。委托鉴定前质证主要是指当事人申请鉴定或法院决定进行鉴定以后，由当事人提供鉴定材料并进行质证，共同确定用于鉴定的鉴定材料的诉讼活动。规定委托鉴定前的质证程序主要出于以下几点考虑：一是鉴定材料的质证即是在鉴定前固定鉴定材料，以便及时鉴定，从而尽早结案，提高诉讼效率。其主要价值在于不仅能够有效地防止诉讼鉴定中的证据突袭,而且还能更好地维护司法公正、提高司法效率,节约司法资源。如果鉴定材料不经质证,当事人可能在鉴定前仅出具部分鉴定材料,在出具鉴定意见后,又提出新的鉴定材料,足以影响鉴定意见或者能够推翻鉴定意见,或者改变鉴定结论,从而影响人民法院对案件事实的认定,致使法院不得不决定重新进行鉴定或者再补充鉴定,案件不能及时审结,审判期限一再延长,大大降低了人民法院的办案效率。二是《民事诉讼法》第 77 条规定,鉴定人有权了解进行鉴定所需要的案件材料,必要时可以询问当事人、证人。鉴定人进行鉴定活动前固定鉴定材料,掌握真实、完整以及充分的鉴定材料对于鉴定人出具正确的鉴定意见十分重要。因此,《民事诉讼法》规定的必要时询问当事人、证人的活动就是委托鉴定前鉴定材料的质证活动。三是司法实践中,委托鉴定材料也具有证据属性,当事人按照证据规则对鉴定材料进行质证实为应有之义。本解释第 10 条第 2 款对此予以了明确。实践中,有的地方已经形成了这样的做法,取得了较好的效果。以北京市门头沟区人民法院为例,在委托进行医疗损害鉴定前,由人民法院组织当事人双方就送检的鉴定材料,如病历、X 光片等进行第一次质证,当对送检鉴定材料无争议时,鉴定人才进行医疗损害鉴定。①

【条文释义】

一、当事人提交鉴定材料

(一)鉴定材料对鉴定意见的影响

《司法鉴定程序通则》第 12 条第 3 款规定,本通则所指鉴定材料包括生物检材和非生物检材,比对样本材料以及其他与鉴定事项有关的鉴定材料。我国学界对鉴定材料也有不同的界定。有学者主张使用鉴定资料的称谓,具体是指在鉴定过程中直接用于检验、分析的一切资料的总称,一般认为鉴定资料包括检材和样本。鉴定材料就是指鉴定过程中直接用于检验、分析的检材和样本的总称。鉴定材料是证据信息的载体,是鉴定意见的物质基础。众人皆知的辛普森案就是由于鉴定材料取证程序不合法,DNA 样本被污染,导致最有效的证据

---

① 高静等:《论我国医疗损害鉴定意见质证程序》,载《医学与社会》2016 年第 12 期。

成了污点证据，严重影响了鉴定质量，最终导致不被法院采信。鉴定材料对鉴定意见证据能力的影响主要体现在对鉴定材料客观条件的审查。如果鉴定所依据的材料不具备鉴定条件，在数量和质量上不符合国家规定的检验标准，就难以保障鉴定意见具备证据能力。比如，在庭审中法官要审查检材的提取、固定以及保全方法是否符合科学要求，检材提取的部位是否准确，在固定以及保全的过程中是否遭到损坏，检材有没有改变形状、是否存在伪装，检材的形状、数量、质量是否符合要求，是否反映了客体的特性，样本来源是否真实、数量是否充分、是否具备可比对的条件。这些鉴定条件是否合格决定了鉴定意见能否拥有证据资格，获准进入诉讼程序。"鉴定结论具有揭示案件真相的证明作用，这取决于其内容本身具有的科学性和符合客观真实情况的属性。这种性质不受权力、地位等因素的影响。一个高级别的鉴定机构做出的鉴定结论不必然比低级别的鉴定机构作出的鉴定结论正确。"鉴定材料的真实性、合法性、相关性决定了鉴定意见是否具有充分证明案件事实的证明价值，决定了鉴定意见是否足以作为认定案件事实的根据。

（二）医疗鉴定材料

医疗损害鉴定中，鉴定人正是基于鉴定材料，运用科学技术或者专门知识对诉讼涉及的专门性问题进行鉴别和判断，并提供相应的鉴定意见。鉴定意见是"对其他证据资料进行现实加工之后的结果"①，鉴定所依据的鉴定材料直接影响着鉴定意见的准确性。因此，鉴定材料是医疗损害鉴定的基础和依据，是形成鉴定意见的起点。《医疗事故处理条例》第 28 条第 2 款对医疗机构提交的有关医疗事故技术鉴定材料作出规定，包括：(1)住院患者的病程记录、死亡病例讨论记录、疑难病例讨论记录、会诊意见、上级医师查房记录等病历资料原件；(2)住院患者的住院志、体温单、医嘱单、化验单（检验报告）、医学影像检查资料、特殊检查同意书、手术同意书、手术及麻醉记录单、病理资料、护理记录等病历资料原件；(3)抢救急危患者，在规定时间内补记的病历资料原件；(4)封存保留的输液、注射用物品和血液、药物等实物，或者依法具有检验资格的检验

---

① 徐继军：《国外专家证人责任制度改革动态及其对我国的启示》，载陈光中、江伟主编：《诉讼法论丛》（第 10 卷），法律出版社 2005 年版，第 455 页。

机构对这些物品、实物作出的检验报告;(5)与医疗事故技术鉴定有关的其他材料。除了上述鉴定材料,医疗损害鉴定还涉及法医学鉴定的相关事项,鉴定材料还包括尸检所需的材料等。另外,鉴定材料还包括询问笔录、录音、录像,以及鉴定人对被鉴定人的体格检查、影像学读片结果等。[①]《民事诉讼法》第 77 条第 1 款规定,鉴定人有权了解进行鉴定所需要的案件材料,必要时可以询问当事人、证人。除了前述鉴定材料,与案件有关的一些法律文书,如起诉状、答辩意见等也可能成为鉴定所需的材料。

(三)对当事人提交鉴定材料的要求

《民事诉讼法》第 64 条第 1 款规定,当事人对自己提出的主张,有责任提供证据。第 65 条第 1 款规定,当事人对自己提出的主张应当及时提供证据。《民诉证据规定》第 3 条第 1 款规定,人民法院应当向当事人说明举证的要求及法律后果,促使当事人在合理期限内积极、全面、正确、诚实地完成举证。因此,委托鉴定时,当事人有义务及时提供鉴定所需的鉴定材料。对此,《医疗事故处理条例》第 28 条第 4 款也规定,医患双方应当依照本条例的规定提交相关材料。医疗机构无正当理由未依照本条例的规定如实提供相关材料,导致医疗事故技术鉴定不能进行的,应当承担责任。另外,《司法鉴定程序通则》第 12 条第 1 款也规定,委托人应当向司法鉴定机构提供真实、完整、充分的鉴定材料,并对鉴定材料的真实性、合法性负责。根据有关法律规定,并结合鉴定实务中的有效做法,本解释第 10 条第 1 款即规定,委托医疗损害鉴定的,当事人应当按照要求提交真实、完整、充分的鉴定材料。

1. 真实性。前文已述,鉴定材料具有法律规定的证据属性,故证据规则同样适用于对鉴定材料的要求,即鉴定材料应当具有所谓证据的"三性":真实性、合法性、关联性。真实性是对鉴定材料的首要要求。所谓真实性,是指证据是对已发生事实的客观遗留,不以人们的意志为转移的客观存在,真实性也叫作证据的客观性。鉴定材料的客观性,是医疗损害鉴定的一个难点所在。医疗损害鉴定材料多为书面资料,比较容易伪造、篡改。另外,随着时间的推移,人体损伤、伤残情况等亦会发生改变,在不同时期进行鉴定,被鉴定人的客观情况可

---

① 时佳玥:《法医临床司法鉴定证据规则的构建》,载《河北学刊》2013 年第 3 期。

能存在很大差异。这不仅要求当事人提供真实的鉴定材料,也要求鉴定人运用多种方法识别鉴定材料的真伪。

2. 完整性。完整性是对鉴定材料全面性、整体性的要求。对于某项鉴定事项待证的证据链条来说,所需的鉴定材料应收集完全,以期能够全面反映其发生、发展的全过程。鉴定材料从门急诊、住院治疗,一直到鉴定时的病史材料和影像学资料、从侵权行为事实的认定到行为与事实的因果关系的初步判断,所需的鉴定材料都应当完备无缺。如果缺失或遗漏证据链条中所需的某项鉴定材料,可能造成鉴定无法进行或完成,导致无法查证待证事实。

3. 充分性。充分性是指鉴定材料的充足完备,能够保证鉴定的顺利进行和完成。从这个角度讲,充分性既与完整性相关,也与关联性相关。完整性保证了鉴定所需材料是全面的,尽其所需的。但是充分性不是要求鉴定材料包罗万象,鉴定材料还应与待证事实具有关联性。鉴定材料的关联性意为鉴定材料须与待鉴定事实或其他争议事实具有一定联系。关联性一方面可以起到排除某些鉴定材料的作用,如委托鉴定事项要求对膝关节局部损伤致伤残等级评定,那么胸部和头颅的影像学检查资料则可以排除在外;另一方面可以起到提示补充鉴定材料的作用,如外伤致视力下降的伤残程度评定中,要求当事人提供伤前视力证明等,保证鉴定材料的全面性、完整性。对于鉴定材料关联性的要求,可以防止和发现隐瞒及诈病等情形,也有利于提高鉴定效率,及时查证有关事实。①

二、对鉴定材料进行质证

(一)对鉴定材料进行质证的启动和质证参与人

根据本条规定,在委托鉴定前,人民法院要组织双方当事人对鉴定材料进行质证。由此可以看出,对鉴定材料进行质证的时间是委托鉴定前。《民事诉讼法》第76条规定,当事人可以就查明事实的专门性问题向人民法院申请鉴定。当事人未申请鉴定,人民法院对专门性问题认为需要鉴定的,应当委托具备资格的鉴定人进行鉴定。根据本条规定,在审理医疗损害责任纠纷案件中,无论是因当事人申请鉴定还是人民法院依职权启动的鉴定,人民法院在委托鉴

---

① 时佳玥:《法医临床司法鉴定证据规则的构建》,载《河北学刊》2013年第3期。

定前，都要组织当事人对鉴定材料进行质证。

本条规定，在委托鉴定前，人民法院组织双方当事人进行质证。我们认为，在人民法院组织质证活动时，鉴定机构在必要时也可以参与质证活动。鉴定机构是鉴定活动的具体实施者，为了能够得出客观和科学的鉴定结论，鉴定人有权了解进行鉴定所需要的案件材料，必要时可以询问当事人、证人。在实践中，由于我国法律规定不是很明确，一部分鉴定材料的质证工作是在鉴定机构的主持下完成的。法官在委托鉴定时，将经过庭审质证的鉴定材料同时移交给法院的鉴定管理部门，由法院的鉴定管理人员组织当事人对鉴定材料进行质证和认定，鉴定材料固定后，法院将鉴定事项委托给鉴定机构。

（二）对鉴定材料进行质证的内容

《民诉证据规定》第 50 条规定，质证时，当事人应当围绕证据的真实性、关联性、合法性，针对证据证明力有无以及证明力大小，进行质疑、说明与辩驳。后来的《民诉法解释》吸收了这一规定，其第 104 条同样规定，人民法院应当组织当事人围绕证据的真实性、合法性以及与待证事实的关联性进行质证，并针对证据有无证明力和证明力大小进行说明和辩论。从上述法律及司法解释的规定看，对鉴定材料的质证的内容同样符合证据规则的一般原理，包括以下几个方面：

1. 鉴定材料的真实性

鉴定材料的真实性，也称客观性，是指鉴定材料是一种客观存在的事实。即鉴定材料必须是对客观事物的反映，必须具备客观存在的形式，而不是主观想象、猜测和捏造、伪造的事物。真实性是证据的本质属性，质证时当事人首先应就鉴定材料是否真实可靠，是否符合实际进行质证、辩论。鉴定材料的真实性又与鉴定材料的完整性、充分性密切相关。鉴定材料真实、完整、充分，才具有相应的可靠性，这是将来形成正确鉴定意见的一个重要前提条件。如果鉴定材料不真实、不完整、不充分，就必然会影响鉴定意见的真实性、客观性，就无法形成正确可靠的鉴定意见。因此，鉴定材料的真实性是当事人质证的首要问题，尤其是在医疗损害鉴定中，当事人对病历等鉴定材料真实性提出的质疑，往往是最为常见的异议理由。

2. 鉴定材料的关联性

鉴定材料的关联性是指鉴定材料必须与需要鉴定的鉴定事项及案件事实具有一定的联系,能被用来证明鉴定事项所体现的案件真实情况。关联性是以证据的真实性、客观性为前提的,它根源于证据事实与案件事实之间的客观联系,而不是当事人的主观想象或者强加的联系。鉴定材料如果与待证事实没有关联性,就对鉴定意见的形成没有关系,就不能提交作为鉴定材料。

3. 鉴定材料的合法性

鉴定材料的合法性是指鉴定材料必须符合法律规定。合法性,是指鉴定材料的形式和收集都由法律予以规范和调控。首先,鉴定材料应当具备法定形式,如病历应当由医务人员按照国家规定的书写规范制作,当事人自己制作的病历不符合法定形式要件,不能作为鉴定材料提交。其次,鉴定材料应当依法定程序予以收集。鉴定材料是鉴定的基础和前提,它的来源必须合法,否则将影响整个鉴定的合法性。由于诉讼的性质不同,鉴定材料的来源及要求也不同,因而合法性的内涵也不一样。我国刑事诉讼法相关条文明确规定了收集、调查证据主体的特定性,以及收集证据方法的合法性。而在民事诉讼和行政诉讼中,所涉及的鉴定材料有的是当事人提供的,有的是人民法院收集的。当事人提供的鉴定材料应当是自己合法占有的,或者是依法取得的,不能采取威胁、欺骗或者秘密手段获取鉴定材料,否则其来源是不合法的。人民法院收集的鉴定材料亦应当是合法的,不允许采取威胁、欺骗或者秘密手段收取鉴定材料、否则鉴定材料是不合法的。对民事诉讼和行政诉讼中所涉及的鉴定材料的审查,主要通过法庭质证进行,通过质证鉴定材料的来源,并依据有关的法律,判定鉴定材料来源的合法性。[①]

另外,当事人还要对鉴定材料对相关鉴定事项有无证明力,以及证明力大小进行质证,即进行质疑、说明与辩驳。鉴定材料对相关鉴定事项,即背后体现的案件事实有无证明力以及证明力的大小,取决于鉴定本身与案件事实有无联系以及联系的紧密、强弱程度。鉴定材料如果与待证事实没有联系,自然不具

---

① 关于对鉴定材料"三性"即真实性、关联性、合法性的质证,主要参见牟逍媛:《论司法鉴定质证制度》,载《政治与法律》2003 年第 1 期。

有证明力。鉴定材料与待证事实具有关联性,关联关系越紧密、程度越深,越具有证明力,也就是说,证明力越大。法官对同一证据的审查判断,即对证据的认证,实际上也是对证据的客观性、关联性、合法性的一个综合判断和评估的过程。质证,是指法庭审理过程中双方当事人在法官主持下,采用询问、辨认、质疑、辩驳、核实等方式对证据效力进行质辩的诉讼过程。① 《民事诉讼法》第 68 条规定,证据应当在法庭上出示,并由当事人互相质证。《民诉证据规定》第 47 条规定,证据应当在法庭上出示,由当事人质证。未经质证的证据,不能作为认定案件事实的依据。《民诉法解释》第 103 条同样规定,证据应当在法庭上出示,由当事人互相质证。未经当事人质证的证据,不得作为认定案件事实的根据。鉴定意见作为证据种类之一,应在法庭上出示,由当事人互相质证,基于辩论主义诉讼模式的要求,鉴定意见未经当事人质证的,不能作为认定事实的根据。

(三)人民法院对鉴定材料质证意见的审查和处理

本解释第 10 条第 2 款规定了在委托鉴定前,人民法院应当组织当事人对鉴定材料进行质证。对于在法庭审理过程中出示的证据,双方当事人无异议的,人民法院即可以确认该证据的证明效力。如果一方当事人对证据提出异议的,人民法院则应当对该证据做进一步的调查核实,而不能将有异议的证据作为认定事实的依据。② 参照上述证据规则,如果经过质证,当事人对鉴定材料没有异议,或者异议不成立的,人民法院可以将鉴定材料移交鉴定人按照法律规定进行鉴定。如果鉴定材料经过质证,当事人不能达成一致意见的,人民法院有权决定是否提交鉴定。人民法院经审查如果认为当事人异议不影响鉴定的,可以提交鉴定。如果当事人异议对鉴定的进行具有实质性影响,导致鉴定无法进行或者难以取得符合法律规定的鉴定意见的,人民法院有权不提交鉴定。另外,也可能当事人异议的内容需要专门技术确定是否成立,此时人民法院可以告知当事人先就异议问题进行相应的鉴定、评估或者检测。实践中比较常见的是当事人对病历的真伪提出异议,如认为病历存在伪造或者篡改的问题,这时可能需要对病历书写的有关文字进行笔迹鉴定。

---

① 陈光中:《证据法学》,法律出版社 2011 年版,第 123 页。

② 王胜明主编:《中华人民共和国民事诉讼法释义》,法律出版社 2012 年版,第 158 页。

【典型案例指引】

丰都县某某医院与张家某医疗损害责任纠纷案①

基本案情

2010年12月21日，一审原告张家某向丰都县人民法院提起诉讼称：1995年张家某因疾病到丰都县某某医院住院治疗，其间进行了输血，后发现自己感染了丙型肝炎。张家某曾于2009年1月21日诉至法院请求赔偿，法院在审理中，对被告丰都县某某医院在治疗过程中有无过错进行了司法鉴定，鉴定意见为丰都县某某医院在输血过程中存在过错。丰都县人民法院作出的(2009)丰法民初字第174号民事判决认为，医疗丙型肝炎的费用应以实际发生额为限，待发生后另行起诉，故对张家某治疗丙型肝炎的费用没有作出判决，对其他请求事项进行了判决。被告丰都县某某医院不服判决，上诉至重庆市第三中级人民法院，该院审理后维持了原判。后原告张家某的丙型肝炎恶化，到丰都县某某医院等处治疗。请求人民法院判决被告丰都县某某医院赔偿原告张家某治疗丙型肝炎的费用50万元。

被告丰都县某某医院辩称：原告张家某入院治疗后好转出院。张家某被确诊患有丙型肝炎的时间为2006年4月29日，其2009年才提起诉讼，已超过诉讼时效。张家某感染丙型肝炎与丰都县某某医院无关，原司法鉴定结果不符合实际，也未对是否存在因果关系进行分析。请求法院驳回原告张家某的诉讼请求。

丰都县某某法院一审审理查明：2009年1月21日，张家某诉至丰都县人民法院，以其于1995年患疾病在丰都县某某医院住院治疗过程中，由于院方不负责任，遗留两颗手术针在其腹内，并对其进行了输血，后发现自己染上丙型肝炎为由，请求判令丰都县某某医院赔偿其损失。该院审理认为，丰都县某某医院在为张家某进行输血治疗过程中存在过错，应当承担民事责任；但因丙型肝炎只能临床治愈，难以彻底根除，张家某丙型肝炎的治疗费用目前难以估计，对张

---

① 案例来自中国裁判文书网，丰都县某某医院与张家某医疗损害责任纠纷再审民事判决书，案号：(2014)渝商法民提字第00008号。

家某的死亡时间以及丙型肝炎的治愈时间也无法准确认定,其医疗丙型肝炎的医疗费用应以实际发生额为限,可待发生后另行主张,故判决驳回了张家某主张的治疗丙型肝炎费用部分的诉讼请求。丰都县某某医院不服该判决,上诉至重庆市第三中级人民法院。该院二审认为,根据重庆市涪陵区中心血站(简称涪陵血站)的证明,从1994年12月起至1995年2月28日止,涪陵血站无陈家某献血发放相关档案,所以对医方在输血过程中存在过错的效力及该过错与张家某的丙型肝炎之间有无因果关系均不作审查;一审其他部分认定事实清楚,适用法律正确,程序合法。遂判决:驳回上诉,维持原判。

2010年10月21日,张家某到丰都县中医院住院治疗,诊断为慢性丙型肝炎、肝硬化代偿期。同年11月18日病情好转出院,出院诊断为:慢性丙型肝炎、腹痛原因待查?肠道异物?出院医嘱为:连续治疗24~48周,视6~8周复查HCV-RNA定量追踪治疗方案。此次医疗费为10368.48元。2010年11月26日,张家某到丰都县某某医院住院治疗,诊断为:(1)Ⅱ型糖尿病;(2)头痛原因待查。同年12月1日好转出院,出院诊断为:(1)后循环缺血;(2)广泛焦虑症;(3)Ⅱ型糖尿病;(4)右半结肠结核切除术后。出院医嘱为门诊随访。此次医疗费为3199.57元。2010年12月9日,张家某到重庆医科大学附属第二医院住院治疗,病历显示门(急)诊诊断为:病毒性肝炎。入院诊断为:(1)丙型肝炎肝硬化?(2)Ⅱ型糖尿病;(3)体内异物待查。同年12月15日好转出院,出院诊断为:(1)丙型肝炎肝硬化?(2)Ⅱ型糖尿病;(3)体内异物待查。出院医嘱为:(1)出院带药:九味肝泰2片;(2)定期复查肝功、HCV-RNA定量;监测血糖;(3)如有何不适,立即到医院就诊。此次医疗费为4586.30元。2011年4月11日,张家某到丰都县中医院住院治疗,同年5月2日出院。此次医疗费为4906.26元。2011年5月8日,张家某到重庆医科大学附属第二医院住院治疗,入院诊断为:(1)慢性丙型病毒性肝炎(中度);(2)活动性丙型肝炎肝硬化代偿期?(3)Ⅱ型糖尿病;(4)右半结肠肠结核切除术后;(5)右食指近端指间关节陈旧性损伤。同年5月23日出院,出院诊断为:(1)慢性丙型病毒性肝炎(中度);(2)Ⅱ型糖尿病;(3)皮下组织感染;(4)右半结肠肠结核切除术后;(5)右食指近端指间关节陈旧性损伤。出院医嘱为:(1)注意休息营养,糖尿病饮食,禁酒;(2)肝病专科门诊随访慢性丙型肝炎;(3)内分泌专科随访糖尿病。此次医疗费为6706.02元。2011年8月7日，张家某到丰都县中医院住院治疗，至同年8月17日出院，此次医疗费为2652.49元。2011年10月15日，张家某到重庆医科大学附属第二医院住院治疗，同年10月20日出院，此次医疗费为2091.50元。2012年1月10日，张家某到丰都县中医院住院治疗，同年1月17日出院，此次医疗费为2576.98元。2012年4月10日，张家某到丰都县中医院住院治疗，同年4月16日出院，此次医疗费为2527.60元。张家某前述医疗费共计39615.20元，其中部分医疗费已在长江丰都航道管理处报销。

另查明：一审庭审中，丰都县某某医院申请对其在为张家某输血治疗过程中是否存在医疗过错以及输血行为与张家某感染丙型肝炎之间是否存在因果关系进行司法鉴定。张家某书面表示在原案审理中已进行过司法鉴定，现因病无力配合。后经一审法院审判委员会讨论，决定委托重庆市医学会司法鉴定所进行鉴定。重庆市医学会司法鉴定所以提供资料中缺乏1995年丰都县某某医院对献血者陈家华采血的相关资料，根据现有资料无法对丰都县某某医院给张家某输血与张家某感染丙型肝炎之间是否存在因果关系作出判断为由，不予受理。一审法院遂通知丰都县某某医院继续提供1995年献血者陈家某采血的相关资料，但丰都县某某医院称，根据《血站管理办法（暂行）》①的规定，对超过10年的采供血资料依法不再保存；1995年献血者陈家某的档案，保存时间超过法定保存期间，该医院无法提供所需资料。

丰都县人民法院一审认为，公民依法享有生命健康权，公民、法人由于过错侵害他人人身的，应当承担民事责任。张家某经9次治疗，共用去医疗费39615.20元，但该费用不全是治疗丙型肝炎的费用。张家某除患丙型肝炎外，还患有Ⅱ型糖尿病等疾病，而丰都县某某医院只对张家某感染丙型肝炎承担赔偿责任，故对张家某治疗丙型肝炎的费用应按张家某所患疾病与产生费用总额进行分摊。因双方对治疗丙型肝炎的费用均不同意鉴定，对张家某治疗丙型肝炎的费用以25000元认定为宜。张家某诉称其患Ⅱ型糖尿病等疾病为丙型肝炎的并发症，但未举示相关证据证明，故不予支持。

---

① 现行《血站管理办法》第28条第3款规定，献血、检测和供血的原始记录应当至少保存10年，法律、行政法规和卫生部另有规定的，依照有关规定执行。

丰都县某某医院认为张家某感染丙型肝炎与其治疗行为无因果关系，申请对其在为张家某输血治疗过程中是否存在医疗过错以及输血行为与张家某感染丙型肝炎之间是否存在因果关系进行司法鉴定。一审法院委托重庆市医学会司法鉴定所进行鉴定，但该所以提供资料中缺乏 1995 年丰都县某某医院对献血者陈家某采血的相关资料，根据现有资料无法对丰都县某某医院给张家某输血与张家某感染丙型肝炎之间是否存在因果关系作出判断为由，不予受理。一审法院通知丰都县某某医院继续举示 1995 年献血者陈家某采血的相关资料，丰都县某某医院辩称，根据《血站管理办法(暂行)》的规定，对超过 10 年的采供血资料依法不再保存；1995 年献血者陈家某的档案，保存时间超过法定保存期间，无法提供所需资料。一审法院认为，根据《血站管理办法(暂行)》的规定，对超过 10 年的采供血资料不再保存，超过 10 年的采供血资料是如何处理的应有相应登记和记录，但丰都县某某医院未举示 1995 年献血者陈家某采血相关资料的处理记录，丰都县某某医院应承担举证不能的法律后果，故认定该医院对张家某的治疗并感染丙型肝炎存在过错。

张家某的治疗费用在长江丰都航道管理处已部分报销，这是退休职工按政策规定应享有的待遇；如果丰都县某某医院对张家某赔偿后，长江丰都航道管理处可向张家某追偿，故对丰都县某某医院认为张家某已报销费用应予扣除的辩解理由不予采纳。

丰都县某某医院认为张家某确诊肝炎时间为 2006 年 4 月 29 日，2009 年才提起诉讼，已超过诉讼时效期间。根据法律规定，身体受到伤害要求赔偿的，向人民法院请求保护民事权利的诉讼时效期间为 1 年，诉讼时效期间从知道或者应当知道权利被侵害时起计算。张家某依据丰都县人民法院(2009)丰法民初字第 174 号民事判决书，另行起诉要求丰都县某某医院赔偿其治疗丙型肝炎的医疗费用，未超过一年的诉讼时效期间，故丰都县某某医院的该辩解理由不能成立。

综上，依照《侵权责任法》第 6 条第 1 款、第 54 条的规定，该院作出(2011)丰法民初字第 00001 号民事判决：(1)丰都县某某医院在判决发生效力后 30 日内赔偿张家某医疗费等损失共计 25000 元；(2)驳回张家某的其他诉讼请求。一审案件受理费 425 元，由丰都县某某医院负担。

丰都县某某医院不服一审判决，提起上诉，请求撤销一审判决，改判该医院不承担本案赔偿责任。其理由为：(1)原审判决采信西南政法大学司法鉴定中心(2009)临鉴字第1058号司法鉴定意见书作为认定丰都县某某医院存在过错的依据是错误的。该医院不能提供不再保存相关献血者资料的行为符合法律法规规定，故该医院在本案中没有过错。(2)原审判决未查明张家某治疗丙型肝炎的费用，主观认定张家某治疗丙肝费用为25000元，违反“谁主张，谁举证”的民事诉讼规则。(3)张家某于2006年4月29日就知道自己患有丙型肝炎，此时其知道或者应当知道可能系输血感染丙型肝炎，但直到2009年才提起诉讼，明显超过诉讼时效期间。(4)一审法院同意丰都县某某医院提出的医疗过错及因果关系鉴定申请后，以张家某不同意鉴定为由，决定不再重新鉴定，有失公允。原审判决以重庆市医学会司法鉴定所不予受理鉴定的理由认定丰都县某某医院具有过错，于法无据。此外，《侵权责任法》于2010年7月1日颁布实施，而本案损害后果和侵权行为均发生在该法生效前，故原审判决不应适用该法。

张家某辩称：丰都县人民法院审理(2009)丰法民初字第174号民事案件时，委托西南政法大学司法鉴定中心作出的鉴定意见，已经法庭质证，且被生效判决采信，应当作为本案定案依据。丰都县某某医院不能举示献血者陈家某采供血的资料及销毁该资料的记录，应当承担举证不能的法律后果。张家某治疗丙型肝炎的费用属于实际发生，其治疗的糖尿病系丙型肝炎的并发症，原审判决酌情支持部分治疗丙型肝炎的费用，符合法律规定。张家某知道自己感染丙型肝炎后，及时主张权利，并未超过诉讼时效期间。原审判决认定事实清楚，适用法律正确，主张维持原判。

重庆市第三中级人民法院二审查明的事实与一审查明的事实相同。

重庆市第三中级人民法院二审认为，关于丰都县某某医院在对张家某治疗输血过程中是否存在过错及该过错与张家某所患丙型肝炎之间有无因果关系的问题。一审法院根据丰都县某某医院的申请，依法委托进行鉴定后，相关鉴定机构以鉴定资料中缺乏对献血者陈家某采血的相关资料为由不予受理，导致无法进行司法鉴定。丰都县某某医院在(2009)丰法民初字第174号民事案件中辩称，其给张家某所输的陈家某的血液由涪陵血站提供。经查，涪陵血站

1994年12月至1995年2月28日期间没有陈家某献血发放相关档案。本案中,丰都县某某医院又称系该医院自行采集。根据1993年2月26日《涪陵地区卫生局转发省卫生厅"关于加强血源管理的紧急通知"的通知》(涪地卫发〔1993〕37号)中关于"丰都县某某医院可以采血供临床用血"和1995年5月15日《涪陵地区卫生局"关于贯彻卫生部关于加强血液管理的通知"的通知》中关于"丰都县某某医院仅限于在重大抢救、急诊情况下可以采血供该院临床用血"的规定,可以认定丰都县某某医院给张家某所输血液系该医院自行采集。虽然根据卫生部《血站管理办法》第28条第3款关于"献血、检测和供血的原始记录应当至少保存十年"的规定,丰都县某某医院在对献血者陈家某的资料保存10年后可以销毁,但并未规定保存10年后必须销毁,同时根据《卫生档案管理暂行规定》第19条关于"销毁档案的目录应永久保存""严禁私自处理档案"的规定,丰都县某某医院即使在对献血者陈家某的采血资料在保存10年后予以销毁,也应对销毁相关资料的目录进行永久保存。现丰都县某某医院无法提供对献血者陈家某的采血资料的销毁目录,不能证明其已经将该资料销毁,故可以推定该资料仍由丰都县某某医院持有。丰都县某某医院无正当理由拒不提供对献血者的采血资料,导致无法进行医疗过错及因果关系鉴定,根据《民诉证据规定》第75条关于"有证据证明一方当事人持有证据无正当理由拒不提供,如果对方当事人主张该证据的内容不利于证据持有人,可以推定该主张成立"的规定,一审法院认定丰都县某某医院对张家某治疗输血过程中存在过错及该过错与张家某所患丙型肝炎之间有因果关系,依法应当承担民事责任,于法有据。

关于医疗费用的认定是否合理的问题。张家某患有多种疾病,治疗丙型肝炎时与治疗其他疾病一并进行,不能分清其中治疗丙型肝炎的确切费用,但其为治疗丙型肝炎而支出医疗费用的事实客观存在。鉴于医学理论上丙型肝炎也有引发其他并发症的可能,同时丰都县某某医院亦未提供证据证明张家某治疗丙型肝炎产生的具体费用,故一审法院在张家某医疗费用总额39615.20元中酌定治疗丙型肝炎的费用为25000元,具有合理性。至于张家某治疗丙型肝炎的医疗费是否由其所在单位报销以及报销多少,与本案无关,不影响丰都县某某医院在本案中应依法承担的赔偿责任。

关于本案是否超过诉讼时效的问题。张家某虽于2006年确诊患有丙型肝炎，但当时其并不知晓该疾病可能系10年前的输血感染造成，当其通过各种渠道了解到相关医学知识，认为系丰都县某某医院在1995年为其输血感染所致后，即于2009年1月21日及时起诉主张权利，故并未超过一年的诉讼时效期间。本案的诉讼时效因张家某前次提起诉讼而中断，从中断时起，诉讼时效重新计算。张家某在前案二审判决作出后，于2010年12月21日提起本案诉讼，未超过一年的诉讼时效期间。

关于本案应否适用《侵权责任法》的问题。张家某于1995在丰都县某某医院进行输血治疗，2006年被确诊患有丙型肝炎，2010年10月起开始治疗，2012年仍在治疗，足见其损害后果一直持续至2012年，故原判决适用《侵权责任法》，并无不当。

综上，原判决认定事实清楚，适用法律正确，依法应予维持。丰都县某某医院的上诉理由不能成立，对其上诉请求不予支持。遂判决：驳回上诉，维持原判。二审案件受理费425元，由丰都县某某医院负担。

丰都县某某医院向本院申请再审的主要理由为：本案一、二审未依法查明申请再审人的输血诊疗行为是否存在过错以及诊疗行为与被申请人感染丙型肝炎之间是否存在因果关系。法院认定申请再审人的诊疗行为存在过错，诊疗行为与被申请人感染丙型肝炎存在因果关系，以及被申请人的治疗丙型肝炎的费用为25000元，缺乏事实依据。一审法院不再重新鉴定属程序违法。并据此请求，撤销原一、二审判决，依法提审或将本案发回重审。

被申请人张家某辩称，原审对申请再审人的输血行为是否存在过错是查清楚了的，鉴定机构的鉴定意见也不存在违法的情形。一审法院依职权委托鉴定机构进行鉴定时，因申请再审人没有提供充分的证据才无法鉴定的。关于医疗费，一审时法院询问申请再审人是否进行鉴定，申请再审人不同意，是其放弃了权利。至于张家某在单位报销的部分医疗费，是其应享受的权利。申请再审人的申请再审理由不能成立，希望法院驳回其再审申请。

本院再审查明，1995年1月20日，张家某因腹痛被送往丰都县高家镇卫生院治疗，丰都县高家镇卫生院剖开张家某腹腔后发现有不明包块，并立即停止手术，缝合后送往丰都县某某医院进行治疗。同日，丰都县某某医院对张家某进行了结肠肿瘤手术，术中有输血记录。术前，丰都县某某医院对张家某的血液进行了交叉配合试验，报告单显示献血者为陈家某，O 型库，血号 26，未显示陈家某是否患有丙型肝炎。1995 年 2 月 17 日，张家某出院。2004 年 4 月 26 日，张家某因腰部疼痛，就诊于重庆市中山医院，该院 CT 检查报告单记载张家某右侧腰大肌前端可见弧形金属影。2006 年 4 月 29 日，张家某因糖尿病就诊于中国人民解放军第三军医大学大坪医院，出院诊断张家某患有丙型肝炎。在丰都县人民法院（2009）丰法民初字第 174 号案件审理过程中，丰都县某某医院辩称，给张家某输血是事实，但当时该医院无保管血液的条件，血液均是由涪陵血站供应。经一审法院查明，涪陵血站 1994 年 12 月至 1995 年 2 月 28 日期间，无陈家某献血发放相关档案。该案审理期间，一审法院根据张家某和丰都县某某医院的申请，委托西南政法大学司法鉴定中心对丰都县高家镇卫生院、丰都县某某医院在对张家某治疗过程中有无过错，张家某腰部异物取出手术需多少费用和丙型肝炎治疗需多少费用进行鉴定。鉴定机构相关分析说明为："……2. 根据涪陵血站证明，从 1994 年 12 月起至 1995 年 2 月 28 日止，无陈家某献血发放相关档案，可以认为医疗方在输血过程中存在过错……4. 由于丙型肝炎只能临床治愈，难以彻底根除，所以患者丙型肝炎的治疗费用难以准确估计。相关鉴定意见为：1. 丰都县某某医院、丰都县高家镇卫生院对张家某的治疗过程存在过错；2. 张家某腹腔异物取出费用约 4 万元人民币，丙型肝炎的治疗费用目前难以估计。"在本案诉讼中，丰都县某某医院称输给张家某的血液系该医院自行采集，但未提交献血者相关档案资料。

再审期间，申请再审人向法院提交了《鉴定申请书》，请求对其输血诊疗行为是否存在医疗过错，以及该行为与张家某患丙型肝炎有无因果关系进行鉴定，但未提交献血者相关资料。

本院再审查明的其他事实与原审一致。

裁判理由

本院认为，在诉讼中，当事人争议的主要焦点为，丰都县某某医院对张家某进行输血的医疗行为与张家某患丙型肝炎之间是否存在因果关系，张家某治疗丙型肝炎的医疗费用金额如何确定。

关于丰都县某某医院对张家某进行输血的医疗行为与张家某患丙型肝炎之间是否存在因果关系的问题。根据《民诉证据规定》第 4 条"下列侵权诉讼，按照以下规定承担举证责任:……(八)因医疗行为引起的侵权诉讼,由医疗机构就医疗行为与损害结果之间不存在因果关系及不存在医疗过错承担举证责任"的规定,丰都县某某医院应举证证明,其对张家某进行的输血行为与张家某患丙型肝炎之间不存在因果关系以及其输血行为不存在医疗过错,否则即应对张家某患丙型肝炎的损害后果承担民事责任。虽然丰都县某某医院在一审诉讼中申请了相关鉴定,但一审法院依职权委托重庆市医学会司法鉴定所进行鉴定时,因丰都县某某医院提供的资料中缺乏献血者相关资料,鉴定机构不予受理。经法院通知,丰都县某某医院以相关档案已超过法定保存期限无法提供为由未予提供,致使鉴定工作不能开展;同时,丰都县某某医院亦未提供证据证明,其所提供的血液质量合格以及献血者的相关档案已经销毁。根据《民诉证据规定》第25条第2款"对需要鉴定的事项负有举证责任的当事人,在人民法院指定的期限内无正当理由不提出鉴定申请或者不预交鉴定费用或者拒不提供相关材料,致使对案件争议的事实无法通过鉴定结论予以认定的,应当对该事实承担举证不能的法律后果"的规定,丰都县某某医院应对待证事项承担举证不能的法律后果。综上,根据现有证据,不能排除丰都县某某医院的输血诊疗行为与张家某患丙型肝炎的损害后果之间存在因果关系,故原审相关认定并无不当,丰都县某某医院应对张家某患丙型肝炎的损害后果承担医疗损害责任。

关于张家某治疗丙型肝炎的医疗费用金额如何确定的问题。张家某患有多种疾病,治疗丙型肝炎与治疗其他疾病一并进行,相关费用单据统一出具,未明确治疗慢性丙型肝炎的费用数额。诉讼中,当事人未申请进行相关鉴定,一审法院根据本案情形酌定治疗丙型肝炎的费用为25000元,具有合理性。张家某因丰都县某某医院的输血行为感染丙型肝炎病毒患上丙型肝炎,向人民法院提起的民事诉讼,其法律性质为侵权赔偿法律关系,侵权人应依其过错程度承担相应民事赔偿责任。而张家某的医疗费用部分在其所在单位报销,属于另一法律关系,因此,张家某在其所在单位是否报销以及报销了多少医疗费,均不影响侵权责任人应承担的侵权赔偿责任数额。故原审确定丰都县某某医院赔偿张家某治疗丙型肝炎的费用数额并无不当。

关于是否鉴定的问题。在诉讼中,一审法院根据丰都县某某医院的申请,依职权对外委托重庆市医学会司法鉴定所进行鉴定，后因丰都县某某医院接到法院的通知后未提交相关资料，该次鉴定未能进行。再审中，丰都县某某医院虽提出鉴定申请，但仍未提交献血者的相关资料，故对丰都县某某医院的相关申请，不予准许。

综上所述，原审审理程序合法，判决结论正确，依法应予维持。依照《民事诉讼法》第 170 条第 1 款第 1 项、第 207 条第 1 款的规定，判决如下：

维持重庆市第三中级人民法院（2012）渝三中法民终字第 00861 号民事判决。

本判决为终审判决。

—— 裁判指引 14 ——

本案是当事人由于提交的鉴定材料不充分导致无法进行医疗损害鉴定，致使承担举证证明责任的情形。丰都县某某医院在一审诉讼中申请了鉴定，但一审法院依职权委托重庆市医学会司法鉴定所进行鉴定时，因丰都县某某医院提供的资料中缺乏献血者相关资料，鉴定机构不予受理。经法院通知，丰都县某某医院以相关档案已超过法定保存期限无法提供为由未予提供，致使鉴定工作不能开展；同时，丰都县某某医院亦未提供证据证明，其所提供的血液质量合格以及献血者的相关档案已经销毁。根据《民诉证据规定》第 4 条"下列侵权诉讼，按照以下规定承担举证责任：……（八）因医疗行为引起的侵权诉讼，由医疗机构就医疗行为与损害结果之间不存在因果关系及不存在医疗过错承担举证责任"的规定，丰都县某某医院应举证证明，其对张家某进行的输血行为与张家某患丙型肝炎之间不存在因果关系以及其输血行为不存在医疗过错，否则即应对张家某患丙型肝炎的损害后果承担民事责任。根据《民诉证据规定》第 25 条第 2 款"对需要鉴定的事项负有举证责任的当事人，在人民法院指定的期限内无正当理由不提出鉴定申请或者不预交鉴定费用或者拒不提供相关材料，致使对案件争议的事实无法通过鉴定结论予以认定的，应当对该事实承担举证不能的法律后果"的规定，丰都县某某医院应对待证事项承担举证不能的法律后果。

【相关法条链接】

《民事诉讼法》第63条、第64条第1款、第65条第1款,《民诉法解释》第103条、第104条,《民诉证据规定》第3条、第47条、第50条。

第十一条 委托鉴定书，应当有明确的鉴定事项和鉴定要求。鉴定人应当按照委托鉴定的事项和要求进行鉴定。

下列专门性问题可以作为申请医疗损害鉴定的事项：

（一）实施诊疗行为有无过错；

（二）诊疗行为与损害后果之间是否存在因果关系以及原因力大小；

（三）医疗机构是否尽到了说明义务、取得患者或者患者近亲属书面同意的义务；

（四）医疗产品是否有缺陷、该缺陷与损害后果之间是否存在因果关系以及原因力的大小；

（五）患者损伤残疾程度；

（六）患者的护理期、休息期、营养期；

（七）其他专门性问题。

鉴定要求包括鉴定人的资质、鉴定人的组成、鉴定程序、鉴定意见、鉴定期限等。

【起草背景】

本条是关于医疗损害鉴定的事项和鉴定要求的规定。司法实践中，本条是针对鉴定人资质不符合要求、鉴定期限过长、鉴定意见书写不规范甚至有的鉴定意见无法作为案件证据使用的问题作的规定。第 1 款规定了当事人申请或者人民法院依职权委托鉴定的，应当有明确的鉴定内容和要求。鉴定人应当按照委托鉴定的内容和要求进行鉴定。第 2 款根据调研意见并结合侵权责任法有关医疗损害责任及有关损害赔偿范围的规定，对其中需要鉴定的专门性问题作了具体列举。第 3 款对鉴定要求作了明确。

【条文释义】

一、委托鉴定书

（一）医疗损害鉴定的启动和委托鉴定书

《民事诉讼法》第76条规定，当事人可以就查明事实的专门性问题向人民法院申请鉴定。当事人申请鉴定的，由双方当事人协商确定具备资格的鉴定人；协商不成的，由人民法院指定。当事人未申请鉴定，人民法院对专门性问题认为需要鉴定的，应当委托具备资格的鉴定人进行鉴定。《民事诉讼法》规定了鉴定的两种启动方式：依当事人申请启动鉴定和人民法院依职权启动鉴定。无论是当事人申请启动鉴定或是人民法院依职权启动鉴定，都需要由人民法院向选定的鉴定人出具委托鉴定书。医疗损害委托鉴定书是人民法院在审理医疗损害责任纠纷案件中，依当事人申请或依职权启动鉴定后，向选定的鉴定人出具的请求其鉴定的法律文书。

（二）医疗损害鉴定与医疗事故鉴定

医疗损害鉴定通常是指在医疗损害赔偿纠纷中，判定医疗人员的诊疗活动是否存在过错以及诊疗行为与患者所受损害有无因果关系的活动。最高人民法院2010年6月30日下发的《关于适用〈中华人民共和国侵权责任法〉若干问题的通知》第3条规定，人民法院适用侵权责任法审理民事纠纷案件，根据当事人的申请或者依职权决定进行医疗损害鉴定的，按照《全国人民代表大会常务委员会关于司法鉴定管理问题的决定》《人民法院对外委托司法鉴定管理规定》及国家有关部门的规定组织鉴定，“医疗损害鉴定”一词由此而来。

2010年7月1日《侵权责任法》施行之前，医疗鉴定以两种形式存在：一种是依据《医疗事故处理条例》由地方各级医学会鉴定专家组进行的医疗事故技术鉴定，另一种是依据《民法通则》由司法鉴定部门进行的医疗过错司法鉴定。医疗事故技术鉴定，是指由医学会组织有关临床医学专家和法医学专家组成的专家组，运用医学、法医学等科学知识和技术，对涉及医疗事故行政处理的有关专门性问题进行检验、鉴别和判断并提供鉴定结论的活动。依据《医疗事故处理条例》第31条的规定，专家鉴定组应当在事实清楚、证据确凿的基础上，综合分析患者的病情和个体差异，作出鉴定结论，并制作医疗事故鉴定书。鉴定结论以专家鉴定组成员的过半数通过。医疗事故技术鉴定书应当包括下列主要内容:(1)双方当事人的基本情况及要求;(2)当事人提交的材料和负责组织医疗事故技术鉴定工作的医学会的调查材料;(3)对鉴定过程的说明;(4)医疗行为是否违反医疗卫生管理法律、行政法规、部门规章和诊疗护理规范、常规;(5)医疗过失行为与人身损害后果之间是否存在因果关系;(6)医疗过失行为在医疗事故损害后果中的责任程度;(7)医疗事故等级;(8)对医疗事故患者的医疗护理医学建议。

对于因医疗事故之外的原因引起的其他医疗纠纷需要进行司法鉴定的,法院可以另行委托具有资质的司法鉴定机构进行鉴定。医疗损害赔偿案件涉及诊疗过程中医务人员的诊疗行为有无过错,诊疗过错行为与损害后果之间是否存在因果关系及原因力大小等医学专门性问题。医疗过错司法鉴定依据2005年全国人民代表大会常务委员会通过的《关于司法鉴定管理问题的决定》,司法鉴定实行鉴定人负责制,这一点与医疗事故技术鉴定有着很大差别。在鉴定过程中,鉴定人不受来自司法机关或鉴定机构领导人意见的影响而独立完成鉴定行为,同时也独立承担鉴定结果的法律责任。鉴定意见不实行少数服从多数,与医学会组织的鉴定有本质的区别,医学会组织的医疗事故鉴定采取的是集体鉴定制。在司法鉴定实践中,鉴定人出庭接受询问,回答鉴定过程中有关技术性问题。

《侵权责任法》施行后将"医疗事故"与"非医疗事故的一般损害行为"统称"医疗损害行为",但并未对医疗鉴定作出具体的细则规定。为了妥善处理医疗损害纠纷案件,规范医疗损害鉴定程序,各地自行出台了司法实践操作标准。比如,《上海法院关于委托医疗损害司法鉴定若干问题的暂行规定》明确规定,法院审理医疗纠纷民事案件中,当事人申请医疗损害鉴定,双方当事人可以协商一致,选择共同委托区县医学会进行鉴定,若协商不成,则由法院依职权委托医学会组织专家进行鉴定。医疗损害的鉴定,由受委托的鉴定机构对医务人员的诊疗行为有无过错,诊疗行为的损害后果及诊疗行为与医疗损害后果之间的因果关系,诊疗过错行为在医疗损害后果中的原因力大小等进行鉴定,损害后果依据伤残等级标准确定。由此可以看出,《侵权责任法》没有明确行使医疗鉴定职能的机构时,上海法院在处理医疗损害纠纷案件时,医学会仍然是法院受理医疗损害纠纷的鉴定机构。医学会无法鉴定的，才可能向司法鉴定机构寻求帮助。但是医学会出具的鉴定意见不再是医疗事故技术鉴定书而是医疗损害鉴定书。出具的鉴定意见应明确诊疗行为是否存在过错、与患者的损害后果之间是否存在因果关系，构成伤残的要根据《医疗事故分级标准（试行）》明确伤残等级及患者的护理期、休息期、营养期。

（三）委托鉴定书要求的相关规范

2016 年，民事诉讼文书样式规定了委托鉴定书样式，该文书样式规定委托鉴定书要写明案件的委托鉴定的事项以及需要委托鉴定清单及委托鉴定说明。由于民事诉讼法及司法解释并未规定鉴定期限，因此委托鉴定书并未要求鉴定期限这一内容。《上海法院关于委托医疗损害司法鉴定若干问题的暂行规定》对委托鉴定书进行了细致的规范，第 6 条规定了委托鉴定函及内容，法院委托医学会进行鉴定，应出具委托鉴定函。第 10 条规定了鉴定期限，医学会收到鉴定材料和双方当事人提交书面陈述及答辩材料之日起 45 日内组织鉴定并出具鉴定报告，如遇特殊情况可适当延长鉴定期限。

二、鉴定人应当根据鉴定事项和鉴定要求进行鉴定

（一）鉴定事项

针对实践中鉴定意见书写不规范、有的鉴定意见无法作为案件证据使用的问题，该条第 2 款具体列举了下列专门性问题可以作为申请医疗损害鉴定的事项：(1)诊疗行为有无过错；(2)诊疗过错行为与损害后果之间是否存在因果关系以及原因力大小；(3)医疗机构是否尽到了说明义务、取得患者或者患者近亲属书面同意的义务；(4)医疗产品是否有缺陷、该缺陷与损害后果之间是否存在因果关系以及原因力的大小；(5)患者损伤残疾程度；(6)患者的护理期、休息期、营养期；(7)其他专门性问题。司法解释该条第 2 款对专门性问题的列举，从第 1 项到第 3 项属于诊疗行为医疗侵权的归责一般要件。第 4 项为医疗产品缺陷，第 5 项、第 6 项为患者的损害结果情况，第 7 项为兜底条款。

所谓诊疗行为有过错，《侵权责任法》第 57 条规定了医务人员在诊疗活动中未尽到与当时的医疗水平相应的诊疗医务，造成患者损害的，医疗机构应当承担赔偿责任。本解释第 16 条规定，对医疗机构及其医务人员的过错，应当依据法律、行政法规、规章以及其他有关诊疗规范进行认定，可以综合考虑患者病

情的紧急程度、患者个体差异、当地的医疗水平、医疗机构与医务人员资质等因素。我国经济社会发展不均衡，发达地区和不发达地区的医疗水平也存在差异，不同医院及医务人员的能力也存在差别，因此，有必要在鉴定时，客观考虑医疗机构及其医务人员资质、地区差异等因素，公平合理地界定医务人员诊疗行为是否有过错。

鉴定书还可以载明诊疗行为有过错与患者的损害后果存在直接因果关系及原因力的大小。本解释第 12 条规定，鉴定意见可以按照导致患者损害的全部原因、主要原因、同等原因、次要原因、轻微原因或者与患者损害无因果关系，表述诊疗行为或者医疗产品等造成患者损害的原因力大小。

医疗鉴定书还可以载明医疗产品是否有缺陷，与损害后果之间是否存在因果关系及原因力的大小。实践中，还存在诊疗行为过错的原因之外，因有缺陷的医疗产品、不合格的血液产品导致的患者医疗损害责任。《侵权责任法》第 59 条规定，因药品、消毒药剂、医疗器械的缺陷或者输入不合格的血液造成患者损害的，患者可以向生产者或者血液提供机构请求赔偿，也可以向医疗机构请求赔偿。患者向医疗机构请求赔偿的，医疗机构赔偿后，有权向负有责任的生产者或者血液提供者追偿。本解释对医疗产品缺陷造成损害的赔偿责任以及医疗机构与医疗产品的生产者、销售者或者血液提供机构内部追偿关系，以及不同原因造成同一损害时内部责任及关系作了规定。本解释第 21 条规定，因医疗产品的缺陷或者输入不合格血液受到损害，患者请求医疗机构，缺陷医疗产品的生产者、销售者或者血液提供机构承担赔偿责任的，应予支持。医疗机构承担赔偿责任后，向缺陷医疗产品的生产者、销售者或者血液提供机构追偿的，应予支持。因医疗机构的过错使医疗产品存在缺陷或者血液不合格，医疗产品的生产者、销售者或者血液提供机构承担赔偿责任后，向医疗机构追偿的，应予支持。本解释第 22 条规定，缺陷医疗产品与医疗机构的过错诊疗行为共同造成患者同一损害，患者请求医疗机构与医疗产品的生产者或者销售者承担连带责任的，应予支持。医疗机构或者医疗产品的生产者、销售者承担赔偿责任后，向其他责任主体追偿的，应当根据诊疗行为与缺陷医疗产品造成患者损害的原因力大小确定相应的数额。输入不合格血液与医疗机构的过错诊疗行为共同造成患者同一损害的，参照适用前两款规定。

医疗鉴定书还可以载明患者的损害后果情况包括:患者损伤残疾程度、患者的护理期、休息期、营养期时间。由法院根据上述情况来推算患者的护理费、误工费、残疾生活辅助具费、后续治疗费等费用来确定赔偿范围。本司法解释在起草过程中,原先规定的专门性事项还包括患者定残后所需护理费、残疾生活辅助具费、后续治疗费等。但部分高级人民法院认为,这些费用问题鉴定机构无权作出,因此改为了三期鉴定,即护理期、休息期、营养期。护理费按照人身损害司法解释的规定,是护理人员的费用,有工作的即是误工费。所以就某个案而言,没有办法通过鉴定得知具体的护理费用。

最后的兜底条款为其他专门性问题,可以包括诊疗行为是否属于不必要的检查等。司法解释制定过程中对是否属于不必要的检查进行了规定,但在审委会讨论时认为,由于医学本身的探索性以及疾病本身的复杂性等问题,在诊疗过程中是否属于不必要检查的情形在医学临床实践中不好把握,本条作出规定容易引起争议。实践中出现这一问题,可以依据有关法律规定处理即可,本解释可以对此不作规定。

(二)鉴定要求

原2007年《司法鉴定程序通则》第14条第1款规定:"司法鉴定机构收到委托,应当对委托的鉴定事项进行审查,对属于本机构司法鉴定业务范围,委托鉴定事项的用途及鉴定要求合法,提供的鉴定材料真实、完整、充分的鉴定委托,应当予以受理。"本款内容中明确提到了"鉴定要求"这一项内容。但在司法部2016年公布的《司法鉴定程序通则》第14条第1款中删除了这一内容,该款规定:"司法鉴定机构应当对委托鉴定事项、鉴定材料等进行审查。对属于本机构司法鉴定业务范围,鉴定用途合法,提供的鉴定材料能够满足鉴定需要的,应当受理。"司法部《关于印发司法鉴定文书格式的通知》(司发通〔2016〕112号)中明确了司法鉴定委托书等七类司法鉴定文书样式,其中在司法鉴定委托书中明确了鉴定事项和鉴定用途等内容,也无"鉴定要求"一项。只是提出了"鉴定要求不符合司法鉴定执业规则或者相关鉴定技术规范的""鉴定要求超出本机构技术条件或者鉴定能力的",鉴定委托,司法鉴定机构不得受理。经研究,这一称谓仍客观存在,而且鉴定要求对于下一步具体开展鉴定具有重要的导向和规范作用,故有必要予以明确提出。根据本解释的规定,鉴定要求主要包括鉴定人的资质、鉴定人的组成、鉴定程序、鉴定意见以及鉴定期限等内容。

具有鉴定资格的鉴定机构和鉴定人是鉴定主体。实践中根据《医疗事故处理条例》和最高人民法院《关于参照〈医疗事故处理条例〉审理医疗纠纷案件的通知》的规定,医疗事故由医学会组织专家进行鉴定;因医疗事故以外的原因引起的其他医疗赔偿纠纷,由司法鉴定机构进行鉴定。医疗事故鉴定主要是由医学会组织的医疗卫生专业技术人员组成,司法鉴定主要由法医和其他医务人员组成。各地司法鉴定医疗损害鉴定的主体规定不一致。例如,上海市关于《上海法院关于委托医疗损害司法鉴定若干问题的暂行规定》就规定,法院审理医疗纠纷民事案件中,当事人申请医疗损害鉴定的,除双方当事人协商一致外,应由法院依职权委托医学会组织专家进行鉴定。医学会认为无法鉴定,人民法院可依据《人民法院对外委托司法鉴定管理规定》另行委托具有资质的司法鉴定机构组织鉴定。而北京市关于《北京市高级人民法院关于审理医疗损害赔偿纠纷案件若干问题的指导意见(试行)》就规定,人民法院委托进行医疗损害责任过错鉴定的,应当根据北京市高级人民法院关于司法鉴定工作的相关规定,委托具有相应资质的鉴定机构组织鉴定。在国家有关部门关于医疗损害鉴定的新规定颁布之前,人民法院也可以委托各区、县医学会或北京医学会组织进行医疗损害责任技术鉴定。至于鉴定期限,人民法院可以根据案件情况作出限制。也有地方法院对鉴定期限作出规定,上海市就规定医学会收到鉴定材料和双方当事人提交书面陈述及答辩材料之日起 45 日内组织鉴定并出具鉴定报告,如遇特殊情况可适当延长鉴定期限。

【典型案例指引】

霍某某、刘素某、刘贵某、刘庆某与濮阳市安阳地区医院医疗损害责任纠纷案[①]

基本案情

申诉人霍某某、刘素某、刘贵某、刘庆某因与被申诉人濮阳市安阳地区医院

---

① 案例来自中国裁判文书网,霍某某、刘素某等与濮阳市安阳地区医院医疗损害责任纠纷再审民事判决书,案号:(2016)豫民再 609 号。

（以下简称“安阳地区医院”）医疗损害责任纠纷一案，不服安阳市中级人民法院(2014)安中民二终字第1805号民事判决，向河南省人民检察院申诉。河南省人民检察院作出豫检民（行）监(2015)41000000568号民事抗诉书，向本院提出抗诉。本院作出(2016)豫民抗字第162号民事裁定，提审本案。本院依法组成合议庭，公开开庭审理了本案。河南省人民检察院指派检察员赵国某、潘建某出庭。申诉人刘素某及霍某某、刘素某、刘贵某、刘庆某的委托诉讼代理人琚某，被申诉人安阳地区医院委托诉讼代理人王囤某、张某到庭参加诉讼。本案现已审理终结。

河南省人民检察院抗诉认为，原判适用法律错误。安阳地区医院应对其医疗过错行为承担主要或者全部赔偿责任；原判决根据填平原则未支持刘玉某家属关于医疗费的赔偿请求存在适用法律错误。刘玉某在北京协和医院的医疗费为265061.50元，而非一审查明的1035.20元。

霍某某、刘素某、刘贵某、刘庆某申诉称，(1)安阳地区医院应当承担举证不能的不利后果。对于医疗损害纠纷案件而言，应当根据民事诉讼证据规则的规定，由医疗机构承担举证责任。本案中鉴定意见不能作为定案依据，应当予以排除。鉴定意见中的参与度系数，不应当作为裁判的依据。(2)手术行为从本质上而言也是对人体的伤害行为。安阳地区医院在未确诊患者刘玉某前列腺增生且存在手术禁忌证的情况下，实施了两次失败的手术，导致刘玉某一再遭受手术损害，造成了刘玉某死亡的后果。安阳地区医院应当承担全部赔偿责任。(3)原判决适用填平原则对刘玉某医疗费未予以赔偿错误。患者刘玉某在北京协和医院的医疗费用应当为347537.5元。再审请求：撤销安阳市中级人民法院(2014)安中民二终字第1805号判决，改判支持医疗费、会诊费、住院伙食补助费、营养费、护理费、交通费、住宿费、丧葬费、死亡赔偿金及精神损害抚慰金等各项损失共计948626.66元。

安阳地区医院辩称，(1)安阳地区医院对刘玉某的诊断正确，采取的治疗措施符合规范，医疗行为不存在过错。刘玉某年龄较大，患有多种慢性疾病，其死亡结果的发生原因主要是多脏器功能衰竭，与医院的治疗行为之间不存在因果关系。一系列证据证明诊疗行为没有过错，手术也是有效果的。(2)关于司法鉴定意见书问题，鉴定机构是在安阳市北关区人民法院组织下双方共同选定，鉴定程序合法。原审中霍某某等人未申请重新鉴定,也没有申请鉴定人出庭作证,故该鉴定意见应当作为证据使用。鉴定意见确定安阳地区医院的责任比例是10%,已经充分考虑到当事人在本案中的过错比例。(3)关于医疗费的问题,刘玉某的医疗费已经报销后不能重复要求安阳地区医院赔偿。

2012 年 9 月 14 日,一审原告霍某某、刘素某、刘贵某、刘庆某向安阳市北关区人民法院起诉,以安阳地区医院在治疗刘玉某疾病过程中存在严重过错,致使刘玉某不幸去世为由,请求:被告安阳地区医院赔偿其医疗费、会诊费、住院伙食补助费、营养费、护理费、交通费、住宿费、丧葬费、死亡赔偿金及精神损害抚慰金等共计人民币 948626.66 元。

安阳市北关区人民法院一审查明:2008 年 3 月 20 日,患者刘玉某因“腹痛伴恶心,呕吐 9 小时”,至安阳地区医院住院治疗。入院诊断为:(1)胆囊结石并胆囊炎;(2)心律失常、频发房早;(3)前列腺增生;(4)右肺感染。2008 年 3 月 21 日,患者刘玉某进行 B 型超声波检查,超声印象:胆囊多发结石;膀胱壁炎性改变;前列腺略增大。2008 年 3 月 27 日 8 时,安阳地区医院对患者刘玉某行前列腺汽化电切术。术后,刘玉某出现气囊尿管脱出,安阳地区医院医生检查发现气囊破裂,试行再次插入尿管困难。同日下午 17 时许,安阳地区医院为刘玉某行局麻下适当延长膀胱造瘘切口,辅助插入气囊尿管。术后刘玉某病情加重,治疗效果不佳。2008 年 7 月 15 日,刘玉某转入北京协和医院进行治疗,入院诊断:肺部感染;肾功能衰竭;前列腺肥大、前列腺电切术后;肠梗阻;帕金森病;消化道出血。刘玉某在北京协和医院住院 45 天,治疗效果不佳。于 2008 年 8 月 30 日转回安阳地区医院继续治疗。同日,刘玉某因多脏器功能衰竭死亡。刘玉某在安阳地区医院住院治疗共计 117 天,花费医疗费 346193.87 元;在北京协和医院住院 45 天,花费医疗费 1035.2 元。住院期间刘玉某还支付外购医药费 40791 元。刘玉某的上述医疗费及购买药物的费用全部由其所在单位中国人民银行安阳中心支行予以报销。诉讼中,经安阳地区医院申请,法院委托北京华夏物证鉴定中心对安阳地区医院的医疗行为是否存在过错、刘玉某的死亡与安阳地区医院医疗行为之间是否存在因果关系及参与度是多少进行司法鉴定。该鉴定中心于 2013 年 8 月 22 日作出华夏物鉴中心(2013)医鉴字第 365 号司法鉴定意见,意见书分析部分认为:刘玉某“腹痛、恶心、呕吐”的临床表现和症状，应考虑为BⅡ式胃切除术后的并发症，如慢性输入袢梗阻，慢性输出袢梗阻和BⅡ式胃部分切除术后内疝，碱性反流性胃炎等，应进一步行腹部CT、上消化道内镜等相关检查以明确诊断，制定诊疗方案。刘玉某缺乏膀胱刺激症状和膀胱出口梗阻症状，3月21日的超声检查显示前列腺增生不明显，仅凭一次B超显示的“残余尿量204 ml”即诊断为前列腺增生并行前列腺切除术，过于草率；术后因气囊导尿管的气囊破裂致导尿管脱出，不得不再行膀胱造瘘口尿管置入术。上述不当的手术治疗属医疗过错，该过错在一定程度上加重了刘玉某的病情进展，与刘玉某死亡后果之间存在一定的因果关系。其鉴定结论为：安阳地区医院对刘玉某的医疗行为存在过错；该过错在一定程度上加重了刘玉某的病情进展，与死亡后果之间存在一定的因果关系；安阳地区医院所应承担的过错责任比例以10%左右为宜（参与度系数值为1%～20%）。

另查明，霍某某系刘玉某妻子，刘素某、刘贵某、刘庆某系刘玉某子女。刘玉某死亡后，双方多次协商赔偿事宜，未达成调解协议。2011年6月7日，霍某某、刘素某、刘贵某、刘庆某向法院起诉，后于2012年9月5日向法院提出撤诉申请，法院予以准许。2014年6月14日，安阳市北关区人民法院作出（2012）北民一初字第326号民事判决：（1）安阳地区医院赔偿霍某某、刘素某、刘贵某、刘庆某各项损失共计63566.49元；（2）驳回霍某某、刘素某、刘贵某、刘庆某的其他诉讼请求。一审案件受理费13286元，由霍某某、刘素某、刘贵某、刘庆某负担12396元，由安阳地区医院负担890元。

霍某某、刘素某、刘贵某、刘庆某不服一审判决，上诉请求：依法改判支持其全部诉讼请求。

安阳地区医院不服一审判决，上诉请求：改判或发回重审，由对方承担诉讼费。

安阳市中级人民法院二审查明的事实与一审一致。

裁判理由

安阳市中级人民法院二审认为，（1）关于安阳地区医院的过错程度、应承担的赔偿责任比例。综合分析本案情况及鉴定意见，安阳地区医院未尽到高度的注意义务，也未尽到与其医疗水平相应的诊疗义务。参与度只是一个法医学概念，它是医学专家从疾病与损害后果之间的关系来确定的一个度，参与度不等同于赔偿责任比例，且鉴定意见只是证据的一种，对医疗损害赔偿责任，应综合分析医院的诊疗行为、医院过错程度、患者的损害及治疗行为与损害后果之间的因果关系,综合考虑双方的地位、注意义务、证据规则等方面。综合分析安阳地区医院在本次诊疗行为中的过错,参照鉴定意见,本案中,应确定安阳地区医院承担40%的赔偿责任为宜。

(2)关于刘玉某的医疗费是否应支持。民事侵权赔偿采取填平原则,赔偿范围应以侵权行为所造成的实际损失为限,刘玉某属离休干部,公费医疗,并未实际支出其主张的医疗费,如将国家支付公费医疗费赔偿给个人,有悖公平,也有损国家利益,故对其主张的医疗费,不予支持。

综上,一审法院认定刘玉某住院伙食补助费为5550元、营养费为1550元、护理费为19056.93元、交通费为1550元、丧葬费15151.5元、死亡赔偿金90974元、住宿费为4000元,以上各项物质损失合计为137832.43元,符合法律规定,予以确认。安阳地区医院赔偿刘玉某的继承人霍某某、刘素某、刘贵某、刘庆某上述137832.43元的40%即55132.97元,精神损害抚慰金根据侵权人的过错程度、侵害手段、侵权所造成的后果确定,原审确定霍某某、刘素某、刘贵某、刘庆某的精神损害抚慰金为40000元并无不当,予以确认,鉴定费10000元由安阳地区医院承担,安阳地区医院共应赔偿霍某某、刘素某、刘贵某、刘庆某各项损失共计95132.97元(137832.43元×40%+40000元)。2014年10月30日,安阳市中级人民法院作出(2014)安中民二终字第1805号民事判决:(1)维持安阳市北关区人民法院(2012)北民一初字第326号民事判决第二项;(2)变更安阳市北关区人民法院(2012)北民一初字第326号民事判决第一项为"安阳地区医院于本判决生效之日起十日内赔偿霍某某、刘素某、刘贵某、刘庆某各项损失共计95132.97元"。一审案件受理费13286元,由霍某某、刘素某、刘贵某、刘庆某负担12334元,由安阳地区医院负担952元。二审案件受理费13478元,由霍某某、刘素某、刘贵某、刘庆某负担12334元,由安阳地区医院负担1144元。

围绕当事人的再审请求,本院对有争议的证据和事实认定如下:再审中,双方当事人核对了原审医疗费票据并共同确认了刘玉某医疗费数额。刘玉某在安阳地区医院的医疗费共计273089.3元,在北京协和医院的医疗费共计347537.5元,外购医药费共计40791元。其他事实与二审认定的事实一致。

本院再审认为,安阳地区医院在对刘玉某进行诊疗过程中,对刘玉某的医疗行为存在过错。本案争议焦点为刘玉某的医疗费安阳地区医院应否赔偿;安阳地区医院应按何种比例承担赔偿责任。(1)关于刘玉某的医疗费安阳地区医院应否赔偿问题。本案系医疗损害责任纠纷案件,患者刘玉某属离休干部,享受公费医疗待遇,其医疗费已经由所在单位予以全部报销。根据损失填平原则,人身损害赔偿的是受害人的实际损失,是补偿性赔偿,具有填补性质,受害人对医疗报销和侵权人的赔偿不能兼得。故原审认为赔偿范围应以侵权行为所造成的实际损失为限,对霍某某等人主张的医疗费不予支持并无不当。霍某某等人提出刘玉某的医疗费安阳地区医院应予以赔偿的请求,本院再审不予支持。

(2)关于安阳地区医院应承担的赔偿责任比例问题。患者刘玉某系因多脏器功能衰竭死亡。案件审理中,安阳地区医院申请司法鉴定,安阳市北关区人民法院委托鉴定机构进行司法鉴定。鉴定意见书的鉴定结论认为安阳地区医院对刘玉某的医疗行为存在过错;该过错在一定程度上加重了刘玉某的病情进展,与死亡后果之间存在一定的因果关系,参与度系数值为1%~20%。一审确定安阳地区医院的过错比例为20%。二审综合分析安阳地区医院的诊疗行为的过错程度、患者的损害与治疗行为之间的因果关系等,最终确定了安阳地区医院承担40%的赔偿责任并无不当。霍某某等人提出安阳地区医院应承担全部赔偿责任的请求不能成立,本院依法不予支持。

综上所述,二审判决认定部分事实虽有瑕疵,再审已经纠正,但二审判决适用法律及处理结果正确,霍某某、刘素某、刘贵某、刘庆某的再审请求均不成立。依照《民事诉讼法》第207条第1款、第170条第1款第1项的规定,判决如下:

维持安阳市中级人民法院(2014)安中民二终字第1805号民事判决。

本判决为终审判决。

—— 裁判指引15 ——

鉴定人进行鉴定应当根据人民法院委托鉴定的内容和事项进行鉴定。人民法院可以要求鉴定人对诊疗机构的诊疗行为中诊疗过错行为与损害后果之间是否存在因果关系以及原因力大小进行鉴定。本案就是人民法院结合鉴定机构出具的鉴定意见综合考虑的结果。根据本解释第16条的规定,对医疗机构及其医务人员的过错，应当依据法律、行政法规、规章以及其他有关诊疗规范进行认定，可以综合考虑患者病情的紧急程度、患者个体差异、当地的医疗水平、医疗机构与医务人员资质等因素。对赔偿责任大小的认定，鉴定意见只是证据的一种，也应当根据过错责任认定的大小综合认定。安阳地区医院未尽到高度的注意义务，也未尽到与其医疗水平相应的诊疗义务。鉴定意见中确定的参与度只是一个法医学概念，它是医学专家从疾病与损害后果之间的关系来确定的一个度，参与度不等同于赔偿责任比例，且鉴定意见只是证据的一种，对医疗损害赔偿责任，应综合分析医院的诊疗行为、医院过错程度、患者的损害及治疗行为与损害后果之间的因果关系，综合考虑双方的地位、注意义务、证据规则等方面。

【相关法条链接】

《医疗事故处理条例》第31条，《民诉证据规定》第27条。

附：文书范式

××××人民法院

委托鉴定书

（委托鉴定用）

（××××）……民×……号

×××（写明受委托鉴定人名称或姓名）：

我院审理/执行……（写明当事人及案由）一案，需对……（写明委托鉴定的事项）予以鉴定。依照《中华人民共和国民事诉讼法》第七十六条规定，请你进行鉴定，并及时向我院提出书面鉴定意见。

联系人：……（写明姓名、部门、职务）

联系电话：……

附:委托鉴定清单/委托鉴定事项说明

××××年××月××日

(院印)

【说明】

1. 本样式根据《民事诉讼法》第76条以及《民诉法解释》第121条制定,供人民法院在审理或执行案件中,委托具备资格的鉴定人进行鉴定用。

2. 案号适用诉讼案号。

3. 委托书后应附委托鉴定清单或者委托鉴定事项说明。

医疗损害司法鉴定委托函

(　　)沪(民)字第　　　号

海市＿＿＿＿＿医学会:

本院受理＿＿＿＿＿＿＿＿与＿＿＿＿＿＿＿＿＿＿纠纷一案,原告(被告)＿＿＿＿＿＿＿＿＿＿＿申请医疗损害鉴定,根据《上海法院委托医疗损害司法鉴定若干问题的暂行规定》规定,现委托你会组织医疗损害司法鉴定。

<table>
<tr><td rowspan="3">委托法院</td><td colspan="3">名称</td><td colspan="2"></td><td colspan="2">经办部门</td><td colspan="2"></td></tr>
<tr><td colspan="3">地址</td><td colspan="2"></td><td colspan="2">邮编</td><td colspan="2"></td></tr>
<tr><td colspan="3">联系人姓名</td><td colspan="2"></td><td colspan="2">联系电话</td><td colspan="2">①
②</td></tr>
<tr><td rowspan="6">双方当事人</td><td>患者姓名</td><td colspan="2"></td><td>性别</td><td></td><td>年龄</td><td></td><td>电话①</td><td></td></tr>
<tr><td>住址</td><td colspan="4"></td><td>邮编</td><td></td><td>电话②</td><td></td></tr>
<tr><td colspan="3">患者代理人姓名</td><td></td><td>工作单位</td><td colspan="2"></td><td>电话</td><td></td></tr>
<tr><td colspan="2" rowspan="2">医疗机构</td><td>名称</td><td colspan="2"></td><td colspan="2">法定代表人</td><td colspan="2"></td></tr>
<tr><td>地址</td><td colspan="4"></td><td>邮编</td><td></td></tr>
<tr><td colspan="2">医疗机构代理人</td><td>姓名</td><td></td><td>工作单位</td><td colspan="2"></td><td>电话</td><td></td></tr>
</table>

续表

委托鉴定事由及提供材料： 认证内容： （公章） 年 月 日

第十二条 鉴定意见可以按照导致患者损害的全部原因、主要原因、同等原因、次要原因、轻微原因或者与患者损害无因果关系，表述诊疗行为或者医疗产品等造成患者损害的原因力大小。

【起草背景】

患者接受诊疗活动后受到的损害通常涉及多种原因。不能准确确定造成患者损害的过错诊疗行为或者缺陷医疗产品等的原因力大小就不可能合理向医疗机构、缺陷医疗产品的生产者或者销售者等分配医疗损害责任。本条司法解释明确了医疗损害鉴定意见中如何科学地表述原因力大小。

【条文释义】

本条是关于医疗损害责任鉴定中原因力大小的规定。

医疗损害责任纠纷案件中通常存在原发疾病、个人体质及诊疗过错等共同作用导致损害发生的多因一果情形。过错诊疗行为、缺陷医疗产品造成损害的原因力大小对于确定医疗损害责任极其关键。由于医学极具专业性，上述原因力的大小通常需要通过司法鉴定解决。实践中鉴定意见对于原因力的表述不一，影响了鉴定意见这一核心证据在确定各方当事人应承担责任方面的应有作用。本条司法解释根据原因力规则的基本法理，从人民法院裁判案件的角度对医疗损害责任中过错诊疗行为、患者自身疾病等造成患者损害的原因之间的原因力大小区分了六种情形予以规定，从而规范鉴定意见对原因力问题的描述，以便于法院准确的确定当事人之间的责任。

侵权责任中的因果关系是哲学上的因果关系理论在侵权责任法领域的运用。众所周知，哲学上的因果关系，是指两事物之间的前因后果关系。如果一事物引起另一事物的发生，一事物为另一事物发生的原因，另一事物是该事物发生的结果，则二者间具有因果关系。在侵权责任法领域，因果关系是指某人的行为与损害后果间的前因后果关系。如果某人的行为为损害发生的原因，损害后果为该行为的结果，则行为人的行为与损害后果间有因果关系；否则，二者无因果关系。在分析侵权责任中的因果关系时,损害事实是存在的,需要确定该损害事实是否与人的行为之间有联系。若该损害事实与人的行为无关,即行为人的行为对损害的发生并不起作用,则行为与损害间当然无因果关系,该行为的行为人也就不会承担任何侵权责任;如果该损害事实的发生与人的行为有关,即该行为对损害的发生起了作用,则该行为与损害事实之间就有因果关系,该行为的行为人就可能应承担侵权责任,但并非就应承担侵权责任。因此,侵权责任中因果关系的有无重在是否能排除行为人承担侵权责任,而不是确定侵权责任是否成立。在行为人的行为与损害事实的发生有因果关系时,行为人是否承担侵权责任决定于行为人有无过错或者法律的特别规定。

由于现行立法有关因果关系的规定含混不清或者说没有直接规定,因而因果关系在侵权行为法上一直是最困扰法院的问题之一。英美法对于因果关系的认识采取"两分模式":事实上的因果关系和法律上的因果关系。前者是指从纯粹的事实角度观察加害人的行为与受害人受到的损害之间的客观联系。事实上原因之认定,是在撇开法律规定和法律政策的考虑的前提下,确认加害行为是否构成损害结果发生之客观原因。其目的在于确认侵权事实与损害结果之间的客观联系,从事实上认定加害行为是否为损害结果发生的原因。后者是指在确定行为人的行为与受害人的损害后果之间存在事实上的因果关系的前提下,确定行为人是否应当依法承担民事责任的问题。采用因果关系的两分法,将事实上的因果关系独立出来,从纯粹的事实角度观察行为人的行为与受害人受到的损害之间的客观联系,在此前提下再进一步讨论行为人是否应该承担责任。与事实上的因果关系一样,原因力是指行为人的行为在最终损害后果的发生或扩大上所发挥的作用力,这本身也是一个事实问题,其中并不含有法律价值的判断。"因果关系、原因力以及相近的概念都是客观的。"

在侵权行为中,行为人的行为与损害后果之间的因果关系,表现为多种不同形态。根据原因和损害结果的数量,可以分为一因一果、一因多果、多因一果、多因多果四种形态。其中,多因一果是指原因为复数,结果为单数,原因系多个行为人的多个行为,结果为受害人单一的损害后果。多因一果和多因多果两种情形可称为多因现象。

多因现象的法律特征至少有两点:一是原因的复数性。造成损害后果的发生或者是数个加害人的行为，或者是加害人和受害人的行为共同所致，抑或是加害人的行为与自然因素、受害人的特殊体质等共同所致。二是损害结果的同一性。正是由于损害结果的同一性，才有必要区分各个原因对于损害结果的原因力大小，从而确定各自的责任份额。如果各行为人造成的损害结果是不同的，则每个人只需对自己的行为所造成的损害后果负责，而无适用原因力理论的必要。

总结多年司法实践经验，在多因情形下采用原因力理论来确定各行为人应当承担的民事责任更符合公平正义。多因情形下行为人之间的责任，传统民法理论认为属于按份之债，即按照加害人各自的份额承担相应的责任。司法实践中根据原因力大小确定各行为人内部的责任分担，更为合理。

所谓原因力（causative potency）是指在导致受害人同一损害后果的数个原因中，各原因对于该损害后果的发生或扩大所发挥的作用力。一般认为，原因力的大小取决于各个原因的性质、原因事实与损害结果的距离以及原因事实的强度。司法实践中可以主要从以下两个方面判断侵权行为原因力的大小：

其一，主要原因和次要原因。一般认为主要原因是引起损害结果发生的决定性因素，次要原因对损害结果的发生只是一个次要因素，不起决定作用。可见，主要原因是指对于损害结果之发生或扩大起主要作用的原因；次要原因是指对于损害结果之发生或扩大起次要作用的原因。对于损害结果之发生或扩大起主要作用的原因，其原因力较大；对于损害结果之发生或扩大起次要作用的原因其原因力较小；对于损害结果之发生或扩大具有相同作用的原因，其原因力也是相同的。除了主要原因与次要原因划分外，还存在同等原因与轻微原因。所谓同等原因是指对于损害结果之发生的各个原因所起作用完全相同，或者难以分辨哪个原因起主要作用、哪个原因起次要作用。轻微原因是指对于损害结果之发生较之次要原因所起的作用还要轻微。

其二，直接原因和间接原因。直接原因是没有介入其他人的行为而直接引起结果发生的原因；间接原因是指介入其他人的行为而直接引起结果发生的原因。直接原因一般是直接作用于损害结果，它在损害的产生、发展过程中，表现出某种必然的、一定如此的趋向。间接原因对损害的发生不起直接作用，而往往是偶然地介入了其他因素，并与这些因素相结合，才产生了损害结果。一般来说,间接原因距离损害结果越远,其原因力越小。司法实践中通常不对发生损害结果的各种原因分直接原因和间接原因。但通常而言,直接原因对损害结果的发生起主要作用,间接原因对损害结果的发生起次要作用。

值得注意的是,原因力比较与过错比较是不同的。原因力作为行为人的行为对于损害结果发生或扩大所发挥的作用力,是从纯粹的事实角度观察行为人的行为与损害结果之间的客观联系、作用程度,其中并不含有法律价值的判断。因果关系、原因力及其他相近的概念都是客观的。而过错则指当事人的主观心理状态。有时很难确定行为人过错大小和程度,也就无法进行过错程度的比较。因此,采用原因力理论能够更客观地确定当事人的责任份额。

比较过错是作为分配责任的一种规则。比较过错是比较受害人与加害人的过错。受害人过错规则,也即过失相抵规则,是指就损害的发生或者扩大,受害人也有过失,法院可依其职权,按一定的标准减轻或者免除加害人赔偿责任,从而公平合理地分担损害的一种制度。比较过错制度是过错责任原则的发展,本质上是过错责任提出的应依据过错确定责任和责任范围的要求。这不仅体现了法律所蕴含的公平正义理念,而且更加坚定地维护了责任自负的现代法治精神。实际上,受害人过错的效力在于减轻或者免除加害人的赔偿责任,于是需要一个标准来确定双方的责任份额。在一般的过错责任中,受害人有过错时比较双方的过错大小以确定各自的责任是合理的,在大多数情况下,这种方式能够达到责任份额分配之目的。司法实践中的做法是:将过错区分为故意和过失,其中,故意又分为直接故意和间接故意,过失分为重大过失、一般过失和轻微过失;然后按照直接故意 > 间接故意 > 重大过失 > 一般过失 > 轻微过失的原则来确定责任份额之大小。如果加害人主观上是故意而受害人仅有一般过失或者轻微过失则应该不减轻加害人的赔偿责任;如果对于损害的发生或者扩大受害人有故意而加害人仅有一般过失或者是轻微过失,则应当免除加害人的赔偿责任。

比较过错制度虽在一定情形下能够解决当事人间的责任分担问题,但在以下几种情形中一般不适用比较过错规则:其一,过错推定和无过错责任。在过错推定的情形下,法律推定加害人有过错。在推定过错中很难确定被推定出来的行为人的过错程度,并以此与受害人的过错相比较,所以很难比较双方的过错程度。在无过错责任下也不可能确定各行为人的主观过错程度，此时因果关系是决定行为人承担责任的基本要件。可见，在过错推定和无过错责任中，由于当事人的过错是推定的或者是无须考虑的，无法确定各行为人之间的过错程度，所以分担责任份额的依据应该在于原因力的大小。其二，在侵权案件中，不是所有的案件最后都能明确当事人的过错大小的，即客观上存在无法比较过错的情形。因为行为人的过错本身是主观的，即使是过失的客观判断标准——"注意义务的违反"本身也有一定的不确定性。客观标准本身是多元的：在一般情况下，对于他人之权利和利益负有一般义务的人，应当尽到一个诚信善意之人的注意义务。对于他人之权利和利益负有特别义务的人，应当尽到法律、法规、操作规范等所要求的特别注意义务。"诚信善意之人"代表了其所处的社会的一般道德水平、一般教育程度等"一般性"特征。困难的是，"一般的道德水平""一般的教育程度""一般的技能"等其本身是不确定的。出现不能比较过错之情形的原因还可能是因为证据问题。如果在侵权行为发生时只有当事人双方在场而没有其他证人或者证据，则过错的认定将可能因为证据问题而变得困难起来。其三，在特殊情形下，以过错大小作为确定责任份额的标准可能出现结果不公平的情形。例如，当事人一方主观上虽然有故意，但是其行为对于损害结果的发生或扩大所起的作用很小，此时按照过错大小令其承担较重的责任是不公平的。事实上，当事人主观恶性大其行为对于损害结果的作用力并不一定就大，其主观上的过错程度和行为对损害结果的原因力大小不存在正比例关系。因此，以上三种情形中适用原因力大小来确定双方当事人的责任份额更符合公平原则。

在医疗损害责任中，多因一果的情形适用原因力规则，有利于合理确定医疗机构赔偿责任。首先，确定医疗机构及其医护人员的行为与患者的损害后果之间客观上是否存在因果联系。其次，在此基础上确定医疗机构及其医护人员的行为与患者的损害后果之间的原因力大小。医疗机构只对自己的过错诊疗行为所造成的损害承担赔偿责任，对于过错诊疗行为以外的原因造成的患者损害部分不承担赔偿责任。

本条解释主要解决的是医疗损害责任纠纷中，如何处理不同原因力的定量问题。医疗机构对患者所施加的诊疗行为通常都具有较强的复杂性和专业性，如何准确评判医疗行为,特别是确定患者的损害结果与诊疗行为的原因力之间的比例关系,是法院审理医疗损害责任纠纷时确定医疗机构是否承担责任及应承担责任份额的难点所在。因为在医疗损害责任纠纷案件中,患者损害后果往往是患者原发疾病、个人体质、诊疗过错、缺陷医疗产品、医疗技术水平不足等共同作用所致。医疗损害责任中的因果关系,除了一因一果关系外,还有多因一果关系。在医疗损害责任中的一因一果关系,表现为因某一过错诊疗行为造成患者损害,过错诊疗行为与损害结果之间不存在其他干扰因素加重或者扩大患者的损害后果。一因一果关系,责任清晰且争议较少。多因一果关系,表现为包括过错诊疗行为在内的两个或两个以上原因共同结合导致患者损害。有时,同一损害后果包括两个或者两个以上过错诊疗行为。这些过错诊疗行为有时同时产生,有时前后相继产生。

基于医学的专业性,造成患者损害后果的各种原因的原因力的大小需要通过鉴定处理。根据《民事诉讼法》的规定,在诉讼过程中,鉴定人应当就所鉴定的内容出具鉴定意见。鉴定意见是具备资格的鉴定人对民事案件中涉及医学诊疗行为的专门性问题,利用自己的专业知识,通过鉴别和判断后出具的书面意见。鉴定意见作为证据的一种,是正确分配各方责任的关键。在审判实践中,法官可以对鉴定意见的真实性、关联性和合法性进行审慎的审查。当事人对鉴定意见与鉴定程序提出质疑的,人民法院可以依职权对鉴定程序的合法性、鉴定文书是否符合规范,鉴定意见是否明确以及鉴定意见是否符合有关法律、医学行为规范等内容进行审查,并在裁判文书中载明对医疗损害鉴定意见的审查情况,审查结论及其理由。

考虑到原因力存在的客观性及其分析的必要性和重要性,需要明确并规范鉴定人出具的鉴定意见中,医疗机构及其人员的过错诊疗行为与患者损害结果之间是否存在因果关系及过错诊疗行为与患者损害后果的关联程度。现行立法由于缺乏明确的原因力规定,自然不存在鉴定意见中如何对原因力的规范表述要求。最高人民法院《关于审理触电人身损害赔偿案件若干问题的解释》(2001 年 1 月 21 日起施行,2013 年 4 月 8 日废止)第一次在司法解释中明确了原因力规则的适用。该解释第 2 条第 2 款规定:"但对因高压电引起的人身损害是由多个原因造成的,按照致害人的行为与损害结果之间的原因力确定各自的责任。致害人的行为是损害后果发生的主要原因,应当承担主要责任;致害人的行为是损害后果发生的非主要原因,则承担相应的责任”。《人身损害赔偿解释》第二次在司法解释中运用了原因力规则,该解释第3条第2款规定:“二人以上没有共同故意或者共同过失,但其分别实施的数个行为间接结合发生同一损害后果的,应当根据过失大小或者原因力比例各自承担相应的赔偿责任。”前一司法解释简要地将原因力分为主要原因与次要原因,后一司法解释未对原因力做具体规定。原卫生部于2002年7月公布的《医疗事故技术鉴定暂行办法》第36条规定了医疗事故中医疗过失行为责任程度分为四类,即完全责任、主要责任、次要责任、轻微责任。其中,完全责任指医疗事故损害后果完全由医疗过失行为造成,即一因一果的因果关系;主要责任,指医疗事故损害后果主要由医疗过失行为造成,其他因素起次要作用;次要责任,指医疗事故损害后果主要由其他因素造成,医疗过失行为起次要作用;轻微责任,指医疗事故损害后果绝大部分由其他因素造成,医疗过失行为起轻微作用。尽管该条未使用原因力这一表述,但该条明确判定医疗过失行为的责任程度应当综合分析医疗过失行为在导致医疗事故损害后果中的作用、患者原有疾病状况等因素。因而该条中的完全责任、主要责任、次要责任、轻微责任实际对应全部原因、主要原因、次要原因与轻微原因。虽然原卫生部发布实施的《医疗事故技术鉴定暂行办法》不适用于医疗损害责任鉴定,但本条司法解释提出的对司法鉴定机构出具的鉴定意见中表述原因力时的要求有异曲同工之处。不过,本条司法解释更加符合实际情况,增加“同等原因”的表述。

鉴定意见对于原因力的表述不一,影响了人民法院对鉴定意见的准确采信。本条解释根据原因力规则的基本法理,结合人民法院审判实践,对医疗损害责任中诊疗行为与患者自身疾病等其他造成患者损害的原因之间的原因力大小区分为六种情形,分别是:全部原因、主要原因、同等原因、次要原因、轻微原因与无因果关系,规范了鉴定意见对原因力问题的表述,以便法院更准确地确定当事人的责任。具体而言:(1)全部原因,是指患者的医疗损害完全由同一医疗机构及其医务人员的过错诊疗行为造成,该医疗机构对患者的损害承担100%的责任。全部原因,亦唯一原因。(2)主要原因,是指患者的损害后果主要由一家医疗构及其医务人员的过错诊疗行为造成,同时存在其他加重或扩大患者损害的因素,该医疗机构对患者的损害承担主要责任,其他因素对患者的损害承担次要责任。(3)同等原因,是指不同医疗机构及其医务人员之间或者一家医疗机构及其医务人员的过错诊疗行为与造成患者损害的其他因素共同作用,导致患者损害,其中,各方医疗机构的过错诊疗行为或者过错诊疗行为与造成患者损害的其他因素在医疗损害中的作用力基本相当,对患者的损害负同等责任。(4)次要原因,是指造成患者损害的诸多因素中,医疗机构及其医务人员的违法过错诊疗行为不起主导作用,医疗机构对患者的损害承担次要责任。(5)轻微原因,是指造成患者遭受损害的主要原因并非医疗机构及其医务人员的过错诊疗行为,后者的诊疗行为确实存在过失之处,但是在患者的损害构成原因中作用力非常微小,医疗机构对患者的损害承担10%以内的责任为宜。(6)无因果关系,是指患者的损害后果完全由医疗机构及其医务人员的诊疗行为之外的原因引起,医疗机构对患者的损害不承担责任。

医疗损害责任的高度专业性,使司法裁判往往要借助于鉴定人的鉴定意见作出责任分配。但是,鉴定人的鉴定意见所认定的原因力仅仅是法院审判所依据的一系列证据的组成部分,法院在审理具体案件的过程中,既要重视鉴定意见,又不能过分依赖鉴定意见。鉴定意见是审理医疗损害责任纠纷案件的核心证据,但在审理案件的过程中,需要整体把握医患之间的纠纷。在审理医疗损害责任纠纷案件时,以下问题值得注意:

1. 注意区分医疗损害责任司法鉴定与医疗事故责任鉴定的本质区别。依照《侵权责任法》的规定,只有医疗损害责任纠纷,没有医疗事故责任纠纷。医疗事故责任制度只存在《医疗事故处理条例》适用的情形。《侵权责任法》实施后,人民法院审理医疗损害责任纠纷案件时,应当严格适用《侵权责任法》的规定,不再适用《医疗事故处理条例》及其配套规定。按照最高人民法院《关于适用〈中华人民共和国侵权责任法〉若干问题的通知》(法发〔2010〕23号)的要求,人民法院无论根据当事人的申请还是依职权决定进行医疗损害鉴定的,按照《全国人民代表大会常务委员会关于司法鉴定管理问题的决定》《人民法院对外委托司法鉴定管理规定》及国家有关部门的规定组织鉴定。也就是说,医疗损害责任鉴定属于司法鉴定,不是医疗事故责任鉴定。

2. 同一医疗损害责任纠纷案件中,涉及不同医疗机构过错诊疗行为时,按照原因力规则划分不同医疗机构的责任。患者的同一医疗损害,可能涉及不同的医疗机构,而且不同医疗机构的诊疗行为相继发生且对患者损害均存在过错的情况下,既要考虑不同过错诊疗行为的原因力,也要注意不同医疗机构的诊疗行为的过错程度。不同医疗机构的诊疗行为对患者同一损害后果的原因力属于司法鉴定内容之一。鉴定意见中,必须对不同医疗机构的过错诊疗行为的原因力做出明确的认定意见。

3. 在医疗损害责任纠纷中,由于《侵权责任法》第54条规定,"医疗机构及其医务人员有过错的,由医疗机构承担赔偿责任",人民法院只需注意医疗机构诊疗行为与患者损害后果的联系,无须注意医务人员个人行为与患者损害后果的联系,不必区分医疗机构及其医务人员的过错行为与患者损害后果的联系。鉴定意见中,亦无须单独就医务人员的过错行为与患者损害后果的原因力做出鉴定意见。如果医务人员非在诊疗活动中造成患者损害,不构成医疗损害责任。

【典型案例指引】

1. 东莞友谊医院与刘文某、刘某、刘瀚某、韩象某、刘翠某医疗损害责任纠纷上诉案①

基本案情

上诉人(一审被告):东莞友谊医院(原东莞爱普康医院)。

被上诉人(一审原告):刘文某,刘某、刘瀚某、韩象某、刘翠某。

2011年10月10日,刘文某、刘某、刘瀚某、韩象某、刘翠某向一审法院提起诉讼,请求法院判令:友谊医院赔偿其支出的医疗费等各项费用共计1031474.61元的90%即928327.15元、精神损害抚慰金100000元。

一审法院查明:患者韩某某因停经9个月,头晕下腹部不适半天于2011年4月19日11时18分入住友谊医院。韩某某是孕2产1,预产期2011年5月2日。入院后完善相关检查,即于当日16时43分至17时45分在腰硬联合麻醉下行子宫下段剖宫产术+双侧输卵管结扎术。2011年4月20日7时宣告临床

① 案号:(2014)东中法民一终字第860号。

死亡。死亡原因:弥漫性血管内凝血,失血性休克,多器官功能衰竭。死亡诊断:DIC,失血性休克。

2011 年 10 月 1 日,广东明思律师事务所委托湖北同济法医学司法鉴定中心对韩某某的死因、友谊医院对韩某某的医疗行为是否存在过错、其过错与韩某某的死亡后果间有无因果关系及责任程度进行鉴定。2011 年 12 月 5 日,湖北同济法医学司法鉴定中心出具鉴定意见为:韩某某符合产后大出血,因失血性休克、DIC 而最终死于多脏器功能衰竭。其产后大出血发生的原因与子宫收缩乏力有关。其妊娠过程中重度子痫前期、中央性前置胎盘、巨大儿、羊水过多可能与产后出血的发生有关;友谊医院在韩某某产后大出血的观察及处理上均存在过失行为,延误了子宫切除的最佳时机,与韩某某最终死亡后果间存在因果关系,建议友谊医院的责任程度为 60%~70%。

本案在审理过程中,一审法院根据友谊医院的申请,委托东莞市医学会对友谊医院的诊疗行为进行医疗事故技术鉴定。东莞市医学会受理鉴定委托后依法定程序组织专家进行鉴定,并于 2012 年 2 月 9 日出具了东莞医鉴(2012)5 号《医疗事故技术鉴定书》。鉴定认为,本案例不属于医疗事故。

刘文某、刘某、刘瀚某、韩象某、刘翠某不服东莞医学会的鉴定结论,向一审法院申请进行医疗损害鉴定,一审法院依法委托南方医科大学司法鉴定中心进行医疗损害鉴定。2013 年 7 月 2 日,南方医科大学司法鉴定中心出具南方医大司法鉴定中心(2013)医鉴字第 010 号《医疗损害鉴定意见书》。鉴定分析意见为:医方对韩某某的诊疗过程中存在违规收治严重高危妊娠产妇,对高危产妇产后出血的病情关注不足、行子宫切除术延迟、抗休克措施不当的过失。医方的过失行为与损害后果有因果关系,评估原因力大小为主要因素,建议参与度拟 61%~90%。

裁判理由

一审法院认为:根据韩某某的病历资料及相关鉴定的分析可以确认,韩某某是因产后大出血致失血性休克、DIC、多器官功能衰竭而死亡。对于韩某某的死亡,友谊医院存在如下过错:(1)韩某某患有中央性前置胎盘、重度子痫前期、羊水过多、瘢痕子宫、巨大胎儿,系严重高危妊娠孕产妇。根据相关法规及诊疗常规,此类高危孕妇必须到有条件的医疗保健机构住院分娩,应到三级医疗机构治疗。但友谊医院在收治韩某某时并未评级,友谊医院在不具备严重高危妊娠产妇诊疗资质的情况下,接诊后未履行严重高危妊娠产妇的转诊义务,违规收治严重高危妊娠产妇,存在过失。(2)产后2小时是产后出血的高峰期,中央性前置胎盘极易发生产后出血,且通常量多难以控制。根据病历资料记载,2011年4月19日18时10分至23时10分韩某某多次出现阴道流血,但友谊医院对韩某某产后出血的观察仅通过计算阴道出血量及生命体征的变化,而未能给予查血常规、凝血功能,没有对血红蛋白变化进行监测,不能全面、准确反应韩某某失血程度。根据护理记录记载,至22时40分韩某某产后阴道失血总量500ml,没有血常规检查,不具备输血指征,但友谊医院给予韩某某输入少白红细胞4U。23时10分韩某某突然出现意识模糊,血压降至70/58mmHg,根据韩某某此时临床表现,估计其实际失血量远不止所观察到的阴道失血量(护理记录记载至23时10分患者产后出血总量1200ml)。但因未留置手术部位引流条,故无法估计内出血量,造成对韩某某产后出血量的评估与实际病情不符。因此,友谊医院存在对高危产妇产后出血的病情关注不足,存在过失。(3)韩某某2011年4月19日23时10分发生严重休克、昏迷,阴道流血难以控制,已经给予子宫按摩、宫缩药、止血药,经5小时保守抢救无效后才行子宫次全切除,此时阴道出血总量已经达2600ml,患者内出血已达2000ml,虽行子宫切除,但此时已发生DIC及多器官损害,且术后仍有阴道出血并出现心跳骤停。友谊医院行子宫切除术延迟,施行次全切除的手术方式不当,无法达到止血效果,存在过失。(4)由于友谊医院对产妇产后出血监测不到位,出血量估计不足,未能及时发现大失血,因此未能尽早进行抗休克。在韩某某出现休克后,友谊医院给予输血、补液、纠酸、强心等抗休克措施,但是:①补充血容量主要为滴注晶体液(0.9%氯化钠和葡糖糖液)和成分输血,未能给予足够的胶体补充;②未给予血气分析检查、复查,无法评估酸中毒纠治情况;③19日23时47分29秒的检验报告单中显示血钾7.85mmol/L,这种程度的严重高血钾可导致韩某某心脏骤停,友谊医院未能针对高血钾进行治疗,亦没有对血钾情况进行复查。友谊医院的抗休克措施不够,存在过失。友谊医院虽存在上述过失,但韩某某自身患有中央性前置胎盘、重度子痫前期、瘢痕子宫、羊水过多、巨大儿等多重产后出血的高危因素,且其产前未进行正规及系统产检,未能早期诊断和预防以减少产后出血的发生,其自身疾病的严重性和特殊性对导致其死亡有一定的关系。综合本案的情况,一审法院酌情确定友谊医院对韩某某的死亡负主要责任,承担70%的民事责任。综上,一审法院判决:东莞友谊医院向刘文某、刘某、刘瀚某、韩象某、刘翠某支付护理费等共计614792.9元。友谊医院不服一审判决,向二审院提起上诉。二审法院审理后,确认了一审查明的事实并维持了一审判决。

——— 裁判指引16 ———

本案韩某某死亡的原因包括两方面:患者韩某某系严重高危妊娠孕产妇,即其患有中央性前置胎盘、重度子痫前期、羊水过多、瘢痕子宫、巨大胎儿;友谊医疗的过错诊疗行为。尽管东莞市医学会组织的医疗事故技术鉴定结论为本案不构成医疗事故,但南方医科大学司法鉴定中心鉴定意见为医方的过失行为与损害后果有因果关系、原因力大小为主要因素,建议参与度拟61%~90%。这一鉴定结论与湖北同济法医学司法鉴定中心作出的友谊医院的过失与韩某某最终死亡后果间存在因果关系、友谊医院的责任程度为60%~70%的结论基本相同。两家司法鉴定机构均认定医院的过失诊疗行为是造成韩某某死亡的原因,并且分别表述为“主要因素”“参与度”“责任程度”,分别确定了院方的责任比例在60%~90%之间。尽管“主要因素”与“主要原因”内涵差不多,“参与度”、“责任程度”与原因力大小类似,但这些表述没有本条司法解释确定的全部原因、主要原因、次要原因、轻微原因或因果关系等表述规范与清晰。本司法解释实施后,司法鉴定意见除表述过错诊疗行为与患者损害后果是否存在因果关系外,应当通过全部原因、主要原因、次要原因、轻微原因予以表述。

2. 陈训某、杨瑞某医疗损害责任纠纷上诉案[①]

基本案情

上诉人(一审原告):陈训某,杨瑞某,武昱某(以下简称陈训某三人)。

---

① 案号:湖北省武汉市中级人民法院(2017)鄂01民终1114号。

上诉人(一审被告):武汉大学中南医院。

被上诉人(一审被告):华中科技大学同济医学院附属同济医院(以下简称“同济医院”)。

陈训某三人向一审法院起诉请求判令武汉大学中南医院、同济医院赔偿陈训某三人医疗费、死亡赔偿金、丧葬费、误工费、护理费、住院伙食补助费、营养费、被扶养人生活费、精神损害抚慰金、交通费、鉴定费,共计779836元。

一审法院认定事实:患者陈某,2014年5月29日入住武汉大学中南医院。入院后急诊在CEA麻醉下行阑尾切除术,术中见阑尾充血,肿胀细长,术后抗炎补液支持治疗,患者未通气,诉腹胀,给予胃肠减压、灌肠治疗,未缓解,术后病检报告为慢性阑尾炎急性发作。患者于2016年6月6日转至同济医院并在全麻下急诊行剖腹探查+右侧股疝嵌顿还纳+内口修补术+小肠部分切除+远端回肠双腔造瘘术。术中顺利,术后送ICU病房,给予抗感染、抗休克等对症支持治疗,持续CRRT治疗。2014年6月10日00:34,患者被宣告临床死亡。

2015年5月26日,经陈训某三人申请,法院委托湖北明鉴法医司法鉴定所对本案中武汉大学中南医院、同济医院对患者陈某实施的诊疗行为是否存在过错,若存在则其过错与陈某死亡后果有无因果关系及责任程度进行鉴定。

2015年9月21日,湖北明鉴法医司法鉴定所出具《司法鉴定意见书》,分析说明为:(1)关于陈某死亡原因。患者死亡后未行尸检,其死亡原因不能准确确定。但其病历资料较完整,可供鉴定之用。同济医院死亡讨论及结论认为:患者因肠梗阻导致腹腔内感染,进而行成脓毒症,导致多器官功能不全,呼吸循环衰竭而亡。该诊断意见较为符合陈某死亡原因。(2)关于武汉大学中南医院诊断及手术。武汉大学中南医院根据体检及实验室检查,诊断陈某患急性阑尾炎,并行切除手术,术后病检证实为慢性阑尾炎急性发作,其诊断和手术正确。(3)关于肠梗阻、右侧股疝嵌顿。陈某阑尾术后出现腹胀,不通气,给予胃肠减压、灌肠,未缓解;6月6日转同济医院,急诊行剖腹探查,发现“腹腔可见大量含有小肠内容物伤性浑浊液体,约3000毫升,距离回盲部约30cm处之回肠经右侧股疝内口嵌入疝囊内,近端回肠破裂穿孔,给予回纳见嵌入肠管约10cm变黑坏死”。病历记载:武汉大学中南医院在陈某入院时检查“按压其腹股沟内环正常”,手术记录及出院记录上也未见记载右侧股疝之情况,在6月4日X光片上已显示有肠梗阻，腹腔内有大量液体、气体，反映出武汉大学中南医院对此注意不够，忽视了对疝的考虑，导致漏诊，进而出现疝顿、坏死。(4)关于回肠近端破裂口。同济医院剖腹探查手术发现："距离回盲部约30cm处之回肠经右侧股疝内口嵌入囊内，近端回肠破裂穿孔"，多数专家认为，穿孔应在嵌顿之后发生，鉴定人同意此种分析意见。(5)关于弥漫性腹膜炎和脓毒症及武汉大学中南医院诊疗措施。陈某于5月30日手术后，一直未通气、排便，出现腹胀，给予胃肠减压、灌肠等措施后无缓解；6月4日腹部拍片显示：肠梗阻，右膈可见游气体，示有空腔脏器穿孔与术后腹腔积气，并见超过3000ml液体。此时，应及时采取剖腹探查手术，查明情况，果断处置，而不应仍是胃肠减压、灌肠（给予肥皂水、甘油灌肠剂），经6月4日一晚及6月5日一整天，直至6月6日上午，情况不见缓解。听证会上患方反映：患者及亲属在病痛难忍情形下，要求转院寻求更好治疗实属无奈之举，不能就此视为拒绝治疗。也不能因此而减轻武汉大学中南医院漏诊、延误治疗之过错责任。武汉大学中南医院若在6月4日行腹部拍片后及时采取手术治疗，及时清除腹腔内、肠内容物浑浊液体，则陈某弥漫性腹膜炎、脓毒症的发展可能及早遏制。(6)关于同济医院治疗措施。同济医院对陈某术前检查到位，诊断正确，有手术指征，行剖腹探查并在术中诊断，切除坏死小肠，破口修补，右侧股疝嵌顿还纳，远端回肠双腔造瘘术，手术方式正确。术后进行抗感染，连续性血液净化等治疗，其措施正确。但从10时51分收入院到18时32分进入手术室，中间间隔7小时41分钟，虽手术准备需一定时间，但其间隔时间过长，对陈某病情发展有一定不利影响及过错，与陈某终因脓毒症致多器官衰竭死亡后果有一定因果关系。综上，武汉大学中南医院存在对陈某术后检查、观察不细，处置不及时，未尽到与当时的医疗水平相应的诊疗义务；同济医院在陈某转入院后，未能及时进行手术，对陈某的病情发展有一定不利影响，同样未尽到与当时医疗水平相应的诊疗义务。两家医院均为武汉地区一流大型三甲综合医院，均具备处理上述情况之医疗水平，均违反《侵权责任法》第57条之规定，故均有过错，其中武汉大学中南医院为主要责任，同济医院为轻微责任。

2015年11月17日，武汉大学中南医院向法院提出申请，要求湖北明鉴法医司法鉴定所明确具体责任程度。经法院去函，2016年3月7日，湖北明鉴法医司法鉴定所回函，载明“武汉大学中南医院、华中科技大学同济医学院附属同济医院对陈某的诊疗行为均有过错，责任程度评定为主要责任，总过错参与度60%～70%，中南医院占其中40%～50%，同济医院占其中20%”。各方当事人均对湖北明鉴法医司法鉴定所的回函有异议，同济医院还认为鉴定机构没有资格对责任比例下结论，其不是审判机关，回函超过了鉴定范围，不应采信。

裁判理由

一审法院认为，根据《司法鉴定意见书》及两次书面回函，患者陈某因肠梗阻导致腹腔内感染，进而形成脓毒症，导致多器官功能不全，呼吸循环衰竭而亡。武汉大学中南医院未注意肠梗阻的出现及腹腔内存在大量液体、气体，对疝存在漏诊。未及时行剖腹探查手术，仅予胃肠减压、灌肠治疗，致使患者回肠发生嵌顿嵌入疝囊、嵌入肠管约10cm坏死，嵌顿之后发生近段回肠破裂穿孔，导致弥漫性腹膜炎、形成脓毒症。武汉大学中南医院对此存在医疗过错。同济医院于2014年6月6日10:51收治陈某入院，于同日18:32行剖腹探查术，手术正确，但间隔时间过长，对陈某病情发展及死亡后果有一定不利影响，同济医院对此存在医疗过错。该院综合考虑患者陈某自身病情，武汉大学中南医院、同济医院医疗过错行为，结合《司法鉴定意见书》等综合因素，酌定武汉大学中南医院、同济医院在本案中按照过错参与度应承担65%的民事赔偿责任，其中武汉大学中南医院应承担55%，同济医院应承担10%。同时对陈训某三人的实际损失作了分析认定。据此，判决武汉大学中南医院赔偿陈训某三人各项损失共计366715.58元并支付精神损害抚慰金3万元；同济医院赔偿陈训某三人各项损失共计66675.56元并支付精神损害抚慰金5000元。

二审法院认为，经《司法鉴定意见书》认定，武汉大学中南医院、同济医院对陈某的诊疗行为均有过错，责任程度评定为主要责任，总过错参与度60%～70%，武汉大学中南医院占其中40%～50%，同济医院占其中20%。《司法鉴定意见书》是当事人申请，并共同选定鉴定机构，由法院依法委托湖北明鉴法医司法鉴定所，依据医患双方提交的证据材料作出的，鉴定程序合法，应作为本案定案依据。二审法院酌定武汉大学中南医院承担50%的责任，同济医院承担20%的责任，陈训某三人承担30%的损失，并据此作出相应判决。

裁判指引 17

本案鉴定人是由当事人申请并经各方当事人同意而选定。这种做法完全符合《民事诉讼法》及本司法解释的要求。患者陈某的死亡包括三方面的原因:两家医疗机构的过错诊疗行为及患者自身疾病。鉴定意见认为武汉大学中南医院为主要责任,同济医院为轻微责任,实际上认定两家医院的过错诊疗行为造成患者死亡的原因分别为主要原因与轻微原因,两审法院酌定两家承担的责任比例应属自由裁量权范围。当然,经过司法实践经验总结,造成患者医疗损害主要原因、同等原因、次要原因与轻微原因的行为人的具体责任份额,可以有相对统一的做法,譬如,主要原因对应51%以上的责任份额、轻微原因对应10%以下的责任份额更合适。

【相关法条链接】

《民法总则》第177条、第178条,《侵权责任法》第6~8条、第10~14条、第26~28条、第57条,《民事诉讼法》第63条,最高人民法院《关于适用〈中华人民共和国侵权责任法〉若干问题的通知》第3条,《司法鉴定人登记管理办法》第22条,《司法鉴定文书规范》第3条、第7条。

第十三条　鉴定意见应当经当事人质证。

当事人申请鉴定人出庭作证，经人民法院审查同意，或者人民法院认为鉴定人有必要出庭的，应当通知鉴定人出庭作证。双方当事人同意鉴定人通过书面说明、视听传输技术或者视听资料等方式作证的，可以准许。

鉴定人因健康原因、自然灾害等不可抗力或者其他正当理由不能按期出庭的，可以延期开庭；经人民法院许可，也可以通过书面说明、视听传输技术或者视听资料等方式作证。

无前款规定理由，鉴定人拒绝出庭作证，当事人对鉴定意见又不认可的，对该鉴定意见不予采信。

【起草背景】

本条是系针对实践中鉴定人出庭难等问题对鉴定意见质证以及鉴定人出庭作证具体情形作出的规定。鉴定意见作为由掌握专门科学知识和技能的鉴定人运用科学知识、方法、手段，借助科学技术设备进行科学鉴别判断作出的意见，以其严谨的科学性、高度的专业性、明确的指向性在民事诉讼领域发挥着巨大的证明作用。尤其是在医疗损害责任纠纷案件中，鉴定意见在案件事实认定方面发挥的重要作用更是不言而喻。2012 年《民事诉讼法》第 78 条明确规定了鉴定人出庭作证的具体情形及相应法律后果。应该说，较其他民事案件，鉴定人出庭作证问题在更加依赖鉴定意见的医疗损害责任纠纷案件中更加重要。为此本条在《民事诉讼法》规定的基础上专门细化了医疗损害鉴定中的鉴定人出庭作证规则。

【条文释义】

对于本条的理解与适用，需要把握以下几点：

1. 关于鉴定意见的质证问题。这是鉴定人出庭作证的前提条件。本条按照证据质证的基本原则，明确规定了“鉴定意见应当经当事人质证”的规则。这是顺应2012年《民事诉讼法》修改明确鉴定意见仅是一种意见性证据而非不可推翻的结论这一重大变化的必然要求。《民事诉讼法》第63条将原来的"鉴定结论"修改为"鉴定意见"。第68条规定:"证据应当在法庭上出示,并由当事人互相质证。对涉及国家秘密、商业秘密和个人隐私的证据应当保密,需要在法庭出示的,不得在公开开庭时出示。"作为认定事实根据的证据,必须在法庭上出示。经当事人互相质证,是人民法院审查核实证据最重要、最基本的方式。对于出示的证据,双方当事人无异议的,人民法院即可以确认该证据的证明效力。如果一方当事人对证据提出异议的,人民法院则应当对该证据做进一步的调查和核实,而不能将有异议的证据作为认定事实的依据。[①] 鉴定意见作为认定案件事实的重要证据类型,当然也要在法庭上出示并质证,这也是民事诉讼辩论主义原则的基本要求。鉴定意见作为法定的证据形式,经由当事人质证,由人民法院依法认定是否作为定案依据,不能"以鉴代审"。而且通常情况下,鉴定意见并不会涉及国家秘密、商业秘密和个人隐私,在法庭上出示没有现实障碍。如果个案中确实存在涉及国家秘密、商业秘密和个人隐私的鉴定意见,这时应当按照《民事诉讼法》第68条的规定予以保密,确实需要在法庭出示的,也不得在公开开庭时出示,当然这也不能改变该鉴定意见作为证据的一种必须质证的基本原则。

2. 关于鉴定人出庭作证义务的问题。如上所述,修改后的《民事诉讼法》第78条明确规定了鉴定人出庭作证的义务,本条第2款据此也作了明确规定。当事人申请鉴定人出庭作证,经人民法院审查同意,或者人民法院认为鉴定人有必要出庭的,应当通知鉴定人出庭作证。同时,本着对当事人处分权的尊重,如果双方当事人都同意鉴定人不出庭作证,则可以通过书面说明、视听传输技术或者视听资料等方式作证。在本解释起草过程中,为保证庭审顺利进行,给另一方当事人必要的准备时间,当事人对鉴定意见有异议的,应当提前一段时间告知人民法院,结合《民诉法解释》的规定,一概要求在审理前准备阶段提出似有些不现实,经再三斟酌,确立了开庭前3天的做法。但调研中有意见指出,本

---

① 全国人大常委会法制工作委员会民法室:《〈中华人民共和国民事诉讼法〉释解与适用》,人民法院出版社2012年版,第107页。

条规定的鉴定人出庭问题在其他民事诉讼鉴定程序中也会普遍存在，但鉴定人出庭问题在医疗纠纷处理中非常突出，且目前法律、司法解释对此均无明确规定，本解释对此作出规定既有必要，也可以为其他案件的民事诉讼中更好的解决鉴定人出庭问题提供有益参考。另有意见指出当事人申请鉴定人出庭的时间应当在鉴定意见送达后15日内提出书面意见，经研究，这可能与开庭时间冲突，实践中不便操作，故未采纳这一建议。但本条可能涉及当事人没有在开庭前3日提出异议如何处理的问题，而且实践中案件情形非常复杂，一概要求开庭前3日提出，可能会过于僵化，不能涵盖所有案件具体情况，不利于案件的妥善处理。最后我们将这一内容删除，可以在实践中作进一步探索，将此作为一个类问题由有关民事诉讼证据的司法解释作出统一规定。

3. 关于鉴定人因正当理由不能出庭的问题。考虑到鉴定意见对医疗纠纷处理结果的重要影响，以及鉴定人相当于证人的诉讼地位，鉴定人也有存在正当理由不能出庭的情形。因此，本条参考《民事诉讼法》第73条规定的证人不能出庭的正当理由，对鉴定人不能出庭的正当理由作出了规定。《民事诉讼法》第73条规定："经人民法院通知，证人应当出庭作证。有下列情形之一的，经人民法院许可，可以通过书面证言、视听传输技术或者视听资料等方式作证：（一）因健康原因不能出庭的；（二）因路途遥远，交通不便不能出庭的；（三）因自然灾害等不可抗力不能出庭的；（四）其他有正当理由不能出庭的。"在审判实践中，证人可能会存在路途遥远、交通不便的情形，但鉴定人通常不会存在这一问题，故本条将这一理由删除，而仅是列举了健康原因、自然灾害等不可抗力及其他正当理由的情形。关于此替代作证的具体方式，参照《民事诉讼法》第73条的规定，在第3款中明确规定："经人民法院许可，也可以通过书面说明、视听传输技术或者视听资料等方式作证。"

依据本条规定，此鉴定人不能出庭的正当理由的主要情形有：（1）因健康原因不能出庭的情形。如同证人一样，鉴定人负有出庭作证义务，但是如果鉴定人身患重病，正在住院治疗、行动不便或者病情非常容易恶化的，客观上无法出庭作证的，则不宜强制其出庭作证。本条规定系借鉴了《民诉证据规定》第56条规定的"年老体迈或行动不便"的内容，考虑到年老体迈以及行动不便并非严谨的法言法语，在审判实践中不好把握，因此《民事诉讼法》使用了"因健康原因”这一表述。虽然健康原因本身也存在比较概括、不好把握的问题，但是我们认为，这必须要求其身体健康原因到达不能出庭作证的程度方可不必出庭作证，若仅是身患一般疾病，并不影响其出庭作证的，则应当依法履行出庭作证义务。

(2)因自然灾害等不可抗力不能出庭的情形。依据《民法通则》的有关规定，不可抗力是指不能预见、不能避免和不可抗拒的客观情况，比如地震、海啸、山洪暴发、战争暴乱等。本项内容专门列举了自然灾害这一内容，但对于具体的自然灾害类型并没有明确规定，需要在审判实践中根据具体情况依照有关规定来把握。我们认为，对于本项内容的适用应当注意三点：其一，必须是构成不可抗力的情况，比如对于恶劣天气等必须达到不可抗力的要求，对于一般性的风雨雷电天气，不能认定为自然灾害，而以此为由不出庭作证；其二，必须是与鉴定人出庭作证具有密切联系的地方，比如鉴定人的居住地、出庭作证的途中等发生了自然灾害等不可抗力的情况，如果与出庭作证所必须经过地没有关联的地方发生不可抗力，当然不属于其不出庭作证的理由；其三，必须是因该不可抗力的情形导致客观上不能出庭作证的后果，比如在出庭作证的途中发生了泥石流导致道路中断，若此时无别的路途选择，则此构成不能出庭作证的理由。

(3)其他有正当理由不能出庭的。本项作为兜底条款，保持条文的开放性，可以应对审判实践中的复杂情况，增强适用上的灵活性，同时也为相关司法解释的起草预留空间。

4. 关于鉴定人因正当理由不能出庭的处理结果问题。本条根据调研意见规定了人民法院可以根据情况决定延期开庭审理。理由在于，鉴定意见对于医疗纠纷处理结果的重要影响，如果鉴定人确因正当理由不能出庭，一概对此鉴定意见不予采信，不仅会影响案结事了目的的实现，会给当事人造成诉累，也与《民事诉讼法》第 78 条规定的“鉴定人拒不出庭作证的，鉴定意见不得作为认定事实的根据”不符。因此，对于鉴定人因正当理由不能出庭的，有必要给予一定的缓冲程序。刑事诉讼中也同样存在鉴定人因正当理由不能出庭的情形。最高人民法院《关于适用〈中华人民共和国刑事诉讼法〉的解释》(以下简称《刑诉法解释》)第 86 条第 2 款规定，鉴定人由于不能抗拒的原因或者有其他正当理由无法出庭的，人民法院可以根据情况决定延期审理或者重新鉴定。经研究，对于民事诉讼中启动鉴定程序本来就会导致案件审理期限延长，若对于鉴定人由于不能抗拒的原因或者有其他正当理由无法出庭的，人民法院再决定重新鉴定，势必会导致案件审理期限更加拉长，且还涉及鉴定费承担问题，会给当事人造成诉累；《民诉证据规定》第27条对于重新鉴定已有明确规定的情况下，再行规定一个重新鉴定程序也会导致法律适用的困难，而且完全由人民法院根据情况决定重新鉴定，实践中也不好把握，容易导致裁判尺度不一；《民事诉讼法》第78条对于鉴定人拒不出庭作证的情形也规定了明确的法律后果，若鉴定人不出庭作证构成拒不出庭的情形，则可以直接适用这一规定。因此，对于鉴定人不能出庭作证的情况，本条仅规定了延期开庭的程序，如果经过延期开庭，鉴定人仍不出庭作证，在有关正当理由已经不存在时，或者人民法院根据诉讼诚信原则综合审查不具备正当理由的情况下，应当认定为构成拒不出庭作证，而应承担相应不利法律后果。

5. 关于鉴定人拒不出庭作证的后果问题。本条最后一款依据《民事诉讼法》第78条的规定明确规定了"鉴定人拒绝出庭作证，当事人对鉴定意见又不认可的，鉴定意见不予采信"。此外，本条还曾依据《民事诉讼法》第78条的内容，规定了鉴定人拒绝出庭作证的法律后果，即鉴定意见不得作为认定事实的根据，支付鉴定费用的当事人可以要求返还鉴定费用，鉴定人应当依法返还鉴定费用。

【典型案例指引】

1. 万成某与青岛大学附属医院医疗损害责任纠纷案①

基本案情

2012年6月11日，原告万成某因颈肩部不适十余年，加重伴左手麻木、无力3个月入住被告医院，入院诊断为颈椎病、左下肢骨折术后。入院后于6月13日行颈椎后路椎板切除减压植骨内固定术。同月18日，又因颈椎管狭窄症行颈椎后路椎间孔扩大减压术。后于同月29日出院，共住院18天。出院诊断同入院诊断。原告出院当日即入住青岛大学医学院附属医院黄岛院区，至同年

① 案号：青岛市中级人民法院（2015）青民五终字第1783号。

7月27日出院,共住院28天。出院诊断为颈椎术后、2型糖尿病、高血压Ⅰ。同日,原告再次入住该院,至同年8月15日出院,共住院19天。2012年8月27日,原告入住平度市中医医院,至同年12月11日出院,共住院106天,出院中医诊断为痿病,出院西医诊断为颈椎间盘脱出、糖尿病。同日,原告再次入住该院,至2013年2月6日出院,共住院57天。2013年3月11日,原告再次入住该院,至同年5月29日出院,共住院79天。原告合计住院307天。原告万成某提交住院费单据三张、医疗费结算单三张、门诊收费票据一张、购物发票一张,主张支出医疗费167346元。被告青岛大学附属医院认为原告提交的证据无法反映出医疗费准确数额,购物发票中的510元无法确定与本案的关系,患者在去被告处治疗前花费的治疗原发疾病的费用不应该由被告承担。原告万成某提交交通费票据一宗,主张交通费2970元。提交住宿费结算单一张,主张住宿费2030元。被告青岛大学附属医院认为交通费按照住院期间每天12元计算。住宿费是在北京的,没有证据证明患者到北京进行过诊疗行为,所以在北京发生的交通费和住宿费与本案无关,发票抬头不是原告本人。原告认为曾到北京就诊,有就医卡为证,发票抬头是其亲戚,当时他帮原告办的。原告万成某提交户口本一份,证明原告系城镇户口。相关赔偿标准应按照城镇居民标准计算。被告青岛大学附属医院认为户口簿系是在诉讼期间新做的户口登记,原告户籍性质还需核实。原告万成某提交证明一份,证明原告母亲陈惠某生于1924年7月6日,丈夫已去世,有六个子女,无生活来源。被告青岛大学附属医院对该证据的真实性无异议,但认为该证据证明原告母亲是农村户口。

经原告申请,法院委托,司法鉴定科学技术研究所司法鉴定中心出具鉴定意见书[司鉴中心(2014)临鉴字第1865号]认为,根据万成某入院时的临床表现及影像学表现,结合其病程较长并症状有加重的特点,其具有进行手术治疗的适应证。被告对其拟行的"颈椎后路椎板切除减压植骨内固定术"符合诊疗原则。对于原告第一次手术后左上肢运动功能障碍明显加重,该意见书认为,该在时间上与经治医院的手术存在连续性,也符合经治医院术中过度牵拉神经根或硬脊膜所致。据此,经治医院在术中过度牵拉神经根或硬脊膜,存在过错,与万成某术后左上肢运动功能障碍明显加重之间存在因果关系,系主要因素,参与度拟为60%~80%。被告青岛大学附属医院对该意见书有异议,认为没有证据证明院方在手术过程中存在过度牵拉行为,原告神经受损系脊髓漂移造成的,申请鉴定人出庭质询。鉴定人出庭质询认为,原告手术后病情加重,说明手术中出现了问题,医院认为原告的损害后果为脊髓漂移造成的,鉴定人认为是手术过程中造成的。病程记录中被告方医生也提出了牵拉的可能,所以提出了第二次手术,第二次手术为第一次手术的补救。如果如被告所讲为脊髓漂移的话,术后恢复是非常好的,绝大多数患者是可以恢复的,但是被告经过第二次手术是没有恢复的。原告目前神经受损,鉴定人认为是牵拉所致,牵拉受损的特点是不容易恢复,这与原告目前的身体状况是相吻合的。

经原告申请,法院委托,青岛正源司法鉴定所于2015年1月16日出具司法鉴定意见书[青正司鉴(2015)法临鉴字第64号]认为,万成某颈椎病术后继发左上肢神经源性损害致左手功能丧失目前致残程度为五级;建议误工期限以自第一次手术之日起至本次评残前一日止为宜;万成某最后一次出院后未达到护理依赖程度,无须护理。原告万成某对该鉴定意见书无异议。被告青岛大学附属医院对该鉴定意见书无异议。

一审法院判决:(1)被告青岛大学附属医院于判决生效之日起10日内赔偿原告万成某医疗费、住院伙食补助费、护理费、误工费、交通费、××赔偿金、精神损害抚慰金合计人民币562558.25元。(2)驳回原告万成某的其他诉讼请求。二审法院判决:驳回上诉,维持原判。

裁判理由

法院生效裁判认为,围绕青岛大学附属医院的上诉理由,本案二审争议焦点可归纳如下:(1)司法鉴定科学技术研究所司法鉴定中心出具的鉴定意见书是否存在重新鉴定的情形,应否予以采信;(2)一审按照城镇居民标准计算被青岛大学附属医院的××赔偿金是否正确;(3)一审认定的万成某的医疗费、误工费、护理费、住院伙食补助费的数额是否正确,这些款项应否由青岛大学附属医院予以赔偿。

关于焦点一,经一审法院委托,司法鉴定科学技术研究所司法鉴定中心于2014年7月25日出具了司鉴中心(2014)临鉴字第1865号鉴定意见书,该意见书认为经治医院在术中过度牵拉神经根或硬脊膜,存在过错,与万成某术后左上肢运动功能障碍明显加重之间存在因果关系,系主要因素,参与度拟为60%~

80%。青岛大学附属医院对该意见书持有异议，认为没有证据证明院方在手术过程中存在过度牵拉行为，并申请鉴定人出庭质询。鉴定人出庭质询后仍认为万成某手术后病情加重，说明手术中出现了问题；并称如果如青岛大学附属医院所讲为脊髓漂移的话，术后恢复是非常好的，绝大多数患者是可以恢复的；万成某目前神经受损，其认为是牵拉所致，牵拉受损的特点是不容易恢复，这与万成某目前的身体状况是相吻合的。综而观之，鉴定人出庭接受质询所发表的意见与其出具的鉴定意见书是相一致的，其出庭时详细解释了所做鉴定意见的依据和论证推理过程，现青岛大学附属医院虽对此仍持有异议，但其既不能举证证实自己的主张，也不能举证证明该鉴定意见书存在法律规定的应重新鉴定的情形，因此，原审对该鉴定意见书予以采信正确，二审法院对此予以维持。

关于焦点二，二审法院认为，万成某一审时提交的户口簿中明确载明其户口性质为非农业家庭户口，虽然该户口簿的登记时间发生在一审诉讼期间，但在青岛大学附属医院未能提交相反证据推翻的情况下，应采信公安机关登记的信息。因此，一审按照城镇居民标准计算万成某××赔偿金正确，二审法院也予以维持。

关于焦点三，关于医疗费，万成某在青岛大学附属医院处治疗出院后，又至平度市中医医院住院治疗307天。现青岛大学附属医院称万成某主张的医疗费中存在××、高血压等，尤其是在平度市中医院住院的费用与本案无关。对此，二审法院认为，根据平度市中医医院的病历记载，可以看出，万成某在平度市中医医院的治疗系颈椎肩盘突出术后的治疗，因此，在平度市中医医院住院所花费用与本案具有关联性，应由青岛大学附属医院按照责任比例承担。关于青岛大学附属医院所称万成某治疗糖尿病、高血压等疾病的花费与本案无关、其不应予以赔偿的主张，二审法院认为，医生本着治病救人的原则，其在术前、术中、术后发现的病人的原发疾病或继发疾病，都应进行全面合理地治疗，且部分原发疾病在术前必须控制，以便为手术顺利进行创造条件，而非简单的“头痛医头、脚痛医脚”。因此，本案中，在青岛大学附属医院未能举证证明该些花费存在不合理情形的情况下，其仅凭出院诊断的记载就认为万成某治疗糖尿病、高血压等疾病的花费与本案无关的上诉理由不能成立，二审法院予以驳回。关于护理费和住院伙食补助费，同前所述，一审根据万成某实际住院天数307天进行计算正确,二审法院予以维持。关于误工费,青岛正源司法鉴定所于2015年1月16日出具司法鉴定意见书认为,万成某颈椎病术后继发左上肢神经源性损害致左手功能丧失目前致残程度为五级;建议误工期限以自第一次手术之日起至本次评残前一日止为宜,双方当事人对该鉴定结论均无异议,二审法院予以采信。本案中,因被万成某系非农业家庭户口,因此,在其未能提交证据证明其年满60周岁后仍参加工作的情况下,原审据情仅支持其两年的误工费合情合理,二审法院予以维持。

裁判指引18

当事人依法申请鉴定人出庭作证的,人民法院应予准许。医疗机构主张减责免责事由的,应当承担举证证明责任,本案中,医疗机构的主张是患者并发症引起的损害,但未有相反证据证明,且与依法作出的鉴定意见不符,故法院未予采纳。对于不符合重新鉴定条件的,人民法院可以依法不予准许重新鉴定。另,对于因诊疗过错行为导致的损害而产生的医疗费用,应属于医疗损害责任的赔偿范围。

2. 张文某与卫生部中日友好医院医疗损害责任纠纷案①

基本案情

2011年9月15日,张文某因左面肌痉挛,到中日医院住院治疗。2011年9月18日,中日医院为张文某行左面神经根显微血管减压术。术后,张文某左侧面肌痉挛消失,但出现听觉障碍。

经张文某申请,法院依法委托北京天平司法鉴定中心对中日医院的医疗行为进行司法鉴定。2012年11月13日,北京天平司法鉴定中心作出北天司鉴(2012)临鉴字第877号鉴定意见书,对中日医院诊疗行为的评价显示:诊断明确;有手术治疗指征,无手术禁忌证;履行了风险告知义务;术后左侧面肌痉挛消失,达到手术治疗目的;术后迟发性颅内出血,属颅内手术常见并发症;医方

① 案号:北京市第三中级人民法院(2014)三中民终字第00425号。

在病历书写上存在瑕疵,但与病情及并发症无直接关联性。鉴定意见为:未发现中日医院对被鉴定人张文某的诊疗行为存在医疗过失(过错);被鉴定人张文某目前左耳语频区轻度听觉障碍,高频区听力明显下降,为面肌痉挛显微血管减压术(MVD)并发症,听觉障碍程度尚不构成伤残。

张文某对该鉴定报告有异议,要求鉴定单位进行书面答复。鉴定单位对其异议进行书面答复后,张文某又申请对其耳部进行进一步的检查,法院准许。此后,法院将张文某新的检查结果向鉴定单位出具,并要求鉴定单位审阅后,答复是否对原鉴定报告产生影响。鉴定单位审阅新的检查报告后,回复法院,新的检查结果并不影响原鉴定结论。张文某继续申请鉴定单位出庭接受质询。鉴定单位出庭接受了张文某的质询,并对张文某提出的全部问题进行了合理答复。

二审法院审理中,张文某称其在手术后耳聋,而非听觉障碍。

一审法院判决:驳回张文某的全部诉讼请求。二审法院判决:驳回上诉,维持原判。

裁判理由

法院生效裁判认为:当事人对自己提出的诉讼请求所依据的事实或者反驳对方诉讼请求所依据的事实有责任提供证据加以证明。没有证据或者证据不足以证明当事人的事实主张的,由负有举证责任的当事人承担不利后果。确定医疗机构是否应该向患者承担侵权责任,以医疗机构的医疗行为有无过错、与患者的损害后果有无因果关系为前提。一审法院为明确中日医院对张文某的诊疗行为是否存在过错、如有过错与张文某的损害后果之间是否存在因果关系及过错参与度、伤残等级等,在双方一致同意的情况下,依法委托北京天平司法鉴定中心进行鉴定。该中心鉴定后出具了鉴定意见书,并对于张文某的相关异议不仅作出书面答复,还派鉴定人出庭接受了质询。现张文某对该鉴定意见书虽仍有异议,但未提供足以推翻该鉴定意见书的证据,二审法院对于该鉴定意见书的证明效力予以确认。张文某坚持对该鉴定意见书提出质疑,二审法院不予采信。关于张文某主张中日医院涉嫌虚假宣传,未充分举证予以证明,二审法院不予采信。

根据北京天平司法鉴定中心出具的鉴定意见书可以确认,中日医院对张文某的诊疗行为不存在过错,张文某的听觉障碍程度尚不构成伤残。现张文某上诉坚持认为中日医院对其诊疗行为存在过错,应承担相应责任,并据此提出各项诉讼请求,缺乏事实及法律依据,二审法院不予支持。

综上,张文某的上诉理由不能成立,其上诉请求二审法院不予支持。一审判决认定事实清楚,适用法律正确,二审法院予以维持。

—— 裁判指引 19 ——

当事人对自己提出的诉讼请求所依据的事实或者反驳对方诉讼请求所依据的事实应当提供相应证据加以证明。没有证据或者证据不足以证明当事人的主张的,由负有举证证明责任的当事人承担相应的不利后果。在医疗损害责任纠纷中,确定医疗机构的诊疗行为是否有无过错、该行为与患者的损害后果有无因果关系等,通常需要委托鉴定来解决。鉴定人依照法定程序作出的鉴定意见,并根据当事人的申请对当事人的异议既作出了书面答复,又出庭接受了质询,当事人仍对该鉴定意见书有异议,但未提供足以推翻该鉴定意见书的证据,人民法院应当采信该鉴定意见书的内容,并可以根据该鉴定意见的内容作出裁判。本案即依据该鉴定意见确认的医疗机构对患者的诊疗行为不存在过错,患者的听觉障碍程度尚不构成伤残的结论,依法判决全部驳回患者的诉讼请求。

【相关法条链接】

《民事诉讼法》第 68 条、第 73 条、第 77 条、第 78 条、第 136 条,《刑诉法解释》第 86 条。

第十四条 当事人申请通知一至二名具有医学专门知识的人出庭，对鉴定意见或者案件的其他专门性事实问题提出意见，人民法院准许的，应当通知具有医学专门知识的人出庭。

前款规定的具有医学专门知识的人提出的意见，视为当事人的陈述，经质证可以作为认定案件事实的根据。

【起草背景】

本条是关于专家辅助人制度的规定。2002 年施行的《民诉证据规定》即明确规定了专家辅助人制度，经过十余年司法实践，2012 年修正后的《民事诉讼法》将这一实际效果非常好的制度吸收到法律当中。基于医疗损害纠纷案件本身的专业性特点，在《民事诉讼法》及《民诉法解释》有关规定的基础上，本解释细化规定了专家辅助人制度。

实践中对于专家辅助人提出意见的证据定性及效力问题存有争议，这一问题在医疗损害责任纠纷中较为突出。基于医疗损害责任纠纷中医患双方之间的矛盾往往比较尖锐，医疗损害责任纠纷事实认定难，案件处理也比较难，尤其是由于医学具有较强的专业性，大多数医疗损害责任纠纷都需要通过鉴定程序解决，而且患者一方往往处于信息不对等的状态，专家辅助人制度在医疗损害责任纠纷的处理中显得尤为重要。通过调研我们了解到，由于医学本身的专业性、科学性问题，患者甚至法官往往都是“外行”，对医疗损害鉴定本身的专业问题并不了解，对鉴定人的询问又难以切中要害，使得鉴定人出庭作证的庭审或多或少存在“走过场”的现象。通过调研还了解到，各地较为普遍存在出庭的鉴定专家往往会采取简单重复鉴定意见的做法，若仅允许鉴定人可以庭后书面补充当事人质询，这在实践中可能会进一步导致庭审的“走过场”，使鉴定人出庭作证制度的功能价值大打折扣。实践中造成这一问题的主要原因还是医疗损害责任纠纷的专业性，患者举证能力不足导致无法有效展开诉讼辩论。是故，为弥补当事人举证能力的不足以及增强对鉴定意见进行质证的能力，充分发挥庭审作用，按照《民事诉讼法》第 79 条以及《民诉法解释》的有关规定，对医疗损害责任纠纷中的专家辅助人制度作了明确规定。本条规定的目的在于,一方面,从功能导向上在医疗损害责任纠纷中对专家辅助人制度做一重点强调,以鼓励和推动当事人在医疗损害责任纠纷中更多地运用专家辅助人来进一步实现庭审实质化,从而助力矛盾纠纷的彻底化解。另一方面,从内容上,本条对《民事诉讼法》规定的专家辅助人制度也做了进一步的细化,使之更具可操作性。

在本解释起草过程中,有单位建议在本条中再增加一款:"对于鉴定意见存在质疑或者无法委托司法鉴定的,人民法院可以聘请有专门知识的人提出专门性评价意见。"以解决实践中的两种情况:一是多份鉴定意见不一致的情形,二是鉴定事项存在明显争议,但当事人拒绝配合鉴定,或者因案件材料争议无法委托司法鉴定的情形。这两种情况下,人民法院可以聘请专家辅助人提出评价意见。经研究,这一建议有一定道理,但《民事诉讼法》第79条仅规定了当事人申请专家辅助人的情形,如果人民法院直接聘请专家辅助人有突破法律之嫌,且我国法律上认定专家辅助人为辅助一方当事人的人,由人民法院聘请有违司法中立的精神。因此,本解释并未规定人民法院聘请专家辅助人的问题。

【条文释义】

对于本条的理解与适用,需要把握以下几点:

一、关于医疗损害责任纠纷中的专家辅助人的基本要求

1. 一般规则。基于医疗损害责任纠纷本身的特殊性和专业性,医疗损害责任纠纷中的专家辅助人的基本资质要求应该是要具备医学专门知识。通常而言,应该是医学专家。但对于何为医学专家,则没有具体明确标准,审判实务中对此也不宜作出统一明确界定,在具体案件中可以按照医疗卫生有关职称评价规则或者行业标准进行判断。在此要注意的是,这里的专家要求是具备医学专门知识,在理解上应该包括诊疗、护理、药学、医疗器械及其他医疗产品、输血方面的专家。同时在程序上,一方当事人申请专家辅助人的案件中,有必要赋予对方当事人对专家辅助人的异议权。

2. 人数上的要求。在审判实践中,专家辅助人制度困扰法官和当事人的一个重要问题就是诉讼成本急剧增加,专家辅助人人数过多导致影响庭审的正常

进行、诉讼时限无限延长的问题。为防止法庭成为专家辅助人轮番对质大战的战场,有必要加强法庭对专家辅助人使用的控制,防止专家辅助人的滥用和诉讼费用的失控。对专家辅助人的总人数进行限定,对一方聘请的专家人数进行明确规定。[①] 是故,本解释承袭了《民诉证据规定》第 61 条和《民诉法解释》第 122 条的规定,明确了当事人可以申请一至二名具有医学专门知识的人出庭。

3. 关于提出意见的范围。依据本条规定,专家辅助人发表意见的范围包括但不限于鉴定意见,还可以是某些专业问题,比如有关诊疗过错及因果关系问题、某些疑难的法律适用问题等,但无论如何,专家辅助人的陈述都要限定在事实认定方面,有关法律适用问题,则要由人民法院依法作出相应的价值判断。

4. 关于人民法院的批准问题。启动专家辅助人出庭提出意见程序必须具备当事人申请和人民法院审查批准两个条件:一是当事人提出申请;二是人民法院依法通知。我们认为,虽然此并无需要人民法院批准的要求,但人民法院在当事人申请专家辅助人出庭后,还是有必要对当事人的申请进行审查,以保证专家辅助人出庭提出意见程序的规范性,避免诉讼过程的拖延。是故,人民法院认为当事人申请专家辅助人出庭没有必要的,可以驳回当事人的申请。

5. 关于质证的要求。专家辅助人的陈述作为证据的一种当然要经过质证。本条第 2 款在《民诉法解释》将专家辅助人提出的意见定性为当事人陈述的基础上,参考最高人民法院《关于审理环境民事公益诉讼案件适用法律若干问题的解释》(以下简称《环境公益诉讼解释》)第 15 条第 2 款的规定,明确了专家辅助人所提意见经过质证,可以作为认定事实的根据。

二、关于专家辅助人的权利和义务

现行法律对于专家辅助人的权利义务并无明确规定,通常而言,专家辅助人可以享有相应权利,并应当履行相应的义务。

1. 专家辅助人的权利:(1)了解与其发表专家意见有关的案件情况的权利。尤其是针对鉴定意见,为使专家辅助人能够充分发表意见,其有权了解鉴定人的鉴定过程及内容。(2)发表意见的权利。这是专家辅助人相应的一项基本权利,其在法庭上可以就有关专业问题发表自己的意见及理由。(3)协助询问的

---

① 邢学毅:《论在医疗纠纷诉讼中推行专家辅助人制度》,载《证据科学》2009 年第 3 期。

权利。有权协助当事人就有关专业性问题向鉴定人提出询问，也可以独立向鉴定人提出询问，还可以与对方当事人申请的专家辅助人就案件有关问题进行对质。(4)合理费用的请求权。依据《民诉法解释》第122条第3款的规定，对于人民法院准许当事人申请的专家辅助人出庭所产生的有关费用由提出申请的当事人负担。

2. 专家辅助人的义务：(1)提出意见应当遵循客观和科学的要求；(2)认真履行当事人委托的职责，忠于职守；[①](3)出庭参加诉讼，此为本条和《民诉法解释》第122条所明确规定的内容；(4)接受审判人员和当事人对有关问题进行询问的义务；(5)对于不适宜公开的案情依法负有保密义务，应当保守在诉讼中知悉的国家秘密和当事人的商业秘密，不得泄露当事人的隐私。

在此需要注意的是，由于在证据定位上，专家辅助人出庭所作陈述属于当事人的陈述，其只是辅助一方当事人进行庭审活动。因此，这里对专家辅助人与鉴定人的要求就不相同，不能强制要求对专家辅助人适用有关鉴定人的资质要求、程序规范等，比如，此专家辅助人就不必适用回避制度。

【典型案例指引】

张守某与首都医科大学附属北京同仁医院等医疗损害责任纠纷案[②]

基本案情

2013年1月，张守某起诉至原审法院称：我因患右肾积水于2011年8月11日入同仁医院住院治疗。2011年8月18日，同仁医院为我实施右肾异位动脉结扎术、右输尿管粘连松解术。术后我右肾积水未缓解，反而更加严重。2011年11月，我到友谊医院就诊，经检查发现我输尿管缺血性坏死2厘米。友谊医院于2012年2月为我实施了肾切除手术。术后，我的生活受到严重影响。我认为同仁医院的医疗行为存在重大过错，造成了我目前的损害后果。故现诉至法院，请求判令同仁医院赔偿护理费4560元、住院伙食补助费1900元、残疾赔偿金161284元、精神损害抚慰金20000元、交通费1000元、住宿费2000元及误

① 卢建军：《解决司法鉴定结论使用中存在问题的根本途径——兼论我国诉讼专家辅助人制度的建构和完善》，载《证据科学》2010年第6期。

② 案号：北京市第二中级人民法院(2015)二中民终字第02572号。

工费 30289.89 元。

同仁医院辩称:我院的医疗行为没有过错,与张守某目前肾切除的后果没有因果关系,故不同意张守某的诉讼请求。

友谊医院辩称:经过司法鉴定已明确我院的诊疗行为不存在医疗过错,同时张守某也没有向我院主张权利,对张守某放弃向我院主张权利予以理解。

经审理查明:2011 年 8 月 11 日,张守某因"右肾积水"入同仁医院住院治疗。8 月 17 日,张守某签署手术知情同意书,上载拟行手术"右肾盂输尿管连接部成形术"。8 月 18 日,同仁医院为张守某行"右肾异位动脉结扎术、右输尿管粘连松解术"。术后第 2 天,张守某出现发热,同仁医院给予了相应治疗。8 月 25 日,张守某出院。

2011 年 9 月 21 日,张守某至同仁医院进行超声检查,超声所见:右侧肾盂肾大盏扩张,最宽处约 5.1cm,自肾下极旁见迂曲管状液性回声,延伸至皮下(原引流口瘢痕处),最宽径约 7.0cm,深侧内见细密光点。超声诊断:右肾积水,右肾周积液,性质待定。2011 年 10 月 20 日,张守某签署手术同意书,同仁医院拟为其行"B 超引导下切口积液穿刺或切开引流术"。2011 年 10 月 21 日,张守某再次在同仁医院进行超声检查,超声所见:右侧肾盂肾大盏扩张,最宽处约 7.4cm,自肾下极旁见迂曲管状液性回声,延伸至皮下(原引流口瘢痕处),最宽径约 8.0cm。超声诊断:右肾积水,右肾周积液,性质待定。同日,同仁医院拟为张守某行"B 超引导下切口积液穿刺或切开引流术",张守某后自行离开,未进行该手术。

2011 年 11 月 15 日,张守某因右肾积水 4 年入住友谊医院诊治,友谊医院给予"右侧经皮肾穿刺引流术"等治疗,11 月 22 日,张守某出院。2012 年 2 月 20 日,张守某再次到友谊医院就诊,友谊医院为张守某进行了术前影像学检查及肾功能动态检查,检查意见认为右肾功能严重受损,右肾 GFR10.2ml/min。术前诊断:右肾盂输尿管连接部狭窄,右肾异位动脉结扎 + 右输尿管粘连松解术后,右肾积水,右侧尿漏,右肾造瘘术后状态。友谊医院拟对张守某行"开放右肾探查术",术前告知必要时行肾脏摘除,张守某签署手术知情同意书。2012 年 2 月 29 日,友谊医院为张守某行"右肾探查术",术中探查见右侧输尿管上段及肾门部与周围组织粘连严重,肾盂扩张积水,于肾盂输尿管连接部切开输尿管,见输尿管黏膜苍白,纤维瘢痕形成,管腔狭窄,向输尿管远端纵行劈开约4厘米至输尿管导管标志处始见正常黏膜之输尿管。裁剪肾盂,无法与输尿管正常部吻合,游离右肾上极及腹背侧,游离右肾下极时,见下极部分肾组织颜色暗,血运差,且可见小指大小漏洞;右肾能向下活动约2厘米,但肾盂仍不能与右输尿管正常段无张力吻合;肾门部粘连严重,肾盂未能完整游离出来,且游离足够长度肾动静脉困难,无法行自体肾移植,遂改行右肾切除术。

原审法院审理中,张守某申请就同仁医院、友谊医院对其诊疗行为是否存在过错、过错与张守某目前损害后果之间是否存在因果关系及各自的参与度进行鉴定,并对张守某进行伤残等级评定。原审法院依法委托北京通达首诚司法鉴定所(以下简称通达首诚鉴定所)进行鉴定。2014年2月18日,该鉴定所出具京通首(2013)临床鉴字第663号鉴定意见书,其中分析说明认为:同仁医院在为张守某实施手术过程中对异位血管切断而影响肾下极血运的情况估计不足,对右侧输尿管长期受压的病理改变认识不够,应行输尿管受压段切除再吻合。由于医方存在的过失,造成张守某术后右肾盂输尿管连接处狭窄未解除,导致右肾积水、并出现右肾下极尿囊,与张守某右肾切除的后果有因果关系。友谊医院对张守某实施的诊疗行为,符合医疗常规。张守某因"发现右肾积水4年"去医院诊治,先后行右肾异位动脉结扎术,右输尿管粘连松解术,左肾切除等治疗,依照《人体损伤致残程度鉴定标准(2011年修订稿)》第2.7.29条之规定,张守某右肾切除,符合七级残疾。鉴定意见为:(1)同仁医院在为张守某实施手术过程中,对异位血管切断而影响肾下极血运的情况估计不足,并应行输尿管受压段切除再吻合,医方存在过失,与张守某右肾切除的后果有因果关系,建议医方承担共同责任;(2)友谊医院对张守某实施的诊疗行为,符合医疗常规;(3)张守某右肾切除,符合七级残疾。张守某支付鉴定费13650元。

上述鉴定意见作出后,张守某、友谊医院对该意见表示认可,同仁医院不予认可,认为鉴定中存在听证会专家应当回避而没有回避的情形,鉴定程序违法,申请重新鉴定。通达首诚鉴定所对此出具书面回复函,该函主要内容为:听证会前双方填写了《参加听证会确认函》,在是否申请相关人员回避一栏中,同仁医院签署"否";听证会开始时鉴定人再次询问各方是否申请鉴定人、专家回避,同仁医院亦未提出申请;同仁医院在听证会上及会后均未提出相关回避事由。

同仁医院还申请鉴定人出庭接受质询，就鉴定意见中的分析说明向鉴定人提出质询，质询问题集中在同仁医院对张守某施行的手术方式是否适当；同仁医院的手术是否造成了张守某右肾缺血坏死；张守某右肾被切除是否是同仁医院手术导致。鉴定人员出庭质询答复为：(1)患者几十年异位血管压迫可能出现输尿管壁肌层和纤维组织增生等病理病变，从患者在友谊医院的CT检查可见右侧肾盂管壁增厚，右侧输尿管上段狭窄，中下段扫描未见造影剂充盈，友谊医院的手术记录也显示患者输尿管黏膜苍白，纤维瘢痕形成，管腔狭窄。因此患者并非单纯异位血管压迫造成的肾积水，应存在肾盂输尿管连接部狭窄，应行输尿管切断再吻合术。(2)友谊医院的手术记录记载患者肾脏存在缺血坏死，肾功能动态检查提示右肾功能严重受损，符合切除指征。(3)患者在同仁医院术后出现尿外渗，发展为尿囊，影响肾功能，与后期肾切除有必然联系，存在一定因果关系。同仁医院支付鉴定人员出庭费2000元。

本院审理中，同仁医院仍坚持认为鉴定意见缺乏依据，认为同仁医院手术方式的选择不存在问题、患者术后未出现肾脏缺血坏死的后果，并提供了3份专家意见。本院向通达首诚鉴定所发函要求其针对同仁医院提交的专家意见作出书面回复。通达首诚鉴定所向本院出具回复函，该函主要内容为：(1)关于异位动脉对肾脏的血运供应及功能影响。肾脏异位动脉属先天原因，本例直径1.5毫米的异位动脉毕竟长期滋养了肾脏下极的部分血运，肾脏对此有一定的血供适应，切断必然会影响肾下极血运。同仁医院在手术中未夹闭异位动脉观察肾脏血流状况，缺乏评估异位动脉供血这一重要环节。患者术后出现发热，同仁医院在查房时亦考虑到异位动脉结扎后造成部分实质缺血坏死引起发热；患者术后右侧输尿管梗阻未改善，右肾仍积水并逐渐形成右肾下极尿囊，说明已存在右肾下极缺血坏死尿外渗形成肾周积液的可能；友谊医院手术记录中亦记有“见肾下极部分肾组织颜色暗、血运差，可见小指大小漏洞”；病理报告未显示肾脏因缺血坏死，并不能说明无缺血坏死改变，可能涉及取材部分不同。综上，由于异位动脉切断，影响肾下极血运，造成右肾下极缺血坏死，在输尿管狭窄未改善的基础上，出现尿外渗，后期形成尿囊。肾积水进行性加重影响右肾功能，右肾功能严重受损。(2)关于手术方式的选择。患者右输尿管先天被异位动脉压迫，压迫时间与患者同龄，长期受压造成狭窄病变，可出现输尿管壁肌层和纤维组织增生等病理改变,友谊医院的手术记录、CT 检查也可以证实患者存在输尿管连接部狭窄,患者在同仁医院切断异位动脉、输尿管粘连松解术后,狭窄并未彻底解除。相关诊疗指南和文献也指出术中应尽量保留异位动脉。由于异位血管压迫并非导致输尿管连接部狭窄的唯一病理原因,对狭窄部的处理同样重要,肾盂离段成形术的效果确切,而单纯松解粘连效果有限。根据同仁医院病历记载,同仁医院拟为患者施行的手术方式为"右肾盂输尿管连接部成形术",但术后未见有未行成形术而改变术式的理由记录。综上,患者并非单纯血管压迫造成肾积水,应同时存在肾盂输尿管连接部狭窄病理改变。手术切断异位动脉,松解粘连,使狭窄病变未解除,术后肾积水仍进行性加重。手术方式应保留异位动脉,按术前拟行手术方式行肾盂输尿管连接部成形术,以彻底解除狭窄。(3)关于右肾切除。患者右肾功能受损严重,积水并形成尿囊,估计右肾输尿管周围粘连严重,具备行右肾探查术的适应证。友谊医院对右肾探查术目的明确,从手术记录可以看出,医方在手术中探查操作均围绕着重建保肾的目的进行,但因粘连严重,无法实行肾盂成形的重建手术,并由于无法完好游离患肾及肾血管而导致无法行自体肾移植术。结合患肾 GFR10.2ml/min 接近无功能,肾下极颜色发暗,同时伴有小指大小漏洞,医方完成了探查目的,具有右肾切除的手术指征。友谊医院术前已向患者及家属交代,征得患者及家属同意并签字,医方履行了告知义务。

同仁医院对上述书面回复函件仍持有异议,申请北京大学第三医院(以下简称北医三院)泌尿外科主任马潞某出庭发表专业性意见,法院予以准许。同时,同仁医院再次申请鉴定人出庭接受质询。质询过程仍然围绕前述争议焦点,即同仁医院手术方式的选择及手术是否造成张守某右肾缺血坏死进而导致右肾被切除。北医三院马潞某主任发表意见认为:(1)关于手术方式的选择。行输尿管切断再吻合术也可以把异位动脉切断,直径 1 ~ 2 毫米的动脉对肾脏血运不产生影响;(2)肾脏切除的原因。可能是由于患者肾盂比较薄,漏尿后产生炎症,加重积水,感染加尿囊压迫导致肾功能损害。手术中经常会有漏尿的情况,但应及时治疗,如果延误两三个月就会出现严重后果。鉴定人员出庭接受质询仍坚持上述书面回复函的意见,同时表示同仁医院的过错应承担同等责任,其他一部分责任考虑是患者自身疾病因素及缺少患者从同仁医院出院后至友谊医院入院前此段时间的治疗情况。

原审法院于2014年9月判决:(1)首都医科大学附属北京同仁医院于判决生效后7日内赔偿张守某护理费2250元、住院伙食补助费950元、残疾赔偿金161284元、精神损害抚慰金20000元、交通费450元、误工费15000元;(2)驳回张守某的其他诉讼请求。二审法院判决:驳回上诉,维持原判。

裁判理由

原审法院经审理后认为,患者在诊疗活动中受到损害,医疗机构及其医务人员有过错的,由医疗机构承担赔偿责任。本案根据鉴定机构的鉴定意见,可以认定同仁医院对张守某的诊疗行为存在过错,该过错与张守某右肾切除的损害后果有因果关系,同仁医院承担共同责任;友谊医院对张守某实施的诊疗行为,符合医疗常规。据此,同仁医院应承担与其过错程度相适应的赔偿责任,友谊医院不承担责任。根据查明的事实,法院认定张守某所主张的损失中住院伙食补助费的数额为1900元、残疾赔偿金的数额为322568元。张守某就护理费、交通费及误工费损失所提供的证据存在瑕疵,但考虑张守某确有上述损失发生,故法院酌情确定护理费损失的数额为4500元、交通费损失的数额为900元、误工费损失的数额为30000元。张守某的上述损失,根据鉴定机构确定的过错等级,法院确定同仁医院按50%的比例承担赔偿责任。关于精神损害抚慰金,法院将根据案情酌情确定赔偿数额。张守某关于住宿费的主张,依据不足,法院不予支持。

法院生效裁判认为,确定医疗机构是否应该对患者承担侵权责任,应以医疗机构的医疗行为有无过错、与患者的损害后果有无因果关系为前提。因医疗行为涉及医学专业知识,系专业性较强的技术性问题,应由专家进行评判,故鉴定机构的鉴定结论是处理医疗损害责任纠纷案件的重要依据。人民法院委托鉴定部门作出的鉴定意见,当事人没有足以推翻的证据和理由的,可以认定其证明力。

同仁医院上诉主张鉴定程序违法,鉴定听证会专家未适用回避制度,申请重新鉴定。二审法院认为,根据鉴定机构的答复及相关资料,在听证会开始之前,同仁医院填写了《参加听证会确认函》,在是否申请相关人员回避一栏中,同仁医院签署“否”;听证会开始时鉴定人再次询问各方是否申请鉴定人、专家回避,同仁医院亦未提出申请;同仁医院在听证会上及会后均未提出相关回避事由。现同仁医院提出鉴定程序违法,申请重新鉴定,缺乏事实依据,二审法院不予支持。

同仁医院在对张守某的诊疗行为中是否存在过错:第一,鉴定意见及鉴定人出庭接受质询认为同仁医院手术方式选择错误,应行输尿管受压段切除再吻合术,而非“右肾异位动脉结扎术、右输尿管粘连松解术”,同仁医院手术未彻底解除张守某输尿管狭窄的问题。同仁医院则认为患者为单纯的异位动脉压迫导致的积水,行“右肾异位动脉结扎术、右输尿管粘连松解术”是正确的。对此,二审法院认为,鉴定意见认为先天长期异位动脉压迫输尿管容易造成输尿管狭窄,出现输尿管壁肌层和纤维组织增生等病理改变。本病例从患者在友谊医院的手术记录及 CT 检查可以证实,患者的确存在右肾盂输尿管连接部狭窄的问题。事实上,同仁医院在患者术前病程及术前小结记录中已经考虑到“不除外连接部狭窄可能”,而手术知情同意书上所列手术方式亦为“右肾盂输尿管连接部成形术”;但同仁医院最终实施的手术为“右肾异位动脉结扎术、右输尿管粘连松解术”,病历中未见其记载未行“右肾盂输尿管连接部成形术”而改变术式的原因,也未见有告知患者改变术式的记录。患者在同仁医院切断异位动脉、输尿管粘连松解术后,狭窄并未彻底解除。同仁医院存在手术方式选择不当的过错,其上诉主张手术方式正确,缺乏事实依据,二审法院不予采信。第二,鉴定意见还认为同仁医院手术中缺少评估异位动脉供血的环节,在切断异位肾动脉前,必须先夹闭异位动脉观察肾皮质颜色改变程度和范围。同仁医院则认为切断直径为 1.5 毫米的异位动脉不会影响肾脏的血供。对此,二审法院认为,患者该异位动脉系先天性的,有其独立的血供范围,肾脏对此有一定的血供适应。术后患者出现发热,同仁医院亦有考虑为异位动脉结扎后造成部分实质缺血坏死引起发热。因此,同仁医院应履行谨慎注意义务,在术中夹闭异位动脉观察肾下极血运情况。同仁医院上诉主张其切断异位动脉不会影响肾脏血供,对此其无法举证证明,手术中缺少评估异位动脉供血的环节,应视为未履行医方必要的谨慎注意义务。

同仁医院的上述过错行为与张守某右肾切除是否存在因果关系及参与度:鉴定意见认为同仁医院的上述过错与张守某右肾切除有因果关系,建议承担共同责任。参考鉴定结论和病历资料，二审法院认为，同仁医院的手术方式未彻底解除患者输尿管的狭窄，亦无法排除切断异位动脉可能造成肾下极部分缺血坏死形成尿囊。从患者在同仁医院术后的检查结果来看，肾积水存在进行性加重，肾功能进一步受到损害。因此，同仁医院未恰当履行谨慎注意义务，手术方式选择不适当，不除外与患者肾功能受损存在因果关系。鉴定意见考虑患者自身疾病因素以及其在同仁医院术后至友谊医院就医之间治疗情况不清的因素，对患者最终右肾被切除亦占有一定的责任比例，建议同仁医院承担共同责任，并无不当。同仁医院上诉主张其诊疗行为与患者右肾被切除不存在因果关系，缺乏足够证据支持，二审法院实难采信。

综上，原审法院按照50%的比例确定了同仁医院应承担的各项赔偿项目数额，并无不当。同仁医院的上诉请求和理由，缺乏事实和法律依据，二审法院不予支持。二审法院对原审判决予以维持。

——— 裁判指引 20 ———

当事人对鉴定意见有异议，可以申请鉴定人出庭接受质询。当事人也可以就有关专门事实问题申请专家辅助人出庭。当事人申请鉴定人出庭作证或申请专家辅助人出庭作证，在一审程序和二审程序中均可以申请，人民法院依法审查后可以予以准许。申请专家辅助人的当事人，既可以是原告方，也可以是被告方，即使该方当事人已经申请鉴定人出庭接受质询的，法律并未禁止其仍然可以申请专家辅助人出庭作证。

当事人主张鉴定程序违法，比如对于鉴定人未适用回避制度而申请重新鉴定的，应当提供相应的证据予以证明。

【相关法条链接】

《民事诉讼法》第64条、第65条、第78条、第79条，《民诉法解释》第122条、第123条，《环境公益诉讼解释》第15条。

第十五条 当事人自行委托鉴定人作出的医疗损害鉴定意见，其他当事人认可的，可予采信。

当事人共同委托鉴定人作出的医疗损害鉴定意见，一方当事人不认可的，应当提出明确的异议内容和理由。经审查，有证据足以证明异议成立的，对鉴定意见不予采信；异议不成立的，应予采信。

【起草背景】

本条是关于人民法院如何采信当事人自行委托鉴定的鉴定意见的规定。自行委托鉴定在审判实践中较为普遍，在人民法院受理案件日益纷繁复杂的背景下，当事人自行委托鉴定具有客观上的合理性和必要性，对于充分发挥当事人的主动性、促进诉讼进程顺畅进行、提高诉讼效率具有积极意义。但自行委托鉴定因其单方委托等原因，当事人自行委托鉴定的鉴定意见往往仅会对委托鉴定的一方当事人有利，其公正性存在一定程度上的欠缺，这在对于更加依赖鉴定意见的医疗损害责任纠纷领域中表现更为突出。本条根据调研意见，对于当事人自行委托的医疗损害鉴定的鉴定意见的证据效力问题作出了明确规定。

《民诉证据规定》第28条规定，一方当事人自行委托有关部门作出的鉴定结论，另一方当事人有证据足以反驳并申请重新鉴定的，人民法院应予准许，理论和实务中，多反映该条对另一方当事人要求过高。鉴定意见对医疗损害责任纠纷案件至为重要，自行委托鉴定的有关问题在医疗损害责任纠纷案件的处理中显得较为突出，很大程度上已经严重影响了案件的妥当处理，甚至出现双方都难以服判息诉的情况。为保证鉴定意见的信服力，推动当事人依法启动鉴定程序，确保医疗损害责任纠纷案件的妥善处理，我们根据调研意见在医疗损害责任纠纷领域对《民诉证据规定》的上述内容在医疗损害责任纠纷的法律适用范围内做了修正，明确规定当事人自行委托鉴定人作出的医疗损害鉴定意见，其他当事人认可的，人民法院可予采信。当事人共同委托鉴定人作出的医疗损害鉴定意见，一方当事人不认可的，应当提出明确的异议内容和理由。经审查，有证据足以证明异议成立的，对鉴定意见不予采信；异议不成立的，对该鉴定意见应予采信。

征求意见过程中，不少意见认为，自行委托鉴定的问题可以统一适用《民诉证据规定》第28条的规定。经研究，这一建议有一定道理，但自行委托鉴定本身与《民事诉讼法》第76条规定的鉴定程序启动的基本规则不符，而且审判实践中也反映《民诉证据规定》中人民法院不采信自行委托鉴定的门槛过高，导致当事人更愿意选择自行委托的方式，自行委托鉴定的鉴定意见也往往对这一方当事人有利，影响鉴定意见的公信力。因此，有必要适当限制自行委托鉴定在诉讼中的适用，但对双方当事人共同委托鉴定的则采用尊重当事人处分权的原则。

【条文释义】

虽然《民诉证据规定》第28条规定了对自行委托鉴定的重新鉴定程序，但是一方面这一规定的适用条件对另一方当事人的要求过高；另一方面，对于自行委托鉴定异议后一概通过重新鉴定来解决，可能会导致鉴定周期乃至案件审理时间过长、鉴定意见之间的证明力冲突等问题。对此，最高人民法院《关于当前形势下加强民事审判切实保障民生若干问题的通知》（法〔2012〕40号）中指出，妥善审理医疗损害赔偿纠纷案件，促进平等、和谐、互信的医患关系的形成。要积极探索医疗损害赔偿纠纷案件审理的新思路，针对当前存在的医疗鉴定难、鉴定乱的问题，要在实践中进行探索，努力寻找妥善的解决方案，尤其要避免因重复鉴定久拖不决，激化医患矛盾。要注重委托鉴定的统一化，严格执行只有经人民法院统一委托后作出的鉴定结论才能作为定案依据的规则。对于人民法院委托作出的鉴定，当事人申请重新鉴定的，要根据《民诉证据规定》等严格把关。因此，从依法妥善处理案件，避免重复鉴定以及减轻当事人诉讼的经济及时间成本的角度讲，对于自行委托鉴定也有必要适当提高门槛。具体而言，对于本条的理解与适用，需要把握以下几点：

1. 一般规则。依据本条第1款的规定，当事人自行委托鉴定人作出的医疗损害鉴定意见，其他当事人认可的，可予采信。在此需要注意的是，对于本款的适用要慎用反对解释。考虑到自行委托鉴定在实践中存在具有一定的普遍性，且对于诉前解决相关医疗纠纷，促进案件繁简分流，减轻当事人负担具有积极意义，故对于当事人自行委托鉴定的，也不宜仅以对方当事人有异议即否认其证明力。在目前理论和实务上对于自行委托鉴定所作鉴定意见是否属于《民事诉讼法》所列鉴定意见的情形或者属于书证、证人证言尚有很大争议的情形下，我们倾向认为对此要从证据的三性，即客观性、关联性和合法性的角度进行审查。

同时依据本条第 2 款的规定，当事人共同委托鉴定人作出的医疗损害鉴定意见的采信问题，则要提高门槛，因为这毕竟属于双方行使处分权的表现，对此应当给予充分的尊重。在这一情形下，一方当事人不认可的，应当提出明确的异议内容和理由。经审查有证据足以证明异议成立的，对鉴定意见不予采信；否则，人民法院仍应采信该鉴定意见。

2. 关于对鉴定意见本身的审查问题。我们认为，人民法院对于鉴定意见的审查既要按照书证的一般规则审查，也要参照鉴定意见的基本要求予以审查，比如有关鉴定机构的资质、鉴定程序是否合法、鉴定人签章等。

3. 应适用《民事诉讼法》关于鉴定人出庭作证的规则。鉴定意见的科学性和作为一种证据的性质决定了对鉴定意见证据的质证有赖于鉴定人出庭。[①] 在法律后果上，经人民法院通知，鉴定人拒不出庭作证的，该鉴定意见不得作为认定案件事实的依据，即该鉴定意见失去证据能力。同时，支付鉴定费用的当事人可以要求返还鉴定费用。

4. 关于对方当事人对该鉴定意见有异议后的处理方式。对此，不可一概否认该鉴定意见的证据效力。如上所述，这时可以询问当事人是否申请该鉴定人出庭作证。同时，为进一步解决问题，这时应当赋予对方当事人申请重新鉴定的权利，即人民法院可以询问负有举证责任的一方当事人是否重新申请鉴定。虽然《民诉证据规定》第 27 条对重新鉴定问题作出了明确的限定，即该条规定：当事人对人民法院委托的鉴定部门作出的鉴定结论有异议申请鉴定，提出证据证明有下列情形之一的，人民法院应以准许：(1)鉴定机构或者鉴定人员不具备相关的鉴定资格的；(2)鉴定机构程序严重违法的；(3)鉴定结论明显依据不足的；(4)经过质证认定不能作为证据使用的其他情形。对有缺陷的鉴定结论，可

---

① 杜志淳、廖根为：《论我国司法鉴定人出庭质证制度的完善》，载《法学》2011 年第 7 期。

以通过补充鉴定、重新质证或者补充质证等方法解决的,不予重新鉴定。但是,在对待单方委托鉴定的重新鉴定问题上,不能一概按照这一规定进行,应当适当降低门槛。

【典型案例指引】

何艳某与哈尔滨市阿城区中医院医疗损害赔偿纠纷案①

基本案情

2004年5月11日,一审原告何艳某起诉至阿城市人民法院称,2003年6月27日下午,何艳某陪同丈夫马子某到阿城中医院门诊部就医,下午1时多至下午3时40分马子某在阿城中医院门诊做了四项检查,并于15时40分以冠心病、肺感染收治入院。住院后,阿城中医院开始对患者进行治疗,静脉注射利多卡因、硝普钠并吸氧。19时30分左右,患者出现不良反应,出现呕吐现象,值班医生为患者注射一支胃复安。21时许,患者再次出现不良反应,呼吸困难,经阿城中医院值班医生检查后进行抢救,至23时许,患者马子某经抢救无效死亡。现要求阿城中医院赔偿各项费用共计209103.20元,诉讼费由阿城中医院负担。诉讼中,何艳某变更赔偿数额为188004.63元。

阿城中医院答辩称,马子某在就医期间突发心律失常,室颤死亡,不属医疗事故,该院不应承担民事赔偿责任。

阿城市人民法院于2005年8月30日作出(2004)阿民初字第594号民事判决。阿城中医院不服,向哈尔滨市中级人民法院提起上诉。哈尔滨市中级人民法院以一审判决程序违法、认定事实不清,可能影响案件的正确判决为由,于2005年12月8日作出(2005)哈民二终字第1973号民事裁定:撤销(2004)阿民初字第594号民事判决,将案件发回阿城市人民法院重审。

哈尔滨市阿城区人民法院重审认定,2003年6月27日13时许,何艳某陪同丈夫马子某到阿城中医院就医,经阿城中医院门诊医生检查,初步诊断为冠心病、肺感染,并发出入院通知单,于15时30分入阿城中医院内科治疗。住院后,阿城中医院开始对患者进行治疗,静脉注射利多卡因、硝普钠并吸氧。19时

① 案号:黑龙江高级人民法院(2016)黑民再字第118号。

30分左右,患者出现不良反应,出现呕吐现象,值班医生为患者注射一支胃复安。21时许,患者再次出现不良反应,呼吸困难,经阿城中医院值班医生检查后进行抢救,至23时许,患者马子某经抢救无效死亡。马子某死后,何艳某及其家属按民族习俗下葬,之后,何艳某到阿城中医院处将所剩药物退掉,并要求复印患者病案。2003年8月4日,阿城中医院给何艳某复印了病案。2003年8月18日,双方共同将死者病案予以封存后,何艳某申请哈尔滨市医学会对马子某的死因进行医疗事故鉴定。2004年3月11日,哈尔滨市医学会作出鉴定,分析意见为:(1)医方对该患诊断及治疗原则尚得当。(2)医方在抢救治疗过程中存在以下不足:①在诊断及救治过程中缺少必要的辅助检查,如血离子、肾功能;②在救治过程中没有细致地观察病情变化,对病情发展认识不足;③没能及早向病人家属交代病情危重及预后。(3)因缺少尸体检验材料,无法明确判断死因,所以不能确定医方以上不足与患者死亡的因果关系,故不能作出是否构成医疗事故的结论。另查明,何艳某有两名子女,现均已成年。

哈尔滨市阿城区人民法院重审认为,马子某到阿城中医院就诊治疗,阿城中医院负有提供安全医疗服务的责任和义务。本案中,阿城中医院医疗行为虽不构成医疗事故,但存在过失、过错。鉴定机关认定阿城中医院对马子某诊治过程中存在下述不足:(1)在诊断及救治过程中缺少不要的辅助检查,如血离子、肾功能等;(2)在救治过程中没有细致地观察病情变化,对病情发展认识不足;(3)没能及早向病人家属交代病情危重及预后。另外,患者死亡,则必须依赖对尸体进行系统的病理解剖、组织学检验以及各项实验室检查,根据各类数据、结果综合分析,作出比较明确的死因结论。在此基础上,方有可能对死亡原因与医院医疗处置行为之间是否存在直接必然的因果关系进行分析判断。从能力方面讲,阿城中医院无论从专业理论和临床技术实力上都远远强于何艳某,阿城中医院应当知道患者死亡后进行尸体解剖、病理学检验的结果是解决死亡原因与医疗处置之间是否存在因果关系的关键所在,办案中患者没有进行尸检责任在阿城中医院,应推定阿城中医院的医疗行为存在过失。阿城中医院在2003年8月4日才给何艳某复印病案,病案中内容填写不全,复印病案中没有死亡病例讨论记录,违反"病历应及时书写,如因抢救急危患者,未能及时书写病历的,有关医务人员应当在抢救结束后6个小时内据实补记,并加以注明"

的规定,这也致使何艳某对患者死亡与医疗行为不当存在因果关系存在合理怀疑。根据最高人民法院《关于参照〈医疗事故处理条例〉审理医疗纠纷案件的通知》的规定:"该《条例》实施后发生的医疗事故引起的医疗赔偿纠纷诉到法院的,参照《条例》的有关规定办理;因医疗事故以外的原因引起的其他医疗赔偿纠纷,适用《民法通则》的规定。"本案中,阿城中医院的医疗行为虽未构成医疗事故,但阿城中医院的医疗行为有过错,其过错与患者死亡之间存在一定的因果关系。阿城中医院应当对何艳某予以赔偿,承担患者死亡的90%责任。依照《民法通则》第106条、第190条的规定,判决:(1)阿城中医院于判决生效后5日内赔偿何艳某医疗费341.13元;(2)阿城中医院于判决生效后5日内赔偿何艳某医疗事故鉴定费5580元;(3)阿城中医院于判决生效后5日内赔偿何艳某车费、复印费900元;(4)阿城中医院于判决生效后5日内赔偿何艳某死亡赔偿金148914元;(5)阿城中医院于判决生效后5日内赔偿何艳某丧葬费6506.10元;(6)阿城中医院于判决生效后5日内赔偿何艳某被抚养人生活费7068元;(7)驳回何艳某其他诉讼请求。

阿城中医院不服重审判决,向哈尔滨市中级人民法院提起上诉称:(1)一审判决认定事实错误,没有证据证实患者的死亡与中医院的医疗行为有因果关系;(2)一审法院在审理过程中程序违法,故请求二审依法改判,驳回何艳某的诉讼请求。

哈尔滨市中级人民法院二审认定,2006年4月11日,阿城市人民法院委托黑龙江省医学会就阿城中医院的医疗行为与马子某的死亡有无因果关系进行鉴定,鉴定结论为无因果关系,但是,医疗过程存在不足之处,即(1)对病情严重程度评估不足;(2)上级医师会诊不及时;(3)病例记载欠规范等。一审期间,经二审法院准许,哈尔滨市医学会、黑龙江省医学会就鉴定结论出具书面答复意见,均认为原鉴定结论并无不当之处。其他事实与重审判决认定事实一致。

哈尔滨市中级人民法院二审认为,本案系医疗损害赔偿纠纷,患者马子某系在阿城中医院治疗过程中死亡,故双方当事人就是否构成医疗事故、是否存在因果关系已分别在省、市医学会做了三次鉴定,一审依据哈尔滨市医学会的鉴定结论,认定阿城中医院的医疗行为存有过错有相应依据。但是,原审以鉴定人员没有出庭接受当事人质询为由,对黑龙江省医学会的鉴定结论不予采纳不妥,按照《民诉证据规定》第 59 条的相关规定,当事人对鉴定结论有异议,且鉴定人无法出庭接受当事人质询的,经人民法院准许,可以书面答复当事人的质询。本案中,原审在没有核实鉴定人不能出庭的理由是否客观真实,以及在没有征求当事人是否同意鉴定机构书面答复的前提下,对鉴定结论不予采信有误,且省、市医学会的鉴定中关于阿城中医院的医疗行为存有过错的结论并不矛盾,双方可以互相印证。该二审法院经过对该鉴定结论重新组织当事人质证予以采信。双方当事人虽对已作出的鉴定结论不服,但又未申请重新鉴定或者补充鉴定,双方应当依据上述鉴定结论承担各自的责任。关于赔偿的比例问题,本案经省、市两级医学会鉴定结论认定,对于马子某的死亡结果,阿城中医院不构成医疗事故,医疗行为与损害结果之间不存在因果关系,但是,鉴定结论同时认定阿城中医院在医疗过程存在不足之处,该不足对马子某的死亡结果存在一定程度的影响,因此,阿城中医院应当承担相应的过错赔偿责任,但该责任较之医疗事故或者因果关系形成的责任为轻,属于次要责任,而原审按照 90% 的比例确定阿城中医院的赔偿责任不当,该二审法院予以纠正。阿城中医院应当承担 40% 的赔偿责任。关于何艳某称,鉴定所依据的病历系阿城中医院伪造的,因阿城中医院称,包括"死亡病历讨论记录"等资料在内的病历是在马子某 2003 年 6 月 27 日死亡发生后形成的。而何艳某直至 8 月 4 日才要求复印该病历,故何艳某没有证据证实该份病历是不真实的,对该项主张该二审法院不予支持。综上,原审判决部分适用法律不当,该二审法院依法予以纠正,依照《民事诉讼法》第 153 条第 1 款第 2 项之规定,哈尔滨市中级人民法院作出(2007)哈民二终字第 562 号民事判决:(1)维持哈尔滨市阿城区人民法院(2006)阿民重字第 12 号民事判决第七项;(2)变更哈尔滨市阿城区人民法院(2006)阿民重字第 12 号民事判决第一项为:阿城中医院于判决生效后 5 日内赔偿何艳某医疗费 151.61 元;(3)变更哈尔滨市阿城区人民法院(2006)阿民重字第 12 号民事判决第二项为:阿城中医院于判决生效后 5 日内赔偿何艳某医疗事故鉴定费 2480 元;(4)变更哈尔滨市阿城区人民法院(2006)阿民重字第 12 号民事判决第三项为:阿城中医院于判决生效后 5 日内赔偿何艳某车费、复印费 400 元;(5)变更哈尔滨市阿城区人民法院(2006)阿民重字第 12 号民事判决第四项为:阿城中医院于判决生效后 5 日内赔偿何艳某死亡赔偿金 66184 元;(6)变更哈尔滨市阿城区人民法院(2006)阿民重字第12号民事判决第五项为:阿城中医院于判决生效后5日内赔偿何艳某丧葬费2891.6元;(7)变更哈尔滨市阿城区人民法院(2006)阿民重字第12号民事判决第六项为:阿城中医院于判决生效后5日内赔偿何艳某被抚养人生活费16474.67元。

何艳某不服二审判决,向哈尔滨市中级人民法院申请再审。

哈尔滨市中级人民法院于2007年9月25日作出(2007)哈民一监字第704号驳回再审申请通知书,认为何艳某申请不符合再审条件,二审判决应予维持。

黑龙江省人民检察院认为,哈尔滨市中级人民法院(2007)哈民二终字第562号民事判决适用法律确有错误。二审判决采信黑龙江省医学会鉴定结论(以下简称鉴定结论),属适用法律确有错误。

第一,一审、重审判决以鉴定人无正当理由拒绝出庭接受质询而未采纳鉴定结论的做法符合法律规定,是正确的。一审、重审根据何艳某的申请,两次书面通知黑龙江省医学会在本案中作出鉴定结论的鉴定人员出庭接受质询。一审审理过程中,黑龙江省医学会书面回复称,七名鉴定人中有一名外地专家不能出庭,导致鉴定人集体不能到庭,也不能现场答复。有鉴于此,专家不能到庭接受质询。重审审理过程中,黑龙江省医学会书面回复重审法院称,七名专家担负着繁重的医教研任务,很难抽出时间出庭。有鉴于此,专家不能到庭接受质询。《人民法院对外委托司法鉴定管理规定》第15条规定,鉴定人应当依法履行出庭接受质询的义务。《民诉证据规定》第59条规定,鉴定人应当出庭接受当事人质询。鉴定人确因特殊原因无法出庭的,经人民法院准许,可以书面答复当事人的质询。依据上述规定,本案中两次鉴定结论的鉴定人依法应当出庭接受质询。然而,上述鉴定人均未出庭接受质询,且两次不出庭接受质询的理由,不是法定不能出庭的理由。《民事诉讼法》第78条规定,当事人对鉴定意见有异议或者人民法院认为鉴定人有必要出庭的,鉴定人应当出庭作证。经人民法院通知,鉴定人拒不出庭作证的,鉴定意见不得作为认定事实的根据;支付鉴定费用的当事人可以要求返还鉴定费用。依据上述事实和法律规定,一审、重审判决以鉴定人无正当理由拒绝出庭接受质询而未采纳鉴定结论的做法符合法律规定,是正确的。

第二,二审以"原审没有核实鉴定人不能出庭的理由是否写观真实及没有征求当事人是否同意鉴定机关书面答复"为由认为审对鉴定结论不予采信错误,于法无据。鉴定人不出庭的理由是否客观真实不是法律规定的,应由法庭审查,只要鉴定人不出庭的理由不是法律规定的可以缺席的情形的,即为无正当理由。在鉴定人无正当理由不出庭接受质询的情况下,判决依法不采信鉴定结论符合法律规定。而征求当事人是否同意鉴定机构书面答复的程序也不是法律规定的必经程序,二审判决以这两个理由认为原审判决不采信鉴定结论错误,于法无据。

第三,本案系因医疗行为引起的侵权诉讼。依据《民诉证据规定》第 4 条第 8 项的规定,应由医疗机构就医疗行为与损害结果之间不存在因果关系及不存在医疗过错承担举证责任。本案中,由于鉴定人违反相关法律的规定未接受质询,故依据相关法律规定鉴定结论依法不能作为定案依据。至此,现没有证据证明阿城中医院的医疗行为与马子某的死亡结果之间没有因果关系,故阿城中医院应当承担相应的赔偿责任。

再审过程中,何艳某同意控诉机关意见。阿城中医院答辩意见与二审一致。何艳某为证明其主张,向黑龙江省高级人民法院提交了两份证据。第一份证据是吉林公正司法鉴定中心的司法鉴定意见书,意在证明阿城中医院的医疗行为与马子某的死亡有因果关系。阿城中医院的质证意见为,此鉴定没有参与,程序违法。黑龙江省高级人民法院认为,该司法鉴定书系二审判决生效后何艳某单方委托作出的,阿城中医院不予认可,且在不能证明原鉴定程序违法的情况下与原鉴定意见相悖,黑龙江省高级人民法院再审不予采纳。第二份证据是专家意见书,意在证明阿城中医院的医疗行为存在过错。阿城中医院的质证意见为该证据没有医生签名,不能证明待证事实。黑龙江省高级人民法院认为,该证据系复印件,且没有专家签名,无法确认其真实性,故对该证据不予采纳。

裁判理由

黑龙江省高级人民法院再审认为,根据《民诉证据规定》第 59 条之规定,鉴定人应当出庭接受当事人质询。鉴定人确因特殊原因无法出庭的,经人民法院准许,可以书面答复当事人的质询。本案中,鉴定机构已就当事人提出的质疑进行了书面答复,且当事人双方均未申请重新鉴定或者补充鉴定,故二审判决采纳该鉴定并无不当。本案现有的证据无法证明阿城中医院的治疗行为与马子某的死亡存在因果关系,故二审法院以阿城中医院治疗方法不当为由酌定其承担40%的赔偿责任,已充分保障了申诉人何艳某的权利。何艳某主张鉴定人未接受质询,鉴定意见不能作为定案依据的申诉请求无事实和法律依据,黑龙江省高级人民法院再审不予支持。综上,二审法院认定事实清楚,适用法律正确,应予维持。依照《民事诉讼法》第207条第1款、第170条第1款第1项之规定,判决如下:维持哈尔滨市中级人民法院(2007)哈民二终字第562号民事判决。

—— 裁判指引21 ——

在医疗损害责任纠纷中,一方当事人单方委托而作出的鉴定意见,对方当事人不认可的,人民法院对该鉴定意见不予采信。本案二审后,患者一方单方委托作出的鉴定意见,该医疗机构并不予认可,且在不能证明原鉴定程序违法的情况下与原鉴定意见相悖,人民法院再审对此鉴定意见不予采纳。

【相关法条链接】

《民事诉讼法》第76~78条,《民诉证据规定》第27条、第28条。

第十六条 **对医疗机构及其医务人员的过错，应当依据法律、行政法规、规章以及其他有关诊疗规范进行认定，可以综合考虑患者病情的紧急程度、患者个体差异、当地的医疗水平、医疗机构与医务人员资质等因素。**

【起草背景】

诊疗过失的判断是以医方在诊疗中是否尽到合理诊疗义务为基准，它是医疗过错侵权责任的起点，也是认定医疗过错侵权责任构成的难点。我国《侵权责任法》第57条规定，医务人员在诊疗活动中未尽到与当时的医疗水平相应的诊疗义务，造成患者损害的，医疗机构应当承担赔偿责任。但该条的规定过于抽象，我国其他的法律法规并未对如何认定医务人员在医疗活动中是否尽到合理诊疗义务作出规定。同时，理论界对于如何界定医疗机构及其医务人员的诊疗义务并未形成一致的观点。对于诊疗义务的渊源、内容、判断标准和医疗过错这些基本问题均缺乏深入的研究。诊疗义务是医疗损害过错侵权责任的核心概念，诊疗义务的判断基准应为当时的医疗水准，但该标准依诊疗时间的紧迫性、地域性和专门性等因素均会做一定的修正，遵守了所有诊疗常规也不一定没有过错，上述这些因素都给审判实践带来较大的挑战。

《侵权责任法》规定医疗损害侵权以过错为基本归责原则，其中医方故意造成患者损害的少之又少，医疗过失的判断乃重中之重，而医务人员是否尽到合理诊疗义务又是医疗过失的核心内容。同时，诊疗义务的合理界定，能够明确医务人员承担责任的风险与范围，对于促进医学的发展，从而最终维护患者的利益都有着不言而喻的重要意义。因此，医务人员的合理诊疗义务是民事审判中的前沿性问题，是实践中迫切需要解决的问题。

《侵权责任法》第57条将医疗机构及其医务人员过错的认定标准界定为"未尽到与当时的医疗水平相应的诊疗义务"。认定"当时的医疗水平"是否考虑医疗机构及其医务人员资质及地区差异等因素，有两种不同意见：一种意见认为，应当考虑上述因素，这样比较符合客观实际情况；另一种意见认为，应采用同一标准,不应考虑上述标准,以统一法律适用,体现对当事人人身、财产权利的平等保护。

本条规定采纳了第一种意见,即认定诊疗过错一般应依据诊疗行为发生时的法律、行政法规、规章以及其他有关诊疗规范规定的普遍医疗水平。但由于我国经济社会发展并不平衡,发达地区与不发达地区的医疗水平存在较大差异,不同医疗机构及医务人员资质存在差别,在某些情况下,对诊疗过错的认定有必要适当考虑医疗机构及其医务人员资质、地区差异等客观因素,这也比较符合我国的实际情况。比如,我国台湾地区"医疗纠纷鉴定作业要点"就规定:医事鉴定小组委员及初审医师,对于鉴定案件,应就委托鉴定机关提供之相关卷证数据,基于医学知识与医疗常规,并衡酌当地医疗资源与医疗水平,提供公正、客观之意见,不得为虚伪之陈述或鉴定。

本条在起草过程中并未产生重大争议,在历次征求意见稿及讨论过程中仅涉及相应表述的修改和完善,并未涉及观点的重大修改。全国人大常委会法工委以及卫计委、司法部等对本条均无不同意见。

【条文释义】

一、本条解读

本条系对《侵权责任法》第 57 条的解释,在理解本条时需要结合《侵权责任法》第 57 条规定来进行理解。本条规定,对医疗机构及其医务人员的过错,应当依据法律、行政法规、规章以及其他有关诊疗规范进行认定,故该条首先明确了诊疗义务的来源。

(一)诊疗义务的来源

就一般侵权法律关系而言,行为人对法定注意义务的违背,即被认为有过失,是行为人承担民事责任的核心要素。大陆法系传统理论,根据违背注意义务的程度,将过失分为抽象的轻过失、具体过失以及重大过失。应尽善良管理人之注意而欠缺者,为抽象的轻过失;应与处理自己事务为同一之注意义务者,为具体的轻过失;显然欠缺普通人之注意义务者,为重大过失。医方的义务属于抽象的轻过失类型,是在善良管理人之注意义务基础上演化而来的专业人士的注意义务,是一种伦理道德义务逐渐法定化的义务。无论坚持英美法上的

“医师成员之平均、通常具备之技术”标准,还是大陆法上“最善之注意或完全之注意”标准,概括而言,医方的法定注意义务乃是指在诊疗过程中应当尽到合理的、称职的执业者在相同或类似情形下所具备的医疗技能,履行相同的照护义务。否则,医疗行为就具有可责难性,被视为(推定)有过失。[①] 诊疗义务,是注意义务的一个分支。所谓注意义务,是法学上的一个专业术语,指一个人在从事某种活动时,应该给予高度的谨慎和注意,以避免给他人造成不应有的危险或损害的责任。欠缺或违反应负的注意义务即构成过失。因此,注意义务是判断行为人是否承担过失责任的前提条件,判断行为人的行为是否存在过失,主要就是看行为人是否履行了其应尽的注意义务和履行其注意义务的程度。

关于行为人注意义务的来源主要有以下三种学说:

一是违反义务说。这种学说认为,过失是对法律事先规定的某种注意义务的违反,并且是造成了一定的损害。这种学说为普通法过失概念所采用,也为许多大陆法系国家立法和司法实践所采纳,法国、德国均采此学说。

二是不符行为标准说。许多国家的立法中都对行为人的行为设置了具体的标准,违反标准即为过失。例如,美国《侵权行为法重述》规定“行为不符合法律为保护他人免受不合理的危险而订立的标准”即为过失,这种观点也为许多国家所采纳。比较违反义务说和不符行为标准说,两种学说有一个共同点,就是均强调以违反法律法规事先的规定为前提。注意义务也好,行为标准也好,均为法律事先的规定,二者可以统称为法定说。

三是权利侵犯说。这种学说认为,过失是对公民某种权利的侵犯。这种观点由于主观色彩较浓,且无明确具体的过失判断标准,不考虑当今社会职业活动的特点,极易引起过失责任的扩大化。如医务人员的行为本身就带有对人体的侵袭性,如不考虑其特殊性,则医务人员的每项活动都可能是对患者人身权利的侵犯。如果医务人员的活动充满过失之风险,这一职业也就无法存在下去了。这种学说目前并未对各国司法实践产生较大的影响。

在我国民法学界,对于民法注意义务的来源,一些学者认为,民法上的注意义务不限于法定义务,还包括道德义务。由于医疗过失责任主要是民事责任问

① 郭升选、李菊萍:《论医疗注意义务与医疗过失的认定》,载《法律科学》2008 年第 3 期。

题,因此,这种观点对医生注意义务来源的理论观点的形成产生了直接影响。①

医务人员的注意义务,是指医务人员在医疗活动中,应该具有高度的注意,对患者尽到最善良的谨慎和关心,以避免患者遭受不应有的危险或损害。对医务人员注意义务的理解应当包括两个方面:第一,这是医务人员的最基本义务,要求医务人员在为患者提供医疗服务的过程中,积极履行其应尽的职责,对患者尽到最善良的谨慎和关心,从而保护患者的生命健康不受医疗危险以外的侵害。第二,也是医疗过失的判断依据。一般来说,普通医务人员有下列注意义务:(1)有义务具备在同一地区或相似地区并在相同条件下从业的医务人员通常所具有的学识和技术;(2)有义务使用在同一地区或相似地区并在相同条件下从业的医务人员在相同的病例中通常使用的注意和技术;(3)有义务在实施技术或应用学识时使用合理智慧和最佳判断。例如,内科医师有义务采集适当的病史,进行适当的体格检查,要求必要的实验室检查,并对检查结果予以适当的解释和建议,对症状和体征进行详细的鉴别诊断。在选择治疗措施和制订治疗方案时,应告知病人可能取得的治疗效果和存在的相关风险,即医疗行为中不良结果的预见义务和回避义务,必要时应取得病人的知情同意。对本领域之外或超出本人能力的危重患者负有作出转医说明的义务。选择药物时,应遵循安全有效和经济的原则。医疗机构应尽的注意义务是提供合格的医疗护理人员,提供合格的设备和仪器,建立必要的安全和保障系统等。②

从侵权法领域来看,医方诊疗义务基础为侵权责任法及其相关法律规范体系,但法定注意义务不过是注意义务森林中的部分群落。在没有上述规范之场合,并不意味着医方就可以免责,法院可依据具体情形在纷繁复杂的社会生活中编织注意义务之网。因此,医方的诊疗义务渊源具有广泛性,可分为法定和非法定诊疗义务。

1. 法定的诊疗义务。法定注意义务源于社会行为规范,依据其来源及其规范程度的不同,可分为法定注意义务以及准法定注意义务。前者为法律规范明文规定之注意义务,后者则是从医疗行业习惯、惯例中产生的注意义务。本条

---

① 贾淑英、洪健:《论医生注意义务的来源》,载《中国卫生法制》2002 年第 4 期。

② 雷原卫:《浅议医疗活动中医师的注意义务》,载《长江大学学报》(自然版)2005 年第 12 期。

规定首先明确了根据法律规定的诊疗义务。

(1)法律、行政法规、规章中的诊疗义务。法定注意义务是指由法律对当事人定型化的或常见的危险作出设定,要求行为人实施各种避免危险结果的义务。法律确定的注意义务一般都具有明确性,容易查明和被人接受。此处的法律和行政法规可能是私法规范,也可能是公法规范。至于部门规章,只要其所调整的医疗行为规则能成为侵权责任法的价值目标,均可以成为义务来源。

(2)习惯、常理。我国《侵权责任法》第58条第1款第1项规定,违反法律、行政法规、规章以及其他有关诊疗规范的规定,并由此推定医方过错。该条规定的体系功能在于,将法律、行政法规、规章以及其他有关诊疗规范规定的诊疗义务转接到侵权责任法中,大量节减了立法条文,并依此确立了法定诊疗义务的基本准则。本条虽然并未明确习惯、常理可以作为诊疗义务来源,但是鉴于本条规定“以及其他有关诊疗规范进行认定”的表述则应该理解为包括了习惯、常理所要求的诊疗义务。

习惯、常理所要求的注意义务是根据社会共同生活准则形成的。具体而言,当行为者从事某项职业或处于某种环境时,其身份、能力及生活或工作常识自然会产生某种注意义务。

习惯、常理中的诊疗义务应当从两个方面认定:一方面,习惯及常理上所要求的注意义务,是与医方处于同一立场或同一职业的其他医师所具有的思虑及辨别力所要求的注意义务,即是医疗常识性注意义务。另一方面,应特别慎重考虑医疗机构及其医务人员是否超越被允许的危险,因为未超越允许的危险这一范围的行为依习惯或常理可适当减轻诊疗义务程度,否则可能导致诊疗义务的不适当扩张和医疗行为自由度的萎缩。值得注意的是,即使遵守了医疗行业的专业惯例,但并不能证明其就达到了诊疗标准。因为法官对于该种专业惯例并不是被动接受的。他们会检查该专业惯例本身是否有疏漏或者过失,提供专业鉴定的机构是否负责任,以及专业惯例是否过时等。只有法院确认专业惯例是合理有效的前提下,遵守专业惯例才是值得赞同的。

2. 非法定的注意义务。从比较法上看,没有任何国家和地区能够通过法律规范和准规范将不当行为一网打尽,因为将“不当行为的认定完全交给立法者并以法不禁止即许可为理念的侵权行为法,无异于以违反人权的方式认可了法律漏洞的存在”。各法域都赋予法官在特定情形下依据社会交易安全的需要设立具体注意义务的自由裁量权。此种注意义务的设定，是为了防止在注意义务根据分类上的疏漏，具有“一般条款”的性质。本条规定的“以及其他有关诊疗规范进行认定”就是对法官认定注意义务的一种兜底性规定，赋予法官根据具体情况裁量的权利。

从事一定营业或者职业（如医师）而承担非法定的注意义务，并不是因行为人支配空间中衍生出来的危险而应承担责任，而是因为在执业过程中有过失的行为而被归责，专业资格是衍生出大量注意义务的源泉。医疗专家因为在社会经济和社会生活中的显要地位而被要求了更高的责任。诊疗环节的具体注意义务涉及问诊、诊断、治疗、注射、手术、麻醉、抽血、输血以及放射性治疗等是否有错误，除了具体诊疗义务外，还通过抽象的诊疗义务规范其他情形，被称为“最善的注意义务”。日本最高裁判所 1961 年 2 月 16 日在东大医院输血梅毒感染一案中明确，从事人的生命及健康管理业务的人，与其业务的性质相对照，要求负有为防止危险而在实际经验上必要的最善的注意义务。日本最高裁判所 1969 年 2 月 6 日在国立东京第一医院脚癣放射线皮肤癌一案中对前一判例中对“最善的注意义务”作了进一步阐述：作为医师，对于患者的症状应予以注意，并在依当时的医学知识，考虑效果及副作用的前提下确定治疗方法及程度，在万全的注意之下实施治疗。

从本质上看，医务人员的注意义务与行为合法合规不能予以等同。医务人员应当具有的诊疗水平，并非完全能够被法律、行政法规、规章以及诊疗规范的有关要求所涵盖。而且，医务人员即便完全遵守了具体的操作规程，仍然有可能作出事后证明是错误的判断，实施事后证明是错误的判断。由此，我国《侵权责任法》第 57 条规定的诊疗义务必然是一个动态性、开放性的体系，除了法定义务之外，还包括法院在实际情况下可以自由裁量生成的非法定的注意义务。鉴于非法定注意义务的宗旨在于建立社会必要的医疗安全水准，为了合理界定非法定注意义务范畴，我国司法应借鉴比较法上的先进经验，从危险的可预见性、危险的邻近性和政策要素三个方面，构建我国医疗司法实践中的非法定注意义务群。[①]

(二)诊疗义务的分类

虽然本条并未进一步明确区分一般注意义务和特殊注意义务的区别,但是从本条关于过错认定上要求“可以综合考虑患者病情的紧急程度、患者个体差异、当地的医疗水平、医疗机构与医务人员资质等因素”的规定来看,其明显内含了一般注意义务和特殊注意义务的区别,就此一并予以论述。

首先,依据注意义务的种类可将注意义务分为一般注意义务和特殊注意义务。一般注意义务是指医务人员在医疗服务过程中对患者的生命与健康利益的高度责任心,对患者人格尊重,对医疗服务工作的敬业、忠诚和技能追求上的精益求精。特殊注意义务,是指在具体医疗服务过程中,医务人员对每一环节的医疗行为所具有的危险性加以注意的具体要求。

其次,基于医疗关系的委任契约性和医疗行为的专业技术性,医疗注意义务可概括为两个层面:一是专业基准的注意义务,二是最善的注意义务。前者是善良管理人义务在医疗专业领域的落实;后者是对医生“救死扶伤,治病救人”以及防止危险发生义务的最大化要求——最善的注意义务,医生对于患者的症状应予以充分注意,并在依当时的医学知识考虑效果及副作用的前提下确定治疗方法及程度,在万全的注意下实施治疗。

最后,就医疗行为的技术性、伦理性和医疗机构的组织性而言,医疗过失可分为技术性注意义务、伦理性注意义务和组织性注意义务。技术性义务要求医方负有谨慎诊断、谨慎治疗、严格遵循操作规程为诊疗护理义务和对患者及其家属尽告知、说明义务、劝告患者转诊的义务和保密义务等;伦理义务有不得拒诊的义务、危机情形的救护义务、创新治疗的义务和要求医师“视病者如亲”的关怀照顾义务等;组织性义务包括围绕诊疗活动而完成的组织机构间协调一致、高效服务患者的义务,医师在职责之内对护理人员及其他医技人员的工作、药品、医疗设备的质量和使用等情况进行监督的义务也包含其中。

(三)诊疗义务的内容

医师的高度注意义务包括结果预见义务和结果避免义务两种,此外还涉及

---

① 杜东亚:《论诊疗义务与诊疗过错的推定》,载《科技与法律》2011年第5期。

特定情形的医疗转医义务。

1.结果预见义务。在确定医师是否违反结果预见义务时,需要特别注意以下几点:(1)医师是否具备基本的医学知识。对于危险是否有预见的可能应以一般医师的医学知识为判断标准,不能以医师自己主观的医学知识及经验为判断标准。如果医师因欠缺必要的知识、技能而导致错误诊疗,则会被认为是对注意义务的违反而要负相应的法律责任。(2)医师对医学新知识是否无知。医师对医学新知识欠缺认识而导致医疗损害后果的发生,被认为是对此项义务的违反。因为"一名医师不能顽固地继续用陈旧的被淘汰了的技术进行治疗。但是,如果只有一种正统的治疗方法而他却不按照这一方法治疗,他当然不能用临床诊断错误的辩词来进行掩饰"。(3)预见义务在于预见发生结果的可能性。结果是否发生本质上是概率问题,发生的概率越高,医师应注意的程度越大。医学上的危险即使发生的可能性极低,但有发生的可能且为一般医师所知悉时,即有预见的义务。(4)医疗行为包括诊断、治疗前的检查、治疗方案的选择、治疗行为、治疗病历的管理等行为。这些行为对患者的人身均有可能产生危险。因此注意义务的范围应及于医疗行为的全部。

2.结果避免义务。结果避免义务的内容要求医师在保持应有谨慎的情况下而为,即法律所要求的一定的作为或不作为。违反结果避免义务成立过于自信的过失。在医疗行为实行过程中并不是采取一切措施就能排除危险的发生。因此,对已预见的危险的存在采取适当的避免结果发生的措施就显得相当重要。一般而言,避免结果的发生有两种方式:(1)舍弃危险行为。它要求医师对其预见到的医疗行为将会给患者带来危险的结果应舍弃,如果医师继续施行该医疗行为而给患者造成损害,就被认为存在过失。但是,如果患者处于危急状态,不立即手术就会有生命危险,而周围没有医术更好的医师,也来不及转往其他具备医疗条件医院的情况下,造成患者损害的,则可以紧急避险为抗辩,否定医师的过失。(2)提高注意并采取安全措施。医师在认识或预见其医疗行为的危险后,仍继续实行这种医疗行为,如果医师提高警觉而保持客观必要的更高注意,并采取了各种必要的安全措施,而使危险行为不致发生损害结果,意味着医师没有过失。当然,医师在实施该医疗行为时,必须履行其应尽的注意义务,以避免损害结果的发生。如果自信其不发生而不采取对策,一旦损害结果发生,则认定其违反了结果避免义务而承担过失责任。医疗行为中不良结果的预见义务是指为了避免医疗带来的不良损害,医务人员在诊疗前必须对一切可能发生的损害有所认识,并且采取措施防止损害的发生。如果已预见到此损害而未采取相应的回避措施或本应预见而未预见到此损害结果的,就认为医务人员存在过失。这些情况往往发生在对一些损伤的并发症或后遗症的预见和预防中。

医务人员可以采取舍弃危险行为或提高注意并采取安全措施以回避医疗行为中的不良结果。如果医务人员预见到其行为将会给患者带来危险的结果(即危害),则应舍弃该行为,以回避损害结果的发生,如继续该行为给患者造成损害的,构成过失。这些多发生在外科手术治疗时,对于手术适应证的把握,手术方式的选择以及手术中可能的误操作等情形。

3. 医疗活动中的转医义务。医务人员在转医中的注意义务,包括转医说明义务和转医运送义务。前者是指医务人员对本领域之外或本人能力之外的患者有做出转医说明之义务,即应向患者说明建议转医的原因和必要性;后者是指当患者需要转医,而病情危重无法自行赶到有条件加以治疗的医院时,医疗机构有义务将患者安全快速转运到该医院。此外,医务人员还有其他注意义务,如对病情急危的患者进行必要的诊治,对于不愿转医或者没有条件转医的患者继续为其诊治,不得因患者未转医就降低对患者诊疗中的注意义务等。对多发性和复合性损伤的病人或多系统跨学科疾病的患者,常常需要根据患者情况作出转医说明。实践中,转医说明可能包括邀请本学科或者相关学科具有处置能力的医务人员进行会诊或共同参与治疗。

对于转医适用的条件,我国台湾地区有学者作了一定研究,其主张包括:(1)对于患者之疾病,医师本身并非专家,或者根据医师自己之临床经验或医疗设备,欲改善患者之疾病有所困难。(2)患者整体状况尚能承受搬运。(3)根据地理、环境因素,即与患者病情相关且在运送可能之区域内具有配置适当设备、专门医师之医疗结构。(4)能预测因转医而有改善该疾病之可能性。[①]

我国医疗法律法规中关于转医的规定,主要见于《医疗机构管理条例》。其

① 参见陈子平:《医疗上充分说明与同意之法理》,载《东吴法律学报》2000 年第 12 期。

中第31条规定:“对限于设备或者技术条件不能诊治的病人,应当及时转医。”此条规定明确了转医的适用条件,但并未提及转医中医师的注意义务,这还需要在以后的医疗立法中予以规定。

二、适用本条需要注意的问题

本条规定,对医疗机构及其医务人员的过错,应当依据法律、行政法规、规章以及其他有关诊疗规范进行认定,可以综合考虑患者病情的紧急程度、患者个体差异、当地的医疗水平、医疗机构与医务人员资质等因素。

1. 患者病情的紧急程度。本条在考察医疗过错上,首先需要结合医疗上的紧急因素来进行勘察。医疗上的紧急因素包括两种情况:一是时间紧急,二是事项紧急。处于紧急情形时,医方应当机立断,对医生在注意程度上的要求通常低于一般情形。另外,高等级医疗机构往往设有专门的急救中心,医疗设备、救助条件以及医护人员所受训练的专门化,使得其在紧急救治中担负的注意义务要高于非急救中心的医护人员。医疗上的紧急性被认为是最重要的缓和注意义务的要件。

2. 患者个体差异。这是考察患者因素在医疗过错中的因素。在考察患者个体差异上,患方延误诊疗往往是需要重点考察的因素,因为患者延误治疗往往导致是医方义务免除和患者权利受阻的主要法律依据。具体情况表现为:(1)患者拒绝治疗。从合同法的角度来看,患者与医方是平等主体之间的合同关系,患者有一定的选择权和自主权。但是,有时候患者对自己权利的不当行使可能会延误治疗时机,造成不应有的后果。在这种情况下,只要医方认真履行了说明义务,向患者阐述了其病情以及不治疗可能导致的不良后果和危害性而患者仍然拒绝治疗时,医方即无过失。(2)患者没有全面配合医方诊疗。在医疗活动中,患者不如实向医务人员陈述症状、故意隐瞒病史、不遵守医嘱(服药、治疗以及一些必要的检查)、私自使用所谓的“偏方”或其他药物,使医务人员在患者发生意外情况时无法找到真正的原因,从而延误抢救和治疗的最佳时机,造成患者损害时,医方不应对因此产生的损害后果负有过失。例如,某患者,男,56岁,因左胸疼痛、呼吸困难3小时入院。患者自己陈述,入院前三天锻炼后左胸痛、胸闷、心悸、气短、大汗不止,但没有提及自己有肺结核、肺气肿、乙型肝炎的既往史(这是事后才知道的)。经过X光检查,诊断为慢性纤维空洞型肺结核并左侧自发性气胸。在患者住院期间，未经医生允许，家属自行给患者口服“心得安”。服药后患者立即昏迷，口唇及面部发绀，呼吸困难。医护人员立即进行人工呼吸、心脏复苏等抢救措施，但因患者没有如实告知病情，终因抢救无效死亡。患者死后，家属对治疗过程产生怀疑，遂产生医疗纠纷。该病例经调查，查明患者因没有如实告知病情而且私自服用“心得安”而导致呼吸衰竭而死，院方对此不负有责任。[①]

3.“当地的医疗水平”。审查医务人员是否尽到诊疗义务的关键在于判断医务人员的诊疗是否符合“当地的医疗水平”。在考察当地的医疗水平时，其实质上内含了当地、当时的医疗水平。如何判断“当地的医疗水平”，是审判实践中较难把握的问题。加之我国特殊的国情，我国幅员辽阔，地区差异极大，这种情况反映在医疗行业是不同地区的医疗水平的差异也极大。从纵向的层面看，有发达地区和不发达地区的差异；从横向的层面看，同一个地区的城乡之间也存在较大的差异。医学作为一种自然科学、经验科学，其受制于自然科学的发展，医务人员的知识和技能受科学发展和个人经验等因素的制约。不可否认，医务人员的知识和技能和医务人员所能依靠和使用的医疗设备与其履行注意义务的能力是成正比的。比如，对某种非常见疾病的诊断，北京某三甲医院的普通医生借助先进的设备仪器，在本院专家的指导下已熟能生巧，而对于某乡镇卫生院的医生来说，可能在此前的执业中从未遇见过。虽然他们都同时具有执业医师资格证，但是在处理这类疾病的时候后者很显然不可能如前者一般准确和娴熟，甚至有可能完全诊断不出患者所患的疾病或者误诊，更不用说对症治疗。在这种情况下，如何衡量前后两者的注意义务。能不能对两者适用同样的注意义务的标准呢？回答是否定的，因为，在这种情况下，前后两类医务人员履行注意义务的能力是不一样的。如果对他们的注意义务课以同样的标准，对后者而言是不公平的。因此，囿于外在因素而导致的不同地区、不同资质医疗机构的医务人员的注意能力的不同，对不同地区、不同资质医疗机构的医务人员在具体的个案中就不能适用同样的标准。对此，我们可以借鉴日本的做法，在确定某一医疗行为的安全性和有效性已经得到临床一般认可的前提下，应当

① 郭升选、李菊萍：《论医疗注意义务与医疗过失的认定》，载《法律科学》2008 年第 3 期。

同时考虑不同地区、不同资质医疗机构的医务人员在诊疗活动中应当履行的注意义务，而这种最终的审查义务将赋予具体解决个案的法官。司法实践中，应综合考虑以下因素来认定是否具备当地的医疗水平：

医疗条件。医疗条件与治疗能力密切相关，综合性大医院往往技术先进、设施齐全、人才丰富，而小医院在设备、技术、人才等方面都与综合性大医院相差甚远，其治疗能力和医疗技术水平相差悬殊，在认定过失时必须考虑到医疗条件对医疗行为产生的影响。

医疗水准。医疗水准可分为“学术上的医疗水准”和“实践中的医疗水准”。前者为研究水准，被学术界所认可，后者为经验水准，属普遍实施的技术。判断医生是否履行注意义务的基准应当以实践中的医疗水准为依据。

医疗的地域因素。落后地区在资金、技术、人才、药品等方面都不同程度地落后于经济发达地区，故而经济发达地区与经济落后地区在医疗水平上存在差异。落后地区受到当地种种不利因素的影响，医疗技术水平不可能达到发达地区的水平。判断医疗过失应结合该地区具体情况认定，依据该地区的标准进行判断。

4. 医疗机构与医务人员资质。这是关于医疗的专业素质因素。随着经济的发展和科技进步，现代医疗技术日趋高度专业化，其具体表现在医院的专门化和医生分工日益专门化。医务人员就医师来说，可以分为全科医师和专科医师。所谓全科医师，是指不分诊疗科别为患者实施医疗行为的医师；所谓专科医师，是指以特定诊疗科为范围，仅在该科范围内为患者实施医疗行为的医师。就我国医疗体制现状而言，虽然对医师实行统一的临床执业证资格制度，但比较正规的医疗机构都内设内科、外科、儿科等不同科室，这其实就是专科医师制度。而在医疗卫生条件比较落后的地区，更多的是全科医师。那么，在认定医师的注意义务时，专科医师和全科医师一般应当以不同的医疗水准为基准。另外，医疗机构的资质也有很大差异，也在一定程度上影响到对医务人员注意义务的判断。医务工作者依其专业，有医生、护士、检验师、麻醉师、药剂师等分工；综合性医院的每个科均有专门的医师，他们的注意标准应依照其所属专业加以判断。从专业分工的角度，专科医师对其专门领域内的注意义务标准要高于一般医师的注意义务，而对其专业领域之外的医疗行为，其注意义务不能等同于该领域的专门医生,法律应结合该医生的具体情况加以衡量。法律对某领域内的专门医生所要求的注意义务应以该领域的一般医疗水准为判断标准,如果医生因医疗技术水平低于该领域的一般水准而对该患者造成损害时,可认定医生存在过失。

5.“等因素”的理解。对于本条规定的“等因素”中的“等”的范围,应理解为“等外”等,即为一种包括未包含因素的综合性兜底考量。在这“等因素”中,允许医疗损害的限度因素和医疗试验因素均是需要加以重视的问题。医学还处于经验科学阶段,加之医疗活动的高风险性和不确定性,患者的疾病不可能都得到治愈,医疗设备再高级、管理再完善的医疗机构、再高明的医术也会或多或少地给患者带来损害——副作用或并发症。这些都是合理的医疗损害,不应该据此认定医疗机构有过失。

医疗试验。医学发展有赖于新的治疗方法、新的药物尝试,医生在新的领域中进行探索尝试有利于医学的进步,但其应当负有注意义务。医生的试验性治疗除了应征得患者的同意外,还应当就患者的症状、身体承受力、医疗设备、预防风险等进行慎重考虑,最大限度地避免损害结果的发生。[①]

三、审判实践中还应注意的问题

1.本条对诊疗过错鉴定的指引。医疗过错鉴定是解决医患纠纷的基础,无论是在临床医疗还是法医检案中,都极其常见。在此需要注意的是,对于诊疗过错进行认定,往往也需要进行鉴定。鉴定人对诊疗过错进行鉴定时,也可以将本条规定作为指引。

比如,在医疗过错认定过程中往往涉及医疗人员及医疗机构的免责鉴定,患者或其近亲属不配合医方进行符合诊疗规范的诊疗时,或者限于当地的医疗水平导致的不良后果,又或者限于医疗水平,患者在诊疗过程中由于无法控制的并发症或者患者身体异常而发生了医疗意外,均可以考虑属于医疗人员及医疗机构的免责因素。

2.关于过度医疗问题。本条主要从正面积极角度规定医疗过错的认定。但是,对于医务人员的合理诊疗义务,从反面理解,还包含其不得对于患者进行

---

① 陈现杰:《侵权责任法条文精义与案例解析》,中国法制出版社2010年版,第201页。

过度医疗的义务。当前的医疗卫生体制、医生职业道德的原因,以及医疗机构出于规避风险的考虑,导致过度医疗行为时有发生。过度医疗是指医疗机构及其医务人员在医疗活动中,违反法定及约定义务,提供了超过患者实际需要的医疗服务,造成患者人身伤害及财产损失的行为,其也应是医疗过错侵权行为的一种。

过度医疗是医疗侵权行为的一种类型,其构成要件包括以下几个方面:第一,过度医疗的行为主体必须是医疗机构,其主体不包括非法行医者、药店服务人员。第二,医疗机构提供了超过患者实际需要的医疗服务。如实施了不必要的检查等。此种医疗服务行为超出了治疗疾病的实际需要,对疾病的诊断没有积极效果,是多余且不合理的。第三,过度医疗行为造成患者损害,虽然有过度医疗行为,但没有损害后果的,不属于法律意义上的过度医疗。第四,过度医疗行为和损害后果之间有因果关系。虽存在过度医疗行为,但患者的不良后果是由于患者体质特殊、病情异常或者意外事件、不可抗力等原因导致,亦不属于医疗过度。第五,医疗机构存在过错,即医疗机构违反了法律法规规定的合理诊疗义务。过度诊疗表现为过度检查、过度诊断与过度治疗。具体表现在以下几个方面:一是在医疗检查方面,重复检查、应用高档医疗设备做一般检查以及进行不必要的检查。二是在治疗方面,小病大治,开大处方,用高价药;滥用抗生素;延长疗程或住院时间;诱导患者进行不必要的手术。三是在医疗保健方面,用高档设备进行普通检查,用吃补药或补品的方式代替保健。

【典型案例指引】

曾健某、李彩某与某某医专附属医院医疗损害责任纠纷案

基本案情

曾健某、李彩某起诉至一审法院称,李彩某在医专附属医院进行产前超声检查,超声提示均没有告知其胎儿畸形,医生也未在病历上给予诊断或提示,告知李彩某可能出生畸形胎儿,更未建议李彩某到上级医院确诊。医院没有履行告知义务,侵犯了李彩某的知情权及优生优育权,导致胎儿错误出生,医专附属医院对此损害结果有严重过错,给李彩某在经济和精神上均造成严重损害,应当承担赔偿责任。被告医专附属医院为李彩某做三次孕期胎儿超声检查,结果均为“肢体部分可见”,未对胎儿发育异常或胎儿有可疑畸形进行确诊,违反卫生部《产前诊断技术管理办法》第 17 条的规定,主观上有过错,应承担医疗损害赔偿责任。请求赔偿医疗费和精神损失。

医专附属医院辩称,其给李彩某做的孕期胎儿超声检查,符合医疗规范,并三次书面告知其做超声检查的风险性,主观上没有任何过错,客观上也没有违反医疗卫生管理法律法规和规章,不应承担侵权赔偿责任。请求驳回诉讼请求。

一审法院经审理查明,李彩某、曾健某系夫妻关系。李彩某因怀孕,于 2010 年 5 月 14 日在医专附属医院进行产前 B 超检查,检查之前,李彩某在被告出具的《胎儿超声检查知情同意书》上签字,该《胎儿超声检查知情同意书》的主要内容为:“随着电子技术和超声诊断仪器分辨力的迅速发展,目前的胎儿超声检查已能发现和检出大部分胎儿畸形,但由于以下主要原因,胎儿超声检出也存在较大的局限性:1. 超声是一种无创的高科技检查技术,但超声仪器具有一定的局限性,和其他检查一样,不是一种万能的检查。2. 超声是一种影像学检查方法,不同于病理学检查,超声诊断意见不等于病理学诊断。3. 胎儿超声检查是一种间接检查技术,不是直接对胎儿进行检查,胎儿位于母体宫腔内,超声检查时隔着母体腹壁、子宫壁、检查胎儿心脏时还隔着胎儿胸壁,加之胎儿心脏较小,胎儿在宫腔内不断活动,胎儿心脏血流动力学与小儿和成人有很大不同,因此其检查的准确性不如小儿和成人那样可靠。4. 超声受被检者各种因素包括孕妇、孕周以及胎儿体位、羊水、胎儿活动、胎儿骨骼声影等多因素影响,许多器官或部位可能无法显示或显示不清,超声显像也不可能将胎儿的所有结构显示出来。5. 胎儿畸形是一个动态形成的过程,没有发展到一定程度时,有可能不为超声所显示,胎儿畸形和胚胎正常生长发育一样,随着孕周的增大,胎儿长大。胎儿畸形也随之增大。6. 发现胎儿畸形的最佳时间是孕 18 ~ 24 周,胎龄过小和过大都影响胎儿检查的准确性,不是每次产前超声检查的目的都为检查胎儿畸形,而很多时候是检查胎儿生长发育。7. 产科超声检查的 3 个重点时间段是孕 10 ~ 14 周、18 ~ 24 周、32 ~ 36 周,我们建议您(整个妊娠期的 3 个重要时间段内)进行 3 次检查,请您不要错过。8. 胎儿超声检查是靠超声诊断仪器进行检查,目前超声诊断仪尚不能完全满足对胎儿心脏细微病变进行准确诊断的要求。9. 尽管超声检查能发现被检者胎儿畸形,但不能检出所有的胎儿畸形,即诊断符合率不可能达100%。10. 超声检查意见仅供临床参考。由于以上影响因素,胎儿超声检查的准确性仍然十分有限,并且其诊断也存在不确定性,存在假阳性和假阴性,因此胎儿超声检查属于一种选择性检查,如果孕妇及其家属不能理解上述影响因素,可以放弃检查,如果在理解上述影响因素的基础上仍要求进行胎儿超声检查,请签字表示认可同意。"当日,医专附属医院出具了彩色超声检查报告单,主要内容为"因胎位、羊水等因素影响,胎儿部分肢体及颜面部显示不清。宫内中孕,单活胎,建议复查"。

2010年7月1日,李彩某在医专附属医院处又进行产前B超检查。检查之前,李彩某同样在附属医院出具的《胎儿超声检查知情同意书》上签字。当日,附属医院出具了超声检查报告单,主要内容为"肢体部分可见,宫内晚孕,单活胎,头位,随诊"。

2010年8月21日,李彩某在医专附属医院处又再次进行产前B超检查。检查之前,李彩某同样在医专附属医院出具的《胎儿超声检查知情同意书》上签字。当日,医专附属医院出具了超声检查报告单,主要内容为"肢体部分可见,颜面部因体位原因显示不清,宫内晚孕,单活胎,头位"。因已到预产期,李彩某随即在医专附属医院产科住院,翌日(即2010年8月22日)凌晨生下一右手掌、右手指缺失(如)女婴。2010年8月23日,李彩某办理了出院手续,李彩某在医专附属医院共用去检查和住院医疗费用1564.32元。

另查明,《临床技术操作规范—超声医学分册》对中晚期妊娠常规超声检查的内容为:(1)胎位。(2)胎儿径线测量双顶径(BPD),股骨长度(FL)。(3)是否为多胎。(4)检查胎儿有无显性脊柱裂、无脑儿、腹裂、心脏外翻。(5)测量胎心率及观察胎动。(6)确定胎盘位置。(7)测量羊水深度。胎儿手掌并非产前常规超声检查的内容。

再查明,《产前诊断技术管理办法》的附件6《超声产前诊断技术规范》中第3条超声产前诊断应诊断的严重畸形作出以下规定:根据目前超声技术水平,妊娠16~24周应诊断的致命畸形包括无脑儿、脑膨出、开放性脊柱裂、胸腹壁缺损内脏外翻、单腔心、致命性软骨发育不全等。对手掌、手指缺失畸形的诊断并未包括在该《技术规范》之中。

裁判理由

一审法院认为:(1)医疗损害责任所调整的法律关系之主体为医患双方,即医疗机构和患者。在过去的医疗关系中,所谓医疗,单指治病,所以,接受医疗服务和参与到医疗关系的另一方当事人理所当然是身患疾病而前往医疗机构接受医疗救治的病人。随着现代医学技术的迅速发展,很多人并非因治疗疾病而前往医疗机构就医,接受医疗服务的主体不仅包括病员,还包括为预防疾病、美容、保健、体检及孕妇进行产前检查等前往医疗机构就诊的人员。对于孕妇而言,其体内的胎儿是母体的一部分,胎儿(婴儿)的缺陷即是母亲的缺陷,也是父母的缺陷,作为胎儿(婴儿)的父母,与医疗机构发生纠纷,自然可以成为案件的当事人,李彩某、曾健某作为原告以与被告发生医疗损害赔偿纠纷向本院起诉,其主体适格;医专附属医院辩称两上诉人不是适格主体,理由不能成立。(2)目前很多医学问题尚处于探索之中,超声检查方法和技术仍存在一定的局限性。在产前检查中,由于医疗技术水平本身的局限性和受胎儿体位、胎儿活动、胎儿骨骼声影及羊水等多因素影响,超声显像尚不能将胎儿的所有结构显示出来,胎儿畸形的概率客观存在。《侵权责任法》第55条规定:"医务人员在诊疗活动中应当向患者说明病情和医疗措施。需要实施手术、特殊检查、特殊治疗的,医务人员应当及时向患者说明医疗风险、替代医疗方案等情况,并取得其书面同意;不宜向患者说明的,应当向患者的近亲属说明,并取得其书面同意。医务人员未尽到前款义务,造成患者损害的,医疗机构应当承担赔偿责任。"本案中的李彩某先后三次在医专附属医院处进行胎儿超声检查,每次检查前,李彩某都在该院出具的《胎儿超声检查知情同意书》上予以签字,该《胎儿超声检查知情同意书》中对胎儿超声检查存在的风险,条款具体、清楚、全面,应视为其已对胎儿超声检查存在的风险完全知晓,并认定医专附属医院已充分履行了对李彩某的告知义务;医专附属医院出具的超声检查报告单,也完全符合《临床技术操作规范-超声医学分册》及《产前诊断技术管理办法》的附件6《超声产前诊断技术规范》所规定的内容、要求和范围,医专附属医院在对李彩某的诊疗活动中也不存在《侵权责任法》第58条规定的"患者有损害,因下列情形之一的,推定医疗机构有过错:(一)违反法律、行政法规、规章以及其他有关诊疗规范的规定;(二)隐匿或者拒绝提供与纠纷有关的病历资料;(三)伪造、篡改或者销毁病历资料”中的任何一种情形。所以,医专附属医院为李彩某进行胎儿超声检查,按照医疗规范和常规尽到了注意和告知义务,主观上没有过错,客观上没有违反医疗卫生管理法律法规和规章及诊疗护理规范,其医疗行为不具有过错。医专附属医院辩称其诊疗活动符合诊疗规范,没有过错,理由成立。(3)李彩某产下的女婴右手掌、右手指缺失,系其在胎儿妊娠过程中形成的畸形,是一种先天性畸形,该缺陷不是由于医专附属医院医生的过失造成,即使没有医生的行为介入,其也注定是存在的。因此,该损害结果并非医专附属医院的产前检查行为所致,与医专附属医院的产前检查行为之间没有因果关系,医专附属医院的医疗行为不构成侵权责任,不应当承担赔偿责任。综上所述,本案中,医专附属医院的医疗行为未违反医疗卫生管理、行政法规、部门规章和诊疗护理规范、常规,不存在医疗过失行为,李彩某的婴儿出现先天畸形与医专附属医院的医疗行为之间不存在因果关系,医专附属医院主观上也不存在过错。李彩某的诉讼请求缺乏事实和法律依据,不能得到支持。据此,原审依照《侵权责任法》第55条、第57条、第58条、第60条第1款第3项之规定,判决:驳回李彩某、曾健某的诉讼请求。

曾健某、李彩某不服一审判决,上诉至二审法院。理由同一审起诉意见。二审法院查明事实与一审法院查明事实相同。

二审法院认为,本案系医疗损害赔偿纠纷。被上诉人医专附属医院在给上诉人李彩某做产前胎儿彩色超声检查中,由于检查设备本身的局限性和胎儿体位、孕周、胎儿活动、胎儿骨骼声影及羊水等多因素影响,超声显像未将胎儿的手掌显示清晰,导致检查者无法作出准确判断。医专附属医院出具的超声检查报告单注明“肢体部分可见”,并不代表胎儿肢体超声显像清晰可见,且超声检查报告单出具了建议复查的意见,上诉人取得报告后可以选择其他医院或更精准的检查方式进行复查,但其没有到其他医院复查,甚至没有选择更精准的检查方式进行复查,而是选择了普通黑白B超进行第二次复查,医专附属医院在现有设备的前提下未能作出准确判断,属于正常检查风险。对于这种风险,医专附属医院在李彩某每一次检查之前均作了书面告知,并由李彩某签字,医专附属医院对李彩某的产前超声检查行为符合医疗常规和现行法律法规规定,主客观均没有过错,且李彩某所生女婴右手掌、手指缺失,系其在妊娠过程中形成的畸形，并非医专附属医院的检查行为所致，故医专附属医院不应承担侵权赔偿责任。综上，原判认定事实清楚，适用法律正确，程序合法，实体处理并无不当。上诉人关于医专附属医院有过错，应承担侵权赔偿责任的上诉理由不能成立，本院对其诉讼请求不予支持。据此，二审法院判决：驳回上诉，维持原判。该判决已经生效。

裁判指引 22

本案一、二审法院坚持按照医务人员是否符合"当地的医疗水平"的判断标准来加以判断是否构成医疗过错，是比较典型的案例。在考察当地的医疗水平时，其实质上内含了当地、当时的医疗水平。如何判断"当地的医疗水平"，是审判实践中较难把握的问题。加之我国特殊的国情，我国幅员辽阔，地区差异极大，这种情况反映在医疗行业是不同地区的医疗水平的差异也极大。

本案例在确定某一医疗行为是否构成过错的问题上，同时考虑了相应地区、相应资质医疗机构的医务人员在诊疗活动中应当履行的注意义务，并没有因为出现了错误出生的案例，即认定医院具有一定的过错，这是合理的判断。在本案中，法院在判断医疗过错方面，比较成功的判断有以下两个方面：

一是考虑到了当时的医疗条件。医疗条件与治疗能力密切相关，综合性大医院往往技术先进、设施齐全、人才丰富，而小医院在设备、技术、人才等方面都与综合性大医院相差甚远，其治疗能力和医疗技术水平相差悬殊，在认定过失时必须考虑到医疗条件对医疗行为产生的影响。

二是考虑到了当时的医疗水准。医疗水准可分为"学术上的医疗水准"和"实践中的医疗水准"。前者为研究水准，被学术界所认可；后者为经验水准，属普遍实施的技术。判断医生是否履行注意义务的基准应当以实践中的医疗水准为依据。医专附属医院出具的超声检查报告单注明"肢体部分可见"，并不代表胎儿肢体超声显像清晰可见，且超声检查报告单出具了建议复查的意见，上诉人取得报告后可以选择其他医院或更精准的检查方式进行复查，但其没有到其他医院复查，甚至没有选择更精准的检查方式进行复查，而是选择了普通黑白B超进行第二次复查，医专附属医院在现有设备的前提下未能作出准确判断，属于正常检查风险，这种判断是合适的，也符合当时的医疗水平。

【相关法条链接】

《侵权责任法》第57条，《医疗事故处理条例》第2条、第12条。

第十七条 医务人员违反侵权责任法第五十五条第一款规定义务，但未造成患者人身损害，患者请求医疗机构承担损害赔偿责任的，不予支持。

【起草背景】

近年来，随着我国医疗制度的改革和公民权利意识的不断高涨，医患纠纷已成为社会的焦点问题，与此同时，诉至法院的医疗损害赔偿纠纷案件呈现出数量激增、类型多样化的特点。其中，以医疗机构未向患者告知说明且征得患者的同意而实施诊疗行为的医疗纠纷是一类多发的典型纠纷，此类事由的医疗纠纷案件呈增长趋势是一个显著的特点。

关于患者知情同意权与医务人员的告知义务，在《侵权责任法》出台以前，法律并没有明确的规定，其规定散见于《医疗机构管理条例》《医疗机构管理条例实施细则》《医疗事故处理条例》等行政法规中。《侵权责任法》出台以后，关于患者的知情同意权有了明确的法律依据。《侵权责任法》第 55 条规定，医务人员在诊疗活动中应当向患者说明病情和医疗措施。需要实施手术、特殊检查、特殊治疗的，医务人员应当及时向患者说明医疗风险、替代医疗方案等情况，并取得其书面同意；不宜向患者说明的，应当向患者的近亲属说明，并取得其书面同意。医务人员未尽到前款义务，造成患者损害的，医疗机构应当承担赔偿责任。依照上述规定，医生对于与患者疾病相关的医疗信息应向患者进行告知说明，重要医疗行为应取得患者的同意。但是法律规定过于原则和笼统，不够明确具体。比如，如何判断患者具有知情同意的能力；患者的知情同意权与医务人员的告知义务具体包括哪些内容；为不影响患者的心理，能否向其家属进行告知；不完全行为能力人的患者知情同意权如何获得保护，是否存在告知义务的例外；违反告知义务承担的是违约责任还是侵权责任等。加之理论上对于医务人员的告知说明义务和患者的知情同意权的法理研究不够深入，因此造成审判实践中，对于医务人员违反告知说明义务的认定缺乏统一的判断标准。违反上述义务与损害后果之间如何建立因果关系，以及如何确立这类案件的损害赔偿均是审理这类案件的难点。

在这些问题中,即使医务人员违反告知义务,但是并未造成患者人身伤害的,则根据无损害即无赔偿的原则,不予赔偿患者的损害,并无争议。但是,实务中争议较大的是侵犯患者知情同意权的精神损害赔偿问题。即是否仅仅侵犯患者知情同意权,即使在未造成人身伤害的情况下,也应给予患者精神损害赔偿?对此有两种意见:一种意见认为,只要违反说明义务,医疗机构应当承担相应的精神损害赔偿责任;另一种意见认为,医务人员未尽到说明义务,仅损害患者知情同意权而未造成患者人身伤害的,医疗机构不承担赔偿责任。

本条基本采纳了第二种意见。理由在于,依据《侵权责任法》第22条的规定,在医疗机构未尽告知义务,侵害患者人身权益,造成患者严重精神损害的情况下,患者可以向医疗机构主张精神损害赔偿。本着平衡救济患者损害和有效推动医疗卫生事业发展的考虑,为避免精神损害赔偿适用范围太广,给医疗机构造成不必要的负担,最终影响正常的医疗秩序乃至广大患者看病就医的权利,对"严重精神损害"有必要从严把握,宜将此限定在造成患者人身伤害的范围之内。同时,根据部分民事审判委员会委员和有关审判业务部门负责同志对本解释讨论的会议意见,将原稿中的"但实施手术、特殊检查、特殊治疗的情形除外"删除,一者,这一但书条款缺乏明确法律依据,在实践中也不好把握;二者,如此规定容易给医疗机构过重负担,本解释还是要鼓励医疗机构及时诊治疾病,避免当事人滥诉。

在进一步讨论过程中,根据审委会讨论意见,将本条"医务人员违反侵权责任法第五十五条第一款规定义务,但未造成患者人身伤害,患者请求医疗机构承担损害赔偿责任的,不予支持"中的"精神"删除。主要理由在于:以避免单独提出精神损害赔偿不赔而导致出现理论和实务上的争议,且对于不符合侵权责任构成的情形,也就不存在损害赔偿问题,这样规定当然也就将精神损害赔偿的问题包括在内。

【条文释义】

本条是关于医务人员违反《侵权责任法》第55条规定义务时的精神损害赔偿问题的规定。

一、医务人员告知义务

医师履行说明义务是患者自我决定权的基础。现代医疗技术的高度发展,医疗科技的内容特别复杂,如果没有医师对医疗行为的详加说明,一般患者无法了解其利害关系,也就无法就医疗行为的实施与否做出充分而有效的考虑。因此,尊重患者自主权,必须以医师履行说明义务为基础。同时,如果医师能提供充分的说明,也能减少患者对医师的误解,防止医师与患者的争端,使患者与医师之间产生信赖感,促使患者提供更多病情方面的信息,进而有利于医师实施更佳的医疗措施。因此,患者的知情同意权与医务人员的告知义务紧密相连。可以说,医生的告知义务是与患者知情权相对应的,没有医生的告知义务的履行,患者的知情同意权也就无从实现。因此,在法律规定患者的知情同意权就必须要规定医生的告知义务,毕竟在医患关系中医生对病人的义务与患者的权利是密切联系的。

1. 医务人员告知义务的性质关于医务人员告知义务的性质,存在合同义务说和法定义务说。合同义务说认为,医疗告知义务是医疗合同的内容之一。至于该合同义务的性质,有的观点认为是医疗合同的独立合同义务,有的观点认为是保证主义务实现的从义务,有的观点认为是属于附随义务和手段义务。法定义务说认为,医疗告知义务是基于患者的知情同意权产生的法定义务,违反该义务承担侵权责任。此外,有不少观点认为,医疗告知义务兼具合同义务和法定义务的性质。

一般认为,医疗告知义务兼具合同义务和法定义务的性质。理由如下:从患者知情同意权实现的角度讲,医疗告知义务是为确保患者知情同意权实现而产生的法定义务,为了更好实现对患者的保护,应该将患者同意权视为独立的人格权;从医疗合同的角度讲,医疗告知义务是医生对患者承担的合同义务,由于该义务是为了确保主合同义务的实现而产生的,应视为是医疗合同的从义务,对该义务可以单独诉请履行。司法实践中,违反医疗告知义务的案件应该适用《合同法》还是《侵权责任法》存在争议。大多数观点认为应该适用《侵权责任法》的规定,追究违反告知义务主体的侵权责任更有利于患者的保护。也有不少观点认为,在侵权责任与违约责任竞合的情况下,应该允许患者自由作出决定。在审判实践中,《最高人民法院公报》刊登的“郑雪某、陈国清诉江苏省人民医院人工辅助生育纠纷案"适用的是《合同法》第 60 条和第 107 条作为审判依据，追究医院的违约责任。但基层法院中更多的是将违反告知义务视为侵犯公民自由决定权的侵权行为，适用《民法通则》第 106 条第 2 款、《侵权责任法》第 54 条、第 55 条和最高人民法院《关于确定民事侵权精神损害赔偿责任若干问题的解释》（以下简称《精神损害赔偿解释》）进行审理。就此而言，医疗告知义务既是医疗合同义务，也是基于患者自由决定权而产生的法定义务，违反该义务将构成违约责任和侵权责任的竞合，原则上应该允许当事人自己选择请求权依据。尽管违约责任和侵权责任在构成要件上存在区别，但是就医疗告知义务的违反来看，不管是违约责任还是侵权责任，其核心都是依据告知义务是否履行来判断医务人员应否承担责任，在判断标准上也是相同的。因此在违约责任的责任形式单一且不赔偿精神损失的情况下，在审判实践中适用《侵权责任法》的规定，追究医务人员的侵权责任对患者比较有利。

2. 医疗告知义务的履行主体。根据告知同意原则，医生必须向患者告知必要的医疗信息，以使患者能够在充分知情的基础上自己对医疗行为作出选择，因此，医疗告知义务的主体是医务人员。在现代医学中，医疗过程可能包含多个医疗行为，多个医疗行为的负责医生对所实施的医疗行为均承担告知义务。也就是说，医方告知义务是一个复杂的体系，其中不仅包括主治医师就临床诊疗行为进行的说明与沟通，还包括药师、麻醉师等辅助人员对相关事项的告知，以及其他工作人员向患者和相关权利人提供医院、医师能力水平和业绩的贡献性说明。告知义务应当由医疗机构中的医护人员和其他工作人员各司其职、各负其责共同完成，而不仅仅是主治医师的义务。

从我国现有规定来看，《执业医师法》第 26 条将义务主体界定为"医师"，《医疗机构管理条例》第 33 条和《医疗机构管理条例实施细则》第 62 条界定为"医疗机构"，《医疗事故处理条例》第 11 条则规定为"医疗机构及其医务人员"。应该说，我国有关义务主体的界定是比较清楚的，包括医疗机构和医务人员，实际履行说明义务的是医务人员。值得强调的是，从合同角度来看，医务人员只是医疗机构的工作人员，患者就医是与医疗机构建立合同关系，与医务人员没有直接的法律关系，患者只能向医疗机构主张违约责任；但从侵权角度来看，医务人员是直接实施医疗行为的主体，其实施医疗行为必须尊重患者的自由决定权,对患者直接承担告知义务,违反该义务则影响患者承担侵权责任。同时,医务人员作为医疗机构的工作人员,患者可以基于医务人员与医疗机构之间的代表关系或者雇佣关系要求医疗机构承担侵权责任。

3. 医务人员告知的方式。医学是一门高深、复杂的专业学科,其间充斥着无数的专业术语,不同专业的医师之间尚且可能都无法完全理解彼此使用的术语,更何况普通的不具有专业素养的患者。医师常常以无法与患者沟通为由拒绝对患者作出解释。因而,告知后同意规则强调,医师必须以患者能够理解的语言来对患者予以说明、解释。这就要求医师能深入浅出地表达医学术语。告知应采取书面的形式抑或口头形式,法律并没有作出明确规定。但医疗实践中,医方兼采两种方式,通常在知情同意书上会列明所要进行的侵袭性医疗行为的相关风险或副作用,同时,医师也会对相关的事项予以说明或解释。相对于书面的告知,口头的告知更符合告知义务的内涵,因为它能促成医师与患者之间就治疗方式、风险、预后等重要资讯进行充分的交流。但如果有些情形会对患者的选择与判断造成重大影响,原则上应采用书面方式。比如:(1)患者系参与科研;(2)该程序是实验性的;(3)患者将处于全麻状态;(4)其他对患者将产生巨大的不良后果之情形。此外,需要说明的是,患者有权拒绝接受服务和撤回对服务的同意。

4. 医务人员告知的标准。对于告知的标准,法律并没有明确的规定,在这方面,美国近几十年司法实践中通过法院判例形成了一些标准,但这些标准仍然在不断演化。美国法院判例形成的标准主要有三种:(1)理性医生的标准,即一位具有中等专业水平和责任心的医生在相同的情况下会向患者说明哪些内容;(2)理性病人的标准,即一位普通病人在相同的情况下需要被告知哪些内容才能作出合理同意;(3)主观标准,即一位普通病人在当时的情况下需要被告知哪些内容才能作出合理的同意。一般来说,美国的法院会根据自己的倾向来选择上述三种标准之一作为衡量尺度,但无疑对医生来说第三种标准是最为苛刻的要求,较少的州采用的是这种标准。近年来,美国的法院对于第二种标准又有了进一步发展,一些州的法院从根本上抛弃了用虚拟出的理性病人来衡量具体某个病人对告知的期望,转而认为只要病人的要求是正当合理的,医生都应当给予说明,这无疑对维护病人的权益是十分有利的。[①] 笔者认为,上述标准中第二项标准相对比较合理。首先,告知后同意规则的目的是确保患者自我决定权的实现,在决定哪些信息或资讯是重要时,应当从患者的角度去考虑。其次,同样的治疗信息对医师与患者的意义是不同的,或者说医师、患者在面对这些信息时,大脑的反馈是不同的,因为最终应当是患者享有决定权,从这个角度而言,以一个理性患者的标准去界定告知义务的边界是合理的。

5. 医务人员告知义务的内容。告知义务设定的目的是患者同意权的实现。由于患者通常不具备医学知识,尤其在现代高度专业化的医学时代,因此要求医师必须进行充分地说明。一般认为,告知义务的内容应包括以下几个方面:

(1)为取得患者有效承诺的说明义务。说明的内容主要是:患者的病情、预定实施的医疗行为、预想的结果和伴随的危险性以及不予进行该医疗行为的后果等。只有充分有效说明,患者才能有效承诺。医师对于患者的病情轻重及痊愈的可能性,有告知患者的义务。对此,德、日学说和判例均持肯定的见解,并认为医师对病情未尽说明义务或未尽完全说明义务时,无论是消极的还是积极的,所取得的患者的同意都属于无效的同意。

(2)拟采取的医疗行为的理由。医师告知病情后,即应将要采取的诊疗措施的性质、理由、内容、预期的诊疗效果、医疗方法对患者的侵袭范围及危险程度等告知患者。

(3)可能发生的危险。对于医疗行为可能伴随的风险、发生的概率和危险结果预防的可能性,如药物的毒副作用、手术的并发症,特别是医院的医疗设备,医师防止危险发生的能力等亦有说明的义务。通常认为对于危险的说明可分:①依通常医学法则,在医学上得以预期且易于防止其损害结果发生的定型风险,应予说明;②结果的发生在医学上得以预见,而无确实有效的预防方法,此种定型的风险,医师亦有说明的义务;③损害结果发生极其偶然且不容易避免的非定型风险,则无说明的必要。我们前面所引入的案例即为违反风险告知义务的案例。

(4)有无其他可替代的医疗行为。医务人员不仅应告知患者被推荐检查或

---

① 王利海:《论患者的知情同意权》,载《郑州航空工业管理学院学报》2007 年第 3 期。

治疗信息,还应告知可供选择的治疗方案的信息。患者只有在清楚了解各种治疗方案的益处和危险之后才同意,这一思想已得到法律承认。例如,胆囊切除术,现代医疗有两种方式:一种是直接手术切开体表,人手直接摘除,该方法创伤大,患者需要较长时间康复;另一种是用腹腔镜摘除,该方法创伤小,病人术后康复快,但需要全身麻醉,且费用较高。对这两种方法医师要向患者一一说明。

(5)相关诊疗费用。现代医疗费用高涨,使众多患者不能从现代医疗科技的发展中得到好处。医疗费用已成为患者考虑的首要问题,医师应当告知患者相关医疗行为的大致费用。

二、医务人员告知义务的免除

说明同意法理主要是为了保护患者的自主权,但是一味绝对地适用可能对患者的生命健康造成重大不利影响。为此,有必要在特殊情况下免除医师的告知义务。

1. 医疗紧急情况。出现医疗紧急情况时,往往需要分秒必争,此时医师既无时间也无精力履行说明义务。在患者面临重大危险时,如要取得患者的承诺,可能会因此浪费时间,给患者造成重大损害。急诊中医师在没有得到患者的承诺下进行治疗,是法律上假定的默示的同意。该理论被视为是为了公共利益,它使医师在对生命处于危险状态下的病人进行抢救时不必害怕触犯法律,此时有必要免除医师的说明告知义务。

2. 危险程度非常轻微的情况。医师有着高度的专业技术,其劳动力价值极其昂贵,不可能事无巨细地将所有的相关情况都告知患者。否则,会造成医疗资源的巨大浪费。

3. 告知可能对患者造成不良影响的情况。某些特别的疾病的诊断结果、诊疗预测对患者告知会给患者的心理、生命健康带来重大的危害,医师此时应采取适当方式告诉患者,甚至避免告诉患者。对末期的患者,医师的告知义务是否免除,学者有不同的看法。笔者认为,尊重患者的权利、尊重患者的尊严是医学上、法律上、伦理上至为重要的通则,而且此时病情的告知并非完全对患者有害。只要医师采取适当的方式,充分考虑到患者的性格、心理状态、知识水平、社会地位、家属意向、患者的承受能力等情况,应当对此类患者进行告知。对一个在生命最后时刻的患者进行欺骗,并让其至死不明自己的死因,本身是不人道的。而且现代社会中,患者大多具有重要的社会角色,往往有重要的事项需要安排,如子女的托付、研究项目的交接、遗产的处理等。这时如果不对患者进行告知,实质上意味着是对患者权利的剥夺。

4. 患者对医疗内容有充分的了解。如患者为慢性病人,且长期重复同样的医疗内容,对该医疗内容可以免除医师的说明义务。在医疗过程中有一定的侵袭程度,依一般常识皆可预想到其范围,在此范围内即认为有患者同意的存在,医师在此种情况下不必一一说明。

三、违反医疗告知义务损害赔偿责任的认定

《侵权责任法》第55条规定的侵害患者知情同意权的赔偿责任为过错侵权责任,其应符合过错侵权行为的构成要件:加害行为——医方未履行充分告知义务,损害后果——人身或财产损害,因果关系——违反医疗告知义务与损害后果之间存在因果关系。

1. 医方过错未履行充分告知义务。是否尽到告知义务的标准通常有合理医师说、合理患者说、具体患者说、折中说。所谓合理医师说是指一般医师负有说明的义务。所谓合理患者说是指在医疗过程中,凡是一般患者所重视的医疗资料,医师都有说明义务。所谓具体患者说是指医师应否负具体说明义务,应就个别患者决定,凡依患者的年龄、人格、信念、心身状态,可确知某种医疗资料与患者的利益相结合,而为患者所重视的医疗资料,而医生有预见可能的时候,医师对该资料即有说明的义务。折中说是指医疗资料不仅为一般患者所重视,即具体患者也同样重视,且为医师所能预见时,医师就有说明义务,是合理患者说和具体患者说的折中。判断医疗机构是否尽到告知义务的标准,似可从如下两个层次进行判断:第一,当患者没有提出医疗期待时,医疗机构应该履行当前专科医院医疗水平告知义务。医疗机构应该首先向患者说明当前临床医疗实践中有效性和安全性都得到认可的治疗方案。同时,医疗机构应该告知患者自己医院的类别(专科医院/综合医院)、所准备采用的医疗方案和实施能力以及本院是否达到当前专科医院的一般医疗水平等。第二,当患者提出其他医疗期待时,医疗机构应该履行其有效性和安全性尚处于被验证的医疗方案的告知义务。结合医院所处的环境等因素,某些医院还应该履行国际上有效性和安全性得到认可或正在被验证的疗法的告知义务。

至于违反告知义务的具体形式,包括如下几种形式:第一,未履行告知义务。这是违反告知义务的最基本形态。需要注意的是,在某些情况下医疗机构不需要履行告知义务。第二,未履行充分告知义务。这种违反经常表现为:未告知治疗过程中的并发症、药物的毒副作用、手术中擅自扩大手术范围、手术后必要的复查等。第三,错误告知。医疗机构由于疏忽等原因,错误告知患者的病情、医疗方案的成功率、副作用等。第四,迟延履行告知义务。这种情况经常导致患者失去治疗的最佳时机,患者的合理期待利益受到损害。比较典型的是,医疗机构迟延履行转诊告知义务。第五,履行了告知义务,但未经同意而实施医疗行为。告知的目的是获得患者或者其监护人的同意,因此,医疗机构尽管履行了告知义务,但是没有获得患者或者其监护人的同意就实施医疗行为的,仍然有可能构成侵权行为。

一般认为,医方没有充分履行告知义务即存在过失。医务人员在履行告知义务时,应注意以下几个原则:(1)通俗原则,即其提供的医疗信息应力求通俗易懂,使患者能充分领悟医生的说明;(2)忠实原则,即医务人员应本着诚实信用的原则,向患者如实告知医疗信息,不应有所偏颇;(3)适当原则,即医生的说明应适当,过度说明与说明不足均属未尽告知义务,都会招致损害赔偿。①

当然,《侵权责任法》第55条规定违反告知义务也应包含故意不予告知的情形。

2. 损害后果。损害后果包括以下两种:(1)现实权益损害。违反告知义务造成现实权益损害的表现形式有很多。第一,人身损害。比如,医生在剖宫产手术过程中认定再次怀孕将威胁病人的安全,于是在手术过程中根本未征求病人同意就当即进行绝育手术。这种损害通常和医生的父权式作风具有密切关系。第二,精神损害。第三,财产损害,主要指直接财产损失。(2)期待利益损害。违反告知义务还会导致患者期待利益的损害。这主要表现为患者丧失治疗最佳时机(包括存活机会)、最佳治疗方案,丧失其他可预见利益,间接财产损

① 江苏省高级人民法院民一庭:《违反告知义务的损害赔偿责任》,载《法律适用》2008年第8期。

失。第一,丧失治疗最佳时机(包括存活机会)、最佳治疗方案。一方面,医疗机构没有履行转诊等告知义务,会使患者丧失确诊的最佳时机(比如,患者的病情已经由早期发展到晚期),最终不得不采取风险性和侵害性更大的治疗手段进行治疗,从而使患者支出了额外的治疗费用,承担了不必要的精神痛苦。在某些情况下,患者很可能就因此而丧失了生命。我国台湾地区 1988 年"台上字第 1876 号"认为,病人生命存活机会之丧失,被害人得请求损害赔偿。学者认为,因医师治疗疏失致使病人丧失存活机会,该存活机会是对未来继续生命的期待,应属于人格完整性、人的存在价值及人身不可侵犯性等概念,应认为其属于一般人格权,在其受到侵害时,得依据侵权法的规定,请求损害赔偿。另一方面,医疗机构怠于履行告知义务,可能剥夺了患者所认定的最佳治疗方案。不同的患者可能会结合其具体情况选择不同的治疗方案——保守治疗或者激进治疗。如果患者没有被告知,那么其相应的期待利益也就受到了侵害。第二,丧失其他可预见利益。比如,在美容治疗中,美容师怠于向时装模特履行美容药物可能产生毁容的较大风险的告知义务,从而使消费者丧失了权衡利弊的机会,最终产生了毁容的严重后果,导致该模特失去 T 型舞台工作。在此情形中,美容师就侵害了该模特的可预见利益。第三,间接财产损失。间接财产损失主要是指由于患者因医疗过失而导致其本可以抚养、扶养、赡养他人而无法给与他人的利益。

3. 违反医疗告知义务与损害后果之间存在因果关系。这一般应包括两种考量因素:首先,医方未履行告知义务使患者对自己的病情产生了错误的认识、对诊疗措施做出错误的判断,并因此在客观上造成了患者贻误病情或者选择错误的诊疗措施而遭受人身、精神损害和财产损失。其次,此种义务的违反在通常情况下必然会引起损害后果的发生。在因果关系上,目前的通说为相当因果关系,即如果未违反医疗告知义务,则不会发生损害结果,有了违反医疗告知义务,则往往会发生损害后果。符合上述两项要求则可以认定法律上的因果关系成立。

四、对本条的理解

医务人员在医疗活动中没有履行说明义务,并不意味着一定承担侵权责任,只有在其行为符合一定条件时,医疗机构才能承担责任,这些条件就是侵害患者知情同意权侵权责任的构成要件。如果医务人员没有违反说明义务,或者义务人员未履行说明义务与损害事实之间不存在因果关系,均不应要求医务人员及医疗机构承担责任。本条关注的是在没有造成损害事实的情况下,医务人员及医疗机构也不应承担责任,这是对于《侵权责任法》第55条解释的当然结果。

《侵权责任法》在广泛听取各方面的意见并经反复研究,为加强对受害人利益的保护,同时也为了防止精神损害赔偿被滥用,在第22条规定,侵害他人人身权益,造成他人严重精神损害的,被侵权人可以请求精神损害赔偿。在理解侵权责任法精神损害赔偿问题上,需要把握以下几点要求:(1)侵害他人人身权益可以请求精神损害赔偿。根据本条的规定,精神损害赔偿的范围是侵害他人人身权益,侵害财产权益则不在精神损害赔偿的范围之内。人身权益包括生命权、健康权、姓名权、名誉权、肖像权、隐私权、监护权等,侵权人侵害了他人的人身权益的,被侵权人可以请求精神损害赔偿。(2)造成他人严重精神损害。并非只要侵害他人人身权益被侵权人就可以获得精神损害赔偿,《侵权责任法》第22条规定,造成他人严重精神损害才能够获得精神损害赔偿,"严重精神损害"是构成精神损害赔偿的法定条件。偶尔的痛苦和不高兴不能认为是严重精神损害。(3)被侵权人可以请求精神损害赔偿。一般来说,请求精神损害赔偿的主体应当是直接遭受人身权侵害的本人。受到他人侵害致残,或者名誉等人身权益受到他人侵害造成严重的精神损害的,可以请求精神损害赔偿。此时,人身权被侵害的"他人"与造成严重精神损害的"他人"是一致的,就是本人。被侵权人由于其人身权益受到侵害造成死亡的能否请求精神损害赔偿?国外的立法、司法实践及理论都存在争议,有的国家规定可以请求精神损害赔偿,如日本、美国;有的国家没有规定精神损害赔偿,如德国。我国实践中对于因侵权导致死亡者的亲属是给予精神损害赔偿的,如北京发生的"公共汽车售票员掐死大学教授女儿"一案,法官考虑到大学教授老来得子,在现场亲眼目睹女儿被掐死,售票员的手段特别恶劣等因素,确定了30万元的精神损害赔偿。而根据《侵权责任法》第18条的规定,被侵权人死亡的,其近亲属有权请求侵权人承担侵权责任。其中,赋予近亲属的请求权并没有明确排除精神损害赔偿。确定精神损害赔偿时的数额可以考虑侵权人的主观状态、被侵权人的伤残情况和遭受精神痛苦的情形等。目前,一些省级法院掌握的标准是最高不超过 5 万元,有的市一般掌握的标准是最高不超过 10 万元。随着社会经济的发展变化,精神损害赔偿的数额也会随之发生变化。

本条规定最初的条文即为根据《侵权责任法》第 22 条规定具体解释《侵权责任法》第 55 条的规定,在提交审委会讨论稿中曾规定,"医务人员违反侵权责任法第五十五条第一款规定义务但未造成患者人身伤害,患者请求医疗机构承担精神损害赔偿责任的,不予支持"。虽然本条最终经讨论删除了"精神"两字,但是本条在体系解释上,其主要功能系解决实践中对于侵害知情同意权但未造成人身伤害的精神损害赔偿问题。故根据本条要求,即使医务人员未履行告知义务,侵害了患者的知情同意权和自主决定权,但是由于并未造成《侵权责任法》第 22 条所规定的人身伤害,故对于患者请求医疗机构承担精神损害赔偿责任的,人民法院不予支持。

五、审判实践中应注意的问题

1. 代理行使知情同意权的情形。在特定情况下,医务人员不宜向患者履行说明义务,此时应当向患者的近亲属说明,并取得其书面同意,此时就发生代理行使知情同意权的问题。这里的近亲属,根据《民法总则》等相关法律的规定,包括配偶、父母、子女、兄弟姐妹、祖父母、外祖父母、孙子女、外孙子女。代理行使知情同意权主要有两种情况:(1)民事行为能力受限的代理权行使民事行为能力受限包括两类情况:一是未满 18 周岁的未成年人,未满 8 周岁的未成年人是无民事行为能力人,已满 8 周岁未满 18 周岁的未成年人是限制民事行为能力人。二是完全不能辨认或不能完全辨认自己行为的精神病人,前者是无民事行为能力人,后者是限制民事行为能力人。上述几类人由于民事行为能力受限,无法以自身行为享有权利和承担义务,因而其在接受诊疗时应当由其近亲属代理行使知情同意权。(2)特殊的行为能力受限的代理权行使,包括两类情况:一是疾病状态下意识障碍患者的代理权行使。医疗实践中,虽然有些患者是完全民事行为能力人,但为防范患者在接受治疗时出现不可预测的事件,医疗机构应首先要求其指定代理人,如患者发生意识丧失或意识障碍后,利用合法的授权,实施后续治疗。如果患者突发意识障碍,又没有任何事前的委托,医疗机构不可能直接向患者履行说明义务,这时患者的近亲属作为知情同意权行使的代理人应当依法获取患者的诊疗信息，并决定是否签署知情同意书。二是心理脆弱患者的代理权行使。心理脆弱患者是指具有完全民事行为能力并无意识障碍，但是由于心理脆弱客观上需要委托他人代为行使知情同意权的患者。代理心理脆弱患者行使知情同意权需要具备两个基本要件，即主观上患者无认知障碍，而客观上患者需要近亲属代理行使知情同意权。医学的专业化使很多人望而生畏，饱受疾病折磨的患者也不一定都有心情和心理准备去聆听医生的解释，而后作出冷静、恰当的决策，此时，允许患者的近亲属代理行使知情同意权具有一定的现实意义。不过，由于患者是完全行为能力人，并无认知障碍，如果不宜直接向其履行说明义务的条件已经丧失，仍然应当由患者亲自行使其知情同意权。

2. 造成物质损害且符合过错侵权构成要件的处理。根据本条的规定，“医务人员违反侵权责任法第五十五条第一款规定义务，但未造成患者人身伤害，患者请求医疗机构承担损害赔偿责任的，不予支持”，本条在起草过程中主要系基于体系解释方法来解释《侵权责任法》第22条和第55条的适用问题，主要针对的是精神损害赔偿问题。对本条解释的逻辑应为，根据《侵权责任法》第22条的规定，赔偿精神损失以造成人身伤害为前提，未造成人身伤害而单纯造成物质利益损失的，则不赔偿精神损失。

但是，对于医务人员违反第55条规定侵害患者知情同意权造成患者物质利益损失的，仍然要根据第55条第2款的规定予以赔偿。比如，在某男性患者到医院来治疗前列腺疾病情况下，医务人员在未向其履行说明义务的情况下，给其开具了妇科检查，这属于典型的过度医疗，这种医疗造成的直接后果就是患者增加了检查费用的支出，遭受了此种检查费用的损害。患者在此情况下可以请求医疗机构赔偿该支出。

【典型案例指引】

1. 郑某与某医院医疗损害赔偿纠纷案

基本案情

1999年郑某于某医院行左眼睑脂肪瘤切除术，术后出现左眼上睑下垂，被确诊为提上睑肌损伤所致。郑某认为，医院在术前未向本人告知有关术后并发症，且在手术中误伤了提上睑肌，要求医院承担过错的赔偿责任。医疗事故鉴定委员会鉴定意见认为，医院的诊断和治疗原则无不当，病员目前左眼上睑下垂属术后并发症，结论为本医疗事件不属于医疗事故。

裁判理由

一审法院审理后认为，在医疗纠纷中损害事实、因果关系、行为人具有过错及不当行为系医疗单位承担侵权损害赔偿责任的四个必备条件，缺一不可，但根据鉴定部门出具的鉴定意见，不能证明医院在手术过程中具有过错，故郑某要求医院承担赔偿责任的要求难以支持。据此，一审法院驳回了郑某的诉讼请求。

一审判决后，郑某不服并提出上诉。

二审法院经审理认为，由于医疗机构对患者施行，手术是在一定程度上破坏人体而达到治疗效果，所以医院实施手术前应尽可能取得患者的知情同意，患者对手术的同意及对手术后果的接受应当建立在对手术风险充分知情的基础之上，否则不能视为真正意义上的同意。本案中，医院与患者郑某家属术前谈话笔录中记载的前三点告知内容指向明确，并未提及手术可能伤及提上睑肌，而郑某提上睑肌损伤亦非眼球结构伤害，所以也不属于第四点告知内容，由于医院未完全向郑某明示手术风险，致使郑某丧失选择手术与否的机会，并造成严重后果，故医院应当就此承担民事侵权责任。

—— 裁判指引 23 ——

从患者知情同意权实现的角度讲，医疗告知义务是为确保患者知情同意权实现而产生的法定义务，为了更好地实现对患者的保护，应该将患者同意权视为独立的人格权；从医疗合同的角度讲，医疗告知义务是医生对患者承担的合同义务，由于该义务是为了确保主合同义务的实现而产生的，应视为是医疗合同的从义务，对该义务可以单独诉请履行。司法实践中，虽然对于违反医疗告知义务的案件应该适用《合同法》还是《侵权责任法》存在争议，但是针对违反告知义务、侵犯患者知情同意权的情况下，如果医疗行为造成患者人身损害的，则应该承担损害赔偿责任，这是无可厚非的。

本案例恰是本条适用的反面解释结果，也是《侵权责任法》第55条第2款规定的直接适用，即医务人员违反《侵权责任法》第55条第1款规定义务，医务人员未尽到前款义务，造成患者损害的，医疗机构应当承担赔偿责任。

2. 朱之某、刘淑某与光明医院医疗损害赔偿纠纷案

基本案情

一审法院审理查明，朱某（1928年3月1日出生）系朱之某之父、刘淑某之夫。其自述有20年的肺结核病史，慢性支气管炎10余年，因胸闷、气促，伴咳嗽咳痰7个月后于2010年7月19日入住光明医院心胸外科。入院诊断："1. 右侧局限性气胸，右侧肺大疱；2. 慢性阻塞性肺疾病；3. 双上肺结核。"入院后，患者家属方签署了《住院告知书》和《入院医患谈话记录》，光明医院告知家属，在常态下拟选择的诊疗方案为予以胸腔闭式引流、抗炎、雾化、抗结核等对症治疗。在实施诊疗的过程中，可能出现未能预料的情况变化，医院将适时调整诊治方案，并行手术。术前，患者家属方签署了《手术同意书》。经《出院记录》记载，患者于7月20日在局麻插管下行右侧胸腔闭式引流术，予以抗炎、雾化、吸氧等对症治疗。该次手术记载于《临时医嘱单》上的时间是7月20日17时16分。《临时医嘱单》上还有同日19时43分关于胸腔闭式引流术的记载。据此，患者家属方认为光明医院在没有告知的情况下，在短时间内为患者实施了第二次手术，给患者造成了损害。而光明医院认为，第二次手术系第一次手术的后续手术，是根据手术需要而采取的医疗措施。后7月29日，朱某出院。据出院记录记载：出院时朱某情况尚可，诉伤口稍疼痛不适，无明显胸闷气促。体查右胸闭式引流管通畅，可见气泡逸出。右中下肺叩诊呈鼓音，左肺叩诊呈清音。出院诊断："1. 右侧局限性气胸，右侧肺大疱；2. 慢性阻塞性肺疾病；3. 双上肺结核。"出院医嘱："1. 继续回当地医院治疗；2. 注意休息，加强营养；3. 3个月后复查，不适随诊。"朱某出院前，其家属签字"主动要求出院，一切后果自负"。出院后当日20时，患者朱某又入住某某县人民医院。该院入院诊断：慢性支气管炎、肺大疱、肺心病心功能失代偿期、闭式引流式后。经检查后予以抗炎化痰，吸氧等治疗，患者于2010年8月4日出院，出院时朱某情况尚可，无明显胸闷气促。出院医嘱:"1. 注意休息,避免受凉;2. 不适时随诊;3. 加强营养;4. 定期复查。"随后,朱某于出院当日 10 时,再次入住某某县人民医院,该院予以抗感染吸氧营养支持等治疗,朱某于同月 14 日出院。同年 8 月 16 日,患者朱某在家属的陪同下,再次来到光明医院,在门诊挂号后但未住院治疗。同月 22 日因陈旧性肺结核、肺气肿、肺心病、心衰呼衰死亡。

朱之某、刘淑某起诉至一审法院,以 7 月 20 日实施第二次手术未履行告知义务侵害其知情同意权为由,请求赔偿。

裁判理由

一审法院认为,《侵权责任法》第 54 条规定,患者在诊疗活动中受到损害,医疗机构及其医务人员有过错的,由医疗机构承担赔偿责任。因此,对诊疗活动引起的纠纷,应当适用一般过错责任。患者家属方应当承担举证责任,以证明医疗机构及其医务人员有过错,以及该过错与损害后果之间具有因果关系。但本案双方均不要求通过申请司法鉴定的方式来查明案件事实,鉴于医疗损害纠纷审理的复杂性与专业性,只能根据本案事实并且依照法律规定予以裁量。患者家属依据《临时医嘱单》的二次记录,认为光明医院对患者进行了二次手术,侵害了其知情同意权。但经查治疗日志,该次治疗系在患者家属签字同意情况下所实施的医疗行为,系在一次紧急治疗过程中实施的连续性的治疗行为。虽然本次治疗并未取得患者家属的同意,但是其对于患者并未造成人身伤害。患者家属认为病历上医师签名不完整和不规范,存在下级医生代替、冒充上级医生签名的现象,因患者家属未提供证据予以证明而无法认定。另外,患者家属认为光明医院没有赋予患者家属方手术选择权,但根据双方签署的《手术同意书》,能够表明光明医院已经告知患者家属手术选择权,并经患者家属同意在紧急情况下适时调整诊治方案。综上,患者朱某在光明医院处诊疗所受到的损害后果以及诊疗行为与损害后果之间有无因果关系均不明确,患者家属方未能提供足够的证据予以证明,应承担举证不能的相应后果。综上,依照《侵权责任法》第 54 条、《民事诉讼法》第 64 条第 1 款之规定,判决如下:驳回刘淑某、朱之某的诉讼请求。

二审法院判决理由同一审法院判决理由基本相同,并维持了一审判决。

裁判指引 24

本案例即为典型的医疗机构未向患者告知说明且征得患者的同意而实施诊疗行为的医疗纠纷。《侵权责任法》出台以后,关于患者的知情同意权有了明确的法律依据。《侵权责任法》第 55 条规定,医务人员在诊疗活动中应当向患者说明病情和医疗措施。需要实施手术、特殊检查、特殊治疗的,医务人员应当及时向患者说明医疗风险、替代医疗方案等情况,并取得其书面同意;不宜向患者说明的,应当向患者的近亲属说明,并取得其书面同意。医务人员未尽到前款义务,造成患者损害的,医疗机构应当承担赔偿责任。依照上述规定,医生对于与患者疾病相关的医疗信息应向患者进行告知说明,重要医疗行为应取得患者的同意。但是本条法律规定得过于原则和笼统,不够明确具体。实践中即使医务人员违反告知义务,但是并未造成患者人身伤害的,则根据无损害即无赔偿的原则,不予赔偿患者的损害,并无争议。但是,实务中争议较大的是侵犯患者知情同意权的精神损害赔偿问题。即是否仅仅侵犯患者知情同意权,即使在未造成人身伤害的情况下,也应给予患者精神损害赔偿。根据本条的规定,答案已经是明确的,即如果仅仅侵犯患者知情同意权,但是并未造成其人身损害,则不能要求医疗机构承担侵权责任。

本案例是比较典型的案例,医疗机构在实施医疗过程中,对于每一项紧急处理的医疗行为不可能每一步骤都需要取得患者或者其近亲属的同意。在治疗过程中,医疗机构有权根据患者的具体情况选择手术的时机以及与该时机相关的后续医疗措施。

从本案事实可以看出,在患者朱某在手术后,其正常出院,医院的出院记录也已经明确告知了其治疗后的后果;而后来其由于疾病引发的后续结果则不能再认定为本次治疗行为的损害后果。就此意义上,本案一、二审判决是合理的。

【相关法条链接】

《侵权责任法》第 22 条、第 55 条。

第十八条 **因抢救生命垂危的患者等紧急情况且不能取得患者意见，下列情形可以认定为侵权责任法第五十六条规定的不能取得患者近亲属意见：**

（一）近亲属不明的；

（二）不能及时联系到近亲属的；

（三）近亲属拒绝发表意见的；

（四）近亲属达不成一致意见的；

（五）法律、法规规定的其他情形。

前款情形，医务人员经医疗机构负责人或者授权的负责人批准立即实施相应医疗措施，患者因此请求医疗机构承担赔偿责任的，不予支持；医疗机构及其医务人员怠于实施相应医疗措施造成损害，患者请求医疗机构承担赔偿责任的，应予支持。

【起草背景】

本条是关于紧急救治具体情形及责任承担规则的规定。2008 年 12 月，侵权责任法草案提请全国人大常委会二审时，第 56 条建议条文为：“因抢救生命垂危的患者等紧急情况，难以取得患者或者其近亲属同意的，经医疗机构负责人批准可以立即实施相应的医疗措施。”这里的“难以取得患者或者其近亲属同意”的表述易被理解为包括了患者或者其近亲属明确表示不同意的情况。后来，根据各方面意见对草案进行修改，考虑到虽然患者或者其近亲属明确不同意治疗的情况在实践中确有发生，但对于如何处理认识上不一致，分歧较大。国外的情况也不尽相同，有的国家要求，疾病已危及生命时，为了保护患者的生命健康，即使代理人或者监护人不同意也应当进行治疗。有的国家规定，医生不能无视患者家属不同意治疗的表示，但可以请求法院裁定治疗。这个问题还涉及法定代理权、监护权等基本民事法律制度，情况较为复杂，还应当总结实践经验作进一步研究，待今后条件成熟时再作明确规定。因此，《侵权责任法》第 56 条才有了目前的规定模式：“因抢救生命垂危的患者等紧急情况，不能取得患者或者其近亲属意见的,经医疗机构负责人或者授权的负责人批准,可以立即实施相应的医疗措施。”

对于《侵权责任法》第56条的规定,紧急情况下医疗机构实施紧急医疗措施的内容,在实践中如何认识该条中“难以取得患者或者其近亲属同意”分歧较大,需要进一步明确。

本条规定主要解决的问题是,对于患者不能表达意志的紧急情况下如何施救涉及患者一方自主决定权和医疗机构救治义务的协调问题。医疗机构救死扶伤的公益性职责,是各国或地区的通行做法,比如我国台湾地区“医师法”第21条规定:医师对于危急之病人,应即依其专业能力予以救治或采取必要措施,不得无故拖延。我国《执业医师法》第24条、《医疗机构管理条例》第31条对此也有明确规定。基于及时救治生命垂危等紧急情况下患者的考虑,本解释对《侵权责任法》第56条规定的“不能取得患者近亲属意见的”情形作了进一步细化。本条规定的适用前提仅限定在“因抢救生命垂危的患者等紧急情况,不能取得患者意见的”情况,对于患者与近亲属意见不一致的情况,由于涉及医学伦理和专业判断问题,为避免争议,并未作出规定,但从医疗机构的角度讲,也应当尽量本着救死扶伤的精神结合专业判断进行处理。

在起草过程中,本条还有“近亲属的意见明显不利于患者利益的”内容。在征求意见过程中,卫计委和各高级人民法院的多数意见认为,原稿第1款中的“近亲属的意见明显不利于患者利益的”难以把握,且涉及医疗伦理问题,不宜规定。全国人大常委会法工委回复意见也认为这一表述与《侵权责任法》第56条规定不尽一致,建议再做研究。经研究,我们采纳这一建议,将“近亲属的意见明显不利于患者利益的”情形删除。

在起草过程中,对于现有规定“近亲属的意见不一致的”原规定内容为“近亲属的意见不一致且形不成多数意见的”。对此,有意见指出,原稿中“近亲属的意见不一致且形不成多数意见的”容易给人造成医院负有征得多数近亲属同意的义务。经研究,我们采纳这一建议,将此修改为“近亲属的意见不一致的”。

在起草过程中,对于现有规定“不能及时联系到近亲属的”的原规定内容为“联系不到近亲属的”,根据本院审委会讨论意见,将“联系不到近亲属的”修改为“不能及时联系到近亲属的”,以减轻医疗机构在紧急情况下的取得患者近亲属意见的义务。

调研中也有意见指出,本条第 2 款规定似有增加医疗机构义务的问题,建议再酌。经研究,第 2 款规定符合《侵权责任法》第 54 条和第 56 条规定精神,有利于推动和规范医疗机构在紧急情况下履行救死扶伤的职责,符合医疗机构的公益性要求。同时在讨论过程中,审委会讨论认为,对于第 2 款中"怠于"的判断标准,在价值导向上要遵循鼓励和倡导医疗机构实施紧急救助的义务,对于是否属于"怠于"紧急救助的情形,在认定标准上不宜太宽松,而应遵循有关诊疗规范的专业判断标准,尊重医学伦理并根据具体病情的主客观情况综合认定。

【条文释义】

一、关于紧急救治义务的理解

(一)紧急救治义务的概念和性质

《医疗机构管理条例》第 31 条规定,医疗机构对危重病人应当立即抢救。对限于设备或者技术条件不能诊治的病人,应当及时转诊。首次以法定义务的形式规定了医疗机构的紧急救治义务。《执业医师法》第 24 条规定,对急危患者,医师应当采取紧急措施进行诊治;不得拒绝急救处置。以立法的形式再次规定了医疗机构的紧急救治义务,并且使患者紧急救治权的保障更具体。《医疗事故处理条例》第 33 条规定了医务人员履行法定的紧急救治义务造成患者不良后果的责任豁免,使紧急救治义务的内容更加完善,最大限度地维护了患者的生命健康权。从上述规定可以看出,我国法律体系已经明确对紧急救治义务进行了规定。

对于医疗机构实施紧急救治行为的性质有两种理解方式:一是从患者的角度将其理解为紧急救治权,即指公民在患病生命垂危时,有得到紧急抢救、治疗的权利,属于公民享有的医疗权的重要内容之一;二是从医疗机构的角度将其理解为紧急救治义务,即指在患者生命垂危等紧急情况下,不能取得患者本人或者其近亲属的意见时,医务人员经过批准对生命垂危的患者实施相应救治措施的义务。

从某种意义上说,医疗机构的紧急救治义务是医疗机构的一种"权利",即在患者生命垂危的情况下，没有得到患者或者其近亲属的知情同意，医疗机构也可以对患者实施相应的救治措施；但医疗机构的“紧急救治权”不能对抗患者及其近亲属的知情同意权，是对患者及其仅亲属的知情同意权的补充，是对患者生命的关怀。

（二）紧急救治义务的特征

1. 法定性。通常认为医患之间的医疗服务关系在法律上属于医疗服务合同关系，双方的权利义务由双方约定。但由于法律明确规定了患者的紧急救治权，因此，根据合同法的一般原理，在具体医疗服务合同中即使没有约定紧急救治权，患者依法也享有该权利，医疗机构不能以没有约定而不立即实施相应的医疗措施的义务。并且，患者的紧急救治权优先于医疗服务合同中医疗机构的任何合同权利，医疗机构不能以患者没有履行其合同义务为理由（如没有交付医疗押金）对不履行紧急救治义务进行抗辩。

2. 紧急性。紧急救治权虽然是法律规定的患者权利，但患者享有该权利是有特定条件的。对此，《侵权责任法》第56条将紧急情况界定为为了抢救生命垂危的病患等紧急情况。普通的急症患者，如果病症并不危及生命，则不能够视为处于紧急情况。因此，紧急情况一般情况为类似于生命垂危的情形。这里的“生命垂危”是指如果不采取必要的医疗措施，则病患很可能将会失去其生命，因为患者已经处于生命垂危的危急状态，需要进行抢救。这种危及生命之虞必须得到医学上的普遍认可。除了生命垂危之外，其他如不采取相应措施将给患者造成难以挽回的巨大损害的情形也属于紧急情况，例如某患者被切断手掌，只有在某个特定时间段内为患者进行缝合，患者的手掌才能接上，否则就成为残疾。

3. 补充性。医疗机构的紧急救治义务是对患者及其近亲属的知情同意权的补充，但医疗机构实施紧急救治义务不能对抗患者的自主决定权，医疗机构实施紧急救治行为是在患者无法行使自主决定权的条件下，是从患者的利益出发对其生命健康权的关怀。

4. 免责性。法律规定患者紧急救治权的目的是对人的生命健康权的保障，但医疗机构实施的紧急救治行为很可能对患者造成不良后果。衡量人的生命健康权与医疗机构的紧急救治行为可能对患者造成的不良后果，显然应容忍可能发生的不良后果。在基本符合紧急医疗规范的情况下,医务人员出于对患者的利益考虑而实施的医疗措施,即使对患者造成了不良后果,也不应当承担法律责任。

(三)紧急救治义务的行使条件

医疗机构履行紧急救治义务必须符合特定条件,并遵循一定的程序。从根本上讲,生命健康权属于患者本人,医疗机构在诊疗活动中应当尊重患者的自主决定权,这是患者的知情同意权一般原则的体现。但是,在特定的紧急情况下,患者不能行使知情同意权时,从患者的利益出发,医疗机构可以实施相应的紧急救治行为,这是对患者生命健康权的关怀。因为医疗机构实施紧急救治行为是对患者自主决定权的一种限制和补充,所以必须符合特定条件,并遵循一定的程序。具体来说包括四个方面:

第一,必须是抢救生命垂危的患者等紧急情况。这是医疗机构实施紧急救治行为的前提条件。患者在生命垂危的情况下往往产生认知障碍,不能正确恰当地行使知情同意权,人的生命价值此时优先于其知情同意权,从患者利益出发医疗机构得以实施紧急救治行为。但是,如果患者能够正确恰当地行使知情同意权,能对自身的生命健康权作出正确恰当的处置,医疗机构就不能对抗患者的知情同意权,自行决定实施紧急救治行为。另外,紧急情况不限于抢救生命垂危的患者的情况,还应当包括虽然患者的生命没有严重危险,但患者不能行使自我决定权,如果不采取紧急救治行为,患者的健康利益将严重受损的情况。

第二,不能取得患者或者其近亲属的意见。医疗机构实施紧急救治行为,还必须是不能取得患者或者其近亲属意见的情况下。如果能够取得患者或者其近亲属的意见,医疗机构应当尊重其自主决定权。如果患者不能正确恰当地行使自主决定权,在一定条件下,其近亲属可以代理其行使知情同意权。但是,在患者、医疗机构和患者的近亲属三角关系之间,不能过高地设定患者近亲属的主体地位和决定权,如果不能取得患者的意见,只能取得其近亲属的意见,医疗机构如何采取紧急救治义务应当有一定的判断余地,在患者近亲属的意见重大且明显地损害患者利益时,医疗机构应当拒绝接受患者近亲属的意见。

第三,经医疗机构负责人或者授权的负责人批准。具体实施紧急救治行为的是医疗机构的医务人员，但由于紧急救治是对患者自主决定权的一种限制和补充，关涉患者重大的生命健康利益，因而实施紧急救治行为应当严谨、慎重，为充分保障患者的利益，实施紧急救治行为应当经过一定的程序，即经过医疗机构负责人或者授权的负责人批准，医疗人员才能实施紧急救治行为。

第四，可以立即实施相应的医疗措施。医疗人员实施紧急救治行为，因为是在特定的紧急情况下，所以要求迅速实施。另外，紧急救治虽然是为了维护患者的利益医疗机构主动采取的措施，也必须尽到相应的注意义务，医疗人员采取的医疗措施应当符合基本的医疗规范。

二、对本条的具体理解

（一）本条解释适用的前提：患者不能表达意志的紧急情况

本条规定主要解决的问题是，对于患者不能表达意志的紧急情况下如何施救涉及患者一方自主决定权和医疗机构救治义务的协调问题。医疗机构救死扶伤的公益性职责，是各国或地区的通行做法，比如我国台湾地区“医师法”第21条规定：“医师对于危急之病人，应即依其专业能力予以救治或采取必要措施，不得无故拖延。”我国《执业医师法》第24条、《医疗机构管理条例》第31条对此也有明确规定。基于及时救治生命垂危等紧急情况下患者的考虑，本解释对《侵权责任法》第56条规定的“不能取得患者近亲属意见的”情形作了进一步细化。本条规定的适用前提仅限定在“因抢救生命垂危的患者等紧急情况，不能取得患者意见的”情况。

对于患者与近亲属意见不一致的情况，由于涉及医学伦理和专业判断问题，为避免争议，本条并未作规定。在实务中可能涉及以下两种情形：

1. 患者明确表示同意治疗，但是其近亲属并不同意采取医疗措施的情形。对此，我们倾向于，医疗机构应从救死扶伤的角度出发，立即实施相应的医疗措施。主要理由：(1)紧急救治既是一种权利，也是一种义务，是基于救死扶伤所赋予医疗机构的一种职责。因此，只要患者具有求生的欲望，则医疗机构应该履行该种义务。(2)从《侵权责任法》第56条规定的文义解释角度，也能得出医疗机构可以立即实施相应的医疗措施的结论。本条规定“不能取得患者或者患者患者近亲属意见的”，因此只要能够取得二者之一，原则上则就应该可以实施及时的治疗。在此，虽然，本条并没有涉及此内容，但是从本条起草过程中的草案内容也可以看出我们支持实施治疗的精神。在起草过程中,本条还有"近亲属的意见明显不利于患者利益的"内容。虽然在征求意见过程中,相关单位基于难以把握的理由建议删除,并最终将"近亲属的意见明显不利于患者利益的"情形删除,但是从最高人民法院起草规定的过程可以看出该种鼓励治疗的倾向精神。

2. 患者明确表示不同意治疗,近亲属同意治疗,或者患者和近亲属均明确表示不同意治疗。对于前者,我们认为,从医疗机构的角度讲,应当尽量本着救死扶伤的精神结合专业判断进行处理。对于后者,这涉及争论很大的医疗伦理问题,尚待进一步研究。

(二)对于"不能取得患者近亲属意见"的解释

在患者不能表达意志的紧急情况下,本条对于《侵权责任法》第 56 条规定的"不能取得患者近亲属意见"进行了具体明确,具体列举了以下几种情形:

1. 近亲属不明的。近亲属是一个较为宽泛的概念,最高人民法院《关于贯彻执行〈中华人民共和国民法通则〉若干问题的意见(试行)》(以下简称《民通意见》)第 12 条规定,近亲属包括配偶、父母、子女、兄弟姐妹、祖父母、外祖父母、孙子女,外孙子女。因此,根据上述界定,则对于本条的近亲属应该作出上述的解释。

对于近亲属不明的情形,实践中较多发生,比如在交通事故中,经常出现伤者无法及时确认其身份的情形,也就无法确认其近亲属。

2. 不能及时联系到近亲属的。有时候,基于紧急治疗的需要,无法及时联系到患者的近亲属,这是医疗中经常出现的情形。在起草过程中,对于现有规定"不能及时联系到近亲属的"的原规定内容为"联系不到近亲属的",根据本院审委会讨论意见,将"联系不到近亲属的"修改为"不能及时联系到近亲属的",以减轻医疗机构在紧急情况下的取得患者近亲属意见的义务。

3. 近亲属拒绝发表意见的。在医疗实践中,还经常出现近亲属由于各种原因拒绝发表意见的情形,比如近亲属拒绝签署手术同意书。对此,本条也赋予了医疗机构的经济救治权。

4. 近亲属达不成一致意见的。在医疗实践中,经常出现近亲属的意见并不统一的情形,对此如何处理,也困扰着审判实践。本条从鼓励医疗机构实施紧急治疗的角度规定，近亲属达不成一致意见的，医疗机构可以实施紧急治疗权。

在起草过程中，对于现有规定“近亲属的意见不一致的”的表述，原规定内容为“近亲属的意见不一致且形不成多数意见的”。对此，有意见指出，原稿中“近亲属的意见不一致且形不成多数意见的”容易给人造成医院负有征得多数近亲属同意的义务。经研究，本条采纳这一建议，将此修改为“近亲属的意见不一致的”。因此，对于近亲属意见中只要存在同意治疗的意见的，医疗机构实施紧急治疗即符合法律规定，不应承担责任。

上文已经指出，近亲属的概念是一个宽泛的概念，包含了不同顺位的亲权人，是否每一个近亲属范围内的亲权人均需要发表意见，这也值得进一步研究。对此，我们认为，从立法精神和医疗实践来看，应对发表意见的近亲属采取一定的顺位。即医疗机构应该首先征求第一顺位近亲属即配偶、成年子女和父母的意见；无法取得第一顺位近亲属意见的，再征求第二顺位近亲属即成年兄弟姐妹、祖父母和外祖父母的意见；无法取得第二顺位近亲属意见的，再征求其他近亲属即成年孙子女和成年外孙子女的意见。主要理由在于：首先，从实践方面来看，医院在征求近亲属意见时，一般将配偶、父母、子女作为需要签署手术同意书的近亲属，故从支持救死扶伤的精神出发，只要配偶、父母、子女中有其一同意治疗的，则医疗机构实施紧急治疗行为即符合法律规定。[①] 其次，由于医疗行为可能导致死亡进而发生继承，因而《继承法》第 10 条关于继承顺位的规定在此应该具有一定程度的借鉴意义。

5. 法律、法规规定的其他情形。这是一个兜底性的规定，防止挂一漏万，有利于审判实践的开放性。但是，从本条规定的精神考虑，这种其他情形只要能够符合医疗机构实施紧急治疗行为、鼓励救死扶伤的，法院均可以考虑加以认定。

---

① 事实上，《民通意见》第 14 条在涉及指定监护的顺位时，也考虑到近亲属的亲疏关系来加以确定。该条规定：“人民法院指定监护人时，可以将民法通则第十六条第二款中的（一）、（二）、（三）项或第十七条第一款中的（一）、（二）、（三）、（四）、（五）项规定视为指定监护人的顺序。前一顺序有监护资格的人无监护能力或者对被监护人明显不利的，人民法院可以根据对被监护人有利的原则从后一顺序有监护资格的人中择优确定。被监护人有识别能力的，应视情况征求被监护人的意见。”当然，在我国现行法律体系中，涉及亲权利害关系的处理，既有继承法上的关系，还有监护、宣告死亡等利害关系，规定的模式并不一致，这尚待进一步研究。

（三）本条第 2 款规定的解释适用

《医疗机构管理条例》第 31 条规定，医疗机构对危重病人应当立即抢救。对限于设备或者技术条件不能诊治的病人，应当及时转诊。首次以法定义务的形式规定了医疗机构的紧急救治义务。《执业医师法》第 24 条规定，对急危患者，医师应当采取紧急措施进行诊治；不得拒绝急救处置。以立法的形式再次规定了医疗机构的紧急救治义务，并且使患者紧急救治权的保障更具体。《医疗事故处理条例》第 33 条规定了医务人员履行法定的紧急救治义务造成患者不良后果的责任豁免，使紧急救治义务的内容更加完善，最大限度地维护了患者的生命健康权。从上述规定可以看出，我国法律体系已经明确对紧急救治义务进行了规定。对于医疗机构实施紧急救治行为的性质包含两个方面内容：一是从患者的角度将其理解为紧急救治权，即指公民在患病生命垂危时，有得到紧急抢救、治疗的权利，属于公民享有的医疗权的重要内容之一；二是从医疗机构的角度将其理解为紧急救治义务，即指在患者生命垂危等紧急情况下，不能取得患者本人或者其近亲属的意见时，医务人员经过批准对生命垂危的患者实施相应救治措施的义务。上面已经介绍，从紧急救治义务角度来看，该种义务包含四个方面的内容：一是法定性；二是紧急性；三是补充性；四是免责性。既然作为一种义务，如果违反该种义务，必然会产生相应的法律责任。这就是本条第 2 款规定的内容。

1. 关于“前款情形，医务人员经医疗机构负责人或者授权的负责人批准立即实施相应的医疗措施，患者因此请求医疗机构承担赔偿责任的，不予支持”的理解。根据本条第 1 款情形，在因抢救生命垂危的患者等紧急情况且不能取得患者意见，且符合《侵权责任法》第 56 条规定的不能取得患者近亲属意见的情况下，则医疗机构不需要承担侵权责任。

当然，需要注意的是，虽然医疗机构采取紧急救治措施，是从患者的利益出发，目的是维护患者的生命健康权，故医疗机构及医务人员仍然应当遵循基本的医疗紧急救治规范，如果没有尽到基本的注意义务，应当对患者承担相应的侵权责任。不过，在紧急情况下为抢救垂危患者生命，同在非紧急情况下所实施的医疗行为是有区别的，对医务人员和医疗机构的要求也应该从宽松的角度去加以认定，只要医务人员和医疗机构采取的紧急医学措施符合基本的紧急救治规范规定,即使造成了不良后果,这也应该被认为是法律规定和医疗伦理所允许的风险,医疗机构不应当承担侵权责任。

2. 关于"医疗机构及其医务人员怠于实施相应的医疗措施造成损害,患者请求医疗机构承担赔偿责任的,应予支持"的理解。对于医疗机构没有实施紧急救治义务是否需要承担法律责任,在审判中也是困扰司法审判人员的一个棘手问题。处理这个问题首先要确定医疗机构实施紧急救治行为的性质。诊疗活动是医疗机构与患者共同参与的活动,在该活动中,医疗机构组织实施医疗救治,患者请求并获得医疗救治,其目的是维护患者的生命健康利益(即法律上的生命健康权)。生命健康是人的最重大利益,如果将医疗机构实施医疗救治作为其一项权利,则医疗机构不行使医疗救治权无须承担法律责任;相应地,患者需要获得医疗救治时难以得到有效的法律保障,因此,医疗活动中患者请求并获得医疗救治(包括紧急情况下请求并获得医疗救治)应当是患者的权利,医疗机构实施医疗救治则是保障患者该权利的对应义务。被奉为医德经典的希波克拉底誓词要求医师"尽一切之努力,处处为患者利益着想,解除患者的病痛与危害",显然实施医疗救治是医德对医疗机构及其医务人员的义务要求。[①]

生命垂危患者的病情特点要求医疗人员必须迅速实施治疗,否则就会造成患者生命健康不可逆转的严重损害,在法律上规定患者的紧急救治权是对人的生命健康价值至上的肯定,是非常必要的。所以,在生命垂危等紧急情况下,请求并获得救治理应是患者的权利,紧急救治权应是患者的权利且应是医疗机构的义务。如果在法定情形下,医疗机构没有履行紧急救治的义务,应当承担相应的法律责任。

根据本款关于"医疗机构及其医务人员怠于实施相应的医疗措施造成损害,患者请求医疗机构承担赔偿责任的,应予支持"的规定,构成要件有以下三个方面:首先,在患者处于需要紧急救治情况下,医疗机构及其义务人员由于过错"怠于"实施相应的医疗措施;其次,由于没有实施及时相应的医疗措施,造成患者的损害;最后,怠于实施相应医疗措施与患者的损害之间存在因果关系。

---

① 肖鹏:《论紧急救治权与医疗欠费的矛盾及其对策》,载《中国卫生法制》2008 年第 4 期。

（四）对于本条第2款司法解释规定精神的把握

当然，需要注意的是，对于第2款的规定应从以下两个方面精神进行把握：

1. 在紧急救治情况下，对于医疗人员及医疗机构的履行专业义务也应从宽把握，以鼓励其及时实施紧急救治行为。比如，在紧急救治情况下，医务人员可能仅仅从抢救生命的角度出发，而可能对于系统的医疗方案考虑较少，这也是医学治疗中所允许和鼓励的。

2. 对于第2款中的"怠于实施相应医疗措施"，应从宽把握。调研中也有意见指出，本条第2款规定似有增加医疗机构义务的问题，建议再酌。经研究，第2款规定符合《侵权责任法》第54条和第56条规定精神，有利于推动和规范医疗机构在紧急情况下履行救死扶伤的职责，符合医疗机构的公益性要求。同时在讨论过程中，审委会讨论认为，对于第2款中"怠于"的判断标准，在价值导向上要遵循鼓励和倡导医疗机构实施紧急救助的义务，对于是否属于"怠于"紧急救助的情形，在认定标准上不宜太宽松，而应遵循有关诊疗规范的专业判断标准、尊重医学伦理并根据具体病情的主客观情况综合认定。

【典型案例指引】

刘中某与长阳医院医疗损害赔偿纠纷案

基本案情

2013年12月，连霍高速某某段发生重大交通事故，经某省领导指示，该省成立"12·4"重大安全责任事故处置小组。根据该小组的决定，所有伤员就近安排在该省长阳医院、红阳医院等五家医院抢救，所有患者均无条件免住院费、药品费等费用。长阳医院在救治其中之一的重伤者刘中某时，无法及时联系上刘中某的家人。在此种情况下，经该省"12·4"重大安全责任事故处置小组指示，为刘中某实施了双下肢截肢手术。2014年2月，刘中某出院。2014年10月，刘中某起诉至一审法院，请求长阳医院赔偿残疾赔偿金、精神损失费共计80万元。

刘中某认为，长阳医院在未经其同意的情况下，为其实施了截肢手术，造成了其终身残疾，侵害了其知情同意权。经查当时病历资料，长阳医院完全可以为其采取保守治疗措施，违反了基本的医疗规范，构成医疗过错。故请求长阳医院承担赔偿责任。

长阳医院答辩称，长阳医院在刘中某已经深度昏迷两天的情况下，无法及时联系到其家属，并取得其本人和家属同意。鉴于刘中某双下肢已经严重腐烂，且如果不及时施救其本人将有生命危险。在经该省“12·4”重大安全责任事故处置小组指示情况下，长阳医院为其实施手术，符合医疗规范，且当时刘中某本人双下肢已经完全不符合保守治疗条件，如果不及时实施手术，必将危及刘中某本人的生命。

一审法院委托某大学医疗鉴定中心鉴定。该鉴定机构出具鉴定意见认为，长阳医院在紧急情况下，未邀请专家会诊，并为患者实施截肢手术，并不存在过错。

裁判理由

一审法院认为，《医疗机构管理条例》第31条规定，医疗机构对危重病人应当立即抢救。对限于设备或者技术条件不能诊治的病人，应当及时转诊。这是首次以法定义务的形式规定了医疗机构的紧急救治义务。《执业医师法》第24条规定，对急危患者，医师应当采取紧急措施进行诊治；不得拒绝急救处置。以立法的形式再次规定了医疗机构的紧急救治义务，并且使患者紧急救治权的保障更具体。《医疗事故处理条例》第33条规定了医务人员履行法定的紧急救治义务造成患者不良后果的责任豁免，使紧急救治义务的内容更加完善，最大限度地维护了患者的生命健康权。从上述规定可以看出，对于医疗机构实施紧急救治行为的性质包含两个方面内容：一是从患者的角度将其理解为紧急救治权，即指公民在患病生命垂危时，有得到紧急抢救、治疗的权利，属于公民享有的医疗权的重要内容之一；二是从医疗机构的角度将其理解为紧急救治义务，即指在患者生命垂危等紧急情况下，不能取得患者本人或者其近亲属的意见时，医务人员经过批准对生命垂危的患者实施相应救治措施的义务。长阳医院在刘中某因交通事故受严重伤害的情况下，无法及时联系到其近亲属，取得其近亲属的同意，符合《侵权责任法》第56条“不能取得患者或患者近亲属意见的”规定，故长阳医院实施紧急治疗行为并未侵害患者的知情同意权。长阳医院在情况紧急的情况下，从患者的利益出发，目的是维护患者的生命健康权，其已经遵循基本的医疗紧急救治规范，采取的紧急医学措施虽然造成了刘中某截肢的不良后果，但是这种截肢医疗行为是交通事故导致的损害，并非长阳医院医疗行为的后果，且是长阳医院实施紧急救治行为所允许的风险，故作为医疗机构长阳医院不应当对刘中某的双下肢致残的损害后果承担侵权责任。据此，一审法院驳回了刘中某的诉讼请求。

一审判决后，刘中某提起上诉。经二审法院调解，双方达成调解协议，刘中某撤回上诉。

裁判指引 25

本案虽然在二审中经调解结案。但是，从一审的处理来说，其所具有的典型指引作用是明显的。

首先，对于患者不能表达意志的紧急情况下如何施救涉及患者一方自主决定权和医疗机构救治义务的协调问题。医疗机构救死扶伤的公益性职责，是各国或地区的通行做法，比如我国台湾地区“医师法”第 21 条规定：“医师对于危急之病人，应即依其专业能力予以救治或采取必要措施，不得无故拖延。”我国《执业医师法》第 24 条、《医疗机构管理条例》第 31 条对此也有明确规定。基于及时救治生命垂危等紧急情况下患者的考虑，本解释对《侵权责任法》第 56 条规定的“不能取得患者近亲属意见的”情形作了进一步细化。本条规定因抢救生命垂危的患者等紧急情况且不能取得患者意见，在近亲属不明、不能及时联系到近亲属等情况，均认定为不能取得患者近亲属意见。本案例是在道路交通事故领域医疗机构实施紧急救治中经常发生的案例。本案一审法院认定符合紧急救治条件，是适当的。

其次，在紧急救治情况下，对于医疗人员及医疗机构的履行专业义务应从宽把握，以鼓励其及时实施紧急救治行为。比如，在本案长阳医院实施紧急救治情况下，医务人员在患者已经昏迷情况下，其首要的目的是抢救患者的生命。而为患者截肢也是抢救患者生命的重要手段，故仅仅从抢救生命的角度出发，医院没有采取专家会诊并且没有充分考虑其他系统的医疗方案，这也是实施治疗中所允许和鼓励的。

【相关法条链接】

《侵权责任法》第56条、第60条,《执业医师法》第24条,《医疗机构管理条例》第31条。

第十九条 **两个以上医疗机构的诊疗行为造成患者同一损害，患者请求医疗机构承担赔偿责任的，应当区分不同情况，依照侵权责任法第八条、第十一条或者第十二条的规定，确定各医疗机构承担的赔偿责任。**

【起草背景】

《民法总则》第 110 条延续《侵权责任法》的规定，区分自然人的生命权和健康权作为不同民事权利予以规定。生命权是指自然人的生命安全利益为内容的权利，以生命安全和生命维持为客体，以维护人的生命活动延续为基本内容；健康权是指自然人维护其机体生理机能正常运作和功能完善发挥为内容的权利。从上位法律角度规定体现以人为本民事权利本位。人有生老病死，难以避免入院就医，而医疗行为具有未知性、特异性、专业性特点，不同医疗机构在技术、设备、医疗条件等方面也有差异，患者在就医过程中往往存在以下两种情形：一是多个医疗机构的医务人员共同诊治，二是患者转院诊治。《侵权责任法》规定了医疗机构及其义务人员过错行为的损害赔偿责任，但对于上述因多个医疗机构诊疗活动，造成患者同一损害的责任承担，并没有作出规定。实践中，多个医疗机构造成患者同一损害情况也较为复杂，有的案件可以区分不同医疗机构的责任及其责任大小，有的案件可能是不同医疗机构诊疗行为共同造成同一损害。本解释第 2 条规定患者因同一伤病在多个医疗机构接受诊疗受到损害提起诉讼的主体问题，本条解释进一步作出指引，根据不同情形分别适用《侵权责任法》第 8 条、第 11 条、第 12 条规定承担责任，即多个医疗机构共同侵权的连带责任、多个医疗机构分别实施侵权行为但都足以造成全部损害的连带责任、多个医疗机构分别实施侵权行为的按份责任。

【条文释义】

一、多个医疗机构造成患者同一损害，一般应以过错为归责原则

《侵权责任法》第 34 条规定，用人单位的工作人员因执行工作任务造成他人损害的，由用人单位承担侵权责任，即理论上被称为替代责任。根据我国现行法律与司法解释规定，对于用人单位采取无过错责任，只要工作人员实施侵权行为造成他人损害，用人单位就要承担赔偿责任，用人单位不能通过证明自己在选任或者监督方面尽到了相应的义务来免除自己的责任。《侵权责任法》规定的用人单位，包括企业、事业单位、国家机关、社会团体、个体经济组织等；工作人员既包括用人单位的正式员工，也包括临时在单位工作的员工。医疗机构与医务人员之间关系属于用人单位与工作人员，医务人员从事职务行为，使患者在诊疗活动中受到损害，医务人员有过错的，由诊疗机构承担赔偿责任。

《侵权责任法》第54条规定，患者在诊疗活动中受到损害，医疗机构及其医务人员有过错的，由医疗机构承担赔偿责任。侵权责任法确立了医疗损害责任的归责原则为过错责任原则。所谓过错责任，是指造成损害并不必然承担赔偿责任，必须要看行为人是否有过错，有过错有责任，无过错无责任。过错分为故意和过失，故意是指行为人预见到自己行为会导致某一损害后果而希望或者放任该后果发生的一种主观心理状态；过失是指行为人因疏忽或者轻信而使自己未履行应有注意义务的一种心理状态。[①] 医疗损害责任归责原则一般为过错责任原则。对于诊疗活动引起损害赔偿，应当适用一般过错责任原则。医疗机构及其医务人员有过错的，医疗机构承担赔偿责任。根据《侵权责任法》及《民事诉讼法》的规定，原则上应由原告承担过错的举证责任。只有在特殊情况下，如《侵权责任法》第58条规定的推定医疗机构有过错的情形，包括医务人员违反法律、行政法规、规章以及其他有关诊疗规范规定的、隐匿或者拒绝提供与纠纷有关的医学资料、伪造篡改或者销毁病历资料，才适用过错推定原则，推定医疗机构有过错。在多个医疗机构及其医务人员造成患者同一损害，仍应以过错责任为一般归责原则。

二、多个医疗机构共同实施侵权行为，造成患者同一损害，承担连带责任

连带责任是指依照法律规定或者当事人的约定，两个或者两个以上当事人对共同产生的不履行民事义务的民事责任承担全部责任，并由此引起内部债务关系的一种民事责任。司法实践中，连带责任的意义在于通过增加责任主体数量，加强对受损害人保护，确保受损害人获得充分救济。《民法总则》第178条

---

① 参见王胜明主编：《中华人民共和国侵权责任法释义》，法律出版社2013年版，第44页。

第 3 款规定,连带责任由法律规定或者当事人约定。

《侵权责任法》第 8 条规定,二人以上共同实施侵权行为,造成他人损害的,应当承担连带责任。在医疗损害责任中,两个以上医疗机构共同实施侵权行为、承担连带责任的构成要件,应当包括以下四个方面:(1)主体的复数性,共同侵权行为的主体必须是两个或两个以上的医疗机构。实践中可能存在的情形主要是两个或两个以上医疗机构的医务人员履行职务行为,对于患者的共同诊疗。(2)共同实施侵权行为。行为具有共同性,是共同侵权行为与一般侵权行为在成立要件上最重要的区别。如果数个加害人的行为在行为上没有共同关系,即使主体复数,也不能成立共同侵权。在《侵权责任法》实施之前,我国审判实务中的共同侵权兼采行为共同与意思共同两种类型,包括共同故意致人损害、共同过失致人损害和虽无共同故意、共同过失,但加害行为直接结合发生同一损害后果的,亦构成共同侵权。但《侵权责任法》第 8 条表述为"二人以上共同实施侵权行为,造成他人损害的,应当承担连带责任"。其表述方式与《刑法》第 25 条规定的"共同犯罪是指二人以上共同故意犯罪"之"共同"内涵不一,也未明确将司法解释规定的加害行为直接结合情形予以吸收,从文义解释,该条采纳主观说,共同侵权行为限于意思关联共同的主观共同侵权,包括三层含义:一是共同故意,二是共同过失,三是故意行为与过失行为相结合。在多个医疗机构的诊疗活动造成患者同一损害,其承担连带赔偿责任的前提应为具有共同意思关联,即包括共同故意与共同过失。共同故意是指不仅每一个医疗机构的医务人员对其加害行为存在个别认识上的故意,而且多个医疗机构医务人员之间存在必要的共谋,相互之间具有共同的意思联络。共同过失是指多个医疗机构的医务人员对损害发生的可能性有共同的认识,但均有回避损害的自信,比如曾就诊疗行为交流担心与顾虑。实践中医务人员诊疗活动的过失主要包括问诊义务、诊断过失和治疗过失等,判断是否具有过失一般以医务人员在诊疗活动中是否尽到与当时的医疗水平相应的诊疗义务为依据。(3)患者具有损害。损害是指行为人的行为对受害人的民事权益造成的不利后果。医疗损害责任中患者不利后果通常表现为生命丧失、身体残疾、名誉受损、精神痛苦等,其损害权利一般包括生命权、健康权、隐私权等。生命权是以自然人的生命安全利益为内容的人格权,以生命安全和生命维持为客体,以维护人的生命活动延续为基本内容。健康权是自然人以其机体生理机能正常运作和功能完善发挥,维持人体生命活动利益为内容的人格权。隐私权是自然人享有的对其个人的、与公共利益、群体利益无关的个人信息、私人活动和私有领域进行支配的人格权。(4)侵权行为与损害后果之间具有因果关系。因果关系是指行为人的行为作为原因,损害事实作为结果,二者之间存在前者导致后者发生的客观联系。在医疗损害责任中,一般由患者承担证明损害与行为之间存在因果关系的责任。满足上述构成要件,构成共同侵权行为,多个医疗机构对外承担连带责任,受损害患者有权请求部分或者全部医疗机构承担全部责任。

三、多个医疗机构分别实施侵权行为但都能造成全部损害,承担连带责任

实践中,多数情形为不同医疗机构及其医务人员并无意思联络,既无共同侵权之共同故意,也无共同侵权之共同过失,而是基于并没有共同意思联络的行为相互结合造成患者人身损害,损害结果同一不可分。该种行为也是多数人侵权(复数主体侵权)的一种类型,本司法解释对于该种情形作出指引,适用《侵权责任法》第11条规定。《侵权责任法》第11条规定,二人以上分别实施侵权行为造成同一损害,每个人的侵权行为都足以造成全部损害的,行为人承担连带责任。

本解释作为指引性规定,在两个以上医疗机构根据此种情形承担责任的构成要件包括以下几个方面:一是多个医疗机构及其医务人员分别实施侵权行为。"分别"是指实施侵权行为的数个医疗机构医务人员之间不具有主观上的关联性,各个侵权行为都是相互独立的。如果行为人主观上具有关联性,存在共同故意或者共同过失,应当适用《侵权责任法》第8条规定。二是造成同一损害后果。"同一损害"是指数个侵权行为所造成的损害性质是相同的,都是身体伤害或者财产损失,并且损害内容具有关联性。三是每个医疗机构的侵权行为都足以造成全部损害。"足以"并非指每个侵权行为都实际上造成了全部损害,而是指即使没有其他侵权行为的共同作用,独立的单个侵权行为也有可能造成全部损害。

四、多个医疗机构分别实施侵权行为承担按份责任

《侵权责任法》第12条规定,二人以上分别实施侵权行为造成同一损害,能够确定责任大小的,各自承担相应的责任;难以确定责任大小的,平均承担赔偿责任。多个医疗机构侵权行为竞合造成患者同一损害,但并无意思联络,单一医疗机构的侵权行为并不足以造成患者全部损害,此种情形下,应当由多个医疗机构承担按份责任。其构成要件包括以下几个方面:一是两个以上医疗机构及其医务人员分别实施侵权行为。数个侵权行为相互之间独立,不存在共同意思联络,包括没有共同故意,也没有共同认识意义上的共同过失。每个医疗机构的行为都具备构成侵权行为的要件。二是造成同一损害后果,如前所述,损害后果具有同一性,在事实上不可分割。三是数个侵权行为是损害结果发生的共同原因或者竞合原因。实践中一般包括两种情形:一是多个医疗机构虽没有意思联络,但侵权行为相互结合发生同一损害后果,数行为构成损害结果的共同原因或同一原因,其原因力不可分。二是数个医疗机构的违法行为偶然结合互相发生作用导致同一损害后果,分别构成损害后果发生的直接原因或间接原因,其原因力可分,即构成竞合的因果关系。所谓"原因力"是指在构成损害结果的共同原因中,每一个原因对于损害结果发生或扩大所发挥的作用力。

根据本条规定,多个医疗机构在责任承担上,包括两种情况:一是能够确定责任大小的,虽然数个侵权行为结合造成了同一损害,但是大部分案件中,可以根据各个侵权行为对造成损害后果的可能性(盖然性)来确定责任份额。判断这种可能性,可以综合各个医疗机构及其医务人员的过错程度、各个侵权行为与损害后果因果关系的紧密程度、公平原则以及政策考量等因素,各自承担相应的责任。二是难以确定责任大小的,各个医疗机构平均承担赔偿责任。

【典型案例指引】

苏某与甲医院、乙医院、丙抢救中心医疗损害赔偿纠纷案

基本案情

2011 年 11 月 7 日,原告苏某之夫崔某因"间断憋气、气短四余年"至被告甲医院与乙医院在乙医院的定点协作病房治疗,初步诊断为:心脏瓣膜病,主动脉瓣狭窄、关闭不全。2011 年 11 月 11 日,甲医院与乙医院的医师对崔某进行会诊,并共同完成对崔某的"主动脉瓣置换术 + 冠脉旁路移植术"。2011 年 11 月 18 日,崔某病情恶化。2011 年 11 月 22 日,乙医院为患者崔某进行"开胸探查术"。后,崔某病情继续恶化,2011 年 11 月 26 日,崔某办理出院手续,由于病情

危重,其家属联系999,被告丙抢救中心出车将崔某转运至石家庄继续治疗,途中崔某死亡。

苏某诉至法院,认为甲医院、乙医院、丙抢救中心三被告对崔某诊疗行为存在过错导致其死亡,请求:三被告共同赔偿医疗费、住院伙食补助费、护理费、死亡赔偿金、丧葬费、精神损害抚慰金等各项费用共计46万元。

审理过程中,经原告申请,各方当事人同意,法院委托A鉴定中心就三被告对崔某诊疗行为有无过错、与崔某死亡后果之间有无因果关系及过错参与度进行司法鉴定。A鉴定中心鉴定意见认为:甲医院医师接到乙医院会诊邀请后,派主任医师前往乙医院参与会诊治疗,是乙医院对患者实施整体诊疗行为中一项措施,与甲医院无关,甲医院对崔某诊疗行为中未见医疗过错行为,乙医院在崔某医疗行为中存在医疗过错行为且与崔某死亡后果之间存在一定的因果关系,医方负主要责任,参与度为C级(理论系数值25%,赔偿参考范围20%~40%);丙抢救中心在对崔某医疗行为中未见医疗过错行为。

法院另查明:崔某在乙医院住院期间的病历,其首页由甲医院填写,病历上均盖有甲、乙医院定点协作医院印章。法院判决:甲、乙医院于判决生效之日起15日内共同赔偿原告医疗费、护理费、住院伙食补助费、交通费、住宿费、丧葬费、死亡赔偿金共计29万元。

裁判理由

二人以上共同实施侵权行为造成他人损害的,应当承担连带责任。甲、乙医院对崔某诊疗活动中,崔某系甲医院安排到乙医院治疗,其手术系上述两家医院共同完成,其病历首页由甲医院填写,并加盖甲、乙医院定点协作医院印章,尤其崔某住院期间支付的医疗费由甲医院出具收据,表明住院治疗期间的医患关系是崔某与甲、乙医院之间形成。根据《侵权责任法》等相关规定,医疗侵权责任的承担应以患者具有损害后果、医疗机构存在医疗过错以及医疗过错与损害后果之间存在因果关系为要件。经司法鉴定,乙医院在崔某医疗行为中存在医疗过错行为且与崔某死亡后果之间存在一定的因果关系,乙医院虽不认可,但没有有效证据反驳。故酌定乙医院承担30%赔偿责任。甲、乙医院共同与崔某发生医患关系、共同实施对崔某医疗行为。因此甲、乙医院承担连带责任。

裁判指引 26

1. 医疗机构之间普通会诊行为与共同医疗行为的区别。本司法解释第20条规定，医疗机构邀请本单位以外的医务人员对患者进行诊疗。因受邀医务人员的过错造成患者损害的，由邀请医疗机构承担赔偿责任。会诊行为的责任主体为邀请医疗机构。

此前司法实践中有观点提出，医院邀请外院专家参与本院会诊，如果在过程中出现明显过失的，会诊专家应与邀请单位共担责任。本司法解释对此问题予以统一，规定由邀请专家的医疗机构承担赔偿责任，这更符合实际工作，有利于保障专家参与会诊的积极性，也有利于邀请专家的医疗机构业务水平的提高。结合实践，如何区分承担责任主体的邀请医疗机构与不同医疗机构共同会诊、承担责任，需要结合相关证据，特别是本条解释与第20条的规定进行评判。根据本案查明的事实，崔某在乙医院住院诊疗是由甲医院收费，病历首页由甲医院填写，加盖甲、乙医院定点协作医院印章，应当认定甲、乙两医院共同与患者建立医疗关系。司法实践中，在有证据表明多家医疗机构之间对患者的诊疗中是共同的诊疗行为，一般情况为有主观上意思联络，应认定医疗机构之间承担连带责任。

另外，目前实践中还有医疗机构挂靠等情形，《民诉法解释》第54条规定，以挂靠形式从事民事活动，当事人请求由挂靠人和被挂靠人依法承担民事责任的，该挂靠人和被挂靠人为共同诉讼人，从诉讼程序上解决了目前包括医疗机构在内的挂靠情形下诉讼主体问题。

2. 审判实践中，在处理多个医疗机构及其医务人员实施侵权行为的具体案件时，首先需要看是否满足《侵权责任法》第8条共同侵权制度规定的构成要件，如果不符合的，看其是否满足《侵权责任法》第11条的构成要件，也不符合的，再看其能否适用《侵权责任法》第12条规定。

对于诊疗活动，医务人员有无过错界定标准是司法判断的难点，可以从两个方面把握：一是根据《侵权责任法》第57条的规定，医务人员在诊疗活动中未尽到与当时的医疗水平相应的诊疗义务，造成患者伤害的，医疗机构应当承担赔偿责任。在不存在《侵权责任法》第58条规定的推定医疗机构有过错的情形下，从医疗机构及其医务人员的问诊义务、诊断过失、治疗过失等方面予以判断，是否尽到与当时医疗水平相应的诊疗义务，包括一般情况下医务人员可以尽到的，通过谨慎的作为与不作为避免患者受到伤害的义务。二是在适用医疗机构共同侵权行为连带责任承担时，每一个医疗机构都应当对共同意思相关联的加害行为承担全部责任，具有共同意思的每一个医疗机构均不能通过举证证明自己没有参与实施某一具体行为而免责，除非该行为及其损害后果已经逸出共同意思可能的预见范围之外。

3. 关于连带责任的承担。连带责任是指依照法律规定或者当事人的约定，两个或者两个以上当事人对共同产生的不履行民事义务的民事责任承担全部责任，并因此引起内部债务关系的一种民事责任。[①] 2017年10月1日实施的《民法总则》第178条规定，二人以上依法承担连带责任的，权利人有权请求部分或者全部连带责任人承担责任。连带责任人的责任份额根据各自责任大小确定；难以确定责任大小的，平均承担责任。实际承担责任超过自己责任份额的连带责任人，有权向其他连带责任人追偿。连带责任，由法律规定或者当事人约定。

《侵权责任法》第13条规定，法律规定连带责任的，被侵权人有权请求部分或者全部连带责任人承担责任。第14条规定，连带责任人根据各自责任大小确定相应的赔偿数额，难以确定责任大小的，平均承担赔偿责任。支付超出自己赔偿数额的连带责任人，有权向其他连带责任人追偿。

通过上述法律规定可以看出，在医疗损害责任中的连带责任包括对外效力与对内效力，对外效力是受损害患者或其他赔偿请求权人，可以请求部分或者全部医疗机构承担赔偿责任，避免一部分医疗机构支付能力不足而给受害患者造成求偿不能的风险，降低求偿成本，有利于受侵害患者的救济，另外，也避免受侵害患者获得双重或多重受偿，违反矫正正义。对内效力，是指多个医疗机构之间追偿权的问题。按照法律规定，多个医疗机构根据各自责任大小确定相应赔偿数额，难以确定责任大小的，平均承担赔偿责任。已经支付超过自己数额的医疗机构有权向其他连带责任人追偿。

---

① 参见李适时主编：《中华人民共和国民法总则释义》，法律出版社2017年版，第550页。

连带责任人对外承担了责任后，通常需要在内部确定各自的责任，责任大小一般依据如下原则确定：

一是根据各自的过错，医疗损害责任以过错为构成要件，在确定责任份额时，应当对每个责任主体过错进行比较，有故意或者重大过失等较大过错的，承担的责任份额较大，如只有轻微过失的，可以承担较小的责任份额。二是对原因力进行比较。原因力是指在构成不履行义务的多个原因中，每一个原因对于结果的发生或者扩大所起的作用。所起的作用较大的，应当承担较大的份额，所起的作用较小的，承担较小的责任份额。三是平均分担责任份额。如果根据过错和原因力难以确定连带责任人责任大小的，可以视为各连带责任人的过错程度和原因力大小是相当的，在这种情况下，应当由连带责任人平均承担责任份额。四是在一个或者数个连带责任人清偿了全部责任后，实际承担责任的人有权向其他连带责任人追偿。

【相关法条链接】

《侵权责任法》第 8 条、第 11 条、第 12 条，最高人民法院《关于审理道路交通事故损害赔偿案件适用法律若干问题的解释》第 13 条。

第二十条 医疗机构邀请本单位以外的医务人员对患者进行诊疗，因受邀医务人员的过错造成患者损害的，由邀请医疗机构承担赔偿责任。

【起草背景】

医师外出会诊(以下简称会诊)是当前医疗实践中普遍存在的一种现象。按照《医师外出会诊管理暂行规定》(以下简称《会诊规定》)第2条规定，其是指医师经所在医疗机构批准，为其他医疗机构特定的患者开展执业范围内的诊疗活动。会诊对于促进医学交流与发展，提高医疗水平，保证医疗质量和医疗安全，方便群众就医，实现医疗资源优化配置、提高医疗服务水平、维护人民群众身心健康、满足人民群众不断增长的医疗需求具有重要意义。但在会诊过程中，由于涉及发出邀请的医疗机构(以下简称邀请医疗机构)、接受邀请的医疗机构(以下简称会诊医疗机构)、会诊医师和患者四方当事人，一旦造成患者损害，如何确定法律责任，缺乏明确的法律规定。鉴于会诊责任特别是远程医疗问题属于当前普遍存在的医疗现象甚至是以后医疗发展的方向，且司法实践中存在问题很多，有必要在司法解释中予以规定。

【条文释义】

一、受邀医务人员过错导致的医疗损害责任构成要件

《侵权责任法》第54条规定，患者在诊疗活动中受到损害，医疗机构及其医务人员有过错的，由医疗机构承担赔偿责任。根据该条的规定，医疗损害侵权责任的构成要件有四个：一是医疗机构和医务人员的诊疗行为；二是患者的损害；三是诊疗行为与损害后果之间的因果关系；四是医务人员的过错。[①] 就会诊活动中，因受邀医务人员的过错导致的医疗损害责任也应采四要件说，即(1)医疗

---

① 最高人民法院侵权责任法研究小组编著：《〈中华人民共和国侵权责任法〉条文理解与适用》，人民法院出版社2010年版，第385～386页。

机构邀请本单位以外的医务人员实施的诊疗行为;(2)患者的损害;(3)诊疗行为与损害后果之间的因果关系;(4)受邀医务人员的过错。

(一)医疗机构邀请本单位以外的医务人员实施的诊疗行为

从行为主体看,实施侵权行为的主体为受邀医务人员,而非其他主体。医务人员又可分为专业医务人员和社会医务人员两类。根据《执业医师法》的规定,专业医务人员,是指依法取得执业医师资格或者执业助理医师资格,经注册在医疗、预防、保健机构中执业的专业人员。根据卫生部《关于加强医疗机构聘用社会医务人员执业管理的通知》(卫医发〔1998〕第26号)的规定,社会医务人员是指取得技术职称的待聘人员或个体行医者。1999年5月1日《执业医师法》实施后,则指取得执业资格的待聘人员或个体行医者。对无医疗技能又未取得行医许可的非医务人员,应认定为非法行医。

诊疗行为是医疗损害侵权责任产生的前提。我国学者将诊疗行为定义为医疗机构及其医务人员借助医学知识、专业技术、仪器设备及药物等手段,为患者提供的紧急救治、检查、诊断、治疗、护理、保健、医疗美容以及为此服务的后勤和管理等维护患者生命健康所必需的活动的总和。①

(二)患者的损害

在医疗损害赔偿责任中,赔偿的适用是以损害的确定为前提的,只有发生了损害才可能有赔偿,没有损害则无赔偿。患者的损害就是患者遭受损害的事实,是指因诊疗行为所引起的对患者不利的后果和事实,包括对患者造成的人身伤亡、财产损失、肉体疼痛和精神痛苦以及对患者隐私权和名誉权的侵害等。患者的损害,应当符合四个条件:其一,损害是侵害合法民事权益所产生的后果。其二,损害是一个客观存在的事实,是一个确定的事实而非臆想、虚构的现象。其三,损害具有法律上的可救济性。其四,损害是法律所保护的权利的侵害,受害人请求保护的利益,必须构成权利的内容。实践中要注意区分哪些是损害后果,哪些不是损害后果。非损害后果有几种情况:一是正当的治疗措施。诊疗行为本身带有一定的人身侵袭性,无论是药物治疗、手术治疗都会对人体造成一定程度的侵害。"是药三分毒",这是诊疗行为本身的侵袭性,不能作为医疗行为的损害后

---

① 王利明主编:《中国民法典学者建议稿及立法理由:侵权行为编》,法律出版社2005年版,第265页。

果。二是疾病的自然转归。对于一些重大疾病,如癌症晚期,现代医学技术也没有有效的治疗方法。在治疗过程中患者病情恶化乃至死亡都是无法避免的,本身与诊疗行为无关,是疾病自然发展的结果,不是诊疗行为导致的损害。

(三)诊疗行为与损害后果之间的因果关系

在医疗损害赔偿责任的案件中,一直以来的难点与争论的焦点莫过于诊疗行为与损害结果之间是否存在有因果关系这一问题。由于高度专业化的医疗行业,导致判断医疗机构的过失行为或者其行为是否在客观事实上导致损害结果的发生具有一定复杂性,而且医疗损害赔偿责任中的因果关系具有其特殊性,因此,对于这就要求法官在认定医疗损害赔偿中因果关系的同时必须结合其特性来分析判断,从而得出合理的结论。在审理医疗损害赔偿案件的过程中,由于因果关系的认定需要涉及大量的医学方面的专业知识,而大多数法官并不完全具备那么专业的医学知识,对于此判定会有一定的困难,所以一般都倾向依赖专业医学鉴定。

医疗机构要对诊疗行为与损害后果之间是否存在因果关系承担举证证明责任。《民诉证据规定》第 4 条第 8 项规定,因医疗行为引起的侵权诉讼,由医疗机构就医疗行为与损害结果之间不存在因果关系及不存在医疗过错承担举证责任。本解释第 4 条规定,患者依据《侵权责任法》第 54 条规定主张医疗机构承担赔偿责任的,应当提交到该医疗机构就诊、受到损害的证据。患者无法提交医疗机构及其医务人员有过错、诊疗活动与损害之间具有因果关系的证据,依法提出医疗损害鉴定申请的,人民法院应予准许。医疗机构主张不承担责任的,应当就《侵权责任法》第 60 条第 1 款规定情形等抗辩事由承担举证证明责任。从本条规定来看,就举证责任分配方面,实际是"谁主张,谁举证"的一般规则以及特定条件下的举证责任转移。

(四)医务人员的过错

医疗过错是医疗机构承担医疗损害赔偿责任的核心所在。过错是指加害人的一种可归责的心理状态,表现为故意和过失两种形式。在医疗侵权中,主要是指过失。医疗过错作为过错的一种,在本质上是一种业务过失,是医疗机构或医务人员在诊疗过程中违反必要的注意义务,从而引起对患者生命、身体伤害的情形。《侵权责任法》第 57 条规定,医务人员在诊疗活动中未尽到与当时的医疗水平相应的诊疗义务,造成患者损害的,医疗机构应当承担赔偿责任。

从该条规定看,医务人员只要未尽到与当时的医疗水平相应的诊疗义务,即可认定医务人员存在过错。从行为表现形态上看,医务人员的诊疗过错行为通常表现为以下情况:(1)误诊。根据病人的实际情况和有关操作规定或一个合格医务人员的应有注意,本来应当诊断出来病人存在某种疾病或伤害,但是没有诊断出来,或者根本就没有进行诊断。(2)贻误治疗。虽然进行了正确的诊断,但是未进行及时有效的治疗。(3)不当处方。对于已经确诊的病人,给予错误的处方。(4)不当手术和处置。不当手术和处置包括对不需要和不应当手术和处置的病人进行手术、错误切除不应当切除的器官或者组织、在手术和处置中将器具药棉等遗留在病人的胸腔或腹腔内、由于消毒不严格导致病人感染等。(5)手术或者处置导致病人不应有的伤害。(6)使用不合格的材料,导致病人的伤害或其他损失等。医疗损害案件中的侵权行为多表现为积极的行为,但是在病人(或者其家属、监护人)与医疗机构建立诊疗合同关系后,医务人员的不作为行为(如拒绝治疗、拒绝执行处方等)也可能构成侵权行为。[①] 就判断方法而言,《侵权责任法》第58条规定:"患者有损害,因下列情形之一的,推定医疗机构有过错:(一)违反法律、行政法规、规章以及其他有关诊疗规范的规定;(二)隐匿或者拒绝提供与纠纷有关的病历资料;(三)伪造、篡改或者销毁病历资料。"由此,对医疗机构是否具有过错的认定,法律采用了推定的方法。同时,《侵权责任法》第60条亦对医疗机构不承担责任的情形加以明确。上述过错的认定标准和判断方法的规定,虽为法律对医务人员及医疗机构是否具有过错的判断依据,但其同样适用于对受邀医务人员外出会诊时是否存在过错的判断。

二、邀请医疗机构承担赔偿责任

我们在深入调研、综合各方意见的基础上,对于会诊责任确立了应由邀请医疗机构承担责任。主要理由如下:

第一,由邀请医疗机构承担责任符合会诊制度的基本目的。在会诊的诊疗过程中,会诊医师基本是处于邀请医院的监督、控制和管理下,会诊医师在诊疗过程中通常也无须向会诊医院进行报告,因此对医师负有监管控制义务的主要是邀请医院。一般而言,会诊制度的目的主要有两个:一是为了方便居民就医,

---

① 张新宝:《侵权责任法》,中国人民大学出版社2010年版,第233页。

满足居民的医疗需求;二是为了促进医学交流与发展,提高医疗服务水平,优化医疗资源配置。这其中,除了有益于患者外,对于邀请医院也大有裨益:会诊可以加强邀请医院与外院的交流,提高邀请医院的医疗技术和服务水平,有助于邀请医院的长远发展。通过会诊,患者往往不再需要转院治疗,客观上增加了邀请医院的经济收入,同时也有利于邀请医院医疗技术和服务水平的提高。因此,从制度设计的目的看,由邀请医疗机构承担责任而不由会诊医疗机构承担责任,对于促进医学交流与发展,提高社会整体医疗水平,方便群众就医,保护患者合法权益具有积极意义。

第二,由邀请医疗机构承担责任,符合替代责任的基本要求。在邀请其他医疗机构医师会诊的情况下,该会诊医师虽然接受外出会诊的指示是来自会诊医疗机构,但接受该指示后所从事的诊疗活动已经属于邀请医疗机构的工作事务范畴,受到该邀请医疗机构的指示、监督,他也往往会因该会诊行为从该邀请医疗机构活动一定的报酬,符合替代责任的上述要求,应该由该邀请医疗机构承担责任。

第三,受邀医务人员外出会诊时,作为受邀医务人员的单位,即会诊医疗机构与患者之间未建立医疗合同关系,会诊医疗机构安排医务人员前去邀请医疗机构会诊是基于邀请医疗机构的邀请。患者与邀请医疗机构存在医疗合同关系。从与患者所形成诊疗关系的主体看,无疑该邀请医疗机构是与该患者形成诊疗关系的主体,且该邀请医疗机构能够从会诊行为中获得相应的利益,比如患者支付的医药费。由邀请医疗机构承担会诊过程中诊疗过错导致患者损害的责任,符合权责利相统一原则的要求。

【典型案例指引】

王会某、戚翠某、熊某、熊可某、熊慧某与华润武钢总医院、武汉大学人民医院(湖北省人民医院)医疗损害责任纠纷案①

基本案情

原告王会某、戚翠某、熊某、熊可某、熊慧某诉称,2012 年 7 月 9 日,患者熊

① 案例来自中国裁判文书网,原告王会某、戚翠某、熊某、熊可某、熊慧某诉被告华润武钢总医院、武汉大学人民医院(湖北省人民医院)医疗损害责任纠纷案。案号:(2014)鄂青山民一初字第 00489 号。

斌某因“体检发现纵隔占位4周”到被告华润武钢总医院就诊，经其医疗人员检查后，告知患者患有胸腺瘤，需要住院手术治疗。为此，患者入住华润武钢总医院治疗。同年7月17日下午，该院为患者进行“右侧开胸探查+胸膜粘连烙断术+纵隔肿瘤切除术”，邀请被告武汉大学人民医院医生黄某主刀。手术中，因两被告医疗人员的不当操作，将患者主静脉撕裂，导致术中大出血，无法及时止血。又因被告术前没有按照手术规程及时准备血液，以致大出血后无法及时补血，最终使患者失血过多造成脑死亡，但医生仍以抢救为名，拖延至2012年8月8日才正式向家属宣告死亡。2012年11月22日，湖北同济法医学司法鉴定中心接受青山区卫生局的委托，出具尸检报告，认定患者系因失血性休克并发肺部及全身感染，肺动脉栓塞致全身多脏器功能衰竭死亡。原告作为患者家属多次与院方沟通协商，但被告均不承认错误及赔偿损失。在此期间，患者之父熊顺某也于2014年3月1日去世，为此，原告诉至法院，要求：(1)判令两被告连带赔偿原告各项经济损失共计599015元；(2)判令两被告连带赔偿原告精神损害抚慰金86976元；(3)本案诉讼费用由两被告承担。后原告将第一、二项诉请变更为：(1)要求两被告连带赔偿原告各项经济损失共计695073.20元(医疗费3400元、护理费1812.50元、交通费500元、误工费22562.20元、住院伙食补助费1500元、丧葬费19360元、被扶养人生活费127312.50元、死亡赔偿金458120元、鉴定费12000元、殡仪馆费用15633元、墓地费16873元、律师费16000元)；(2)判令两被告连带赔偿原告精神损害抚慰金94500元。

原告为支持其诉讼主张，向法院提交了如下证据：

证据一，湖北同济法医鉴定书(尸检)，证明原、被告之间的医疗关系，两被告的医疗行为导致熊斌某死亡的事实。被告华润武钢总医院、武汉大学人民医院(湖北省人民医院)对该证据的真实性、合法性均无异议。

证据二，湖北同济法医鉴定书(医疗过错鉴定)，证明熊斌某经被告治疗死亡，两被告对熊斌某的死亡有过错。被告华润武钢总医院、武汉大学人民医院(湖北省人民医院)对该证据的真实性、合法性均无异议。

证据三，王会某和熊慧某的误工证明，证明熊斌某治疗期间的护理和死亡后后事处理产生的误工损失。被告华润武钢总医院对该证据有异议，认为原告主张的误工时间过长，人数过多。被告武汉大学人民医院(湖北省人民医院)对该证据有异议,认为不能证明其实际发生的损失,也不能证明该损失与熊斌某死亡的关联性。

证据四,原告及熊斌某的户口簿,证明原告和熊斌某身份关系,原告系本案适格主体,以及被扶养人情况。被告华润武钢总医院、武汉大学人民医院(湖北省人民医院)对该证据的真实性均无异议,但认为该证据显示熊顺某及戚翠某均是退休人员,应有退休收入,不需要扶养,且熊顺某现已去世也不需要扶养。

证据五,鉴定费票据两份,证明原告支出的两次鉴定费用情况。被告华润武钢总医院、武汉大学人民医院(湖北省人民医院)对该证据均无异议。

证据六,殡仪馆费用票据、墓地费用票据以及丧葬费票据共六张,证明双方当事人因医疗纠纷没有及时协商处理,熊斌某尸体在殡仪馆保存的费用、解剖提供场地花费的费用及杂费、墓地费用及办理丧事的费用。被告华润武钢总医院、武汉大学人民医院(湖北省人民医院)对该证据均有异议,有部分票据非正式发票应不予认可,丧葬费用有法定计算标准,应以法律规定为准。

被告华润武钢总医院辩称,对熊斌某的治疗经过以病历记载的为准,医疗过错程度以司法鉴定结论为依据,原告的诉请过高,另外熊斌某的医疗费自费部分尚余12000余元未结算,应一并予以处理,请求法院依法判决。

被告华润武钢总医院为支持其主张,向法院提交了如下证据:

证据一,病历,证明患者熊斌某在医院治疗情况。原告、被告武汉大学人民医院(湖北省人民医院)对该证据均无异议。

证据二,医疗费发票,证明原告尚未结算的治疗费用。原告对该证据有异议,认为不清楚钱的花销情况。被告武汉大学人民医院(湖北省人民医院)对该证据不予质证。

被告武汉大学人民医院(湖北省人民医院)辩称,2012年7月17日,被告华润武钢总医院向我院发来邀请函,请我院胸外科黄某教授前往该院对患者熊斌某实施会诊,我院予以同意。因此,黄某对患者熊斌某实施的是依法会诊行为,按《医师外出会诊管理暂行规定》的规定,邀请会诊的单位即被告华润武钢总医院是本案的适格被告,我院不是医疗争议的主体,也不是本案的适格被告。我院除了派黄某参加会诊外,没有对患者实施过任何医疗行为,原告主张我院承担连带赔偿责任无事实和法律依据,因此请求法院驳回原告对我院的全部诉讼请求。

被告武汉大学人民医院(湖北省人民医院)为支持其主张,向法院提交了如下证据:

证据一,会诊邀请函复印件,证明华润武钢总医院发给我医院的邀请函,邀请黄某会诊。原告对该证据认为系复印件,不予质证。被告华润武钢总医院对该证据无异议。

证据二,医师外出会诊管理暂行规定,证明我医院黄某系华润武钢总医院邀请会诊,根据规定,我医院不是本案适格主体。原告对该证据的真实性无异议,但认为该规定是卫生部发布的,不是法律法规,且该规定写明了是由邀请单位处理医疗争议,并没有明确被邀请单位不承担责任。被告华润武钢总医院对该证据的真实性无异议,但认为不能证明武汉大学人民医院(湖北省人民医院)不承担责任。

经庭审质证,对双方当事人无异议的证据,法院依法予以采信。对双方当事人有争议的证据,法院认为:原告提交的证据三客观真实,但误工时间过长,与本案有部分关联性,故法院对该证据依法部分予以采信;原告提交的证据四客观真实,能够证明原告是本案适格主体,但因该证据显示熊斌某的父母均是单位退休人员,故被扶养人不应包括熊斌某的父母,对该证据的证明目的法院依法部分予以采信;原告提交的证据六因部分票据不规范,法院仅采信其中的三张正规票据。被告华润武钢总医院提交的证据二因客观真实,与本案有关联性,法院依法予以采信;被告武汉大学人民医院(湖北省人民医院)提交的证据一虽系复印件,但该证据显示的邀请方即被告华润武钢总医院对此予以认可,故对该证据法院依法予以采信;被告武汉大学人民医院(湖北省人民医院)提交的证据二客观真实,与本案有关联性,法院依法予以采信。

经审理查明,2012 年 7 月 9 日,患者熊斌某(1972 年 3 月 21 日出生)因体检发现"纵隔占位 4 周"到被告华润武钢总医院就诊,后收入该院胸外科住院治疗,入院后胸部 CT 检查示:右前纵隔肿块,考虑胸腺瘤可能性大。同年 7 月 17 日,被告华润武钢总医院邀请武汉大学人民医院(湖北省人民医院)黄某医师对熊斌某进行会诊,该邀请系经被告武汉大学人民医院(湖北省人民医院)批准同意。后熊斌某在全麻下行"右侧开胸探查 + 胸膜粘连烙断术 + 纵隔肿瘤切除术”,术中血管破裂大出血,给予抗休克、止血治疗,术后送入 ICU 继续抢救,经抢救无效,于 2012 年 8 月 8 日宣布临床死亡。熊斌某实际发生的医疗费共计 15852.94 元[12752.94 元(不含医保报销部分)+会诊费 3100 元],其中原告已支付 3809.84 元(预缴款 300 元+个人账户支出 409.84 元+会诊费 3100 元)。

2012 年 10 月 8 日,湖北同济法医学司法鉴定中心对熊斌某的尸体进行了法医学解剖检查,并于同年 11 月 22 日出具法医病理学检验意见书,鉴定意见认为熊斌某符合因失血性休克并发肺部及全身感染,肺动脉栓塞致全身多脏器功能衰竭而死亡。2014 年 5 月 23 日,湖北同济法医学司法鉴定中心出具法医学鉴定意见书,鉴定意见为:根据对送检文证资料的审核结果,认为熊斌某符合因急性失血性休克并发肺部及全身感染,肺动脉栓塞致多脏器功能衰竭而死亡。武钢总医院在对熊斌某诊疗过程中存在术前对病情严重程度认识不足、术前告知义务履行不充分的医疗过失,上述医疗过失与熊斌某死亡之间存在一定的因果关系,建议医疗过失参与度为 D 级。

另查明,原告王会某系熊斌某的配偶,原告戚翠某系熊斌某的母亲,原告熊可某系熊斌某的独生女。熊斌某之父熊顺某于 2014 年 3 月 1 日去世,其与戚翠某生前共生育了三个子女,即熊斌某和原告熊慧某、熊某。

再查明,根据 2013 年 12 月 17 日的鄂卫生计生通〔2013〕84 号批复意见,同意武汉钢铁(集团)公司职工总医院变更名称为华润武钢总医院。

裁判理由

法院认为,按照法律规定,患者在诊疗活动中受到损害,医疗机构及其医务人员有过错的,由医疗机构承担赔偿责任。按照《会诊规定》的规定,医师在外出会诊过程中发生的医疗事故争议,由邀请医疗机构按照医疗事故处理条例的规定进行处理,本案中黄某医师受被告华润武钢总医院邀请,并经黄某所在的武汉大学人民医院(湖北省人民医院)同意,前往华润武钢总医院为患者熊斌某进行会诊,黄某医师对熊斌某的医疗行为应视为代表被告华润武钢总医院的医疗行为,且被告武汉大学人民医院(湖北省人民医院)与患者熊斌某之间无其他医疗行为,因此被告武汉大学人民医院(湖北省人民医院)在本案中不应承担赔偿责任。被告华润武钢总医院在对熊斌某的医疗行为中存在过错,其过错与熊斌某的死亡之间存在一定的因果关系,原告均系熊斌某的近亲属,故华润武钢总医院应对原告因此造成的损失承担相应赔偿责任。按照司法鉴定意见,被告的医疗过失参与度为D级,根据湖北省司法鉴定协会《关于医疗过失参与度司法鉴定的有关规定》,D级的理论系数值为50%,参与度系数值为40%~60%,因此本院认为由被告承担55%的赔偿责任较为适宜。

关于原告主张的医疗费3400元,根据其提交的住院病人预缴医药费收据、被告华润武钢总医院的庭审陈述及提交的住院费发票,患者熊斌某实际发生的医疗费用为15852.94元,该医疗费用尚未结清,原告的该主张符合法律规定,法院依法予以支持。关于原告主张的丧葬费19360元(38720元/年÷12个月×6个月),符合法律规定,法院依法予以支持。关于原告主张的护理费1812.50元,因被告华润武钢总医院表示无异议,法院依法予以支持。关于原告主张的交通费500元,因系确实会发生的费用,法院依法予以支持。关于原告主张的误工费22562.20元(王会某1742元/月×5个月+熊慧某2974.44元/月×5个月),原告在庭审中陈述该误工费为原告王会某和熊慧某因处理熊斌某后事所产生的误工损失,法院认为,按照法律规定,赔偿义务人应当赔偿受害人亲属办理丧葬事宜产生的误工损失,但原告主张的该误工时间过长,法院根据两人每月减少的收入核算其误工损失为1572元[(1742元/月+2974.44元/月)÷30天×10天]。关于原告主张的住院伙食补助费1500元,法院认为该主张过高,本院依法支持450元(15元/天×30天)。关于原告主张的死亡赔偿金458120元(22906元/年×20年),符合法律规定;关于原告主张的被扶养人生活费127312.50元,按照法律规定,被扶养人是指受害人依法应当承担扶养义务的未成年人或者丧失劳动能力又无其他生活来源的成年近亲属,本案中熊斌某的父母根据其户籍信息显示两人均系单位退休职工,且原告亦未提交证据证明两人无收入来源,故本案的被扶养人生活费应只计算熊可某一人,因此法院依法支持被扶养人生活费为55125元(15750元/年×7年÷2),但受害人有被扶养人的,应将被扶养人生活费计入死亡赔偿金,故法院依法核定死亡赔偿金为513245元(458120元+被扶养人生活费55125元)。关于原告主张的鉴定费12000元,有相关票据为证,法院予以支持。关于原告主张的殡仪馆费用15633元,原告陈述该费用含尸体保存费用、尸检场地费用及杂费,结合其提供的尸检报告及殡仪馆开具的正规票据,法院认为该费用确系原告支出的费用,故本院依法支持 11913 元。关于原告主张的墓地费 16873 元,虽系原告确实发生的费用,但该费用与丧葬费有重复,法院已依法支持丧葬费,故对该费用法院不予支持。关于原告主张的律师费 16000 元,因无法律依据,法院不予支持。至此,原告的各项经济损失共计 576705.44 元,被告华润武钢总医院应赔偿原告经济损失 317188 元(576705.44 元×55%),扣减原告尚未结清的医疗费 12043.10 元(15852.94 元-3809.84 元),被告华润武钢总医院还应赔偿原告经济损失共计 305144.90 元。关于原告主张的精神损害抚慰金 94500 元,法院根据侵权人的过错程度、侵权人承担责任的经济能力等综合考虑,法院酌情支持 20000 元。

为此,依照《侵权责任法》第 6 条第 1 款、第 16 条、第 18 条、第 22 条、第 54 条和最高人民法院《关于审理人身损害赔偿案件适用法律若干问题的解释》第 17 条第 1 款、第 3 款,第 18 条第 1 款,第 19 条第 1 款,第 20 条,第 21 条第 1 款、第 2 款,第 22 条,第 23 条第 1 款,第 27 条,第 28 条,第 29 条以及最高人民法院《关于适用〈中华人民共和国侵权责任法〉若干问题的通知》第 4 条,最高人民法院《关于确定民事侵权精神损害赔偿责任若干问题的解释》第 8 条第 2 款、第 10 条第 1 款及《民事诉讼法》第 142 条的规定,判决如下:

1. 被告华润武钢总医院于本判决生效后 15 日内赔偿原告王会某、戚翠某、熊某、熊可某、熊慧某各项经济损失共计 305144.90 元;

2. 被告华润武钢总医院于本判决生效后 15 日内赔偿原告王会某、戚翠某、熊某、熊可某、熊慧某精神损害抚慰金 20000 元;

3. 驳回原告王会某、戚翠某、熊某、熊可某、熊慧某的其他诉讼请求。

如果未按本判决指定的期间履行给付金钱义务,应当依照《民事诉讼法》第 253 条之规定,加倍支付迟延履行期间的债务利息。

本案案件受理费 4248 元,减半收取 2124 元,由原告王会某、戚翠某、熊某、熊可某、熊慧某负担 1249 元,被告华润武钢总医院负担 875 元。如不服本判决,可在判决书送达之日起 15 日内,向法院递交上诉状,并按对方当事人的人数提出副本,上诉于湖北省武汉市中级人民法院。

裁判指引 27

本案是医疗机构邀请本单位以外的医务人员对患者进行诊疗，因受邀医务人员的过错造成患者损害后由邀请医疗机构承担赔偿责任的典型案例。本案中黄某医师受被告华润武钢总医院邀请，并经黄某所在的武汉大学人民医院（湖北省人民医院）同意，前往华润武钢总医院为患者熊斌某进行会诊，黄某医师对熊斌某的医疗行为应视为代表被告华润武钢总医院的医疗行为，且被告武汉大学人民医院（湖北省人民医院）与患者熊斌某之间无其他医疗行为。根据《侵权责任法》第54条的规定，患者在诊疗活动中受到损害，医疗机构及其医务人员有过错的，由医疗机构承担赔偿责任。又按照《会诊规定》的规定，医师在外出会诊过程中发生的医疗事故争议，由邀请医疗机构按照《医疗事故处理条例》的规定进行处理。因此被告武汉大学人民医院（湖北省人民医院）在本案中不应承担赔偿责任。被告华润武钢总医院在对熊斌某的医疗行为中存在过错，其过错与熊斌某的死亡之间存在一定的因果关系，故华润武钢总医院应对原告因此造成的损失承担相应赔偿责任。

【相关法条链接】

《侵权责任法》第54条、第58条、第60条，《民诉法解释》第91条、第284条，《审理食品药品案件规定》第5条第2款，《侵害信息网络传播权案件规定》第6条。

第二十一条 因医疗产品的缺陷或者输入不合格血液受到损害，患者请求医疗机构，缺陷医疗产品的生产者、销售者或者血液提供机构承担赔偿责任的，应予支持。

医疗机构承担赔偿责任后，向缺陷医疗产品的生产者、销售者或者血液提供机构追偿的，应予支持。

因医疗机构的过错使医疗产品存在缺陷或者血液不合格，医疗产品的生产者、销售者或者血液提供机构承担赔偿责任后，向医疗机构追偿的，应予支持。

【起草背景】

药品、消毒药剂、医疗器械属于产品，应当适用产品责任的规定。依据《侵权责任法》第 43 条的规定，因产品存在缺陷造成人身、财产损害的，受害人可以向产品的生产者要求赔偿，也可以向产品的销售者要求赔偿。属于产品的生产者的责任，产品的销售者赔偿的，产品的销售者有权向产品的生产者追偿；属于产品销售者的责任，产品的生产者赔偿的，产品的生产者有权向产品的销售者追偿。对于医疗产品损害责任的责任形态，《侵权责任法》第 59 条规定为"患者可以向生产者或者血液提供机构请求赔偿，也可以向医疗机构请求赔偿。患者向医疗机构请求赔偿的，医疗机构赔偿后，有权向负有责任的生产者或者血液提供机构追偿"，这与上述《侵权责任法》第 43 条规定在本质上是一样的。对此，一种意见认为，医疗产品责任是连带责任；另一种意见认为，是不真正连带责任，但通说意见认为，这同产品责任的责任形态一样，医疗产品损害责任也是不真正连带责任。在确定承担不真正连带责任的前提下，对于当事人将医疗机构和生产者同时起诉或被追加的情形，如何确定他们责任的大小及承担方式，则有不同看法。一种意见认为，应当确定由他们共同承担责任，再行确定他们之间的追偿权；审判实践中有的判决表述为共同承担责任，有的案例也直接表述为承担连带责任。另一种意见认为，这时应当判定缺陷的直接生产者承担侵权责任,不必先行让医疗机构先承担责任,再进行追偿。[1] 理论上一般认为,不真正连带责任中的相互重合的侵权责任中通常承担一个侵权责任即可保护受害人的权利,即只要数个重合的侵权责任履行了一个,受害人的损害就得到了救济,其受到损害的权利就得到了恢复。因此,不真正连带责任的受害人原则上只能选择相互重合的请求权中的一个行使,该请求权行使之后,其他的请求权即行消灭。[2] 这一意见就是严格按照不真正连带责任的基本法理,规定了直接判决由最终承担责任的主体承担责任的规则。这样做的好处在于实现了纠纷的彻底解决,减少追偿这一环节。

上述两种意见都有道理。经过反复研究并征求立法机关意见,本解释最终规定了因医疗产品的缺陷或者输入不合格血液受到损害,患者请求医疗机构,缺陷医疗产品的生产者、销售者或者血液提供机构承担赔偿责任的,应予支持。需要特别说明的是,未采纳上述第二种意见判决由最终承担责任的主体承担责任的主要理由是:其一,若最终承担责任的主体没有清偿能力,则被害人可能得不到应有救济,这与《侵权责任法》第 59 条规定的立法目的(即充分救济受害人)不符;其二,若判决缺陷产品生产者承担终局责任,意味着对患者向销售者主张权利的途径也被剥夺,不利于患者利益维护;其三,按照这一思路,在人民法院依照职权追加医疗产品生产者的情形,在原告坚持不变更原来对医疗机构诉讼请求的情况下,则面临着要对原告诉讼请求裁定驳回的问题,这可能就与《侵权责任法》第 59 条、第 43 条规定不符。

【条文释义】

对于本条的理解与适用,需要把握以下几点:

一、关于本条第 1 款的法律适用

本条第 1 款的上述规定对于各责任主体之间的责任形态未作明确表态。此主要考虑在于不真正连带责任目前还停留在理论层面的概括,在立法上对此并无明确界定。对于本款的适用,一方面,患者一方可以依据产品责任的规则

---

① 杨立新:《论医疗产品责任》,载《政法论丛》2009 年第 2 期。

② 杨立新:《侵权法论》(第五版),人民法院出版社 2013 年版,第 989 页。

选择向医疗机构、医疗产品的生产者或者销售者中的其中一方主体主张责任。另一方面,我们认为,本条的规定也并非对医疗机构与医疗产品生产者、销售者在外部关系上承担连带责任的否定,这并不妨碍在审判实践中对患者一方向医疗机构与医疗产品生产者、销售者主张共同承担赔偿责任或者承担连带责任的问题做有益探索。主要理由如下:

1. 这符合产品责任适用严格责任背景下对于处于相对弱势地位的产品使用人,特别是医疗产品使用人即患者利益的保护的基本理念,避免患者一方仅因选择其中之一的责任主体比如医疗机构、或者医疗产品生产者、销售者承担责任时,该主体清偿能力不足而得不到充分的救济。

2. 对于生产者与销售者承担连带责任的问题,有关法律与其他司法解释也作了有益探索,可资借鉴。比如,《产品质量法》第58条规定,社会团体、社会中介机构对产品质量作出承诺、保证,而该产品又不符合其承诺、保证的质量要求,给消费者造成损失的,与产品的生产者、销售者承担连带责任。本条规定从文义上看就没有对生产者与销售者采取“或者”的选择性表述,应当理解为该消费者既可以要求社会团体、社会中介机构与产品生产者或者销售者任一主体承担全部责任,也可以同时让社会团体、社会中介机构与产品生产者以及销售者一起共同承担连带责任,至于如何确定责任主体,取决于消费者的选择。那么按照连带责任的基本法理,三个以上的责任主体之间承担连带责任,其中的两个主体之间当然也是承担连带责任。

3. 实务中目前也大都采取由医疗机构与医疗产品生产者、销售者之间承担连带责任的做法,这既有利于案件的执行,也有利于对患者利益的充分保护,法律效果和社会效果良好。

二、关于医疗产品销售者的责任

如上所述,由于医疗产品责任是产品责任的一种,有关医疗产品销售者的责任承担问题,要适用《产品责任法》第41条、第43条等规定。本条也是依据《侵权责任法》关于产品责任的规定,在《侵权责任法》第59条规定基础上,明确将销售者列为医疗产品责任的主体。侵权责任法基于医疗的公益性考虑,并没有认定医疗机构是医疗产品的销售者,而是或多或少基于当前以药补医等情况(当然《侵权责任法》第59条规定并不限于这一理由)的考虑,医疗机构实际上处于销售者的地位,[1]在责任承担上确定了医疗机构承担与医疗产品销售者相类似的法律责任。在实践中需要注意的问题是,如果患者从医疗机构诊断后并未在该医疗机构购买相应的医疗产品,比如药品,而是到相关医疗产品经营者处按照医疗机构的处方购买了该医疗产品,后因该医疗产品缺陷导致患者损害的情形,这时由于医疗机构并不具备类似于该医疗产品销售者之地位,其并未从该医疗产品的销售中获益,也无法控制该医疗产品之风险当然也就无法转嫁该风险,因此按照严格责任的基本法理,该医疗机构并不是该缺陷医疗产品导致损害的责任承担主体,即不能适用《侵权责任法》第 59 条规定,而应适用《侵权责任法》第 43 条等关于产品责任的一般性规定确定该医疗产品生产者和销售者的责任。如果医疗机构对患者损害存在诊疗过错,且其诊疗行为与患者损害有因果关系的,这时应当对医疗机构适用侵权责任法关于医疗过错侵权的一般性规定,按照多因一果侵权行为的规则(如原因力规则)确定医疗机构的责任,但无论如何,这种情况下的医疗机构不是医疗产品责任的主体。

三、关于医疗产品责任承担后追偿权行使的问题

在产品责任中,追偿权问题通常被认为是产品生产者与销售者之间内部责任关系的一体两面的内容,医疗产品责任中的追偿权关系也是如此,只是增加了医疗机构这一责任主体或者追偿权主体。本条第 2 款、第 3 款是对医疗产品责任承担后追偿权的规定。《侵权责任法》第 59 条仅规定了医疗机构对医疗产品生产者的追偿权,并没有规定对医疗产品销售者的追偿权,也没有规定医疗产品生产者、销售者以及血液提供机构对有过错医疗机构的追偿权,由此引发的法律适用问题在实践中具有一定的普遍性,有必要通过司法解释予以明确。对此,我们根据调研意见,依据《侵权责任法》第 59 条、第 43 条的规定,明确了医疗机构承担责任后向医疗产品生产者、销售者的追偿权以及医疗产品生产者、销售者及血液提供机构向有过错医疗机构追偿的内容。至于医疗产品生产者、销售者之间的追偿权问题,则直接适用《侵权责任法》第 43 条规定即可,无须重复规定。但在医疗机构与其他责任主体的追偿权的制度设计中,对医疗机

---

① 最高人民法院侵权责任法研究小组编著:《〈中华人民共和国侵权责任法〉条文理解与适用》,人民法院出版社 2010 年版,第 419 页。

构类推适用《侵权责任法》第 43 条第 3 款的规定，医疗机构有过错，其应当承担最终的责任，这时医疗产品的生产者、销售者以及血液提供机构也应当享有相应的追偿权，这对于各方主体之间的利益分配更加公平。

结合《侵权责任法》第 42 条、第 59 条的规定，医疗产品缺陷形成的原因，尤其是销售者的过错及其对产品缺陷形成的原因力即为划定销售者与生产者之间有关责任范围的基本依据。至于医疗机构与医疗产品的销售者、生产者之间的追偿权法律关系，也是因为多了一个责任主体而使追偿权关系比仅有医疗产品生产者、销售者的情况更为复杂，但其适用前提是一致的：(1)法院判决了某一个或两个以上责任主体对于患者一方承担了赔偿责任，这时共同承担责任或者单独承担责任在所不问，共同承担责任仅是影响其追偿数额的大小。(2)具有明确的最终责任人，即被追偿的主体。(3)追偿权人已经向患者一方履行赔偿责任。

关于主张追偿权时的举证责任问题，应当按照《民诉法解释》第 90 条、第 91 条的规定确定，通常要适用“谁主张，谁举证”的一般规则。比如，缺陷是由于销售者过错造成的，这是销售者承担责任的基本构成要件，医疗产品的生产者或者医疗机构在承担责任后就要对销售者的过错以及因果关系的成立承担举证责任。同样，对于医疗机构是最终责任主体时，主张追偿权的主体也要对该医疗机构的过错造成产品缺陷的事实承担举证证明责任。但是，对于医疗产品生产者的责任，则依据《侵权责任法》第 41 条的规定，其承担的是无过错责任，在追偿权案件中，主张追偿权的主体也无须对医疗产品生产者的过错承担举证证明责任，多数案件可能依据患者主张产品责任的案件中查明的事实就可以完成相应举证证明责任，而直接向医疗产品的生产者主张追偿权。

【典型案例指引】

1. 周德某等诉衡阳市中心血站等医疗产品责任纠纷案①

基本案情

一审法院经审理查明，周德某因病于 2010 年 11 月 18 日午后入住中心医院

① 案号：湖南省衡阳市中级人民法院(2012)衡中法民四终字第 108 号。

心血管科住院治疗。医方按常规于次日对其进行血液检验,出具的检验报告显示,从乙肝表面抗原到戊型肝炎病毒 IgG 抗体共 10 项均为阴性,其中第 8 项丙型肝炎病毒 IgG 抗体亦为阴性。次日,该院经同意后,给其输血 1.5u,后又经周德某本人同意,于同年 12 月 6 日和 8 日两次给其注射人血白蛋白两瓶,周德某当月 13 日出院。2011 年 9 月,周德某因病再次入住中心医院,当月 24 日该院对其进行血液检验,29 日打印的检验报告单中的第 9 项"丙型肝炎病毒 IgG 抗体"为"阳性",其他均为阴性。中心医院于当月 28 日再次对周德某进行丙肝病毒专项检验仍属阳性。

另查明,中心医院输给周德某的血液来源于中心血站采集于衡阳市街头的献血者,注射给周德某的两瓶人血白蛋白均由成药公司生产,并经瑞药公司销售给该院。

再查明,依据现有医学教科书确定,丙肝病毒传播途径主要是血液和血液制品、母婴和性传播。窗口期(即潜伏期)平均为 40 日,最长为 6 个月。

2012 年 11 月 1 日,周德某向一审法院起诉,请求判令中心医院、中心血站、成药公司、瑞药公司赔偿其因感染丙肝所造成的各项经济损失共计 511515 元,并承担本案的诉讼费。

一审法院认为:(1)周德某在 2010 年 11 月 18 日进住中心医院治病,次日进行血液检验,其丙肝病毒 IgG 抗体为阴性。至 2011 年 9 月 24 日,周德某同在中心医院再次检验发现其丙肝病毒 IgG 抗体为阳性,同月 28 日,再次进行专项检验进一步确认。期间周德某只在中心医院输过血和注射过人血白蛋白。依据已被医学界认可的丙肝传播途径,其感染丙肝病毒应源于此。从现已被医学界认可的平均或最长的窗口期,周德某从输血到发现也完全符合这一规律。中心医院、中心血站、成药公司虽已提出周德某可能在住院前就已感染之说,但均未提供依据,而周德某提供的与其共同生活,有亲密接触的人的检验报告中均未发现有丙肝病毒,又可排除周德某在日常生活中被家人感染的可能。此外,中心医院、中心血站、成药公司也未举出周德某可能被其他交叉感染依据,故对上述三单位提出的该抗辩理由不予采信。但周德某感染丙肝病毒究竟是源于血液还是血制品,现已无法彻底查清。尽管中心血站和成药公司均提出可再行检测,但均已无法取得对比物进行对比检验,故再进行检验,只能就现存样本进行检测,这样不管再进行多少次检验也无法得出真实可信,或说是能排除疑点的结论,故对此请求,不予采纳。(2)周德某诉请的伤残赔偿和司法鉴定检验费各方无异议,予以支持。其已花费的自购药费,所购药品有医院开出的处方佐证,应予认定。其所提出的交通费虽提供有出租车、汽油费和公路交通费等票据,但不能反映其所花交通费全额,故只能依其参加司法鉴定和检验按每次往返4人次计3次,加看门诊2次,共5次计20人次,每人次从云集至市区按5元计,共100元,其余不支持。后续治疗费、司法鉴定意见中有3项,其中1为保肝,增强免疫力疗法,每年需医药费1万元,不需要住院。周德某要求按12年计,没有法律依据,故暂计算5年。周德某虽年过八旬,但被感染丙肝病毒对今后的健康及生活质量确实有影响,故对其精神压力均实际存在。中心医院以司法鉴定说明传染微弱为由而得出不会形成精神负担的理由过于牵强,而周德某提出6万元的精神损害抚慰金过高,对此酌情考虑。周德某所请求的伤残赔偿金(16565.7元×5年×10%)8282.85元、已花费的门诊自购药品费1111.50元、法医鉴定及检验费3356元应列入赔偿,另外周德某诉请已支付的交通费520元,酌情认定100元;后续治疗费431025元,酌情暂定5年为5万元(以后待实际发生后可另行起诉);精神抚慰金6万元,酌情确定1万元,以上各项共计72850.35元列入赔偿。周德某因病在中心医院住院治疗期间,因治疗需要经其本人同意后,中心医院给其输了血,后又注射了人血白蛋白两瓶,入院的次日进行血液检验结果表明周德某丙肝病毒IgG抗体为阴性,对该结果各方当事人均未持疑,如此说明此时周德某血液中没有丙肝病毒,尽管在诉讼中,中心医院、中心血站、成药公司、瑞药公司均以窗口期为由提出怀疑,但就现有证据周德某被发现带有丙肝病毒的时间是2011年9月24日,此时距周德某入院检验已过10个月,远超过最长6个月的窗口期,故该理由不能成立。成药公司提出"丙肝病毒传播途径多样",但其未提供原告可被其他途径感染的证据,故该理由无事实依据,不予采信。就现有证据而言,周德某感染丙肝病毒的来源,应当在输血和注射人血白蛋白两者之间。中心血站和成药公司作为血液和血制品供应和生产单位,不能排除血液或血制品是原告感染丙肝病毒的来源,则应对原告的损害后果共同承担赔偿责任,即各承担50%责任。中心医院作为医疗机构,对原告实施的医疗行为无过错,不承担本案的民事责任。瑞药公司在本案中无过错,亦不承担本案民事责任。

综上,一审法院依照《民法通则》第 98 条,《侵权责任法》第 6 条第 1 款、第 15 条第 1 款第 6 项、第 16 条、第 22 条、第 41 条、第 59 条,《人身损害赔偿解释》第 1 条第 1 款、第 17 条第 1 款、第 18 条第 1 款、第 19 条、第 22 条、第 25 条第 1 款、第 35 条,《精神损害赔偿解释》第 10 条第 1 款第 1 项、第 3 项、第 6 项的规定,经该院审判委员会讨论决定,判决:(1)周德某因感染丙肝病毒所造成的损失共计 72850.35 元,由中心血站、成药公司各赔偿周德某 36425.18 元;(2)驳回周德某的其他诉讼请求。案件受理费 7780 元,由中心血站、成药公司各负担 3890 元。

中心血站、成药公司不服上述民事判决,向二审法院提起上诉。中心血站上诉称:(1)其采、供血行为规范,没有过错;(2)一审认定事实不清、证据不足,因医疗器械等原因也可能造成丙肝病毒感染;(3)医学上的"窗口期"问题导致无法查明临床用血与周德某感染丙肝病毒之间存在因果关系,其不应为此承担责任。请求二审依法改判。针对中心血站的上诉,成药公司答辩称:(1)同意中心血站的上诉意见;(2)南华大学司法鉴定中心出具的鉴定意见书不合法。周德某答辩称,中心血站的上诉理由不能成立。衡阳市中心医院答辩称其不存在过错,不同意中心血站提出的不承担责任的上诉意见。瑞药公司答辩称:其作为配送公司,按照运输、储存的规定对药品进行管理,不承担责任。

成药公司上诉称:(1)其生产的人血白蛋白程序和质量完全符合国家标准;(2)很多途径可致周德某感染丙肝病毒,而一审只认定周德某感染的丙肝病毒来源在输血和使用白蛋白之间缺乏科学依据;(3)南华大学司法鉴定中心出具的鉴定意见书不客观,不能作为定案的依据;(4)一审错误判定对诉讼费的承担。针对成药公司的上诉,中心血站答辩称同意该公司的上诉意见,并认为不能以不确定的感染途径作为其应负赔偿责任的理由。周德某答辩称:(1)成药公司放弃了重新鉴定的申请,其上诉理由不成立;(2)不能排除成药公司产品存在质量问题的可能性。中心医院答辩称:(1)存在经国家职能部门批签发的产品致感染丙肝病毒的案例,故不能排除成药公司的产品存在质量问题的可能性;(2)鉴定人已在一审出庭接受质询,鉴定结论合法有效。瑞药公司无答辩意见。

二审证据交换期间,中心医院向二审法院提供了如下证据:证据1,输血治疗同意书,用以证明2010年11月20日输血前已告知可能发生的风险,并征得患者同意;证据2,输血治疗同意书,用以证明2010年12月5日输白蛋白前已告知可能发生的风险,并征得患者同意;证据3,输血记录单,用以证明2010年11月20日输血的成分及血液来源;证据4,危重病人家属谈话记录、病危通知单,用以证明2010年11月19日该院通知患者大出血的疾病危重,患方要求抢救;证据5,血常规检验报告单、病历,用以证明医生根据患者病情和2010年11月19日对患者的血象检查作出需要输血的处理;证据6,血常规检验报告单、病历,用以证明医生根据患者病情和2012年12月5日对患者的血象检查作出需要输白蛋白的处理;证据7,会诊记录单,用以证明2011年9月30日会诊医生的意见是"患者年龄大,给予护肝治疗,暂不考虑抗病毒治疗"。经庭审质证,中心血站、周德某、成药公司均认为上述证据不是新的证据,应在一审时提出,瑞药公司无质证意见。二审法院经审查认为,以上证据不是新的证据,二审法院不予采纳。

二审法院经审理查明,一审认定的事实清楚,二审法院予以确认。

裁判理由

生效裁判认为,本案争议的主要焦点问题是:(1)南华大学司法鉴定中心作出的南大司鉴中心(2012)临鉴字第150号《法医临床鉴定意见书》能否作为本案的定案依据;(2)成药公司、中心血站在本案中是否应当承担赔偿责任;(3)原判对本案一审案件受理费的分担是否恰当。

1. 关于南华大学司法鉴定中心作出的南大司鉴中心(2012)临鉴字第150号《法医临床鉴定意见书》能否作为本案的定案依据的问题。《民诉证据规定》第29条规定:"审判人员对鉴定人出具的鉴定书,应当审查是否具有下列内容:(一)委托人姓名或者名称、委托鉴定的内容;(二)委托鉴定的材料;(三)鉴定的依据及使用的科学技术手段;(四)对鉴定过程的说明;(五)明确的鉴定结论;(六)对鉴定人鉴定资格的说明;(七)鉴定人员及鉴定机构签名盖章。"第27条规定:"当事人对人民法院委托的鉴定部门作出的鉴定结论有异议申请重新鉴定,提出证据证明存在下列情形之一的,人民法院应予准许:(一)鉴定机构或者鉴定人员不具备相关的鉴定资格的;(二)鉴定程序严重违法的;(三)鉴定结论明显依据不足的;(四)经过质证认定不能作为证据使用的其他情形。”本案中,一审法院委托南华大学司法鉴定中心作司法鉴定,该鉴定中心作出的南大司鉴中心(2012)临鉴字第150号《法医临床鉴定意见书》内容完整。各当事人均未向二审法院提出重新鉴定的申请,亦未提供可证明存在符合重新鉴定情形的证据。故二审法院对前述《法医临床鉴定意见书》予以认定。

2. 关于成药公司、中心血站在本案中是否应当承担赔偿责任的问题。成药公司与中心血站均未就《产品质量法》第41条第2款规定的免责事由提供相应证据,根据举证责任分配原则,二上诉人应当承担举证不能的法律后果,故成药公司提出其生产的人血白蛋白是合格产品不应承担赔偿责任的主张,中心血站提出其供应输给周德某的血浆合格不含丙肝病毒的主张,二审法院均不予采信。周德某已83岁,与其共同生活、有亲密接触的人的检验报告均未发现有感染丙肝病毒,排除了性传播、母婴传播的感染途径,南大司鉴中心(2012)临鉴字第150号《法医临床鉴定意见书》认定“周德某在住院期间(2010年10月18日至12月13日)因输血或输血制品(人血白蛋白)感染丙肝。”二上诉人提出周德某可能在中心医院住院之前感染丙肝病毒也可能经非输血的其他途径感染丙肝病毒的主张,却均未提供相应证据予以证实,也未提供足以推翻上述鉴定意见的证据,应承担举证不能的法律后果,故对二上诉人的该主张,二审法院不予采信。因不能确定是成药公司生产的白蛋白还是中心血站的血浆存在质量问题造成周德某感染丙肝病毒,或者是两者均有质量问题,二上诉人的责任范围难以确定,推定二上诉人对周德某感染丙肝病毒的损害后果承担同等责任,一审认定上诉人中心血站与成药公司各负50%的赔偿责任并无不当。二上诉人主张不应对周德某承担赔偿责任,于法无据,二审法院不予支持。但根据《人身损害赔偿解释》第19条规定:“……后续治疗费,赔偿权利人可以待实际发生后另行起诉。但根据医疗证明或者鉴定结论确定必然发生的费用,可以与已经发生的医疗费一并予以赔偿。”本案中,南大司鉴中心(2012)临鉴字第150号《法医临床鉴定意见书》认定:“……治疗方案的医疗费用每年预计壹万元;适时复查,若后期出现肝功能异常时遵医嘱治疗。”对一审酌定周德某5年的后续治疗费共计5万元,二审法院综合考虑本案的实际情况,认为存在因周德某年龄增长造成的治疗费用逐年增加的可能性,其后续治疗费凭发票予以认定更为公平，同时也未影响其实体权益，故二审法院酌情认定周德某3年的后续治疗费共计3万元，以后待治疗实际发生后可另行起诉。

3. 关于一审对本案一审案件受理费的承担的判定是否正确的问题。《诉讼费用交纳办法》第29条规定："诉讼费用由败诉方负担，胜诉方自愿承担的除外。部分胜诉、部分败诉的，人民法院根据案件的具体情况决定当事人各自负担的诉讼费用数额。"本案中，周德某向一审法院提起诉讼，其诉讼请求的金额为511515元，在一审判决中得到支持的为72850.35元，故败诉的部分即438664.65元（515515元－72850.35元）应当由周德某负担相应的诉讼费用。成药公司提出的对一审案件受理费判定不当的主张，于法有据，二审法院予以支持。二审法院根据本案的具体情况认定：一审案件受理费7780元，由周德某负担4580元，中心血站、成药公司各负担1600元。

综上，二审法院判决：(1)维持湖南省衡阳市雁峰区人民法院(2011)雁民一初字第683号民事判决第二项；(2)变更湖南省衡阳市雁峰区人民法院(2011)雁民一初字第683号民事判决第一项为：被上诉人周德某因感染丙肝病毒所造成的经济损失共计52850.35元，由上诉人中心血站、成药公司各赔偿26425.18元；(3)驳回被上诉人周唏德的其他诉讼请求。

裁判指引 28

血液制品属于产品的范畴，因缺陷血液制品导致损害的，适用无过错责任；依据《侵权责任法》第59条的规定，输入不合格血液的侵权责任也适用无过错责任。因输入缺陷血液制品和不合格血液造成损害的纠纷，在举证证明责任分配上应当适用同样的规则，即医疗机构、血液制品制造者、销售者或者血液提供者应当对血液制品不存在缺陷或者血液不合格以及其他免责事由承担举证证明责任。本案中，患者与其共同生活、有亲密接触的人的检验报告均未发现有感染丙肝病毒，排除了性传播、母婴传播的感染途径，鉴定意见也认定患者是在住院期间因输血或输血制品（人血白蛋白）感染丙肝，血液制品的制造者提出其生产的人血白蛋白是合格产品不应承担赔偿责任的主张，血液提供者提出其供应输给周德某的血浆合格不含丙肝病毒的主张，以及患者可能在住院之前感染丙肝病毒也可能经非输血的其他途径感染丙肝病毒的主张，却均未提供相应证据予以证明，也未提供足以推翻上述鉴定意见的证据，故应当承担举证不能的法律后果。在责任承担后果上，由于无法查明患者损害的最终致害原因，导致两被告的责任范围难以确定，故法院推定他们对患者感染丙肝病毒的损害后果承担同等责任。

在此需要注意的是，关于血站和血液制品提供者所适用的法律规定都是《侵权责任法》第59条，但这是分别适用，即各自都有独立的侵权责任构成，他们之间不存在该条规定的不真正连带责任的问题。至于他们之间的责任如何确定，需要看是否符合《侵权责任法》第11条或者第12条的规定条件。依据《侵权责任法》第11条的规定，二人以上分别实施侵权行为造成同一损害，每个人的侵权行为都足以造成全部损害的，行为人承担连带责任。本条内容对于适用无过错责任的侵权责任类型同样适用。但如果并非每个侵权行为都足以造成全部损害的，则应适用《侵权责任法》第12条的规定，即二人以上分别实施侵权行为造成同一损害，能够确定责任大小的，各自承担相应的责任；难以确定责任大小的，平均承担赔偿责任。

2. 王某某诉某某医院医疗损害责任纠纷案①

基本案情

王某某诉称，2005年10月原告在复旦大学附属中山医院确诊为结肠癌，进行手术治疗，术后进行化疗。2008年4月经中山医院复查结肠癌已转移至左侧颈部淋巴结，原告到被告化疗科特需门诊化疗。2010年8月被告处的张某医生要求原告使用自费的进口药"贝伐单抗"（商品名Avastin，中文译名阿伐斯汀）。使用该药前，原告按医生要求进行一系列检查，并使用自费其他辅助药物。2010年9月6日张某医生开外购处方"贝伐单抗"3支，计划治疗方案为每月2次，每次3支，张某医生指定要到瑞安肿瘤诊所购买。原告代理人即到该处购买，但因该药是进口药，需要预定，后瑞安肿瘤诊所的前台工作人员张某来电告

① 案号：上海市徐汇区人民法院（2011）徐民一（民）初字第6184号。

知原告9月10日取药,但9月9日又来电称没有药了,原告代理人于9月10日至被告处找张某医生,经张某医生电话联系,有人将3支药送至被告处,原告代理人将13800元支付给送药的人,但因其不出具收据,原告代理人保留处方。经过交涉,被告工作人员将两份药物的包装盒和说明书交给原告代理人,原告于当日使用了该药物。之后按照治疗计划原告应于2010年9月25日左右第二次用药,但被告医生张某称该药物目前没有进口,估计10月会有药,因此先继续用辅助药。10月中旬,原告代理人得知该药有问题。11月初,媒体曝光上海市第一人民医院眼科使用的假药正是原告购买的“阿伐斯汀”,批号B6001B01。2010年11月9日,原告代理人至被告处投诉未果。原告认为,被告工作人员通过非正规的渠道指定原告向瑞安肿瘤诊所外购药品,当该诊所不能提供药品时,被告工作人员自行联系购药渠道,不符合购药规定,当不明身份的人送药到医院时,被告工作人员未按进货规定验收,直接给原告使用,危害原告的健康,原告起诉要求根据《侵权责任法》《药品管理法》《消费者权益保护法》的规定,由被告返还药费(阿伐斯汀)13800元,并赔偿13800元,返还已发生的医疗费8058.10元,并赔偿8058.10元,另赔偿原告精神损害抚慰金10000元。

被告某某医院辩称,本案涉及的药物并不是被告销售给原告的,原告要求赔偿应向销售方主张。医生开具处方由患者在外购药是允许的,被告医生联系购药是协助病人的行为,是善意的,本身不构成过错。原告购买的药物如果确是罗氏制药生产的“阿伐斯汀”,在国际上是治疗肿瘤的通用药物,而上海市食品药品监督管理局稽查大队对于假药的认定,仅因为在我国没有批文,只是行政上的认定。从药物的外包装看该药是合法的,是否假药被告无能力审查,况且该批假药实际是生理盐水,不会对身体造成损害。被告认为被告并无过错,没有退赔的义务。对于原告主张的项目,被告认为对于“阿伐斯汀”的价格,原告无证据证明;原告所称的辅助费用系被告对肿瘤患者的正常检查、化验,属于正常治疗;被告的行为不存在故意,不应承担精神损害抚慰金。

人民法院经审理查明:王某某因结肠癌术后淋巴结转移至某某医院处就诊,2010年9月6日某某医院医生张某开具处方单(“贝伐单抗”100mg某3)给王某某,并告知王某某可在上海瑞安肿瘤诊所购买到该药。之后因王某某未能购买到该药物,某某医院的医生张某联系案外人冯某某送药到某某医院处给王某某使用。"贝伐单抗"的商品名"Avastin",中文译名"阿伐斯汀"。

另查明,上海市卢湾区人民法院于2011年6月21日对被告人吴某某、吴某某、王某、王某、王某、赵某某、谢某某、李某某、嵇某某、于某某、冯某某生产、销售假药罪作出一审判决,该案审理查明,被告人吴某某向被告人赵某某购买了"Avastin"药品的包装材料和药瓶、瓶塞及封口瓶盖等物,纠集被告人吴某某、王某等人采用生理盐水灌装入瓶的方法生产"Avastin"假药90瓶,以每瓶1300元的价格销售给被告人李某某,被告人李某某以每瓶1800元的价格销售给被告人于某某,被告人于某某以每瓶3200元的价格销售给被告人冯某某,被告人冯某某收取假药后以3400元的价格销售给上海瑞安肿瘤诊所。

上海市食品药品监督管理局稽查大队书面回复原告代理人:王某某于2010年9月在上海肿瘤医院使用过3瓶"Avastin",该院医生张某确认当时曾就王某某购买"Avastin"事宜联系冯某某送药到该院。卢湾法院已于2011年6月22日就冯某某销售假药"Avastin"作出一审判决。"Avastin"于2010年2月获得国家药监局批准,自2010年9月20日起,生产商罗氏公司正式在中国大陆上市该药品,此前在中国大陆使用的"Avastin"均属于非正规渠道获得,按照《药品管理法》有关规定,未经批准进口的药品应按假药论处。

裁判理由

人民法院经审理后认为,公民的生命、健康权受法律保护,王某某要求某某医院承担赔偿责任应当举证证明该医院系赔偿义务的承担者,该医院存在过错,且其过错造成王某某损害。王某某主张适用《侵权责任法》第59条的规定,由被告承担侵权责任,对此法院认为,王某某使用的"阿伐斯汀"并不是某某医院提供的,且根据相关刑事案件认定,该假药系由生理盐水灌注,王某某主张该假药造成其损害后果,但未能举证证明,法院难以采信其主张;王某某主张按照《消费者权益保护法》的规定,要求某某医院返还购买"阿伐斯汀"的药费13800元,并赔偿13800元,对被告处发生的医疗费8058.10元,要求被告返还并赔偿8058.10元。对此,王某某由某某医院医生开具处方购买外购药"阿伐斯汀",该药物系由他人向王某某销售,某某医院并非该药物的销售方,并不应该承担销售者的责任,王某某在该医院发生的医疗费用系治疗其自身疾病产生,其要求被告退赔该费用并无依据,法院不予支持。但是,某某医院作为专业医疗机构，对患者的用药不仅应确保其院内规范使用药物，且在开具处方由患者自行外购药物时应将外购药的相关信息及时进行告知，现该医院的医生未向王某某明确告知药物来源情况和外购原因，在一定程度上侵犯了原告的知情权，可能导致王某某对药物的选择产生偏差。鉴于王某某目前无明确损害后果，某某医院仅在对医生开具处方的管理上存在一定疏漏，对此本院酌情判令被告一次性补偿原告，以平息医患矛盾。

综上，人民法院判决：(1)驳回原告王某某的诉讼请求；(2)被告某某医院于本判决生效之日起10日内补偿原告王某某15000元。

—— 裁判指引29 ——

《侵权责任法》虽然没有将医疗机构明确规定为销售者，但其具有类似于销售者的地位。医疗机构应当对于其提供的缺陷医疗产品造成患者损失的，承担侵权责任。实践中仅是医疗机构开具处方，患者并未在该医疗机构而是通过其他途径获得医疗产品的情形，这时医疗机构并不具备类似销售者之地位，医疗机构并未因该药品的销售而获益，其并非是医疗产品责任的主体。本案即按照这一思路妥善处理了医疗产品责任的构成问题，同时基于衡平的考虑，对于医疗机构的医务人员在对于医疗产品的购买问题上欠缺相应的告知义务，侵害了患者知情同意权，并酌情判决给予患者一定的补偿。在此需要注意的是，本案所涉药品系患者一方根据被告医疗机构的医生说明提示的来源所购买，法院据此作出裁判具有合理性。但对于侵害患者知情同意权的问题，尤其是在没有发生实际损害的情况下，对于患者的损害赔偿问题要严格依法裁判。

【相关法条链接】

《侵权责任法》第41条、第43条、第59条，《血液制品管理条例》第10条、第12条。

第二十二条 **缺陷医疗产品与医疗机构的过错诊疗行为共同造成患者同一损害，患者请求医疗机构与医疗产品的生产者或者销售者承担连带责任的，应予支持。**

医疗机构或者医疗产品的生产者、销售者承担赔偿责任后，向其他责任主体追偿的，应当根据诊疗行为与缺陷医疗产品造成患者损害的原因力大小确定相应的数额。

输入不合格血液与医疗机构的过错诊疗行为共同造成患者同一损害的，参照适用前两款规定。

【起草背景】

由于在医疗产品责任案件中，造成患者最终的人身、财产权益损害的原因往往非常复杂，有时会伴有患者原有疾病状况、自身特异体质、医疗产品存在缺陷、诊疗行为有过错等多种原因。在医疗产品有缺陷，同时医疗机构的诊疗行为也有过错的情况下，医疗产品的生产者或者销售者与医疗机构承担连带责任还是按份责任，存有一定争议。本条依据《侵权责任法》第8条等的规定，明确了缺陷医疗产品与医疗机构的过错诊疗行为共同造成患者同一损害，医疗机构与医疗产品的生产者或者销售者应当承担连带责任。至于医疗机构与医疗产品的生产者或者销售者之间的内部责任承担问题，则应当通过行使追偿权的方式解决。上述规则也应当适用于输入不合格血液的纠纷当中。

全国人大常委会法工委、国务院法制办等单位均对本条无不同意见。

【条文释义】

本条是关于多因一果时的赔偿责任承担规则的规定。

一、缺陷医疗产品与过错诊疗行为共同造成患者同一损害的，缺陷医疗产品的生产者或销售者与医疗机构对患者承担连带责任

患者在诊疗活动中受到的损害的原因，有时是单一的，如术前麻醉失误；有时是多种多样的，如医疗机构的过错诊疗行为、缺陷医疗产品的使用、输入不合格血液等。这些人为因素往往还与患者原有疾病状况、自身特殊体质、医疗技术水平差异等共同结合造成患者损害。人体是极其复杂的组织结构，维持生命与健康的机制目前并未完全为人类所掌握。不同的原因对患者身体损害的作用可能不完全相同，但可以肯定的是造成患者损害结果时常是各种原因共同作用的结果，甚至只有各种原因同时存在才最终致患者损害。在这种情形下，承担医疗损害赔责任的主体包括缺陷医疗产品的生产者或者销售者、不合格血液提供机构、具有过错诊疗行为的医疗机构等。《侵权责任法》第59条明确了患者可以向不同责任主体请求赔偿，还明确了医疗机构追偿权。但该条未明确不同责任主体对患者承担赔偿责任的相互关系及医疗机构应如何追偿。本条司法解释根据《侵权责任法》第8条等的规定，确立了不同责任主体的民事赔偿责任的承担规则，即使用缺陷医疗产品或者输入不合格血液与医疗机构的过错诊疗行为共同造成患者同一损害时，医疗机构与缺陷医疗产品的生产者或者销售者、不合格血液提供机构对患者承担连带责任；医疗机构与缺陷医疗产品的生产者或者销售者、不合格血液提供机构相互之间按照造成患者损害原因力大小确定各自的赔偿份额。

何谓医疗产品？现行法律及相关规范文件未见有明确界定。从字面理解，医疗产品是指患者在诊疗活动中所使用的各种物品的总称，与医疗用品含义相当。本条司法解释所涉医疗产品是指《侵权责任法》第59条提及的药品、消毒药剂和医疗器械三大类。《药品管理法》第100条[①]对药品作了定义式规定。医疗器械是指是指直接或者间接用于人体的仪器、设备、器具、体外诊断试剂及校准物、材料以及其他类似或者相关的物品，包括所需要的计算机软件。《医疗器

① 《药品管理法》第100条规定，本法下列用语的含义是：药品，是指用于预防、治疗、诊断人的疾病，有目的地调节人的生理机能并规定有适应症或者功能主治、用法和用量的物质，包括中药材、中药饮片、中成药、化学原料药及其制剂、抗生素、生化药品、放射性药品、血清、疫苗、血液制品和诊断药品等。

械监督管理条例》第76条[①]对医疗器械进行了界定。消毒药剂属医疗辅助用品,包括医用纱布、医用棉、绷带、棉球、棉签、医用石膏粉等在诊疗过程中起消毒作用的产品。

本司法解释将《侵权责任法》第59条规定中的药品、消毒药剂、医疗器械统称为医疗产品,实际上明确了因药品、消毒药剂、医疗器械的缺陷而造成患者损害的,应当按照《侵权责任法》产品责任一章和产品质量法确定的赔偿原则处理。依照《侵权责任法》和《产品质量法》的规定,因产品存在缺陷造成人身、财产损害的,受害人可以向产品的生产者要求赔偿,也可以向产品的销售者要求赔偿。属于产品的生产者的责任,产品的销售者赔偿的,产品的销售者有权向产品的生产者追偿。属于产品的销售者的责任,产品的生产者赔偿的,产品的生产者有权向产品的销售者追偿。所谓缺陷,按照《产品质量法》第46条的规定,是指产品存在危及人身、他人财产安全的不合理的危险;产品有保障人体健康和人身、财产安全的国家标准、行业标准的,是指不符合该标准。医疗机构至少在现阶段仍然是最大的医疗产品零售商。在绝大多数医疗机构,销售医疗产品的收入远远高于其提供诊疗护理服务所得到的收入。当然,医疗机构可能直接向医疗产品生产商采购,也可能向医疗产品批发商采购。但后一情形并不改变医疗机构销售者地位,只是批发商与医疗机构共同作为销售者。因此,《侵权责任法》规定,因医疗产品缺陷造成患者损害的,患者可以向医疗机构请求赔偿,也可以向生产者请求赔偿。医疗机构赔偿后,有权向负有责任的生产者追偿。当然,如果医疗机构本身医疗产品的生产者,则医疗机构既要承担生产者的责任,也要承担销售者的责任。

---

① 《医疗器械监督管理条例》第76条规定,本条例下列用语的含义:

医疗器械,是指直接或者间接用于人体的仪器、设备、器具、体外诊断试剂及校准物、材料以及其他类似或者相关的物品,包括所需要的计算机软件;其效用主要通过物理等方式获得,不是通过药理学、免疫学或者代谢的方式获得,或者虽然有这些方式参与但是只起辅助作用;其目的是:

(1)疾病的诊断、预防、监护、治疗或者缓解;

(2)损伤的诊断、监护、治疗、缓解或者功能补偿;

(3)生理结构或者生理过程的检验、替代、调节或者支持;

(4)生命的支持或者维持;

(5)妊娠控制;

(6)通过对来自人体的样本进行检查,为医疗或者诊断目的提供信息。

前已述及,患者在诊疗护理过程中受到的同一损害可能是由缺陷医疗产品与医疗机构的过错诊疗行为共同造成。在这种情形下,本条司法解释明确,若患者要求医疗机构与医疗产品的生产者或者销售者承担连带责任,人民法院应予支持。本条司法解释第1款中的“共同造成患者同一损害”是本条最核心内容。所谓“共同造成患者同一损害”是指医疗产品的生产者或销售者与医疗机构“共同实施侵权行为”造成患者损害。司法解释如此规定的理由在于:

第一,缺陷医疗产品的生产者或者销售者与医疗机构具有共同过错。医疗产品具有缺陷表明医疗产品的生产者或者销售者违反了《产品质量法》等法律、行政法规的规定,主观上具有过错。缺陷医疗产品不但不利于患者伤患的康复,反而有害于患者,造成患者新的或者更大伤害。医疗机构在诊疗活动中的过错是指医疗机构未尽《侵权责任法》第55条规定的告知义务、第57条规定与当时的医疗水平相应的诊疗义务以及第58条推定医疗存在过错的情形。按照这些规定,医疗机构的过错包括其在诊疗活动中对医疗产品是否存在缺陷的注意义务。在医疗损害赔偿案件中,只要医疗机构在诊疗活动中存在过错并使用了缺陷医疗产品即与缺陷产品的生产者或者销售者构成共同过错。或者说过错诊疗行为与缺陷医疗产品的结合造成患者同一损害即可认定存在共同过错。我们认为,缺陷医疗产品的生产者或者销售者与医疗机构的共同过错可按照一般共同侵权行为人的共同过错理解,既包括共同故意,也包括共同过失。所谓共同故意并不是仅仅指每个行为人对损害结果的发生都有故意,而是强调行为人具有共同的意思联络。对这种共同故意的判断,不能仅仅从主观心理上进行判断,还应当从外部的行为特征和表现来确定行为人是否具有共同故意。当然,医疗机构通常情况下并不存在造成患者损害的直接故意。所谓共同过失,是指二人或者二人以上共同实施某种侵权行为,各行为人对其行为所造成的共同损害后果应当预见或者认识,但因为疏忽大意和过于自信而致使损害后果发生。共同过失包括以下主要特点:一是各行为人并不存在意思联络或者说各行为人并没有事先的通谋。二是各行为人在实施某种行为时他们对结果具有共同的可预见性。也就是说,各行为人都要对其所实施的行为造成的同一损害后果,都具有一定的认识,能够预见到损害后果的发生。三是各行为人共同的疏忽大意或者过于自信而未能避免损害的发生。

即使缺陷医疗产品的生产者或者销售者与具有过错诊疗行为的医疗机构不具有共同过错，依照《人身损害赔偿解释》第3条第1款“二人以上共同故意或者共同过失致人损害，或者虽无共同故意、共同过失，但其侵害行为直接结合发生同一损害后果的，构成共同侵权，应当依照民法通则第一百三十条规定承担连带责任”之规定，如果缺陷医疗产品与过错诊疗行为直接结合产生对患者的同一损害，缺陷医疗产品的生产者或者销售者与具有过错诊疗行为的医疗机构仍应承担连带责任。所以，本条司法解释明确缺陷医疗产品与过错诊疗行为承担连带责任与最高人民法院既往司法解释精神保持一致。

第二，有利于保护患者的合法利益。一方面，绝大多数情况下，患者都是通过医疗机构而使用医疗产品。有时，患者使用了医疗产品甚至都未见过该产品，如心脏支架等。更重要的是，医疗机构作为专业组织，有能力判断各种医疗产品的性能、应具有的标准、是否具有风险、生产厂家的资质等情况，而患者通常不具备相关的专业知识或者技能，甚至找不到或者发现缺陷医疗产品的生产者或者销售者。另一方面，在不同的案件中，医疗机构与医疗产品生产者的负担能力也不相同，如大的药品生产厂家比地段医院或个体诊所具有较强的责任承担能力，如果采取分别责任，患者若被判由这种不具有承担能力的医疗机构承担责任，可能使患者得不到赔偿或者得全部赔偿。由具有过错的医疗机构与缺陷医疗产品生产者或者销售者承担连带责任，就不必考虑他们的责任承担能力问题。

第三，由具有过错的医疗机构与缺陷医疗产品的生产者或者销售者承担连带责任不存在不公平的问题。既然缺陷医疗产品与医疗机构的过错诊疗行为共同造成患者同一损害，即使医疗机构与缺陷医疗产品的生产者或者销售者对结果的发生的原因力不同，但他们对损害结果都具有可预见性，从因果关系的角度考虑，他们的行为都与结果具有相当性。而且由于医疗机构通常都具有鉴别医疗产品是否存在缺陷的能力，明确有过错诊疗行为的医疗机构与缺陷医疗产品的生产者或者销售者承担连带责任，有利于加强医疗机构采购医疗产品的责任意识，防止缺陷医疗产品应用于对患者的诊疗。另外，在中国的现阶段，医疗产品生产者与医疗机构之间客观上具有某种利益的关联性或者共同性。当然，医疗机构、医疗产品的生产者或者销售者的任何一方，若对患者的损害无过错，既不因自己的行为而担责，更不会对对方的过错行为担责。

二、根据原因力规则确定医疗机构与缺陷产品生产者或者销售者对患者损害赔偿责任份额

过错诊疗行为与缺陷医疗产品共同造成患者损害，医疗机构与缺陷产品生产者或者销售者对患者承担连带责任。当医疗机构或者缺陷医疗产品的生产者、销售者向患者承担赔偿责任后，依照《侵权责任法》第 14 条“支出超出自己赔偿数额的连带责任人，有权向其他连带责任人追偿”之规定，可以依法向另一方追偿。那么如何确定各自的责任份额呢？本条司法解释第 2 款明确，依据诊疗行为与缺陷医疗产品造成患者损害的原因力大小确定相应的赔偿数额。《侵权责任法》历来重视行为与损害结果之间的因果关系，没有因果关系就没有侵权责任。只是在一般的由一个原因引起损害结果的侵权案件中，无须注意原因力的作用，甚至很难发现它的存在。当一个损害结果是由两个或两个以上的原因引起的时候，情况就完全不同了。两个或两个以上的原因对于损害的发生究竟产生什么样的作用？两个或者两个以上的原因对于所造成的同一损害结果究竟应当承担什么样的后果呢？这就需要运用原因力规则。在医疗损害赔偿案件中，我们认为，适用原因力规则的基本思路如下：首先，应当确定哪些行为和事实是患者损害结果发生的原因；其次，确定过错诊疗行为属于直接原因还是间接原因、唯一原因还是非唯一原因、主要原因还是次要原因或者轻微原因；最后，就各种原因对损害结果产生所起的作用力进行分析，确定过错诊疗行为的具体原因力。原因力的大小取决于各原因的性质、原因事实与损害结果的距离以及原因事实的强度；直接原因的原因力优于间接原因的原因力；主要原因的原因力优于次要原因的原因力；原因事实强度大的原因力优于原因事实强度弱的原因力；原因事实距损害结果近的原因力优于原因事实距损害结果远的原因力。

本条司法解释只适用于造成患者损害后果的原因仅包括缺陷医疗产品与过错诊疗行为两种，因而只就过错诊疗行为与缺陷医疗产品对患者损害后果原因力的比较。如果造成患者损害后果的原因包括缺陷医疗产品、过错诊疗行为以及其他原因，则不只适用本条司法解释的规定。虽然原因力比较和过错比较不适用同一规则，但本条司法解释不涉及过错比较。依《侵权责任法》的规定，医疗损害赔偿责任案件中，诊疗行为的归责原则是过错原则，因而只有具有过错的诊疗行为才构成医疗损害赔偿责任。没有过错，就没有医疗过错行为。因缺陷医疗产品与过错诊疗行为共同造成患者同一损害案件中，只就二者之间客观原因力进行比较。原因力大或强的，承担的赔偿责任份额就相应的高；原因力小或者弱的，承担的赔偿责任份额就相应的低。

比较缺陷医疗产品与过错诊疗行为对患者损害后果的原因力与患者应当得到的赔偿数额无关，只是为了分清双方应当承担的具体赔偿数额。由于涉及复杂的技术因素，确定双方的原因力大小，有赖于专业的鉴定意见。毕竟通常情况下，法官作为医学的外行，难以分清缺陷医疗产品与过错诊疗行为对患者损害后果原因力的大小。根据本条司法解释第 2 款的规定，法院确定双方赔偿数额时，除了各自原因力大小外，并不考虑其他因素，更不考虑各自的主观过错程度。

三、输入不合格血液与过错诊疗行为造成患者同一损害的责任承担规则

输血是一种在临床上广泛应用的有效治疗方法。但如果输入的血液不合格，不但不能给患者治病疗伤，而且会使患者感染乙肝、丙肝、艾滋病、梅毒病毒等。因此，血站或者医疗机构如果在血液采集或者临床用血过程中，未按照有关法律、行政法规、规章以及其他有关诊疗规范的要求操作而造成患者损害的，其行为就是未尽到与当时的医疗水平相应的注意义务，其主观上完全构成过失，当然应对患者的损害承担侵权赔偿责任。在此情形下，输入不合格血液造成患者损害与使用缺陷医疗产品造成患者损害一样，存在如何分配医疗损害责任问题。本条司法解释第 3 款明确，如果输入不合格血液与医疗机构的过错诊疗行为共同造成患者同一损害的，医疗机构与血液提供机构对患者承担连带责任，医疗机构与血液提供机构之间按照过错诊疗行为与不合格血液造成患者损害的原因力大小确定相应的赔偿数额。

虽然血液是否属于《产品质量法》规定的“产品”尚存争议，但可将血液视为产品对待。这样可以适用《产品质量法》追究供血机构的责任。另外，应当注意的是，血液制品，如冻干血浆、白蛋白、凝血因子等属于《产品质量法》规定的“产品”。血液制品不属于本条司法解释第 1 款所称医疗产品。

不合格血液是指供血机构提供的血液。血液提供机构是指依《献血法》规定而设立的采集、提供临床用血的血站，是不以营利为目的的公益性组织，不包括依法可自行采集血液的医疗机构。所谓不合格血液，是指不符合临床用血标准的血液。我国对血液及血站有已经较为完整的质量管理规范。例如，原卫生部于2000年12月发布的《血站基本标准》中对全血及成分血质量标准有详细规定；2016年1月国家卫计委发布的《血站管理办法》第26条规定："血站开展采供血业务应当实行全面质量管理，严格遵守《中国输血技术操作规程》、《血站质量管理规范》和《血站实验室质量规范》等技术规范和标准。"医疗机构的过错是指在诊疗活动中存在的过错，包括其在诊疗活动中对患者输入血液是否合格的注意义务。现行法律、行政法规及规章对临床用血亦有多种规范要求，如2012年6月原卫生部发布的《医疗机构临床用血管理办法》第19条规定：医务人员应当认真执行临床输血技术规范，严格掌握临床输血适应证，根据患者病情和实验室检测指标，对输血指证进行综合评估，制订输血治疗方案。《临床输血技术规范》（2000年6月1日原卫生部发布）第3条规定：临床医师和输血医技人员应严格掌握输血适应证，正确应用成熟的临床输血技术和血液保护技术，包括成分输血和自体输血等。按照这些规范要求，医疗机构在输血之前，至少要履行以下两项义务：一是对病人进行血型鉴别；二是对拟输入患者的血液予以核查义务，包括核查盛装血液的血袋上是否标明供血者姓名、血型、品种、采血日期、有效期、采血机构的名称及其许可证号等形式上的检查。医疗机构是否需要对血液是否合格进行实质性的检测，现有各种规范不太清晰。当然，医疗机构输入患者的血液为患者自身储血、自体输血和应急临时采集血液等，医疗自然负有对血液是否合格的实质检测义务。此种情形上输入患者的血液与作为供血机构的血站无关。

不合格血液与过错诊疗行为共同造成患者同一损害，各自原因力大小，有赖于司法鉴定的鉴定意见，法官通常不宜按照自己掌握的常识判断。

四、审判实践中应注意的问题

本条司法解释针对的问题是缺陷医疗产品、输入不合格血液与过错诊疗行为共同造成患者同一损害时如何承担赔偿责任问题。本条司法解释的核心内容有二：一是缺陷医疗产品或者输入不合格血液与过错诊疗行为共同造成患者同一损害，缺陷医疗产品的生产者或者销售者、血液提供机构与医疗机构对患者承担连带责任；二是医疗产品生产者或销售者、血液提供机构、医疗机构按照缺陷医疗产品、不合格血液、过错诊疗行为造成患者损害的原因力大小承担相应的赔偿数额。

1. 患者在接受过错诊疗活动中受到了损害且同时使用了缺陷医疗产品或者输入了不合格血液，则医疗机构与医疗产品的生产者或销售者、血液提供机构对患者承担连带赔偿责任。这是基于医疗机构与医疗产品的生产者或销售者、血液提供机构对患者共同侵权而承担的责任。

本条司法解释有关医疗机构的责任与医疗机构依据《侵权责任法》第59条的规定承担的责任在性质上完全不同。《侵权责任法》第59是基于医疗机构系医疗服务提供者且医疗机构具有医疗产品包括血液或者血液制品的销售者的地位。

2. 患者因输入不合格血液受到损害，医疗机构无论是否与血液提供构成共同侵权，医疗机构均不得援引《医疗事故处理条例》第33条第4项与第49条第2款的规定拒绝承担赔偿责任。

3. 医疗机构的诊疗行为是否具有过错依照《侵权责任法》第55条、第57条和第58条的规定判断，不适用《医疗事故处理条例》的相关规定。

4. 医疗机构与医疗产品的生产者或销售者血液提供机构的赔偿责任依照过错诊疗行为、缺陷医疗产品或者不合格血液造成患者损害后果的原因力大小确定。各原因力大小通常应据司法鉴定机构的鉴定意见判断，不以医疗事故技术鉴定结论作依据。

【典型案例指引】

1. 顾明某与射阳县人民医院医疗损害责任纠纷上诉案[①]

上诉人（一审被告）：射阳县人民医院。

被上诉人（一审原告）：顾明某。

一审法院经审理查明：2010年12月13日9时，顾明某因交通事故受伤后，在射阳县人民医院治疗，2011年11月12日，射阳县人民医院出具疾病诊疗证

---

① 案号：(2015)盐民终字第03524号。

明单,载明:顾明某"右胫腓骨骨折内固定术后骨不连,内固定断裂",转上级医院治疗。2011 年 11 月 20 日,顾明某转入上海交通大学附属上海市第六人民医院治疗 8 天,诊断为"右胫腓骨骨不连",同年 11 月 23 日行"右胫骨更换内固定+取髂骨滑槽植骨术",用去医疗费 43713.17 元。为此,顾明某向一审法院提起诉讼,要求该院因提供有缺陷的钢板断裂,导致顾明某治疗损失的医疗费 43713.17 元。上述案件经一审法院(2013)射民初字第 0462 号民事判决,判令射阳县人民医院赔偿顾明某医疗费损失 43713.17 元。该判决经二审审理后作出了维持原判的判决。射阳县人民医院已履行了上述判决,但对因此产生的误工费损失,射阳县人民医院未能支付。一审另查明:2010 年 12 月 13 日,顾明某因交通事故受伤,2012 年 5 月 4 日,因机动车交通事故责任纠纷一案,向一审法院提起诉讼。该案审理期间,对顾明某的伤残程度,医疗费合理性,误工、护理、营养时限进行司法鉴定,意见为:顾明某因道路交通事故致右胫骨骨折内固定术后骨不连,再次术后正在康复中,伤情未稳定不宜作伤残评定。一审法院经审理后认为,2011 年 11 月 20 日,顾明某在上海交通大学附属上海市第六人民医院的 43713.17 元医疗费中,有部分是因"右胫骨内固定断裂"后行"右胫骨更换内固定"手术所用,因顾明某未能提交"右胫骨内固定断裂"的原因以及与涉案交通事故有因果关系的证据证实,且无法确定"右胫骨内固定断裂"所致误工期限,安邦保险公司庭审中提出不承担因更换内固定所需费用及误工损失的意见,一审法院予以采信。因此,顾明某在上海交通大学附属上海市第六人民医院治疗的费用以及所需误工期限,可待司法鉴定后再行主张,本次审理中酌定误工期限为从顾明某受伤后至鉴定前 1 日。

一审法院认为:因药品、消毒药剂、医疗器械的缺陷,或者输入不合格的血液造成患者损害的,患者可以向生产者或者血液提供机构请求赔偿,也可以向医疗机构请求赔偿。患者向医疗机构请求赔偿的,医疗机构赔偿后,有权向负有责任的生产者或者血液提供机构追偿。如果不能排除医疗器械无缺陷,医疗机构作为医疗器械的销售商,只要患者向医疗机构提出赔偿请求,医疗机构就应承担赔偿产品质量责任。本案中,射阳县人民医院提交的合格证,是生产商自身出具的,不能排除钢板存在缺陷。射阳县人民医院未能在审理(2013)射民初字第 0462 号一案中给定期限内申请鉴定,应当承担不利后果。因此,顾明某因钢板断裂再行手术产生误工损失，依法应当由射阳县人民医院赔偿，故依据一审法院（2012）射民初字第0465号案件中，司法鉴定结论中确定的误工时间，即从2010年12月13日起至2013年10月23日止，减去交通事故人身损害赔偿案件中赔付的误工损失，确定本案误工时间为18个月零11天。

一审法院遂判决：射阳县人民医院于判决生效之日起10日内，赔偿顾明某误工费52459.98元。

射阳县人民医院不服一审判决，提起上诉称：射阳县人民医院已向法院提交钢板的合格证，被上诉人未否认该合格证的真实性，证明射阳县人民医院已初步完成举证责任。根据江苏省高级人民法院《侵权损害赔偿案件审理指南2010》的规定，被上诉人认为钢板存在缺陷应当负有举证责任。故一审法院举证责任分配不当，导致判决结果错误。如果中级人民法院坚持认为举证责任在上诉方，我们申请对钢板的质量进行鉴定。请求二审法院撤销一审判决并依法改判。

二审查明的事实与一审查明的事实相同并予以确认。二审另查明，在一审法院审理的（2013）射民初字第0462号案件中，顾明某申请对涉案钢板的"断裂原因"进行司法鉴定，一审法院与相关鉴定机构联系，结论是只能对"钢板质量"进行鉴定，后一审法院出具书面举证通知书，将"钢板质量"举证责任分配给射阳县人民医院，该院未申请鉴定。

二审法院认为，上诉人和被上诉人均认为应由对方对案涉钢板的质量承担举证责任。依据《侵权责任法》第6条的规定，行为人因过错侵害他人民事权益，应当承担侵权责任。上诉人和被上诉人对顾明某因案涉钢板断裂造成损害的事实均没有异议，且顾明某亦向一审法院申请对涉案钢板断裂原因进行鉴定，而上诉人未能举证证明钢板断裂与被上诉人有关联，故应当认定被上诉人对涉案钢板质量存在问题已尽到了合理的举证责任，此时，上诉人主张该钢板质量合格，应就此承担举证责任。依据《侵权责任法》第59条的规定，因医疗器械的缺陷造成患者损害，患者可以向生产者请求赔偿，也可以向医疗机构请求赔偿。医疗机构赔偿后，有权向负有责任的生产者追偿。上诉人提交的产品合格证只能证明该产品具备向医疗机构销售的资质，并不能证实取得合格证的产品一律不存在质量问题，在不能排除涉案钢板无缺陷的情形下，上诉人作为医疗器械的经销商，只要患者提出赔偿请求，医疗机构就应当承担产品质量责任。故上诉人有义务对涉案钢板质量是否合格予以证明，即应当由上诉人对该钢板质量申请司法鉴定。况且在涉及该钢板质量的另案生效判决中，法院已确定由上诉人承担钢板质量的举证责任。现上诉人经一审法院合法传唤，无正当原因未到庭参与诉讼，一审法院认定其未申请鉴定应当承担不利后果并无不当。综上，二审驳回上诉，维持原判。

—— 裁判指引 30 ——

本案中患者顾明某因交通事故由射阳县人民医院进行手术，但手术后经鉴定"内固定断裂"即医院为患者使用的钢板质量存在缺陷。顾明某因此而受到的损害要求医院赔偿完全符合《侵权责任法》的规定。虽然医院提供了涉案钢板的合格证，但由厂家自行制作的合格证并不能证明涉案钢板质量合理，而且医院亦未提供证据证明顾明某手术后"内固定断裂"与顾明某有关，因而法院判决医院承担相应的责任并无不当。其实，本案中医院可以要求对涉案钢板质量进行鉴定或者提供其他证据证明顾明某手术后"内固定断裂"与自己手术无关，那样即使法院判决医院承担责任，医院也可向涉案钢板生产厂家进行追偿。

2. 南阳市第一人民医院与周长某、南阳市中心血站医疗损害责任纠纷上诉案①

上诉人（一审被告）：南阳市第一人民医院。

被上诉人（一审原告）：周长某。

被上诉人（一审被告）：南阳市中心血站。

周长某于2014年8月6日诉至一审法院，请求依法判决被告赔偿原告医疗费等共计160607.3元。

一审法院查明，2014年2月24日，周长某因交通事故到被告第一人民医院

① 案号：(2015)南民二终字第00514号。

处住院治疗,经查左胫腓骨下段粉碎性骨折。入院后,周长某完善血常规、凝血、免疫等常规检查,2014 年 2 月 25 日第一人民医院的检验报告单显示周长某的丙肝病毒抗体为阴性。第一人民医院于 2 月 26 日为原告做骨折开放性复位术伴固定术,在治疗过程中采取输血治疗,第一人民医院的临床输血记录单显示原告无既往输血史。后原告于 2014 年 3 月 11 日出院。2014 年 3 月底 4 月初原告出现不适症状,遂于 2014 年 4 月 10 日在南阳市中心医院检查,显示丙肝抗体阳性,同年 4 月 11 日、6 月 7 日分别两次在南阳医学高等专科学校第一附属医院以急性丙型重度感染入院治疗,花去医疗费 14728.3 元,目前仍在继续治疗中。

另查明:原告周长某为治疗丙肝,分别于 2014 年 4 月 11 日至 5 月 6 日、2014 年 6 月 7 日至 6 月 23 日两次入住南阳医学高等专科学校第一附属医院,住院 43 天。第一次花费医疗费 8596.5 元,第二次花费医疗费 6131.80 元,共计 14728.3 元。该院的诊断证明书显示,周长某患慢性丙型病毒性肝炎,需行"干扰素"抗病毒治疗。至庭审时,原告向本院提交外购药小票 8312 元(主要用于购买干扰素),社旗县城郊乡祥和大药房及南阳市济康医药有限公司万兴东大药房六店发票 6800 元。

2014 年 4 月 14 日,原告的丈夫王世某在镇平县人民医院对其血液做了检查,该院的检验报告单显示,王世某的丙型肝炎抗体为阴性。

一审法院于 2014 年 9 月 29 日在南阳市中心医院组织采集血液供体邹丹某血液样本,经检测,邹丹某丙肝病毒抗体呈阴性。该院于 2014 年 10 月 16 日在南阳市中心医院组织原告周长某采集血液样本,经检测,周长某丙肝病毒抗体呈阳性。

一审法院认为,本案属医疗损害赔偿纠纷案件。根据《民诉证据规定》第 4 条第 1 款第 8 项的规定,第一人民医院应当对其医疗行为与原告的损害后果之间不存在因果关系承担举证责任。原告周长某入第一人民医院治疗,入院检验报告单显示丙肝病毒抗体为阴性。现依据原被告双方所举的证据,不能排除被告第一人民医院的医疗行为与原告的损害后果之间无因果关系。同时,丙型肝炎的主要传播途径为输血及血制品传播、注射、针刺、器官移植、血液透析传播、性传播、母婴传播,第一人民医院未能举证证明原告所感染丙肝病毒系由其他途径所致。因此,第一人民医院应承担举证不能的法律后果。故推定第一人民医院的医疗行为与原告感染丙肝病毒的损害后果之间存在因果关系。关于被告第一人民医院辩称的丙肝病毒感染有潜伏期和窗口期问题,合议庭认为,首先,第一人民医院无证据证实原告和血液供体邹丹某处于窗口期;其次,考虑医学技术发展有一个不断探索、完善的过程,不宜以医学界的学术探讨做出对患者个体不利的推断。故第一人民医院应当承担赔偿责任。

原告所输血液来源于南阳市中心血站。该血站应当对其提供的血液质量是否合格,供血行为与原告患丙肝之间不存在因果关系承担举证责任。根据南阳市中心血站提交的证据,血站提供的血液是合格的,故不承担赔偿责任。

一审法院判决南阳市第一人民医院赔偿原告周长某医疗费等共计人民币73225.3 元。

二审查明的事实与一审查明的事实一致。二审法院认为,周长某于 2014 年 2 月 24 日因交通事故受伤住院,当日入院的血液检测丙肝抗体呈阴性,2 月 26 日南阳市第一人民医院对被上诉人周长某进行骨折开放性复位术伴固定术,在治疗过程中采取输血治疗,被上诉人于 3 月 11 日出院,出院时并未进行血液检测,出院后被上诉人在家进行日常护理,但在 3 月 28 日出现厌食、恶心,4 月初出现呕吐、食欲不振、腹痛、腹泻、发热等症状,4 月 10 日在南阳市中心医院检查,显示丙肝抗体为阳性。从双方公认的事实看出,排除血液不合格的可能性。那么,造成被上诉人周长某患病的可能性有两种:一是医院的诊疗行为造成,二是在家护理期间感染。根据《侵权责任法》第 54 条及第 58 条第 1 款之规定,"患者有损害,因下列情形之一的,推定医疗机构有过错:(一)违反法律、行政法规、规章以及其他有关诊疗规范的规定……"应由被上诉人周长某举证证明医院的诊疗行为违反法律、行政法规、规章以及其他有关诊疗规范的规定,患者有两种举证方式,一是医疗机构违反法律、行政法规、规章以及其他有关诊疗规范的规定的事实十分清楚,二是需要通过鉴定对医院的诊疗行为进行认定,但本案中排除了第一种情形,第二种情形因鉴定的客观条件已丧失,即对手术过程中所用医疗器械等物品进行鉴定已无可能,因此让被上诉人周长某承担举证不能的后果是不公平的,那么,根据《民诉证据规定》第 4 条第 1 款第 8 项的规定,第一人民医院应当对其医疗行为与原告的损害后果之间不存在因果关系承担举证责任。现不能排除被告第一人民医院的医疗行为与原告的损害后果之间无因果关系。第一人民医院也未能举证证明原告所感染丙肝病毒系由其他途径所致。因此,第一人民医院应承担举证不能的法律后果。综上,判决驳回上诉,维持原判。

——— 裁判指引 31 ———

本案查明的事实表明患者周长某被输入血液后感染肝炎。第一人民医院在诉讼中辩称丙肝病毒感染有潜伏期和窗口期问题。这一辩解理由在本案中不能成立。法院为查明血液是否合格,于 2014 年 9 月 29 日在南阳市中心医院组织采集血液供体邹丹某血液样本,经检测,邹丹某丙肝病毒抗体呈阴性。尽管本次检测距周长某接受输血的 2014 年 2 月 26 日相隔半年之久,但因第一人民医院未提供证据证明供血者在本次供血时或者之前患有肝炎,因而第一人民医院关于丙肝病毒的潜伏期和窗口期借口不攻自破,原审认定供血者的血液本身不存在问题并无不当。由于南阳市中心血站提交的证据证明血站提供的血液合格,法院判决其不承担赔偿责任是正确的。本案中,值得注意的是,第一人民医院在上诉中提出的两项上诉理由,即输血不是传播丙肝的唯一途径,不能排除周长某的丙肝是通过其他途径所得;周长某应当举证证明医院存在过错。对于第一项理由,应当由第一人民医院提供证据证明周长某存在其他感染丙肝病毒的可能。对于第二项理由,依照《侵权责任法》的规定,患者在诊疗活动中受到损害,医疗机构应当提供证据其遵守了规定的诊疗规范并且尽到与当时的医疗水平相应的诊疗义务。否则,依法推定医疗机构存在过错。

【相关法条链接】

《民法总则》第 177 条、第 178 条,《侵权责任法》第 6 条、第 8 条、第 10 ~ 14 条、第 41 ~43 条、第 57 条、第 59 条,《产品质量法》第 2 条、第 41 ~43 条,《献血法》第 19 条、第 22 条,《药品管理法》第 92 条,《医疗器械监督管理条例》第 75 条。

第二十三条 医疗产品的生产者、销售者明知医疗产品存在缺陷仍然生产、销售，造成患者死亡或者健康严重损害，被侵权人请求生产者、销售者赔偿损失及二倍以下惩罚性赔偿的，人民法院应予支持。

【条文释义】

对于医疗产品责任是否适用惩罚性赔偿问题，理论和实践中一直有争议。本解释规定医疗产品责任可以适用惩罚性赔偿，其主要理由在于：第一，医疗产品责任虽在医疗损害责任一章有单独之规定，但于侵权责任法体系上看，其仍然属于产品责任的一种，除有特别规定外，应当适用产品责任的一般规定。第二，产品责任规定有惩罚性损害赔偿制度，其目的是通过对故意将缺陷产品投放市场造成严重人身损害后的生产者和销售者的惩罚，规范生产者、经营者行为，预防侵权发生，而医疗产品基于其特殊性更需要通过惩罚性赔偿制度预防缺陷产品侵权，加强对患者合法权益的保护。《侵权责任法》第 47 条规定："明知产品存在缺陷仍然生产、销售，造成他人死亡或者健康严重损害的，被侵权人有权请求相应的惩罚性赔偿。"因医疗产品严重损害患者人身权益的，可以适用本条规定决定是否适用惩罚性损害赔偿。在医疗产品纠纷中引入惩罚性赔偿，对于威慑或者阻遏明知医疗产品存在缺陷仍然生产、销售的行为，维护广大人民群众的生命健康利益，具有十分重要的意义。

关于惩罚性赔偿的适用条件。惩罚性损害赔偿是特殊的侵权赔偿制度，是指加害人所要承担的损害赔偿数额超过受害者实际损害数额，在补偿受害人损害的基础上，彰显对加害人进行惩罚的制度。在民事损害赔偿中，一般采用补偿性损害赔偿制度，即以填补受害人损失为必要，原则上不能超过损失。惩罚性赔偿是超过损失的赔偿制度，是特殊的损害赔偿制度，必须由法律明确规定，始得适用。从惩罚性赔偿制度的适用的范围来看，其主要是针对那些严重违法或者道德上的应受强烈谴责的行为而适用，是对恶意的不法行为实施的惩罚。医疗产品适用惩罚性赔偿的法律依据是《侵权责任法》第 47 条，依该规定惩罚性赔偿责任的构成要件包括：第一，医疗产品存在缺陷；第二，侵权人具有主观故意，即明知是缺陷医疗产品仍然生产或者销售；第三，要有损害事实，这种损害事实不是一般的损害事实，而应当是造成严重损害的事实，即造成他人死亡或者健康受到严重损害；第四，要有因果关系，即被侵权人的死亡或者健康严重受损害是因为缺陷医疗产品造成的。对于过失侵权以及财产损害、一般性人身损害，不得适用惩罚性赔偿。

关于惩罚性损害赔偿的计算标准。惩罚性赔偿既包括赔偿也包括惩罚。在计算时，损害赔偿依法主要依据造成的损失予以确定，既不高于损失，也不低于损失，即等额赔偿。但赔偿之外的惩罚性赔偿金，因其是在造成损失之外进行赔偿，故法律应当规定明确的赔偿标准。《侵权责任法》第 47 条确立了产品责任中的惩罚性损害赔偿制度，但其并没有对惩罚性损害赔偿数额规定明确的标准。惩罚性赔偿作为法定赔偿制度，欠缺赔偿计算标准，即欠缺可操作性，因此实践中适用该规定判决惩罚性赔偿的案件极少。2013 年修改的《消费者权益保护法》第 55 条第 2 款规定，经营者明知商品或者服务存在缺陷，仍然向消费者提供，造成消费者或者其他受害人死亡或者健康严重损害的，受害人有权要求经营者依照本法第 49 条、第 51 条等法律规定赔偿损失，并有权要求所受损失二倍以下的惩罚性赔偿。① 该规定既适用于因商品缺陷造成受害人死亡或者健康严重损害时惩罚性赔偿，也明确了惩罚性赔偿的计算标准，即除法律规定的赔偿损失外，可以要求所受损失二倍以下的惩罚性赔偿。本解释参照《消费者权益保护法》第 55 条第 2 款的规定，明确规定了医疗产品的生产者明知医疗产品存在缺陷仍然生产造成患者死亡或者健康严重损害，有权请求所受损失二倍以下的惩罚性赔偿。在明确医疗产品惩罚性赔偿的责任主体是医疗产品的生产者、销售者的前提下将患者视同消费者予以保护，适用《消费者权益保护法》的这一规定既可以有效弥补《侵权责任法》第 47 条的立法不足，也在本质上符合《消费者权益保护法》对消费者权益予以保护的立法精神和实践中对于患者利益予以保护的需要。由于医疗产品也属于商品的范畴，这一规定在外延上

---

① 《消费者权益保护法》第 49 条规定，经营者提供商品或者服务，造成消费者或者其他受害人人身伤害的，应当赔偿医疗费、护理费、交通费等为治疗和康复支出的合理费用，以及因误工减少的收入。造成残疾的，还应当赔偿残疾生活辅助具费和残疾赔偿金。造成死亡的，还应当赔偿丧葬费和死亡赔偿金。第 51 条规定，经营者有侮辱诽谤、搜查身体、侵犯人身自由等侵害消费者或者其他受害人人身权益的行为，造成严重精神损害的，受害人可以要求精神损害赔偿。

毫无疑问也要适用于医疗产品领域。在医疗领域上述的医疗产品市场不规范、诚信缺失、制售假冒伪劣医疗产品屡禁不止等现象也较为突出，更为关键的是医疗产品事关广大人民群众生命健康，缺陷医疗产品的危害较普通商品的危害要严重得多，举轻以明重，对普通缺陷商品适用惩罚性赔偿，对于医疗产品就更应该适用惩罚性赔偿。

关于医疗产品惩罚性赔偿责任的责任形态。一种意见认为，医疗产品的惩罚性赔偿责任是医疗产品责任的一种特殊形态，在责任形态上当然也同医疗产品责任一样，属于不真正连带责任的范畴。在满足明知产品存在缺陷而生产或者销售时，被侵权人（患者或者患者近亲属）有权选择医疗产品的生产者或者销售者之一或者全部来承担惩罚性赔偿，其中一个主体承担完毕后仍可以基于是否为其他主体原因造成损害而进行追偿。这一观点有一定道理，也对于保护患者利益具有积极意义，但我们对此不赞同，医疗产品惩罚性损害赔偿责任本身是一种独立的责任，在责任形态上属于自己责任的范畴。医疗产品惩罚性损害赔偿本身是一种制裁性的加重责任，其突出的是对于某类明知缺陷产品仍然生产或者销售行为的制裁，若某一主体并未实施应当受到制裁的恶意侵权行为，对其实施加重责任的制裁，本身起不到惩罚性赔偿的惩罚和威慑功能，也不符合对自己行为负责的基本法理，等于让另一主体对自己不可控行为承担了更加严苛的加重责任，即会产生非常不公平的结果。惩罚性损害赔偿对于有关责任主体的适用，必须满足各自独立的构成要件的要求，某一主体，即使在一般的民事赔偿责任中可能要与其他责任主体承担不真正连带责任，但在惩罚性赔偿的适用中，如果该主体的行为样态不符合惩罚性赔偿的构成要件，则不能作为承担惩罚性赔偿责任的主体。

【典型案例指引】

杨国某诉上海赛亚磨具有限公司、姜建某产品责任纠纷案①

基本案情

杨国某系南京能巧机械制造有限公司（以下简称能巧公司）职工，2013 年 3

① 案号：江苏省南京市中级人民法院（2015）宁民终字第 991 号。

月20日下午,杨国某在经过能巧公司车间时,安装在打磨机上的砂页盘发生爆裂,碎片飞出致杨国某左眼受伤。事故发生后,杨国某立即被送往南京市六合区人民医院急诊治疗,后又被送往南京军区南京总医院进行治疗,被诊断为左侧眼球破裂伴局部软组织稍肿胀,并行左眼球破裂清创缝合术。此后,杨国某先后前往南京宁益眼科中心、南京市六合区人民医院、南京市鼓楼医院、江苏省人民医院及中国人民解放军八一医院进行治疗。其中,2013年3月22日至2013年4月2日,杨国某在南京市六合区人民医院住院治疗。2013年7月18日至2013年7月26日,杨国某在中国人民解放军八一医院住院治疗,诊断为左眼球萎缩,行左眼内容物摘除+眼台植入术。经能巧公司委托,国家磨料磨具质量监督检验中心于2013年4月1日出具检验报告,主要内容为:产品名称:涂附磨具砂页盘,商标:赛亚磨具,规格型号;砂页盘A10072m/sGB/T20962,样品数量:10片,检验结论:此批样品经检验,回转强度、孔径、内底径、标志不符合JB/T10826－2008标准,检验结论为不合格。同时检验报告备注中写明:1#－10#砂页盘在17388转/分－19790转/分时破裂。为此,能巧公司支出检测费2020元。2014年3月11日,经委托,南京东南司法鉴定中心于2014年3月27日出具司法鉴定意见书,鉴定意见为:(1)被鉴定人杨国某左眼球缺失构成人体损伤七级伤残;(2)被鉴定人杨国某的误工期限共计以180日为宜;护理期限共计以60日为宜;营养期限共计以30日为宜。杨国某为此支出鉴定费2360元。杨国某受伤后累计共产生医疗费27758.92元,已通过保险公司予以赔付部分费用,尚余18006.4元未报销或者赔付。

法院判决:(1)姜建某或上海赛亚公司于判决生效之日起10日内赔偿杨国某各项损失合计328529.4元。(2)上海赛亚公司对杨国某的损失承担最终赔偿责任。若姜建某实际向杨国某进行赔偿,相应赔偿数额可向上海赛亚公司追偿。(3)上海赛亚公司于判决生效之日起10日内赔偿杨国某20000元。(4)驳回杨国某其他的诉讼请求。

裁判理由

法院经审理后认为:因产品存在缺陷造成损害的,被侵权人可以向产品的生产者请求赔偿,也可以向产品的销售者请求赔偿。产品缺陷由生产者造成的,销售者赔偿后,有权向生产者追偿。本案中,双方均认可杨国某左眼系被砂页盘碎片所伤,双方的争议焦点为:(1)导致事故发生的砂页盘是否系姜建某销售的砂页盘,上海赛亚公司是否系砂页盘的生产者;(2)导致事故发生的砂页盘是否存在缺陷;(3)如砂页盘存在缺陷,其与损害的发生是否存在因果关系。

关于第一个争议焦点。杨国某主张,导致其左眼受伤的砂页盘系姜建某销售,生产者为上海赛亚公司。姜建某辩称杨国某并没有证据证明破裂的砂页盘是其销售的,且提出其是从南京锋芒磨料磨具有限公司购买的砂页盘,该公司生产砂页盘,并贴"赛亚"的商标,并提供送货清单予以证明。上海赛亚公司则称,其只生产固结磨具,并不生产涂附磨具,砂页盘系涂附磨具的深加工产品,故其并非砂页盘的生产者。原审法院认为,(1)关于姜建某是否为涉事故产品的销售者的问题。2013 年 3 月 9 日,能巧公司在姜建某处购买了砂页盘,且产品包装已经拆开,能巧公司的生产内容也需要使用砂页盘,由此可以认定,能巧公司确实使用了所购买的砂页盘。而事故发生之日仅在购买上述产品 11 日之后,该批砂页盘尚未使用完具有合理性。杨国某左眼是被能巧公司打磨机上破裂的砂页盘所伤,姜建某虽否认事故所涉砂页盘由其销售,但其并未提供证据证明能巧公司从第三方处购买并使用了第三方的产品。综合全案证据进行分析,现有证据可以认定事故发生当日,发生破裂的砂页盘系能巧公司向姜建某购买的砂页盘。因此,姜建某系事故所涉产品的销售者。(2)关于上海赛亚公司是否系涉事故产品的生产者的问题。原审法院认为,涉事故同批次产品上均有"赛亚"的商标,该商标由上海赛亚公司持有。上海赛亚公司虽否认生产砂页盘,但其经营范围含磨具磨料,其并未提供证据证明其生产范围仅局限于固结磨具。虽然姜建某提供了抬头为"南京锋芒磨料磨具有限公司"的送货清单、结算凭证及转账支票,但这并不能证明南京锋芒磨料磨具有限公司生产了事故所涉产品。无论姜建某销售的砂页盘来自何处,其在 2013 年 3 月 22 日已经承认其销售的是上海赛亚的砂页盘。同时结合上海赛亚公司承认姜建某系其南京经销商,姜建某亦承认经营场所写明其为"上海赛亚磨具南京经营部",且事故所涉产品均贴有"赛亚"商标,上海赛亚公司也未提供证据证明其生产的产品不含砂页盘等事实,姜建某和上海赛亚公司的抗辩并无事实和法律依据,根据现有证据可以认定上海赛亚公司为"赛亚"牌砂页盘的生产者。

关于第二个争议焦点。杨国某认为,检测报告表明,姜建某销售的砂页盘为不合格产品。姜建某则提出,杨国某单方进行的检测程序不合法,且样品并非导致杨国某受伤的砂页盘。杨国某虽系单方鉴定,但所选择的检验机构有相应的检验资质,且杨国某提供的样品同为“赛亚”砂页盘(A100),与在姜建某处购买的相同。在事故所涉砂页盘已经破裂的情况下,杨国某选择同批次的产品进行检测,具有合理性。而姜建某虽对检测报告提出异议,但其并未提供其销售产品系合格产品的证据,因此,上述抗辩缺乏事实和法律依据,不予采纳。从该检测报告来看,姜建某所销售的产品在 17388 转/分 - 19790 转/分即发生破裂,而标准的转速为 20627 转/分。由此可知,事故所涉产品并未达到标准。在转动的情况下,砂页盘破裂会导致碎片飞出,具有一定的人身危险性。故足以认定所涉产品具有缺陷。

关于第三个争议焦点。姜建某提出,其所销售的砂页盘只要正常使用便不会出现破裂,能巧公司管理及员工操作存在问题,或其他因素,是造成本起事故的原因。砂页盘在使用时发生破裂是事实,虽称能巧公司存在管理问题,且员工操作不当,但其所称需使用挡板等并不适用于砂页盘,且其也未提供砂页盘使用应采取的操作规范,因此,对其所称存在的上述因素,不予采信。砂页盘在回转强度方面不符合标准,由此也存在未到标准转速便破裂的缺陷。现杨国某确因砂页盘破裂受伤,也未提供证据证明存在其他因素,故认定砂页盘的缺陷致其破裂,并致杨国某受损,两者之间存在因果关系。

关于杨国某的损失,原审法院依照法律规定认定如下:

1. 医疗费。杨国某主张 18006.4 元,并提供门诊病历、医疗费票据等予以证明。结合医疗费票据,并经当庭质证确认,认定杨国某医疗费损失为 18006.4 元。

2. 伤残赔偿金。杨国某主张 × ×赔偿金 260304 元(32538 元 ×20 年 ×0.4),被扶养人生活费 76856 元。并提供司法鉴定意见书、村民委员会证明、× ×人证等予以证明。结合司法鉴定意见及暂住证,认定 × ×赔偿金为 260304 元。关于被扶养人生活费。姜建某认可杨国某父亲属于被扶养人。杨国某伤情为七级伤残,必然对其劳动能力产生影响。但杨国某提供的证据只能证明其家庭困难,父母共生育包括杨国某在内的两个子女,其父亲肢体 × ×,而不能证明其父母没有劳动能力且没有收入,需要他人扶养。因此,对其被扶养人生活费的主张,不予支持。

3.误工费。杨国某主张22800元(3800元/月×6个月),并提供劳动合同、工资发放单等予以证明。姜建某和上海赛亚公司对此不予认可。原审法院认为,误工费应根据误工时间及误工减少状况予以确定。杨国某提供的证据足以证明其在能巧公司工作,属于固定收入人员。杨国某虽系能巧公司员工,且提供的工资清单也能反映其工资收入情况,但杨国某未能依照法律规定提交收入减少的证明,因此其主张误工费损失,没有法律依据,不予支持。

4.住院伙食补助费。杨国某主张400元(20元/天×20天)。本院认为,杨国某主张20元/天的标准并无不当,结合杨国某实际住院20天,认定住院伙食补助费为400元。

5.营养费。杨国某主张900元(30元/天×30天)。根据司法鉴定意见书,认定营养期为30天。同时,结合杨国某伤情、年龄等因素,认定营养费标准为20元/天,营养费共计600元(20元/天×30天)。

6.护理费。杨国某主张4200元(70元/天×60天)。根据司法鉴定意见书,认定护理期为60天。同时,结合杨国某伤情、年龄以及本地护工从事同等级别护理的劳务报酬标准,酌定护理费标准为60元/天,护理费共计3600元(60元/天×60天)。

7.交通费。杨国某主张2100元,并提供交通费票据予以证明。交通费根据受害人及其必要的陪护人员因就医或者转院治疗实际发生的费用计算。杨国某自称交通费票据均系能巧公司单位车辆为杨国某进城出城看病所产生的过桥过路费,该项损失并非杨国某产生的损失,故对杨国某的该项主张,不予支持。

8.精神损害抚慰金。杨国某主张20000元。事故导致杨国某七级伤残,必然会使其产生精神上的痛苦。结合杨国某的损害后果、过错程度等因素,认定精神损害抚慰金为20000元。

姜建某作为事故所涉砂页盘的销售者,上海赛亚公司作为生产者,在砂页盘存在质量缺陷,并致杨国某受伤的情况下,杨国某主张侵权损害赔偿,符合法律规定,依法应予以支持。姜建某或上海赛亚公司应对杨国某的损失328529.4元承担赔偿责任。因砂页盘本身不符合国家标准,因此,可以认定,其缺陷并非在销售环节产生,故上海赛亚公司作为生产者,应最终承担赔偿责任。若姜建某实际赔偿杨国某的损失,其可向上海赛亚公司予以追偿。

关于杨国某要求上海赛亚公司与姜建某连带承担惩罚性赔偿金的主张。原审法院认为,上海赛亚公司作为砂页盘的生产者,其对国家标准应是知晓的,也应保证其产品符合国家规定的标准,并应在生产时进行相应的检测。因此,其对砂页盘的缺陷,应当是明知的。而姜建某在购买砂页盘时,虽应同时查看并索要相关合格证明,以保证产品符合国家标准,但其未索要合格证明的行为只能证明其存在过失,尚不能证明其系明知产品存在缺陷。因此,对杨国某请求对姜建某进行惩罚性赔偿的主张,不予支持。基于杨国某伤情为七级伤残,身体受到严重损害,杨国某主张对上海赛亚公司进行惩罚性赔偿,予以支持。关于惩罚性赔偿的数额,原审法院认为,惩罚性赔偿着眼于惩罚、威慑和预防,因此其数额应根据受害人人身损害情况、侵权人获利情况、社会影响等因素综合确定。结合本案情况,酌定惩罚性赔偿数额为20000元。

综上,依照《产品质量法》第41条、第43条、第44条、《侵权责任法》第43条、第47条,《人身损害赔偿解释》第17条、第18条,《民事诉讼法》第142条之规定,作出相应判决。

裁判指引 32

生产者应当保证其产品符合国家规定的标准,并应在生产时进行相应的检测,其对自己产品明显达不到国家规定质量标准存在严重缺陷,应当是明知的。因产品缺陷导致受害人七级伤残的严重健康损害,受害人请求生产者承担惩罚性损害赔偿的,人民法院依据《产品质量法》第47条、《消费者权益保护法》第55条的规定,予以支持。

【相关法条链接】

《侵权责任法》第47条,《消费者权益保护法》第55条,《食品安全法》第148条第2款,《审理食品药品案件规定》第15条。

第二十四条 被侵权人同时起诉两个以上医疗机构承担赔偿责任，人民法院经审理，受诉法院所在地的医疗机构依法不承担赔偿责任，其他医疗机构承担赔偿责任的，残疾赔偿金、死亡赔偿金的计算，按下列情形分别处理：

（一）一个医疗机构承担责任的，按照该医疗机构所在地的赔偿标准执行；

（二）两个以上医疗机构均承担责任的，可以按照其中赔偿标准较高的医疗机构所在地标准执行。

【起草背景】

本条是关于原告诉请多个医疗机构承担损害赔偿责任时残疾赔偿金、死亡赔偿金的计算标准如何确定的规定。在起草该条时，主要考虑以下几个方面背景因素：

1. 侵权赔偿的范围问题。《侵权责任法》实施之前，《民法通则》第 119 条规定，对侵权致被侵权人死亡的，应当赔偿丧葬费和生前抚养的人必要的生活费等费用，没有规定死亡赔偿金；加之《医疗事故处理条例》第 50 条规定的医疗事故赔偿的 11 个项目及标准中并未包括医疗事故造成患者死亡赔偿死亡赔偿金，司法实践中存在医疗损害是否赔偿死亡赔偿金争议。《侵权责任法》实施后，其第 16 条规定，侵害他人造成人身损害的，应当赔偿医疗费、护理费、交通费等为治疗和康复支出的合理费用以及因误工减少的收入。造成残疾的，还应当赔偿残疾生活辅助具费和残疾赔偿金。造成死亡的，还应当赔偿丧葬费和死亡赔偿金，没有规定被抚养人生活费。为此，最高人民法院下发《关于适用〈中华人民共和国侵权责任法〉若干问题的通知》（法发〔2010〕23 号）第 4 条规定，“人民法院适用侵权责任法审理民事纠纷案件，如受害人有被抚养人的，应当依据《最高人民法院关于审理人身损害赔偿案件适用法律若干问题的解释》第二十八条的规定，将被抚养人生活费计入残疾赔偿金或死亡赔偿金”。相关法律与司法解释规定明确了医疗损害造成患者死亡承担责任包括死亡赔偿金，且受害患者有被抚养人的，应当将被抚养人生活费计入死亡赔偿金。

2. 针对患者到多个医疗机构就诊的事实及相应管辖法院的确定。实践中，患者因一种疾病到多个医疗机构就诊的情形非常普遍，比如从一级医院、二级医院转至三级医院，从京外医院转至京内医院等。在患者因诊疗活动遭受损害时，患者往往不容易区分具体是因哪一个医疗机构的诊疗活动导致损害，此时往往会把就诊过的医疗机构都诉至人民法院。医疗损害责任纠纷属于侵权责任纠纷，在管辖上适用侵权案件的相关规定。依据《民事诉讼法》第 28 条的规定，因侵权行为提起的诉讼，由侵权行为地或者被告住所地人民法院管辖。被侵权人起诉医疗机构承担医疗损害赔偿责任的，因诊疗活动亦是在医疗机构进行，侵权行为地和被告住所地均为医疗机构所在地，故医疗损害责任纠纷案件的管辖法院通常就是医疗机构所在地人民法院。如果被侵权人只起诉一个医疗机构或者虽起诉两个以上医疗机构但医疗机构所在地均在一处的，管辖法院比较容易确定。如果被侵权人同时起诉两个以上医疗机构，而这两个以上医疗机构所在地又不在一处的，就会发生两个以上的人民法院都有管辖权的情形，此时，根据《民事诉讼法》第 35 条的规定，两个以上人民法院都有管辖权的诉讼，原告可以向其中一个人民法院起诉，即会产生原告对管辖法院的选择问题。

3. 不同管辖法院确定引致受诉法院所在地的不同可能造成赔偿标准的不一。《侵权责任法》第 16 条规定，侵害他人造成人身损害的，应当赔偿医疗费、护理费、交通费等为治疗和康复支出的合理费用以及因误工减少的收入。造成残疾的，还应当赔偿残疾生活辅助具费和残疾赔偿金。造成死亡的，还应当赔偿丧葬费和死亡赔偿金。上述费用具体如何计算，《侵权责任法》没有规定，人民法院在审理侵权案件时，一般仍参照适用 2003 年《人身损害赔偿解释》对各项费用计算标准的具体规定。比如，依据《人身损害赔偿解释》第 25 条的规定，“残疾赔偿金根据受害人丧失劳动能力程度或者伤残等级，按照受诉法院所在地上一年度城镇居民人均可支配收入或者农村居民人均纯收入标准，自定残之日起按二十年计算……”该司法解释第 29 条规定：“死亡赔偿金按照受诉法院所在地上一年度城镇居民人均可支配收入或者农村居民人均纯收入标准，按二十年计算……”

残疾赔偿金和死亡赔偿金的计算标准均为“受诉法院所在地上一年度城镇居民人均可支配收入或者农村居民人均纯收入标准”。其中，城镇居民可支配收入，是指被调查的城镇家庭居民在支付个人所得税、财产税及其他经常性转移支出后所余下的实际收入，此收入除以平均负担系数计算出的即为个人平均收入。农村居民家庭纯收入，是指农村常住居民家庭总收入中，扣除从事生产和非生产经营费用支出、缴纳税款和上交承包集体任务金额以后剩余的，可直接用于进行生产性、非生产性建设投资、生活消费和积蓄的那一部分收入。农村居民家庭纯收入除以平均负担系数计算出的即为农村居民人均年纯收入。从全国范围来看，因经济发展不平衡，不同受诉法院所在地本身在经济发展水平上存在巨大差异，如我国东部、中部、西部，居民可支配收入存在巨大差异。再者，即使对同一地区，“城镇居民人均可支配收入”和“农村居民人均纯收入”也存在不同。根据国家统计局的数据显示，2016 年，全年全国居民人均可支配收入 23831 元，其中，城镇居民人均可支配收入 33616 元，农村居民人均可支配收入 12363 元。按地域划分，2016 年城镇居民人均可支配收入，上海最高，为 57692 元；北京为 57275 元；浙江为 47237 元，山西为 27352 元，如此等等。所以，因残疾赔偿金和死亡赔偿金的计算采取了“受诉法院所在地”相关收入标准，受诉法院所在地不同，最终计算得出的残疾赔偿金和死亡赔偿金的数额也必然存在相应差异。《人身损害赔偿解释》作如此规定，主要是考虑到从性质上讲，残疾赔偿金和死亡赔偿金是对赔偿权利人损失的赔偿，其中残疾赔偿金的理论基础是“劳动能力丧失说”，认为受害人因残疾丧失部分或全部劳动能力，意味着其未来收入损失，加害人应当赔偿此种损失，但未来的收入是一个抽象的、不确定的概念，尤其是暂不具备劳动能力的未成年人，其未来的劳动收入水平难以预测，因此，采取定型化赔偿的计算方法，理论上按照平均收入水平计算其未来收入损失。死亡赔偿金的计算方法是基于“继承丧失说”，认为由于受害人导致家庭整体收入减少，家庭成员在财产上蒙受消极损失，加害人应当赔偿此种损失，也是采用定型化赔偿的计算方法。但基于我国的国情，各个地区经济发展水平和居民收入水平差异较大，如果采纳全国统一的标准，就会造成以下结果：对收入高于统一标准的地区而言，不能充分填补被侵权人的损失；对收入低于统一标准的地区而言，可能会超出被侵权人的损失，从而不利于平衡双方当事人的利益，故适用受诉法院所在地标准是国际上各个国家的通例，《人身损害赔偿解释》亦采取了受诉法院所在地的标准，这体现了既保障受害人利益，又适当兼顾社会公平的指导思想[①]。

4. 由于受诉法院所在地的确定导致赔偿标准不一，引发多个医疗机构承担赔偿责任标准的不确定。原告选择管辖法院时，会考虑到的因素很多，包括诉讼便利、诉讼成本等，其中，可能获赔的金额多少是重要因素之一。考虑到不同受诉法院所在地不同赔偿标准的因素，往往会出现医疗纠纷诉讼中的一个特定问题，即患者为获得更高赔偿，通过转院到赔偿标准较高地区的医疗机构就诊，再将该医疗机构作为共同被告之一，向该医疗机构所在地法院提起诉讼，即以该医疗机构作为连接点找管辖法院。实践中还有俗称“拉管辖”情形，即如果患者在当地医疗机构就诊过程中受到损害，其赔偿计算标准远低于一线城市，为了追求更高的赔偿标准，个别患者会特意到北京等大城市某医院简单就诊，在医院及医生不知情且没有责任的情况下，将其告上法庭。大医院在这个过程中也许没有任何责任，却莫名其妙成为被告。而案件最终的赔偿标准会按照北京计算。这无疑会对大城市司法资源造成极大浪费，增加了一线城市大医院的诉累，更增加了异地医疗机构的赔偿负担。

【条文释义】

理解本条规定时，应从以下几个方面考虑：

1. 原告同时起诉两个以上医疗机构承担医疗损害赔偿责任，人民法院首先要审查管辖问题。根据《民事诉讼法》的规定，受理法院要审查自己是否属于“侵权行为地”或者“被告住所地”法院，如果发现受理的案件不属于本院管辖的，应当移送有管辖权的人民法院。如果两个以上人民法院都有管辖权的，原告可以向其中一个人民法院起诉；原告向两个以上有管辖权的人民法院起诉的，由最先立案的人民法院管辖。

2. 如果被诉的两个以上医疗机构所在地相同，则不存在本条规定的赔偿标准的选择问题，在认定需要承担赔偿责任后，直接适用受诉法院所在地的标准计算赔偿数额，再具体认定各个医疗机构是否承担赔偿责任及如何承担赔偿责任。

---

① 参见最高人民法院民事审判第一庭编著：《最高人民法院人身损害赔偿司法解释的理解与适用》，人民法院出版社 2004 年版，第 369 页。

3. 如果经审查后认为，受诉法院所在地的医疗机构依法需要承担赔偿责任，则无论其他医疗机构是否需要承担赔偿责任，参照《人身损害赔偿解释》第25条和第29条的规定，受诉法院均可根据其所在地的赔偿标准计算残疾赔偿金和死亡赔偿金。当然，在认定时，应以原告的诉讼请求为基础，不能超出原告的诉请进行裁判。

4. 如果经审查后认为，受诉法院所在地的医疗机构不需要承担赔偿责任，则不能根据受诉法院所在地的赔偿标准计算残疾赔偿金和死亡赔偿金。一般情形下，原告会选择至赔偿计算标准最高的地区起诉，如果在受诉法院所在地的医疗机构并不承担责任的情况下，仍然判决作为共同被告的其他医疗机构按照受诉法院所在地的赔偿标准承担责任，不仅加重了其他医疗机构的负担，还会鼓励患者单纯为了诉讼而临时转院就诊，导致大城市的医疗资源更加紧张，也不利于和谐医患关系的构建。为此，本条针对患者同时请求多个医疗机构承担赔偿责任的情形，明确了受诉法院所在地的医疗机构不承担赔偿责任时，不能按照受诉法院所在地的赔偿标准来计算须承担责任的医疗机构的赔偿数额。具体依据哪一个赔偿标准计算，应根据承担责任的医疗机构所在地而定。具体分为以下两种情形：第一种情形，除了受诉法院所在地的医疗机构之外，若有一个其他的医疗机构需要承担责任的，则按照该医疗机构所在地的赔偿标准执行，即哪个医疗机构承担责任，就以哪个医疗机构所在地的标准执行。第二种情形，除了受诉法院所在地的医疗机构之外，若有两个或者更多其他的医疗机构需要承担责任的，则基于对患者损害充分救济的考虑，依据"就高不就低"的原则，可以按照其中赔偿标准较高的医疗机构所在地的标准执行，即在此情形下，不仅坚持哪个医疗机构承担责任，就以哪个医疗机构所在地的标准执行的原则，还要坚持对患者损害充分救济的原则。

【典型案例指引】

余恩某、李赞某、李芊某与重庆西南医院医疗损害赔偿纠纷案①

基本案情

重庆市民李安某（余恩某之夫，李赞某、李芊某之父）因腰部疼痛不适，于

① 案号：最高人民法院（2013）民抗字第55号。

2009 年 7 月 22 日到重庆西南医院治疗，并根据医院诊断住院治疗。7 月 24 日，重庆西南医院在对李安某进行手术前检查时发现患者有感染征象，遂进行抗感染、补充白蛋白等医疗措施。但李安某病情逐渐加重，发展为肺感染。7 月 31 日，李安某经全院会诊后诊断为败血症，转入感染科继续治疗，医院下达病危通知。李安某病情进一步恶化，8 月 2 日发生多器官功能障碍综合证。2009 年 8 月 9 日，李安某经抢救无效死亡，死亡诊断为：多器官功能障碍综合证，脓毒血症，双肺肺炎，右踝软组织感染。经司法鉴定后查明，李安某的死亡原因符合脓毒败血症继发全身多器官功能衰竭，主要与其个人体质有关；重庆西南医院的医疗行为存在一定过错，与患者死亡之间存在一定因果关系，属次要责任。重庆西南医院对李安某死亡造成的损失应承担 40% 赔偿责任。

余恩某、李赞某、李芊某向重庆市沙坪坝区人民法院提起诉讼，请求重庆西南医院支付医疗费 48843.27 元（含人血白蛋白 16200 元）、死亡赔偿金 236235 元等项费用，共计 374953.77 元。

裁判理由

最高人民法院再审认为，原审判决对余恩某、李赞某、李芊某主张的人血白蛋白费用不予支持，属认定事实错误。依据重庆西南医院的医疗记录，李安某使用的人血白蛋白中有 20 瓶系余恩某、李赞某、李芊某从他处自行购买，重庆西南医院对此项事实也予以认可，并提供证据证明每瓶人血白蛋白在重庆西南医院的出售价格为 360 元。余恩某、李赞某、李芊某虽未能提供其购买人血白蛋白的收费凭证，但明确表示认可重庆西南医院提供的明显低于其主张费用的人血白蛋白出售价格，因此，余恩某、李赞某、李芊某主张的 16200 元人血白蛋白费用中的 7200 元（20 瓶 ×360 元/瓶 = 7200 元）应当计算在李安某住院期间产生的医疗费之中，李安某医疗费总额应为 39843.27 元，重庆西南医院应按照其过错程度对上述医疗费用承担赔偿责任。在本案中，重庆西南医院的医疗行为并未进行医疗事故鉴定，余恩某、李赞某、李芊某要求重庆西南医院承担死亡赔偿金，应当适用民法通则。《人身损害赔偿解释》对死亡赔偿金的适用范围和计算标准都有明确规定。因此，应当按照规定计算死亡赔偿金，再根据重庆西南医院的过错程度确定其承担数额。原审判决认为余恩某、李赞某、李芊某关于死亡赔偿金的诉讼请求没有法律依据，属适用法律错误，依法予以改判。最高人民法院改判重庆西南医院支付余恩某、李赞某、李芊某死亡赔偿金236235元的40%，即94494元。

裁判指引33

1. 本案涉及群众民生问题，任何细节都会影响到权利人的合法权益能否切实得到救济，准确认定事实是正确审理案件的基础，应当全面审查证据材料，不能简单化处理，这样才能避免形式主义错误。诉讼请求能否得到支持，需要证据证明，但对证据法定构成要件的理解不能僵化。原始收费凭证确实是证明商品数量和价格的直接有力证据，但仅仅拘泥于此就不能解决复杂问题，很难做到让人民群众在每一个司法案件中都感受到公平正义。原审判决对于余恩某、李赞某、李芊某16200元人血白蛋白费用的诉讼请求一概否定，就是犯了这样的错误。讼争20瓶人血白蛋白用药系遵重庆西南医院医生之嘱，医生开出处方后交由患者家属外购，该院护士有注射记录。余恩某、李赞某、李芊某虽然不能提供原始收费凭证，但对此作出了合理解释，而且他们原本主张的实际购置费用远远高于重庆西南医院的出售价格，但为尽快了结纠纷，在诉讼中进行了让步，同意按照重庆西南医院的出售价格计算其支出费用。而且，重庆西南医院也提供了证据，证明其同时期出售的人血白蛋白价格为每瓶360元。在这种情况下，李安某住院治疗期间自行购买人血白蛋白的费用数额，已经具备了完整的证据链可以证明，符合民事案件审理过程中认定事实的优势证据原则。所以，最高人民法院部分支持余恩某、李赞某、李芊某关于人血白蛋白费用的诉讼请求，纠正了原审判决在认定事实方面存在的错误。

另外，余恩某一方和重庆西南医院都没有申请进行医疗事故鉴定，所以本案应当适用《人身损害赔偿解释》中关于死亡赔偿金的相关规定。原审判决适用《医疗事故处理条例》进行审理，完全不支持死亡赔偿金的诉讼请求，同样存在适用法律不当的问题，最高人民法院再审判决对此一并进行了纠正。

2. 被扶养人的生活费是否适用本条规定进行计算?《人身损害赔偿解释》第 17 条规定:受害人因伤致残或死亡的,赔偿义务人应当赔偿的费用除残疾赔偿金、死亡赔偿金等费用外,还包括被扶养人生活费。第 28 条规定,对被扶养人生活费的计算标准作出了规定,即"被扶养人生活费根据扶养人丧失劳动能力程度,按照受诉法院所在地上一年度城镇居民人均消费性支出和农村居民人均年生活消费支出标准计算……"即被扶养人生活费同样适用"受诉法院所在地"相关标准。但在制定《侵权责任法》时,第 16 条规定的侵害他人造成人身损害应赔偿的各项费用中,没有列出"被扶养人生活费"这一项。最高人民法院《关于适用〈中华人民共和国侵权责任法〉若干问题的通知》(法发〔2010〕23 号)第 4 条规定,"人民法院适用侵权责任法审理民事纠纷案件,如受害人有被抚养人的,应当依据《最高人民法院关于审理人身损害赔偿案件适用法律若干问题的解释》第二十八条的规定,将被抚养人生活费计入残疾赔偿金或死亡赔偿金"。对此,应作如此理解:《侵权责任法》已经用残疾赔偿金和死亡赔偿金吸收了被扶养人生活费项目。[①] 在《侵权责任法》出台之前,我国既赔偿被扶养人生活费又赔偿残疾赔偿金,两者相互独立并无重合。在《侵权责任法》制定过程中,曾在二次审议稿第 4 条第 1 款规定,"受害人死亡或者残疾的,被扶养人有权请求侵权人赔偿生活费,但侵权人已支付死亡赔偿金或者残疾赔偿金的除外"。即一方面承认被扶养人有独立的诉讼请求权,但是,因死亡赔偿金和残疾赔偿金包含了被扶养人生活费,如果侵权人已经支付了死亡赔偿金或残疾赔偿金,则被扶养人只能请求析分死亡赔偿金或残疾赔偿金,这其实是一种折中的做法。虽然《侵权责任法》出台时因为体例的关系取消了这一款规定,但其立法精神还在。我们认为,司法实践中,如果侵权人已经支付了死亡赔偿金或残疾赔偿金,则被扶养人只能要求就该赔偿金额进行分析,无权向侵权人主张。如果直接受害人或其他有权请求侵权责任的主体怠于行使该赔偿请求权,则被扶养人有权诉请侵权人支

---

① 参见最高人民法院侵权责任法研究小组编著:《〈中华人民共和国侵权责任法〉条文理解与适用》,人民法院出版社 2010 年版,第 140 ~ 141 页。

付被扶养人生活费①。在仅是诉请被扶养人生活费情形下，可参照适用《人身损害赔偿解释》的相关规定以及本条规定进行计算。

3. 精神损害赔偿费用是否适用本条规定进行计算？《侵权责任法》第22条规定，侵害他人人身权益，造成他人严重精神损害的，被侵权人可以请求精神损害赔偿。关于精神损害赔偿，之前最高人民法院出台的《关于审理名誉权案件若干问题的解答》、《精神损害赔偿解释》和《人身损害赔偿解释》等司法解释中作出细化规定，《侵权责任法》为首次从立法层面作出明确规定。相比较于人身损害赔偿和财产损害赔偿的客观性，精神损害赔偿因其自身的抽象性、主观性而很难精确量化。《侵权责任法》第22条亦是作出原则性规定。故对精神损害赔偿的具体理解，可以结合相关学理、现有司法解释和司法实践经验等进行。(1)《侵权责任法》第16条、第20条和第22条分别规定了人身损害赔偿、财产损失赔偿和精神损害赔偿，三者之间为并列关系，所以精神损害赔偿独立于人身损害赔偿。本条规定的死亡赔偿金和残疾赔偿金均为人身损害赔偿项下的具体项目，故精神损害赔偿当然独立于死亡赔偿金和残疾赔偿金而存在。认为精神损害赔偿已被死亡赔偿金和残疾赔偿金吸收的观点不符合法律规定，是错误的。(2)根据《侵权责任法》第22条的规定，可以请求精神损害赔偿的条件是“人身权益受到侵害”且“造成严重精神损害”。所谓“人身权益”，是指与财产权益相对的概念，包括生命权、健康权等人格权以及婚姻自主权、监护权等身份权等，本司法解释所指的“医疗损害”实为对人的生命权、健康权的损害，属于“人身权益受到侵害”的情形，故符合第一个条件；“造成严重精神损害”是对损害程度的一个限制，是否严重，主要取决于身体、健康被损害的程度。故医疗损害纠纷案件中，并非所有案件中原告都能提起精神损害赔偿，实践中的主要做法是认为只有达到伤残等级标准，才能提起。至于没有达到伤残等级标准的是否构成精神损害后果严重，

① 将被抚养人生活费计入残疾赔偿金或死亡赔偿金会产生一个问题：残疾赔偿金或死亡赔偿金的计算标准是否仍然沿用《人身损害赔偿解释》规定的标准？还是修改标准，把《人身损害赔偿解释》规定的被扶养人生活费的计算一并纳入？《人身损害赔偿解释》虽然将残疾赔偿金、死亡赔偿金与被扶养人生活费分别规定、分别计算，但两者之和(即城镇居民人均可支配收入/农村居民人均纯收入 + 城镇居民人均消费性支出/农村居民人均年生活消费支出)大致是等于收入损失的。如果不改变计算标准，又不分别计算，可能会导致《侵权责任法》出台后，受害人获赔金额减少的情形。目前，此问题需要明确。

应视情况而定，从严把握。(3)如果认为可以支持精神损害赔偿的请求，具体赔偿数额应综合多种因素考量。《侵权责任法》对此没有规定，《精神损害赔偿解释》对此做了有益尝试。该解释第10条规定，“精神损害的赔偿数额根据以下因素确定：(一)侵权人的过错程度，法律另有规定的除外；(二)侵害的手段、场合、行为方式等具体情节；(三)侵权行为所造成的后果；(四)侵权人的获利情况；(五)侵权人承担责任的经济能力；(六)受诉法院所在地平均生活水平。法律、行政法规对残疾赔偿金、死亡赔偿金等有明确规定的，适用法律、行政法规的规定”。司法实践中，人民法院在考量上述因素基础上确定精神损害赔偿数额的做法已经取得了明显效果。其中，第六个参考因素“受诉法院所在地平均生活水平”与《人身损害赔偿解释》中关于残疾赔偿金、死亡赔偿金按照“受诉法院所在地”相关收入标准计算的规定应有相似的考虑，故若出现本条规定的情形，在计算精神损害赔偿时，也可参照适用本条规定。

4. 赔偿权利人的住所地或者经常居住地对赔偿标准的确定是否有影响？《人身损害赔偿解释》第30条规定，赔偿权利人举证证明其住所地或者经常居住地城镇居民人均可支配收入或者农村居民人均纯收入高于受诉法院所在地标准的，残疾赔偿金或者死亡赔偿金可以按照其住所地或者经常居住地的相关标准计算。这是该司法解释对残疾赔偿金或者死亡赔偿金采用“受诉法院所在地城镇居民人均可支配收入或者农村居民人均纯收入”标准计算的一个补充规定，体现了以受诉法院地标准客观计算为主，赔偿权利人住所地或者经常居住地标准主观计算为例外的赔偿原则，目的仍是尽可能地实现残疾赔偿金和死亡赔偿金填补损失的功能。在医疗损害纠纷案件中，若符合本条规定的情形，根据本条规定，应采用承担责任的医疗机构所在地相关收入标准确定残疾赔偿金或者死亡赔偿金，此种情形下，如果被侵权人进一步举证证明其住所地或者经常居住地城镇居民人均可支配收入或者农村居民人均纯收入高于承担责任的医疗机构所在地标准的，该采用哪种标准计算？我们认为，本条是防止机械适用“受诉法院所在地城镇居民人均可支配收入或者农村居民人均纯收入”标准而作出的规定，并没有排除适用其他标准，故如果被侵权人举证证明其住所地或者经常居住地城镇居民人均可支配收入或者农村居民人均纯收入高于承担责任的医疗机构所在地标准的，为了相对公平地填补被侵权人的损害，应认为，残疾赔偿金或者死亡赔偿金可以按照其住所地或者经常居住地的相关标准计算。

【相关法条链接】

《侵权责任法》第 16 条、第 22 条，《人身损害赔偿解释》第 25 条、第 28 ~ 30 条，《精神损害赔偿解释》第 10 条。

第二十五条 **患者死亡后，其近亲属请求医疗损害赔偿的，适用本解释；支付患者医疗费、丧葬费等合理费用的人请求赔偿该费用的，适用本解释。**

本解释所称的"医疗产品"包括药品、消毒药剂、医疗器械等。

【起草背景】

本条是关于患者死亡后医疗损害赔偿请求权主体的指引性规定及对于医疗产品范围的解释性规定。医疗损害侵害患者的人格权包括生命权、身体权和健康权。《侵权责任法》与《民法总则》将生命权与健康权作为两种不同民事权利加以规定。生命权是指以自然人的生命安全利益为内容的权利，它以生命安全和生命维持为客体，以维护人的生命活动延续为基本内容；身体权是指自然人保持其身体组织完整并支配其肢体、器官和其他身体组织的权利；健康权是指自然人维护其机体生理机能正常运作和功能完全发挥为内容的权利。本条一方面规定医疗损害责任中因医疗机构过错造成患者死亡后赔偿请求权的主体；另一方面，与征求意见稿相比，在第1款增加规定"支付患者医疗费、丧葬费等合理费用的人请求赔偿该费用的，适用本解释"的内容，以更加周延。

【条文释义】

对于该条，可从以下几个方面理解：

一、患者死亡后医疗损害赔偿请求权主体

被侵权人死亡的，哪些主体可以成为请求侵权人承担侵权责任的主体，《国家赔偿法》规定，受害的公民死亡，其继承人和其他有抚养关系的亲属有权要求赔偿。从域外立法来看，大陆法系国家和我国台湾地区、澳门特别行政区将被侵权人死亡情况下的请求权人分为两种情况：(1)经济损失的请求权人，被侵权人死亡的情况下，请求权人为死者近亲属、受抚养人和丧葬费支付人，对被抚养人的范围规定不尽相同，比如我国台湾地区规定被抚养人的范围限定为被侵权人对其负有法定抚养义务的人，而依据《德国民法典》第844条的规定，被抚养

人包括两类：一是受害人被侵害前负有法定抚养义务的人，二是在侵害时尚未出生的胎儿。俄罗斯等国家的被抚养人范围较广，既包括法定被抚养人，也包括实际被抚养人。(2)精神损害的请求权主体。大多数国家和我国台湾地区规定，受害人死亡导致其近亲属精神损害的，该近亲属可以为请求权人，这里的近亲属一般包括父母、子女及配偶。比如，我国台湾地区规定，不法侵害他人致死者，被害人之父母、子女及配偶，虽非财产上之损害，亦得请求赔偿相当之金额。

我国《侵权责任法》第 18 条规定，被侵权人死亡的，其近亲属有权请求侵权人承担侵权责任。被侵权人为单位，该单位分立、合并的，承继权利的单位有权请求侵权人承担侵权责任。被侵权人死亡的，支付被侵权人医疗费、丧葬费等合理费用的人有权请求侵权人赔偿费用，但侵权人已支付该费用的除外。

1. 一般请求权主体。《民法总则》第 120 条规定：民事权益受到侵害，被侵权人有权请求侵权人承担侵权责任。《侵权责任法》第 3 条规定，被侵权人有权请求侵权人承担侵权责任，即原则上以被侵权人本人即侵权行为损害后果的直接承受者为请求权人。被侵权人请求他人为或者不为一定行为的请求权的资格在于其具有民事权利能力，而不在于其是否具有民事行为能力，一般而言，有完全民事行为能力的被侵权人可以自己行使请求权，无民事行为能力或者限制民事行为能力的被侵权人，应当由其法定代理人代其行使请求权。上述是关于被侵权人请求权主体的一般规定。

2. 被侵权人死亡的请求权主体。在被侵权人死亡，权利能力消灭、法律主体资格不复存在，死者不能以权利主体资格请求侵权人承担侵权责任，只能是被侵权人以外的主体。哪些是适格主体，《民法总则》并未规定，《侵权责任法》第 18 条第 1 款规定：被侵权人死亡的，其近亲属有权请求侵权人承担侵权责任。该条规定将请求权主体资格赋予死者的近亲属。

现有司法解释亦有类似规定，《人身损害赔偿解释》第 1 条第 2 款规定，本条所称的“赔偿权利人”是指因侵权行为或者其他致害原因直接遭受人身损害的受害人、依法由受害人承担扶养义务的被扶养人及死亡受害人的近亲属。《精神损害赔偿解释》第 7 条规定，自然人因侵权行为致死，或者自然人死亡后其人格或者遗体遭受侵害，死者的配偶、父母和子女向人民法院起诉请求赔偿精神损害的,列其配偶、父母和子女为原告;没有配偶、父母和子女的,可以由其他近亲属提起诉讼,列其他近亲属为原告。

在医疗损害责任中,患者因医疗机构过错死亡的,其请求权主体一般为近亲属与被抚养人。《侵权责任法》并未规定“近亲属”的范围,为了充分保护最应当被救济的近亲属,原则上应是与受害人共同生活的家庭成员或者与受害人有紧密联系的近亲属,或者依靠受害人生活的其他近亲属,如受害人生前抚养的子女、父母等。根据《民通意见》第 12 条的规定,近亲属的范围包括配偶、父母、子女、兄弟姐妹、祖父母、外祖父母、孙子女、外孙子女。我们认为,基于中国大家庭社会现实,参照《继承法》第 10 条规定,遗产按照下列顺序继承:第一顺序:配偶、子女,父母。第二顺序:兄弟姐妹、祖父母、外祖父母。《精神损害赔偿解释》第 7 条规定,原则上,配偶、父母、子女应为第一顺位,其他的为第二顺位。有第一顺位亲属的时候,第二顺位亲属不能请求直接主张。

3. 无名死者的请求权主体。实践中争议比较大的是无近亲属或者近亲属不明的被侵权人即俗称“无名死者”请求权主体问题,此类案件以道路交通事故较多,在医疗损害中偶有发生。有观点认为,为制裁侵权行为、维系社会关系稳定,保护潜在无名死者近亲属权益,可以由有关机关、法人或其他组织以原告身份提起诉讼主张死亡赔偿金。司法实践中做法不一,有的地方进行探索、予以认可的原告身份主要包括:民政部门、道路交通事故社会救助基金管理机构、检察机关、村民委员会或居民委员会等。

我们认为,在被侵权人死亡后,无近亲属或近亲属不明时,包括民政部门、道路交通事故社会救助基金管理机构等未经法律授权的机关或者组织无权向人民法院起诉主张死亡赔偿金。其理由如下:

(1)死亡赔偿金性质决定了请求权的主体范围。关于死亡赔偿金的性质,理论与实务主要包括两种观点:一是“抚养丧失说”,受害人死亡后,其被抚养人丧失生活来源,侵权人应予赔偿,死亡赔偿金范围是被抚养人生活费,对受害人死亡导致的预期收入减少,不予赔偿;二是以受害人死亡导致预期收入减少为依据的“继承丧失说”,即侵权人向死者近亲属赔偿死者余命年限内(主要以一个国家的平均寿命减去死者死亡时的年龄)将获得的除去生活费等正常开支的剩余收入。[①] 我国立法及司法解释均采纳“继承丧失说”，即受害人因人身损害死亡，家庭可以预期的其未来收入因此减少或丧失，使家庭成员在财产上蒙受消极损失。这种未来收入的构成，既包括受害人用于个人的消费支出，也包括其抚养人因此丧失的抚养费的损失。《侵权责任法》实施后，最高人民法院下发通知，明确死亡赔偿金根据《人身损害赔偿解释》中规定的被抚养人生活费和死亡赔偿金之和计算，另外，死亡赔偿金不能作为被侵权人的遗产看待，被侵权人的债权人无权对死亡赔偿金提出请求。

从侵权法理论看，损害赔偿的请求权主体即赔偿权利人为其权益受到侵害之人，包括直接受害人和间接受害人。直接受害人主要指因侵权行为导致其人身、财产权益受损害之人，也是侵权行为所直接指向的对象。间接受害人是指侵权行为直接指向对象以外因法律关系或者社会关系的媒介作用受到损害的人。间接受害人所受“损害”，是一种以计算上的差额为主要表现形式的单纯的经济利益损失和反射性精神损害。在侵权行为导致受害人死亡的情况下，间接受害人包括受害人的近亲属及被抚养人，该损害赔偿是对受害人近亲属或者被扶养人因受害人死亡导致的生活资源减少和丧失的赔偿。这种观点，既为《侵权责任法》实施前的司法解释所确定，也被《侵权责任法》所承认。[②]

(2)有关机关或单位代替无名死者主张死亡赔偿金缺乏法律依据。行政法基本原则之一为职权法定原则，行政机关以及其他行政公务组织的行政职权必须由法律予以规定或授予，“法无明文规定不可为”。目前相关法律、行政法规并未规定或授权有关机关或单位可代替无名死者主张死亡赔偿金。《城市生活无着的流浪乞讨人员救助管理办法》没有规定民政部门对流浪、乞讨人员的救助职责包括代表或者代替其提起民事诉讼。

(3)程序法关于公益诉讼的范围并未涵盖该种类型案件。《民事诉讼法》第55条采取列举加概括式规定，对污染环境、侵害众多消费者合法权益等损害社会公共利益的行为，法律规定的机关和有关组织可以向人民法院提起诉讼。

---

① 全国人大常委会法工委民法室编：《中华人民共和国侵权责任法条文说明、立法理由及相关规定》，北京大学出版社2010年版，第62页。

② 姜强：《侵权行为导致身份不明的受害人死亡，民政部门等行政部门或其他机构是否有权提起民事诉讼？》，载《民事审判指导与参考》(总第46集)，人民法院出版社2011年版，第115页。

人民检察院在履行职责中发现破坏生态环境和资源保护、食品药品安全领域侵害众多消费者合法权益等损害社会公共利益的行为,可以向人民法院提起诉讼。可以看出,公益诉讼的核心是基于社会公共利益。公共利益是一个历史的范畴,与特定的社会形态相联系,社会的不断发展,导致社会主体利益诉求的不断变化,但公共利益的基本属性应当包括利益内容的不确定性和受益对象的不确定性、不可分性与非排他性、价值选择性、历史性层次性等,[①]故依照公益诉讼制度安排的价值考量,社会公共利益受损当然为提起公益诉讼的必要条件。“无名死者”死亡赔偿金难以界定为社会公共利益。

对此,八民会纪要(民事部分)规定:鉴于《侵权责任法》第18条明确规定被侵权人死亡,其近亲属有权请求侵权人承担侵权责任,并没有赋予有关机关或者单位提起请求的权利,当侵权行为造成身份不明人死亡时,如果没有赔偿权利人或者赔偿权利人不明,有关机关或者单位无权提起民事诉讼主张死亡赔偿金。最高人民法院《关于审理道路交通损害赔偿案件适用法律若干问题的解释》(以下简称《道路交通损害赔偿司法解释》)第26条也有类似规定:被侵权人因道路交通事故死亡,无近亲属或者近亲属不明,未经法律授权的机关或者有关组织向人民法院起诉主张死亡赔偿金的,人民法院不予受理。侵权人以已向未经法律授权的机关或者有关组织支付死亡赔偿金为理由,请求保险公司在交强险责任限额范围内予以赔偿的,人民法院不予支持。

所以,在医疗损害责任中,患者死亡后,患者近亲属有权向医疗机构请求损害赔偿,且能否构成医疗损害,应符合《侵权责任法》及本司法解释规定条件。被扶养人能否主张损害赔偿,我们认为对此应作扩大解释,依靠受害患者抚养人也应当享有赔偿请求权。当然,对此问题,在侵权责任法相关司法解释制定过程中也有争议,包括“依靠受害人抚养”的标准认定、“依靠受害人抚养”的人与其他近亲属之间的关系(即行使赔偿请求权的顺序或不分顺序)、取得死亡赔偿金及其他赔偿费用的分配原则(包括比例和顺序),有待通过制定司法解释以明确。

---

① 参见刘学在:《民事公益诉讼制度研究——以团体诉讼制度的构建为中心》,中国政法大学出版社2015年版,第48~54页。

二、实际发生费用的处理

《侵权责任法》第16条规定，侵害他人造成人身损害的，应当赔偿医疗费、护理费、交通费等为治疗和康复支出的合理费用，以及因误工减少的收入。造成残疾的，还应当赔偿残疾生活辅助用具费和残疾赔偿金。造成死亡的，还应当赔偿丧葬费和死亡赔偿金。《人身损害赔偿解释》第17条第1款规定，受害人遭受人身损害，因就医治疗支出的各种费用以及因误工减少的收入，包括医疗费、误工费、护理费、交通费、住宿费、住院伙食补助费、必要的营养费，赔偿义务人应当予以赔偿。第3款规定，受害人死亡的，赔偿义务人除应当根据抢救治疗情况赔偿本条第1款规定的相关费用外，还应当赔偿丧葬费、被扶养人生活费、死亡赔偿金以及受害人亲属办理丧葬事宜支出的交通费、住宿费和误工损失等其他合理费用。《侵权责任法》第18条第2款规定，被侵权人死亡的，支付被侵权人医疗费、丧葬费等合理费用的人有权请求侵权人赔偿费用，但侵权人已支付该费用的除外。本司法解释作出指引性规定，支付患者医疗费、丧葬费等合理费用的人请求赔偿该费用的，适用本解释。

1. 人身损害死亡赔偿制度是自然人因生命权受侵害而死亡，侵权人承担金钱赔偿责任的一种民事法律救济制度。医疗费是指因侵权行为造成被侵权人人身损害，被侵权人就医诊疗而支出的费用，根据医疗机构出具的医药费、住院费等收款凭证，结合病历和针对证明等相关证据确定；丧葬费是指安葬死者而支出的费用。司法实践中，支付被侵权患者死亡前因医疗侵害而发生的二次医疗费等合理费用的，不一定是被侵害患者本人，而是其近亲属、朋友或者其他人，对于丧葬费，由于被侵害患者已经死亡，只能是其近亲属、朋友或其他人支付。若支付这些费用的为被侵害患者的近亲属，可依据《侵权责任法》及本司法解释规定，请求侵权医疗机构赔偿这些费用，若支付这些费用的并非近亲属，实际支付费用主体也可以作为独立请求权人请求侵权医疗机构赔偿这些费用，若医疗机构已经支付给死亡患者近亲属的，实际支付该费用的人不能再向侵权医疗机构请求赔偿，而只能要求获得赔偿的近亲属返还该费用。

2. 医疗费、丧葬费等实际发生费用有其独立性。《侵权责任法》第18条第2款赋予实际支付医疗费、丧葬费等费用主体独立请求权，规定被侵权人死亡的，支付被侵权人医疗费、丧葬费等合理费用的人有权请求侵权人赔偿费用，但侵权人已经支付该费用的除外。八民会纪要(民事部分)规定,有关机关或者单位虽无权代替无名死者主张死亡赔偿金,但其为死者垫付的医疗费、丧葬费等实际发生的费用可以向侵权人主张。与此类似规定还有《道路交通损害赔偿司法解释》第26条第3款规定,被侵权人因道路交通事故死亡,无近亲属或者近亲属不明,支付被侵权人医疗费、丧葬费等合理费用的单位或者个人,请求保险公司在交强险责任限额范围内予以赔偿的,人民法院应予支持。

另外,根据《侵权责任法》第18条的规定,患者死亡的,患者的近亲属,或者支付患者医疗费、丧葬费等合理费用的人有权请求医疗机构及其他责任主体承担侵权责任,但这都要以符合医疗损害责任的构成要件为前提。故患者死亡后,不仅其近亲属请求医疗损害赔偿,支付患者医疗费、丧葬费等合理费用的人请求赔偿该费用的案件,有关法律适用的规则都应适用《侵权责任法》关于医疗损害责任的规定,也就应当适用本解释的规定。

三、医疗产品的范围

《最高人民法院民事案件案由规定(2011)》将医疗损害责任纠纷分成两种类型:一是侵害患者知情同意权责任纠纷,二是医疗产品责任纠纷。医疗产品责任纠纷是指医疗机构在诊疗过程中使用有缺陷的药品、消毒制剂、医疗器械等医疗产品,或者输入不合格血液,因此造成患者人身损害的,医疗机构或者医疗产品的生产者、血液提供者应当承担侵权损害赔偿责任。[①] 对于医疗产品缺陷造成患者人身损害的案件,不能以第三级案由产品责任纠纷而应当以第四级案由医疗产品责任纠纷来确定案由。依照该规定,医疗产品为广义概念,范围既包括药品、消毒制剂、医疗器械,也包括不合格血液。

《侵权责任法》中并无医疗产品的直接定义,第59条规定,因药品、消毒制剂、医疗器械的缺陷,或者输入不合格的血液造成患者损害的,患者可以向生产者或者血液提供者请求赔偿,也可以向医疗机构请求赔偿。患者向医疗机构请求赔偿的,医疗机构赔偿后,有权向负有责任的生产者或者血液提供者追偿。本司法解释多个条文涉及医疗产品的规定,比如,第21条所规定的医疗产品责

---

① 参见最高人民法院民事案件案由规定课题组编著:《最高人民法院民事案件案由规定理解与适用》(2011修订版),人民法院出版社2011年版,第507页。

任和输入不合格血液的责任、第23条规定的医疗产品惩罚性赔偿责任等。本解释该条对于医疗产品作出解释性规定,其范围包括药品、消毒制剂和医疗器械。

1. 医疗产品的范围。所谓产品,根据《产品质量法》第2条的规定,即为经过加工、制作,用于销售的产品。医疗产品一般认为是医疗机构及其医务人员向患者提供的医疗、预防、保健服务所需借助的直接作用于患者机体的一系列物质因素。本解释对于医疗产品作出狭义解释,包括药品、消毒制剂和医疗器械。根据《药品管理法》第100条的规定,药品是指用于预防、治疗、诊断人的疾病,有目的地调节人的生理机能并规定有适应证或者功能主治、用法和用量的物质,包括中药材、中药饮片、中成药、化学原料药及其制剂、抗生素、生化药品、放射性药品、血清、疫苗、血液制品和诊断药品等。明确药品范围,加强药品监督管理,保证药品质量,保障人体用药安全,维护人民身体健康和用药的合法权益。

消毒制剂,也称化学消毒剂,是指用于杀灭传播媒介上的病原微生物,使其达到无害化要求的制剂,在医学上的作用是将病原体消灭、切断病原体传播途径、控制传染目的。

根据《医疗器械管理条例》第76条的规定,医疗器械是指直接或者间接用于人体的仪器、设备、器具、体外诊断试剂及校准物、材料以及其他类似或者相关的物品,包括所需要的计算机软件;其效用主要通过物理等方式获得,不是通过药理学、免疫学或者代谢的方式获得,或者虽然有这些方式参与但是只起辅助作用;其目的是:(1)疾病的诊断、预防、监护、治疗或者缓解;(2)损伤的诊断、监护、治疗、缓解或者功能补偿;(3)生理结构或者生理过程的检验、替代、调节或者支持;(4)生命的支持或者维持;(5)妊娠控制;(6)通过对来自人体的样本进行检查,为医疗或者诊断目的提供信息。

2. 医疗产品的范围是否包括血液。依照《侵权责任法》第59条的文义解释,将药品、消毒制剂、医疗器械缺陷与输入不合格血液造成患者损害,采取并列方式,医疗产品范围应当不包括血液。在立法与本司法解释制定过程中,“血液”是否属于医疗产品进行深入研讨,基于几个方面的现实考虑,将血液与医疗产品作出区分:一是法律规定并提倡无偿献血作为一种人道主义精神体现;二是血液从血站经医疗机构到患者的费用和价格相对固定；三是采血、输血行为无过错下法律纠纷处理的慎重等。将血液排除于狭义医疗产品规定之外。

3. 医疗产品的缺陷认定。《产品质量法》第 41 条规定，因产品存在缺陷造成人身、财产损害的，生产者应当承担赔偿责任。第 43 条规定，因产品存在缺陷造成他人人身、他人财产损害的，受害人可以向产品的生产者要求赔偿，也可以向产品的销售者要求赔偿。为回应调研过程中发现患者受到损害医疗机构与医疗产品生产者销售者相互推诿责任的现状，本司法解释对于责任承担作出明确规定。对于医疗产品缺陷的判断，一般依据《产品质量法》规定，从两个方面予以判断：一是医疗产品存在危及人身、他人财产安全的不合理的危险；二是医疗产品有保障人体健康和人身、财产安全的国家标准、行业标准的，是指不符合该标准。当然，结合本司法解释第 21 条的规定，医疗产品从本质上是一种“不可或缺、不可避免的不安全产品”，所以从有效保护患者合法权益角度，即便该医疗产品符合相关标准，但只要有证据证明医疗产品存在危及人身、他人财产安全的不合理的危险，也应认定为医疗产品有缺陷。

【典型案例指引】

谭某才、谭某丽、杜某与广州某医学院第一附属医院医疗损害纠纷案

基本案情

谭某才、谭某丽、杜某诉称：杜某是患者梁某珍的母亲，谭某才与梁某珍是夫妻关系，谭某丽与梁某珍是母女关系。2010 年 3 月 27 日，梁某珍因发烧、喉咙痛到广某附属医院就诊，在就诊主诉中已经明确告知医生梁某珍有支气管哮喘、慢性支气管炎的病史。广某附属医院医生诊断梁某珍为上呼吸道发炎，并作出化验血常规及用“来比林 + 盐水”静脉滴注及开瑞坦等其他药物的治疗方案。梁某珍按照上述处方接受治疗，在静脉注射期间，梁某珍出现了气促加重、咳嗽、呼吸困难、四肢僵硬等症状。但广某附属医院并没有为梁某珍停止静脉滴注“来比林”，只是简单用药物可必特雾化吸入。之后梁某珍气促未缓解，进而导致呼吸、心跳停止，广某附属医院才停止对梁某珍使用来比林。广某附属医院又采用静脉滴注“甲强龙、肾上腺素”及胸外按压、使用呼吸机等抢救措施，但梁某珍不能恢复自主呼吸，仅能维持生命体征和心跳，送 ICU 病房抢救 24 天

后死亡。广某附属医院出具的死亡医学证明书上注明的死亡原因是“过敏性休克”。谭某才、谭某丽、杜某等认为广某附属医院存在过错，故起诉请求法院判决：(1)广某附属医院赔偿：医疗费411932.97元、营养费960元、住院伙食补助费1200元、丧葬费22843.5元、被抚养人杜某的生活补助费23111.91元、死亡赔偿金477956元、精神抚慰金100000元，上述金额合计1038004.3元。(2)要求广某附属医院在省级报纸上向原告赔礼道歉。

法院经审理查明：2010年2月22日，梁某珍因发热、咳嗽、咳痰到被告医院就诊，诊断为：支气管哮喘，慢性咽炎。2010年3月27日，梁某珍再次到该院急诊。经诊断：上炎。处理：查血常规；予生理盐水100ml＋来比林0.9g静脉滴注等。患者静滴“来比林”期间出现气促加重，咳嗽，血氧饱和度90%，双肺可闻及呼气相干啰音。被告给予“可必特”雾化吸入，患者气促未缓解，予停用“来比林”，并予甲强龙40mg静脉注射，患者气促未见缓解，神志由清醒转为淡漠，即予经口气道插管术，并同时进行抢救，予静脉注射阿托品、肾上腺素。经上述抢救后，梁某珍转至ICU进一步治疗。梁某珍入院后一直处于深昏迷状态，病情无改善，逐渐出现肝、肾等多脏器功能衰竭，2010年4月21日死亡。

法院依被告的申请，委托中山大学法医鉴定中心对本案医疗行为进行司法鉴定。该中心作出《司法鉴定意见书》，鉴定结论如下：被鉴定人因“上呼吸道感染”就诊，被告医院未考虑到被鉴定人有支气管哮喘史，使用“来比林”静滴不够慎重，对出现的严重药物不良反应处理欠规范，被鉴定人因过敏性休克，后继发缺血缺氧性脑病及多脏器功能衰竭死亡。被告医院的医疗过失行为与被鉴定人的死亡后果之间存在因果关系，但考虑被鉴定人并非阿司匹林的绝对禁忌，且药物过敏反应发生急骤，很快即可出现过敏性休克，即使抢救措施及时得当，被鉴定人也可能死亡，且未做尸体解剖。根据《广东省高级人民法院关于人民法院委托医疗损害鉴定若干问题的意见（试行）》，医学会作出鉴定意见，被告广某附属医院在对被鉴定人梁某珍的诊治过程中存在过错，与其损害后果中的原因力大小属次要因素，参与度拟为30%～40%。

当事人双方确认梁某珍住院期间由医疗保险机构支付的医疗费用为296515元，由梁某珍一方支付的医疗费用为115417元。

一审法院判决：(1)被告广某附属医院在本判决发生法律效力之日起10日

内赔偿损失680425元给原告谭某才、谭某丽、杜某。(2)驳回原告谭某才、谭某丽、杜某的其余诉讼请求。宣判后，当事人双方均不服提起上诉。二审法院判决:(1)维持一审判决第二项。(2)变更一审判决第一项为:广某附属医院在本判决发生法律效力之日起10日内赔偿损失472864元给谭某才、谭某丽、杜某。

裁判理由

法院生效裁判认为:

1.关于涉案医疗过错行为应承担损害赔偿责任的比例。根据鉴定结论，本案医方的医疗过错明确具体，表现为三个层次。一是在决定使用可能导致患者过敏反应或诱发患者支气管哮喘发作的“来比林”静滴阶段，疏于向患者了解用药史，存在疏忽大意的过失。二是在使用“来比林”静滴时，由于用药前对该药可能产生不良反应的疏忽，当患者出现过敏反应后医方处置不当，未能第一时间停用“来比林”并给予“肾上腺素”，有失合理诊疗行为应具有的医疗注意义务水准。三是患者过敏哮喘发作后，医方抢救过程不规范，错过最佳治疗时机，有违合理医疗水平要求的诊疗义务。上述过错行为与患者出现过敏性休克并最终发展至死亡，存在事前预防不足、事中及事后处置不当的因果关系。虽然患者本身属于特殊体质，但在本案，合理的诊疗行为本应该并且也能够采取合理措施避免因药物使用引发过敏反应的不良后果。因此，尽管本案患者的特殊体质是发生过敏性休克的医学上的原因，但其不应成为损害后果的法律上的原因，也不应成为减轻医方过错责任的因素。鉴定中心的鉴定意见认定医方过错在损害后果中原因力大小属次要因素，参与度拟定为30%~40%。据此，主要因素则来自于患者本身或其他因素。这一判断未能适当区分法律因果关系与纯粹医学上因果关系在侵权责任认定上的不同，若根据其认定的参与度确定医方的承责比例，有违日常生活关于侵权因果关系的一般认识，也明显与日常情理不符，判决结果不能符合一般公平正义的理念。故原审法院认定广某附属医院负主要责任并承担70%的赔偿责任，事实依据和法理依据充分，并无不当，应予以维持。

2.广某附属医院应否向患方赔偿医疗保险机构支付的医疗费用296515元。基于以下三方面的考虑，广某附属医院无须向患方赔偿该笔医疗费用。(1)损害赔偿应以存在人身损害或财产损失为前提。本案患者在医院产生的医疗费用,属于财产性损失。其中296515元并非由患方支付,该费用并未导致患方既有财产的减损,也未导致患方可得利益的丧失,法律上不属于患方的损失范围。(2)根据《社会保险法》第30条的规定,应当由第三人负担的医疗费用不纳入基本医疗保险基金支付范围。医疗费用依法应当由第三人负担,第三人不支付或者无法确定第三人的,由基本医疗保险基金先行支付。基本医疗保险基金先行支付后,有权向第三人追偿。根据《广州市城镇职工基本医疗保险试行办法》第31条第3项的规定,参保人员因交通事故、医疗事故等明确由他人承担医疗费用赔偿责任的部分,医疗保险金不予支付。另根据《广州市城镇职工基本医疗保险试行办法》第64条的规定,定点医疗机构将不属于基本医疗保险支付的医疗费用转由医疗保险金支付的,由社会保险经办机构向其追回已支付的医疗费用。综上,无论是根据基本法律的规定还是地方政府规章的规定,本案由广州市社会医疗保险金支付的296515元,广州市社会保险经办机构依法有权向应当承担医疗费用赔偿责任的广某附属医院追回。亦即广某附属医院收取广州市社会医疗保险金支付的296515元这一事实,其法律效果是广某附属医院因此负有向社会保险经办机构返还相关医疗费用的义务,而不是向未实际支付医疗费的患方赔偿该笔费用。(3)如果判决医方向患方赔付患方实际并未支出的医疗费用,将赋予医方两次赔付同一医疗费用的法律义务,这既缺乏明确的法律依据,也缺乏日常生活一般公平理念上的理据,显失公平。据此,二审法院纠正原审法院将医疗保险机构支付的医疗费用296515元计入患方损失的做法。扣除该笔费用后,患方的损失应计为618377.47元(411932.97元+960元+1200元+22843.5元+477956元-296515元)。按照70%的责任比例,广某附属医院应向患方赔偿损失合计为472864元(618377.47元×70%+精神损害抚慰金40000元)。

3.是否适用赔礼道歉的责任承担方式。赔礼道歉这一民事责任承担方式主要适用于受害人名誉受损导致受害人的社会评价降低的情形,旨在消除不良影响,本案不存在梁某珍名誉权受损的情况,在已经支持了原告合法的物质及精神损害赔偿请求的情况下,梁某珍的损害得到了相应的弥补,该项诉讼请求不予支持。

裁判指引 34

1. 法理依据——侵权法关于损害赔偿的基本原则

侵权法上损害赔偿以何种理念作为基本原则，从比较法的观点观察，可以发现各国损害赔偿制度的设计虽不尽相同，但基本原则较为一致。即损害赔偿旨在保护个人的身体、财产等权利法益不受损害，万一损害不幸发生，侵权人应负有填补该损害的责任。把这一原则运用到实际案件中，尽管对损害赔偿应恢复到受害人的"原有状况"还是"应有状况"存在广泛争议，但侵权行为造成的直接财产性损失属于赔偿范围已为理论和实务共同接受。本案二审改判涉及的医疗费，是由医疗侵权行为直接导致的财产性支出，医方应根据其承担责任的比例赔偿患者支出的医疗费用。二审抓住损失认定这一基础，认定损害赔偿应以存在人身损害或财产损失为前提，阐述了改判的理由之一，即非由患方支付的医疗费 296515 元不属于患方的损失范围，不应由医方赔偿。

这里涉及我国社会医疗保险制度的具体内容。根据《国务院关于建立城镇职工基本医疗保险制度的决定》(国发〔1998〕44 号)，基本医疗保险基金由统筹基金和个人账户构成。职工个人缴纳的基本医疗保险费，全部计入个人账户。用人单位缴纳的基本医疗保险费分为两部分，一部分用于建立统筹基金，另一部分划入个人账户，具体比例由统筹地区根据个人账户的支付范围和职工年龄等因素确定。统筹基金和个人账户各自的支付范围，分别核算，不得互相挤占。统筹基金存在起付标准和最高支付限额的要求。起付标准以下的医疗费用，从个人账户中支付或由个人自付。起付标准以上、最高支付限额以下的医疗费用，主要从统筹基金中支付，个人也要负担一定比例。超过最高支付限额的医疗费用，可以通过商业医疗保险等途径解决。统筹基金的具体起付标准、最高支付限额以及在起付标准以上和最高支付限额以下医疗费用的个人负担比例，由统筹地区根据以收定支、收支平衡的原则确定。根据国务院的规定，各级地方政府均建立了相应的基本医疗保险制度。如本案发生地广州市，《广州市城镇职工基本医疗保险试行办法》对个人医疗账户的使用及财产属性作了规定，即个人医疗账户的本金和利息用于支付基本医疗费用，可以结转使用，不得提取现金或者挪作他用。参保人员死亡后，个人医疗账户余额可划入其继承人的个人医疗账户；继承人未参加基本医疗保险的，个人医疗账户余额可以一次性支付给继承人；没有继承人的，个人医疗账户余额纳入基本医疗保险统筹基金。

本案广某附属医院上诉请求涉及的医疗费296515元，即是由统筹基金支付（另有部分医疗费是由重大疾病医疗补助金支付，该补助金性质和基本医疗保险统筹基金一致），并不涉及患者个人医疗账户的余额，因此，不属于患方的财产损失。

2. 法律适用——侵权案件中社保机构的追偿权

基本医疗保险制度是《宪法》关于"中华人民共和国公民在年老、疾病或者丧失劳动能力的情况下，有从国家和社会获得物质帮助的权利。国家发展为公民享受这些权利所需要的社会保险、社会救济和医疗卫生事业"规定的落实，基本医疗保险不是责任保险，其要保障的是个人从国家和社会获得物质帮助的权利，而不是免除相关责任人依法负有的医疗费赔偿责任，为侵权人提供免除责任的庇护。但从运作机制来看，受害人接受医疗治疗是第一时间的需要，损害赔偿权利的救济往往滞后于伤病的救治和医疗费用的支出。因此，基本医疗保险基金先行支付侵权案件中受害人的医疗费用是一种常见现象。为此，《社会保险法》规定了基本医疗保险基金先行支付医疗费后向第三人追偿的权利。在本案，医方存在医疗过错，本身就是侵权人，根据《社会保险法》的规定，社会保险经办机构依法可向其追回已支付的医疗费用。而根据《广州市城镇职工基本医疗保险试行办法》第31条第3项和第64条的规定，广某附属医院将不属于基本医疗保险支付的医疗费用转由医疗保险金支付，社会保险经办机构也有权向其追回已支付的医疗费用。本案广某附属医院将不属于基本医疗保险支付的医疗费用转由医疗保险金支付，其法律效果是广某附属医院因此负有向社会保险经办机构返还医疗费用的义务，而不是向未实际支付该部分医疗费的患方赔偿这笔费用。这是二审法院改判理由之二。

此外，二审法院从患者利益取得和医方负担两个方面的对比，从一般公平正义理念和情感的角度，确认要求医方两次赔付同一医疗费用缺乏法律依据，显失公正。以此作为改判理由之三，是对前述侵权法上损害赔偿基本理念和实体法适用逻辑的概括和归纳，也是对改判从法意人情的角度予以进一步的阐释和说明。

医疗侵权损害赔偿纠纷中，应注意区分已实际发生的医疗费的支付主体，辨明医疗费是否构成患者的财产性损失。在基本医疗保险基金支付部分医疗费的情形，该部分医疗费不属于患方的医疗费损失范围，不应判决医方向患方赔付该医疗费，以避免判决结果加重医方的赔偿责任。

死亡患者的近亲属能否向医疗机构主张精神损害赔偿。从域外立法及司法实践看，规定不一。有的国家如日本、美国规定死者近亲属可主张精神损害赔偿，有的国家如德国并没有规定。我国司法实践中有支持死者近亲属主张精神损害赔偿的个案，比如北京发生的“公共汽车售票员掐死大学教授女儿”案。结合《侵权责任法》第 22 条规定，侵害他人人身权益，造成他人严重精神损害的，被侵权人可以请求精神损害赔偿。所谓精神损害赔偿，是受害人因人格利益或身份利益受到损害或者遭受精神痛苦而获得金钱赔偿。综合《侵权责任法》第 18 条的规定，被侵权人死亡的，其近亲属有权请求侵权人承担赔偿责任，其中赋予近亲属的请求权并没有排除精神损害赔偿。对此，可以考虑侵权医疗机构及其医务人员的主观状态、被侵权患者的伤残情况和遭受精神痛苦等情形确定精神损害赔偿数额。

【相关法条链接】

《侵权责任法》第 18 条、第 59 条，《药品管理法》第 100 条，《医疗器械管理条例》第 76 条。

第二十六条 **本院以前发布的司法解释与本解释不一致的，以本解释为准。**

本解释施行后尚未终审的案件，适用本解释；本解释施行前已经终审，当事人申请再审或者按照审判监督程序决定再审的案件，不适用本解释。

【起草背景】

本条是关于本解释时间效力和溯及力的规定。

司法解释的时间效力，属于法的时间效力范畴，是指司法解释何时生效、何时失效以及司法解释对其施行以前的事件和行为是否具有溯及力的问题。鉴于本解释施行后，其将对人民法院正确、及时审理医疗损害案件产生重大影响，为充分保障当事人行使权利，做好相关诉讼程序适用工作，本条对于本解释的时间效力和溯及力作出了规定。

一、关于司法解释的施行时间

司法解释的施行时间，是指司法解释对其所调整的社会关系开始发生法律效力的时间，即司法解释的生效时间。对司法解释施行时间的理解正确与否，直接影响到司法解释在审判实践中能否被准确适用。本解释在起草过程中，充分考虑了确定司法解释施行时间的法律依据和相关规定。《立法法》第 57 条规定："法律应当明确规定施行日期。"法律的施行日期关系到法律自何时产生拘束力的重要问题，司法解释亦然如此。1997 年 6 月 23 日，最高人民法院作出《关于印发〈关于司法解释工作的若干规定〉的通知》（法发〔1997〕15 号），在其公布的司法解释公告样式中列明了司法解释的施行时间。自此以后，最高人民法院制定的司法解释，施行日期均由发布公告载明或在司法解释条文中规定。2007 年 3 月 9 日，最高人民法院作出的《关于司法解释工作的规定》（法发〔2007〕12 号）第 25 条第 3 款规定："司法解释自公告发布之日起施行，但司法解释另有规定的除外。"同时废止了 1997 年 7 月 1 日发布的《关于司法解释工作的若干规定》，对司法解释的施行时间作出进一步规范。同年 7 月 1 日，最高人民法院办公厅作出《关于规范司法解释施行日期有关问题的通知》(法办〔2007〕396号)规定:“今后各部门起草的司法解释对施行日期没有特别要求的,司法解释条文中不再规定‘本解释(规定)自公布之日起施行’的条款,施行时间一律以发布司法解释的最高人民法院公告中明确的日期为准。司法解释对施行日期有特别要求的,应当在司法解释条文中规定相应条款,明确具体施行时间,我院公告的施行日期应当与司法解释的规定相一致。”

据此,2017年12月13日,最高人民法院发布公告,最高人民法院《关于审理医疗损害责任纠纷案件适用法律若干问题的解释》已于2017年3月27日由最高人民法院审判委员会第1713次会议通过,现予公布,自2017年12月14日起施行。明确本解释的施行时间以最高人民法院公告中明确的日期为准。司法解释的施行日期至关重要,必须予以明确。司法解释的施行日期不仅标示司法解释自何时生效,亦对人民法院能否将该司法解释作为案件审理的裁判依据产生影响。

二、关于司法解释施行时间的方式

司法解释的施行时间,没有固定不变的硬性标准,通常来讲是根据司法解释的具体性质和实际需要决定的,有的司法解释就其施行时间还专门作出了与其他司法解释不同的规定。现行司法解释的施行时间,大体采用以下四种方式:

(一)自公布之日起施行

采用此种方式可使司法解释立即发挥规范相关法律关系的作用。此种方式分为两种情况:一种情况是在公告或者司法解释条文中明确“自公布之日起施行”。例如,2001年12月25日,最高人民法院公布的《关于适用〈中华人民共和国婚姻法〉若干问题的解释(一)》(法释〔2001〕30号)第34条规定:“本解释自公布之日起施行。”采用此种方式主要基于以下两点考虑:一是《婚姻法》修改后一经公布立即适用,审判实践面临如何适用新修改的《婚姻法》审理案件的问题,迫切需要尽快出台相关可操作性强的司法解释来指导审判实践工作;二是经过较长时间的面向社会各界的征求意见、宣传准备工作,该司法解释具备了公布后马上实施的条件。事实证明,这种选择是正确的,最高人民法院《关于适用〈中华人民共和国婚姻法〉若干问题的解释(一)》的适时出台与适用,收到了良好的社会效果与法律效果。但在近几年公布的司法解释中，以此形式明确司法解释施行时间的情况很少。另一种情况是司法解释条文没有关于施行时间的内容，也未发布公告，这类司法解释的生效时间应理解为“自发布之日起施行”，审判实践中也是这样把握的。例如，1992 年 7 月 14 日最高人民法院印发的《关于适用〈中华人民共和国民事诉讼法〉若干问题的意见》（法发〔1992〕22 号），既未在条文中规定施行时间，也未在通知中明确施行时间，但实际是从发布之日开始施行的。

（二）自公布一段时间之后的某日起施行

采用此种方式主要考虑的是为了保证司法解释在全国范围内贯彻实施，需要利用司法解释从公布到施行的一段时间，通过广泛、深入的宣传和学习，力求使各级人民法院的法官尤其是基层人民法院的法官理解和掌握司法解释规定的原则和精神，以便广大法官在实际审判工作中正确适用司法解释的规定。具言之，根据各项司法解释的条文内容多寡不同、急缓程度不同，司法解释的公布时间与施行时间间隔也各不相同。例如，1999 年 4 月 27 日，最高人民法院公告公布的《关于当事人持台湾地区有关法院民事调解书或者有关机构出具或确认的调解协议书向人民法院申请认可人民法院应否受理的批复》（法释〔1999〕10 号），自 1999 年 5 月 12 日起施行。该批复从公布到施行的时间为 15 日。公布前考虑到不仅要让大陆居民了解其内容，人民法院还要专门进行贯彻学习，为审理相关案件做好充分准备，而且由于此类案件的申请人大都在台湾地区，故而还需台湾同胞了解该批复的相关程序，以便及时行使权利。

（三）在一项司法解释中规定两个施行时间

2002 年 6 月 20 日，最高人民法院公布的《关于建设工程价款优先受偿权问题的批复》（法释〔2002〕16 号）第 5 条规定：“本批复第一条至第三条自公布之日起施行，第四条自公布之日起六个月后施行。”该批复的实体性规范均自批复公布之日起施行，但对承包人行使优先受偿权的时间限制从该批复公布之日起 6 个月后施行，其目的就是更好保护建设工程施工人工程价款的优先受偿权。在同一项司法解释中同时规定两个施行时间的情况是极为少见的，这说明不同司法解释的生效时间是由司法解释的内容和实际需要决定的。

（四）待另一法律公布一段时间后施行

我国有的法律公布后不立即生效，而是由该法律或者专门的决定来规定具体的施行时间。如《企业破产法（试行）》第 43 条规定："本法自全民所有制工业企业法实施满三个月之日起试行，试行的具体部署和步骤由国务院规定。"作出此类规定主要基于法律之间的相互配合与衔接的考虑。条文本身对本法的施行时间并不明确，完全取决于另一法律的施行时间，这是一种极为特殊的法律生效的形式。

三、关于法的溯及力

法的溯及力，又称法的溯及既往效力，是指法律生效后，对其生效之前的事件、行为和法律关系是否适用的问题。如果可以或者必须适用，则具有溯及力；反之，则不具有溯及力。

从法学基本理论出发，通说认为法律一般没有溯及力，也即"法律不溯及既往"原则。实践中，绝大多数国家也将"法律不溯及既往"原则作为必须遵循的法律程序技术原则予以普遍采用。其基本含义是，一部新法施行后，对新法施行之前人们的行为判断不得适用新法，而只能适用旧法。

采用"法律不溯及既往"原则的出发点在于，如果普遍承认法律的溯及效力，将会破坏现有法律体系应有的权威性。因为人们在行为之初，只能通过现有法律体系内的规范，来判断自身的行为是否被法律所准许，进而约束自身的行为，使之不因违反强行法律法规的规定而受到惩戒。也就是说，法律作为调整社会关系的行为规范，人们只有在其生效之后，才能自觉利用法律来约束自身的行为。不能让人们在作出某种行为之前犹豫不决，无法判断今日的合法行为，是否会在将来的某一天变成违法行为并且得不到法律的保护，从而使人们的日常行为显得左右不定，无所适从。用尚未制定或生效的法律、法规来调整社会成员的行为，既不具有现实可能性，亦缺乏法律公正性，而且不利于维护法的稳定性和可预期性。对此，《立法法》第 93 条对于"法律不溯及既往"原则作出了专门规定，"法律、行政法规、地方性法规、自治条例和单行条例、规章不溯及既往，但为了更好地保护公民、法人和其他组织的权利和利益而作的特别规定除外"，由此可以看出，除法律有特别规定外，法律一般不具有溯及既往的效力，新的法律规定不能作为判断法律生效前已经发生的事实和行为的依据。在此需要特别说明的是，实体法更应坚持“法律不溯及既往”原则。法谚云：“实体从旧，程序从新。”我国法学理论界也普遍认为，实体法以不溯及既往为原则之一。但程序法无此原则，与此相反的是，在新程序法生效时尚未处理的案件，均应采取程序从新原则，依照新程序法处理。① 法不溯及既往原则源于对信赖利益的保护，而信赖利益一般是基于实体法形成的。实体法创造、确定和规范权利（力）和义务，而程序法不创造新的权利和义务，只是提供法律救济和实现权利的方法和途径。② 因而，实体法溯及既往会影响法的安定性和人民对于旧法的信赖利益，而程序法溯及既往反则可能有助于新法迅速妥适地适用。③ 最高人民法院《关于修改后的〈民事诉讼法〉施行时未结案件适用法律若干问题的规定》即按照“程序从新”的原则作出规定，对2013年1月1日修改后的《民事诉讼法》施行时未结的民事案件，适用修改后的《民事诉讼法》。

有一般即有例外。在某些个别、特殊的情况下，法律也会对溯及力问题采用肯定的态度。比如，在各国刑法中普遍采用的“从旧兼从轻”原则。我国《刑法》也有类似的规定，《刑法》第12条规定，中华人民共和国成立以后本法施行以前的行为，如果当时的法律不认为是犯罪的，适用当时的法律；如果当时的法律认为是犯罪的，依照本法总则第四章第八节的规定应当追诉的，按照当时的法律追究刑事责任，但是如果本法不认为是犯罪或者处刑较轻的，适用本法，即是采用“从旧兼从轻”原则的体现。再如，民法学界提出的“例外追溯”和“有利追溯”观点亦可作为参考。前者认为，由于民法调整的是平等主体之间的财产或者人身关系，主体均为私权利主体，例外追溯应表现为“对当事人都有利或至少对无过错方及弱势一方有利”。后者认为，我国民法上有利追溯表现为，如果先前的某种行为或关系在行为时并不符合当时的法律规定，但依现行法律则是合法的，并且对相关各方都有利，就应当依新法律承认其合法性并予以保护。④

---

① 参见卓泽渊主编：《法学导论》，法律出版社2000年版，第20页。

② 参见朱力宇：《关于法的溯及力问题和法律不溯及既往原则的若干新思考》，载《法治研究》2010年第5期。

③ 参见胡建淼、杨登峰：《有力法律溯及原则及其适用中的若干问题》，载《北京大学学报（哲学社会科学版）》2006年第6期。

④ 参见朱力宇、孙晓红：《论法的溯及力的若干问题——关于法律不溯及既往的争议、实践、反思与主张》，载《河南省政法管理学院学报》2008年第1期。

因此，尽管法治的立法原则之一是法律不溯及既往，但事实上任何立法必定为在某种程度上改变现状而立，而且只要它不停留在纸面上，就总是具有溯及既往的效果。绝对的不溯及既往是不存在的，也是不应当的。法律是内生于社会生活的普遍规则，往往是对自发程序的承认和认可，法律只要有发展和变化，也必定具有某种溯及既往的效力，并且事实上在某种程度上改变现有格局。

四、关于司法解释的溯及力

司法解释作为准据法，它的溯及力要遵循法的溯及力原则。司法解释的溯及力主要是指司法解释施行后，对其施行前人民法院受理的案件是否适用的问题。《立法法》第 93 条规定："法律、行政法规、地方性法规、自治条例和单行条例、规章不溯及既往，但为了更好地保护公民、法人和其他组织的权利和利益而作出的特别规定除外。"这是我国首次在宪法性文件中规定法律不溯及既往的原则。但是，该条规定并没有把法律解释和司法解释列入其中。关于司法解释是否具有溯及力的问题较为复杂，实践中一直存在不同的观点，并通过最高人民法院制定的司法解释反映出来。一种观点认为，司法解释虽然理论上是对既有法律的解释，但其在一定程度上起着填补立法空白，甚至创设新规则的作用。按照法律不溯及既往的原则，司法解释只能适用于公布施行后人民法院新受理的案件。只要案件的一审程序是在司法解释生效施行之前启动的，都不能适用该司法解释。另一种观点认为，司法解释是对现行立法的解释，故应当自公布之日起，对于人民法院尚未审结的一审、二审案件均应适用。这种对司法解释施行前人民法院已经受理、司法解释施行后尚未审结的案件加以适用司法解释的主张，实际上是赋予了司法解释一定的溯及力。

我们认为，根据《人民法院组织法》等有关规定，最高人民法院对于在审判过程中如何具体应用法律、法令的问题进行解释。但不同部门法的司法解释在溯及力方面的规定明显不同。关于刑事司法解释的溯及力，最高人民法院、最高人民检察院《关于适用刑事司法解释时间效力问题的规定》第 1 条明确规定，司法解释是最高人民法院对审判工作中具体应用法律问题和最高人民检察院对检察工作中具体应用法律问题所作的具有法律效力的解释，自发布或者规定之日起施行，效力适用于法律的施行期间。由此可以看出，刑事司法解释的溯及力及于法律施行期间。理由是：司法解释是对法律的释明，虽于被解释法律施行之后制定，但仍应视为被解释法律的一部分，其在生效之日起即应适用于审判实践，而且具有溯及力，但其溯及力应受被解释法律的时间效力范围的限制，即如果以制定法为解释对象，该司法解释一般与被解释法律同步发生效力，被解释法律如果能够适用于某一案件，该司法解释同样也应适用于该案件。[①]关于民事司法解释的溯及力，并无类似上述刑事司法解释溯及力的统一规定，相关规定散见于最高人民法院近几年的民事司法解释的具体条文中。为了省却繁冗的文字叙述，以及直观反映之需，现将最高人民法院近几年发布的民事司法解释在溯及力问题上的规定进行不完全梳理，通过下表以便读者一览：

司法解释	关于溯及力的规定
最高人民法院关于审理人身损害赔偿案件适用法律若干问题的解释	本解释自2004年5月1日起施行。2004年5月1日新受理的一审人身损害赔偿案件，适用本解释的规定。已经作出生效裁判的人身损害赔偿案件依法再审的，不适用本解释的规定。在本解释公布施行之前已经生效施行的司法解释，其内容与本解释不一致的，以本解释为准
最高人民法院关于审理铁路运输人身损害赔偿纠纷案件适用法律若干问题的解释	本院以前发布的司法解释与本解释不一致的，以本解释为准。本解释施行前已经终审，本解释施行后当事人申请再审或者按照审判监督程序决定再审的案件，不适用本解释
最高人民法院关于适用《中华人民共和国合同法》若干问题的解释(二)	合同法施行后成立的合同发生纠纷的案件，本解释施行后尚未终审的，适用本解释；本解释施行前已经终审，当事人申请再审或者按照审判监督程序决定再审的，不适用本解释
最高人民法院关于审理城镇房屋租赁合同纠纷案件具体应用法律若干问题的解释	本解释施行前已经终审，本解释施行后当事人申请再审或者按照审判监督程序决定再审的案件，不适用本解释
最高人民法院关于审理道路交通事故损害赔偿案件适用法律若干问题的解释	本解释施行后尚未终审的案件，适用本解释；本解释施行前已经终审，当事人申请再审或者按照审判监督程序决定再审的案件，不适用本解释
最高人民法院关于审理劳动争议案件适用法律若干问题的解释(四)	本解释施行前本院颁布的有关司法解释与本解释抵触的，自本解释施行之日起不再适用。本解释施行后尚未终审的劳动争议纠纷案件，适用本解释；本解释施行前已经终审，当事人申请再审或者按照审判监督程序决定再审的，不适用本解释

① 沈德咏主编：《最高人民法院关于合同法司法解释(二)理解与适用》，人民法院出版社2009年版。

续表

司法解释	关于溯及力的规定
最高人民法院关于适用《中华人民共和国保险法》若干问题的解释(二)	本解释施行后尚未终审的保险合同纠纷案件,适用本解释;本解释施行前已经终审,当事人申请再审或者按照审判监督程序决定再审的案件,不适用本解释
最高人民法院关于审理食品药品纠纷案件适用法律若干问题的规定	本规定施行后人民法院正在审理的一审、二审案件适用本规定。 本规定施行前已经终审,本规定施行后当事人申请再审或者按照审判监督程序决定再审的案件,不适用本规定
最高人民法院关于审理利用信息网络侵害人身权益民事纠纷案件适用法律若干问题的规定	本规定施行后人民法院正在审理的一审、二审案件适用本规定。 本规定施行前已经终审,本规定施行后当事人申请再审或者按照审判监督程序决定再审的案件,不适用本规定
最高人民法院关于适用《中华人民共和国物权法》若干问题的解释(一)	本解释施行后人民法院新受理的一审案件,适用本解释;本解释施行前人民法院已经受理、本解释施行后尚未审结的一审、二审案件,以及本解释施行前已经终审,施行后当事人申请再审或者按照审判监督程序决定再审的案件,不适用本解释

从上表所列的司法解释及其关于溯及力的规定可以看出,民事司法解释对于其是否具有溯及力的问题规定并不统一,但大部分民事司法解释均遵循了"法律不溯及既往"的原则,未对其溯及力作出规定。但也有例外,如1999年12月29日起施行的最高人民法院《关于适用〈中华人民共和国合同法〉若干问题的解释(一)》(法释〔1999〕19号)第3条规定,"人民法院确认合同效力时,对合同法实施以前成立的合同,适用当时的法律合同无效而适用合同法合同有效的,则适用合同法"。此规定体现了《合同法》的立法目的,通过对合同效力尽量作有效判断,促进交易安全,最大限度地维护双方当事人的合法权益。实际上该规定的溯及力空间是极小的,这也与《立法法》规定的精神相一致。在审判实践中,适用"法不溯及既往"原则的例外,一定要有明确的规定,没有明确规定的,不得推定法律、司法解释溯及既往。

【条文释义】

关于本条的理解与适用,要重点关注本解释的溯及力问题。

一般而言,司法解释的时间效力都会涉及溯及力的问题。虽然本解释并未对溯及力问题作出明确规定,但准确把握本解释的立法精神及本条规定的含义，可以知道本解释不具有溯及力，即本解释施行后尚未终审的案件，才能适用本解释。本解释施行前已经终审，施行后当事人申请再审或者按照审判监督程序决定再审的案件，不适用本解释。

关于司法解释实施前已经终审，当事人申请再审或者按照审判监督程序决定再审的案件，是否适用新司法解释的问题，最高人民法院的观点一直是明确、统一的，就是不适用新司法解释。最高人民法院近几年制定的司法解释也都是如此规定的。通常情况下，案件裁判的既判力应当优于司法解释的溯及力，即不得以个案的裁判理由不同于司法解释为由推翻已经生效的裁判。这是因为，即使司法解释溯及既往，也要以不违反法的安定性和信赖利益保护原则为前提，而维护裁判的既判力也是法的安定性的一项基本要求，如果溯及力优于既判力，则势必在一定程度上动摇法的安定性和生效裁判的权威性、公信力。如果承认司法解释的溯及力优于既判力，则可能会引起大量的裁决被推翻，从而给司法裁决的权威性带来负面影响。[①]

在审判实践中，正确理解法律、司法解释的溯及力是正确适用法律的关键之一，判断法律、司法解释有无溯及力及其适用范围是法官审理案件首先要解决的问题。关于本解释溯及力的理解和适用，在审判实务中应注意司法解释与司法政策的关系。

近年来，最高人民法院出台了若干司法政策，其中有的是对某一具体司法解释的释明或者补充。在贯彻执行司法政策过程中需要明确司法政策是否具有溯及力，正确处理两者之间的关系。审判实践中存在的不同理解和做法，造成了“同案不同判”。有的把司法政策等同于司法解释，依据后来的司法政策对依照以前司法解释终审的案件提起再审并改判。有的人民法院认为，最高人民法院下发的“通知”也是司法解释，司法政策也具有溯及力，其实这是误解。根据最高人民法院《关于司法解释工作的规定》（法发〔2007〕12 号）第 6 条的规定，司法解释的形式包括“解释”、“规定”、“批复”和“决定”四种。凡属司法解释，一律编“法释”文号并发布公告。而最高人民法院紧紧围绕党的中心工作和

---

① 参见杨立新主编：《最高人民法院审理建筑物区分所有权纠纷案件司法解释理解与运用》，法律出版社 2009 年版，第 200 页。

国家大局,根据形势发展需要,就如何加强审判工作发布了许多指导性文件,这些文件类型包括“意见”“通知”“会议纪要”等,这些都属于司法政策。就性质而言,司法解释是对法律的释明,具有普遍的拘束力,在裁判文书中可以引用。而司法政策是指导全国法院开展审判工作的意见,有的是对司法解释的释明、补充,其效力层次低于司法解释,本身不具有溯及力,不能与司法解释相抵触。例如,最高人民法院于2001年12月21日公布的《民诉证据规定》(法释〔2001〕33号)属于司法解释。为解决审判实践中对该司法解释规定的举证时限掌握过严等问题,最高人民法院又于2008年12月11日发出《关于适用〈关于民事诉讼证据的若干规定〉中有关举证时限规定的通知》(法发〔2008〕42号),对前述司法解释做了释明和补充。但在审判实践中,确实存在有的人民法院依据作为司法政策的“通知”,改判依据原来司法解释作出的生效裁判的问题,这样就使“通知”具有溯及力并优先于司法解释适用。例如,最高人民法院于1997年12月31日作出的《关于验资单位对多个案件债权人损失应如何承担责任的批复》(法释〔1997〕10号)规定:“金融机构、会计师事务所为公司出具不实的验资报告或者虚假的资金证明,公司资不抵债的,该验资单位应当对公司的债务在验资报告不实部分或者虚假资金证明金额以内,承担民事赔偿责任。”为纠正下级法院对该司法解释理解的偏差,规范金融机构不实或者虚假验资案件的审理和执行,最高人民法院又于2002年2月9日发出《关于金融机构为企业出具不实或者虚假验资报告资金证明如何承担民事责任的通知》(法〔2002〕21号)规定,“企业登记时出资人未足额出资但后来补足的,或者债权人索赔所依据的合同无效的,免除验资金融机构的赔偿责任。”该通知本属于司法政策,但有的法院将其理解为司法解释,对已经按照法释〔1997〕10号司法解释规定作出的3个生效判决进行了再审改判,免除了验资金融机构的赔偿责任。最高人民法院经过提审作出再审判决,纠正了原再审判决的错误。[①] 这3个案件经过四级法院四次再审才最终画上圆满句号。综上,我们应当注意三点:第一,要正确区分司法解释和司法政策,认清两者的不同性质和形式,不能把二者混为一谈;第二,司法政策没有溯及力,不能依照新的司法政策来改判依照以前司法解释的规定

---

① 最高人民法院(2009)民提字第114号、第115号、第116号民事判决书。

终审的案件;第三,在司法解释规定的溯及力范围内,保护双方当事人或者债权人的合法权益。理由有三:一是司法政策虽对审判工作具有重要指导和规范作用,但不是办案中强制适用的规范,在裁判文书中不得引用;二是司法政策的效力层次低于司法解释,它所依据的司法解释本身没有溯及力,处于从属地位的司法政策不能与司法解释相抵触;三是用司法政策改变以前依据司法解释作出的判决,将会造成大量已经终审的案件重新再审改判,影响生效司法裁判的既判力和稳定性。鉴于司法政策没有溯及力,如果新的相关司法政策与本司法解释有不同规定时,不得以新的司法政策为依据对依照本司法解释已经终审的案件进行再审。

【典型案例指引】

张端某、张本某、董传某、付绍某与齐鲁医院、济阳县中医院医疗损害纠纷案①

基本案情

2008年10月8日,董明某因怀孕4个多月,出现阴道流血5个小时,于21时30分入住济阳县中医院,经检查,诊断为:4+月妊娠,难免流产,Hb(血红蛋白)78g/L(正常参考值为Hb110 150g/L),中度贫血(参考值Hb60 90g/L)。济阳县中医院处理:观察宫缩、阴道流血情况,预防感染。次日晨5时许,医生给予口服药物引产,8时30分,胎儿娩出,因胎盘滞留不下,9时25分,医生对董明某行清宫手术,手术过程中出现大出血,医生立即准备给董明某输血。经查,发现董明某为Rh阴性O型血,系稀有血型。因济阳县中医院没有备用的Rh阴性O型血,10时20分,济阳县中医院随即将董明某紧急转往齐鲁医院。1时30分,董明某转入齐鲁医院后,齐鲁医院医生给予董明某实施了一系列抢救措施,因属稀有血型,齐鲁医院当时没有可用的同型血源,该院妇产科即向该院行政总值班室报告,并由输血科与省血液中心联系。经联系,省血液中心也无新鲜的Rh阴性O型血,只有冰冻的Rh阴性O型红细胞4u,解冻时间需6个小时,最快需4个小时。抢救医生继续应用缩宫素、补液等给予抗休克治疗。12

① 案号:济南市中级人民法院(2012)济民二终字第657号。

时10 分,医生对董明某进行 B 超检查,结果提示:子宫轮廓尚清,子宫下段及宫颈口可见大量胎盘样组织,医生随在 B 超监测下试用卵圆钳将胎盘组织夹出,因出血较多,随即停止操作,给予米索、益母草用药,并联系新鲜血浆 400ml;12 时 40 分,神情淡漠,血压 120/48mmHg,心率 110 次/分,呼吸急促,立即通知 ICU、麻醉科医师会诊;13 时,向亲属交代病情,通知其病情危重,继续抢救;13 时 15 分,血压 118/63mmHg,心率 143 次/分,医生反复给予欣母沛宫体注射 3 次,并输注该院自备新鲜血浆 400ml、706 代血浆 500ml,自入院至今已出血约 1000ml;13 时 35 分,董明某仍处于休克状态,神志不清,急请介入科会诊,会诊结论:根据患者目前情况不宜进行介入治疗,目前血液制品仍未到;13 时 50 分,冷沉淀已到,开始加压输注;14 时,开始出现阴道流血,神志不清,目前全血仍未到,正在滴注冷沉淀.由于患者为大出血病人,在没有血液补给情况下,无法纠正病因,且当时为 DIC(弥散性血管内凝血)状态,无法实施子宫切除。与此同时,产科主任、ICU 医师、呼吸科医师、神经内科医师一同抢救患者;14 时 15 分,静滴血小板 16u(14 时 14 分省血液中心送到),目前仍无红细胞输入,与省血液中心联系,冷冻 Rh 阴性红细胞仍需 3 小时左右才能解冻,自入院至此出血量达 1000ml,并向医务处汇报;14 时 45 分,省血液中心提供的 Rh 阴性血浆已于 14 时 30 分到,开始滴注,病情进一步加重,15 时 10 分,呼吸功能恶化,宜立即进行气管插管,经与患者亲属协商后同意插管;15 时 15 分,已行气管插管术,转入 ICU 抢救;15 时 32 分,心率骤然降至 2830 次/分,立即给予阿托品、肾上腺素、多巴胺、并胸外按压,心率升至 126 次/分,血压 85/28mmHg,15 时 51 分,再次出现心跳、呼吸停止,双侧瞳孔放大。17 时 23 分,Rh 阴性红细胞送到,立即给予输注。17 时 25 分无自主呼吸、心跳、瞳孔已散大,持续胸外按压。17 时 50 分,仍无自主呼吸、心跳,瞳孔散大固定,心电图监测无心电活动,临床宣布死亡。死亡诊断:18 周妊娠流产,失血性休克,重度贫血,DIC(弥散性血管内凝血),多器官功能衰竭。死亡原因:重度失血性休克,多器官功能衰竭,弥散性血管内凝血。

在本案审理期间,齐鲁医院申请委托济南医学会进行医疗事故技术鉴定,因张端某、张本某、董传某、付绍某认为齐鲁医院的病历有篡改和伪造,拒绝参加鉴定专家抽签,济南医学会终止鉴定。2011 年 6 月 13 日,张端某、张本某、董传某、付绍某申请对济阳县中医院、齐鲁医院、省血液中心实施的医疗行为是否存在过错,若有过错与董明某的死亡后果之间是否存在因果关系以及各自的过错参与度进行法医学鉴定。原审法院技术室委托司法鉴定科学技术研究所司法鉴定中心进行了鉴定。2011 年 12 月 28 日,该鉴定中心出具鉴定意见书。原审法院依法向各当事人送达了鉴定意见书副本,济阳县中医院认为鉴定意见书依据不足,申请重新鉴定。经审查,济阳县中医院的申请不符合重新鉴定的条件,原审法院未予准许。鉴定意见书根据送鉴的材料,结合专家会诊的意见,分析认为:

1. 关于济阳县中医院。董明某因"停经 4 个月,阴道流血 5 小时"入住济阳县中医院,查血红蛋白为 78g/L,诊断为难免流产、中度贫血。针对此类中期妊娠孕妇,实施引产手术,因孕周较长,胎儿较大,出血是引产术中及术后最易出现的并发症。产后出血发展急骤,病情可能在极短时间内向危重发展,发生休克及 DIC 比较常见,是产科出血致死的主要原因。而贫血患者对出血的耐受性差。故在引产术前应积极纠正贫血,对术中或术后可能出现的大出血采取积极的防范措施,如术前予以配血备用,并做好手术(包括子宫动脉结扎、急诊子宫切除术等)抢救准备;术中则应减少出血,并有效止血,如立即果断地行钳刮术,或徒手剥离胎盘,然后再行清宫术,通常可立即止血,术后予以宫缩剂及用抗生素预防感染。此外,一旦发生引产手术后大出血,应该以产科为主导,联合输血科、检验科、ICU 等科室共同抢救。济阳县中医院在引产术前没有纠正贫血,对术中可能出现的出血没有采取积极的防范措施(如配血备用等),存在医疗过错. 若术前予以配血备用,有机会及时发现董明某为稀有血型。引产手术中,胎盘滞留是引产术后大出血的主要原因之一,故当发生胎盘滞留后,医院应积极地先予以配血备用,再行清宫术。此时仍有机会及时发现董明某为稀有血型,可争取时间、在取得 Rh(D)阴性 O 型血后,再对胎盘滞留进行处理,则仍可以避免不良后果的发生。当发生术中大出血后,医院的操作没有起到有效止血的作用,而使胎盘样组织持续嵌顿于子宫下段及宫颈口处,致病情进一步恶化,持续出血不止。故分析认为,济阳县中医院对董明某产后出血的处理存在过错。当医院发现董明某为 Rh(D)阴性 O 型血时,不是立即联合输血科、检验科、麻醉科、ICU 等科室共同抢救产妇,而是急于将董明某做转院处理,显属不当。因为根据济阳县中医院的答辩书,《转院、专科制度》规定,“医院因限于技术和设备条件,对不能诊治的病员,提前与转入医院联系,征得同意后方可转院”。首先,董明某不属于因医院技术和设备条件有限而不能诊治的病员;其次,据有关资料,在中国人群中 Rh(D)阴性血型只占 3‰~4‰。事实上是齐鲁医院当时确实没有该血型的库存血,即便是省血液中心也只存有该型血 4 个单位的库血。济阳县中医院在没有充分与齐鲁医院沟通、并已落实齐鲁医院确实存有该型血之库血的情况下,贸然将董明某转院,实属处理不当。加之董明某转院前并未得到有效止血及输血的情况下转院,且转院途中需历时 1 小时左右,故该转院的风险是极大的。《临床输血技术规范》第 10 条规定,对于 Rh(D)阴性和其他稀有血型患者,应采用自身输血、同型输血或配合型输血。其中“配合型输血”就是指供受者配血相合,而非供受者血型完全相同。当然,这种情况下必须向患者或其家属将以下后果解释清楚,并在《输血同意书》中注明,征得患者或其家属知情同意后方可进行。依据现有鉴定资料,其既往无输血史。可以进行配合型输血以抢救生命。济阳县中医院没有对董明某进行配合型输血,存在医疗过错,与董明某的死亡后果之间存在因果关系,且是主要因素。

2. 关于齐鲁医院。因为董明某转入齐鲁医院时已呈失血性休克,DIC(弥散性血管内凝血)、重度贫血状态,病情已经十分危重。入院后,齐鲁医院予查血常规、血凝四项等,并合血,同时向省血液中心联系血源,并予药物促子宫收缩、止血、补液抗休克、输血浆、冷沉淀、血小板等治疗,行 B 超检查,查找出血原因,并在 B 超监测下试将宫颈及子宫下段胎盘组织取出。后因出血较多,立即停止操作等,但由于当时董明某大出血未能纠治,且仍持续出血,生命体征不平稳,病情十分危重。此时,任何治疗产后大出血的手术措施。例如:放射介入盆腔血管栓塞术及子宫动脉结扎术、髂内动脉结扎术、急诊子宫切除术等开腹止血术,均不宜实施,故齐鲁医院产科在处理董明某大出血的救治方面并没有明显的医疗过错。董明某系 Rh(D)阴性 O 型血,既往无输血史,入齐鲁医院后,已对其进行了不规则抗体的筛查,结果均为阴性。另外,董明某虽系 Rh(D)阴性 O 型血,但体内无抗 D,在齐鲁医院抢救过程中也已为其输注了 Rh(D)阴性 O 型血的血小板,所以,在病情危重而又在短时间内得不到 Rh(D)阴性 O 型血的情况下,为了抢救患者生命,根据《临床输血技术规范》第 10 条的规定,对于 Rh

阴性和其他稀有血型患者，应当采取自身输血、同型输血或配合型输血。同时第15条规定，急诊抢救患者紧急输血时可不查Rh(D)。医院应当采用“配合型输血”的原则，给董明某输注配血相合的Rh(D)阳性红细胞，进行配合型输血。但齐鲁医院没有对其进行配合型输血，应属对Rh(D)阴性血型患者如何科学、安全输血未尽到高度注意义务，存在医疗过错，与董明某死亡后果之间存在一定的因果关系。

3. 关于省血液中心，省血液中心作为山东省最权威的一家血液管理专业机构，应该对各医院规范、科学、合理、安全用血提供必要的指导。就本案而言，省血液中心应该知道、并建议齐鲁医院对董明某进行配合型输血，同时提供配合型血液。若能如此，董明某仍有获得救治的机会，不至于因为苦等同型Rh阴性血而未能得到有效输血死亡。据此，省血液中心没有对董明某进行配合型输血，属对Rh(D)阴性血型患者如何科学、安全输血未尽到高度注意义务，存在医疗过错，与董明某死亡后果之间存在一定的因果关系。

4 关于董明某本人。董明某在2006年5月生育第一胎时，产后出现中度贫血，本人拒绝输血以纠正贫血。此次董明某因中孕难免流产，中度贫血入院，引产术后胎盘滞留不下，行清宫术中发生大出血。加之董明某为Rh(D)阴性O型血，稀有血型，上述情况是其发生引产术后大出血及后来抢救难度加大的不利因素。综上所述，鉴定意见认为，济阳县中医院为董明某实施的医疗行为存在过错，与其死亡后果之间存在因果关系，系主要因素，医疗过错的参与度拟为70%左右；齐鲁医院为董明某实施的医疗行为存在过错，与其死亡后果之间存在一定的因果关系，医疗过错的参与度拟为10%左右；省血液中心为董明某实施的医疗行为存在过错，与其死亡后果之间存在一定的因果关系，医疗过错的参与度拟为10%左右。

法院经审理认为，本案争议的焦点问题有三个：一是济阳县中医院、齐鲁医院、省血液中心的行为对董明某的死亡是否存在过错，以及过错与董明某的死亡后果之间是否存在因果关系；二是济阳县中医院、齐鲁医院、省血液中心应如何承担责任；三是赔偿标准应如何计算。

关于焦点问题一，综观对董明某整个医疗救治过程，结合鉴定结论的分析，对济阳县中医院、齐鲁医院、省血液中心的行为与董明某的死亡是否存在过错及有无因果关系认定如下：

1. 关于济阳县中医院。原审法院认为：

第一，引产术前未按常规治疗。董明某因入住济阳县中医院查体血红蛋白为78g/L，诊断为中度贫血。针对董明某的贫血特殊体质，济阳县中医院作为专业医疗机构的注意义务应当加重，预见可能发生的风险和后果，在引产术前首先采取措施纠正董明某的贫血体质，并对术中可能出现的出血采取积极的防范措施，但济阳县中医院未采取任何措施，故存在医疗过错。

第二，对产后大出血可以避免而没能有效避免。在引产手术中，胎盘滞留是引产术后大出血的主要原因之一。当发生胎盘滞留时，济阳县中医院应先予以配血备用，然后再行清宫术。若能如此，仍有机会及时发现董明某为稀有血型，在取得Rh(D)阴性O型血后，再对胎盘滞留情况进行处理，则可以避免大出血不良后果的发生。当董明某术中大出血后，济阳县中医院的操作没有起到有效止血的作用，出血持续不止，所以，济阳县中医院对董明某产后出血的处理亦存在过错。

第三，转院措施不当。根据《转院、转科制度》规定，"医院因限于技术和设备条件，对不能诊治的病员应提前与转入医院联系，征得同意后方可转院"。当济阳县中医院发现董明某为Rh阴性O型血时，不是立即联合输血科、检验科、麻醉科、ICU等科室共同抢救，而是急于将董明某做转院处理，存在医疗过错。(1)董明某不属于因医院技术和设备条件有限而不能诊治的病员；(2)济阳县中医院在没有充分与齐鲁医院联系，并已落实齐鲁医院确实存有Rh阴性O型血的情况下，贸然决定将董明某转院，加之董明某转院前因大出血已为重度贫血体质的危重病人，转院途中需历时1小时左右，在未得到有效止血及输血的情况下，转院风险极大，实属处理不当。

第四，没有采用配合型输血原则积极抢救患者。根据《临床输血技术规范》第10条的规定，对于Rh(D)阴性稀有血型患者，应采用自身输血、同型输血或配合型输血抢救生命。其中"配合型输血"就是指供受者配血相合，而非供受者血型完全相同。董明某为Rh(D)阴性O型血，在其既往无输血史，可以进行配合型输血以抢救生命的情况下，济阳县中医院没有对董明某进行配合型输血，存在医疗过错。综上分析，济阳县中医院对董明某的医疗过错行为，与其死亡后果之间存在直接因果关系，且系主要过错。

2. 关于齐鲁医院。原审法院认为，从病历记载的抢救记录可以看出，董明某转入齐鲁医院后，齐鲁医院即给董明某查血常规、血凝四项，合血，同时向该院总值班室汇报，并向省血液中心联系血源。给予药物促子宫收缩、止血、补液以抗休克，输注血浆、冷沉淀、血小板等治疗，急请介入科、呼吸科、神经内科、ICU 医师进行会诊，客观反映了齐鲁医院采取各种措施积极抢救董明某的过程。由于当时董明某大出血未能纠治，且仍持续出血，生命体征不平稳，此种情况下也不宜对病人采取子宫切除手术的措施。因此，齐鲁医院产科在处理董明某大出血的救治方面并没有明显的医疗过错。至于病历记载中部分时间不一致的问题，符合临床抢救的客观实际，与董明某的死亡后果之间也无因果关系。

但是，根据齐鲁医院对董明某所作的不规则抗体筛查，显示结果均为阴性，且董明某虽系 Rh(D)阴性血型，但体内无抗 D，齐鲁医院也为其输入了 Rh(D)阴性 O 型血的血小板，因此在病情危重而又在短时间内得不到 Rh(D)阴性 O 型血的情况下，为了抢救患者生命，应根据《临床输血技术规范》第 10 条的规定，采用"配合型输血"的原则，给董明某输注配血相合的 Rh(D)阳性红细胞，进行配合型输血。根据输血免疫学的原理，尽管配合型输血容易发生血管外溶血反应，下次输血须输注 Rh(D)阴性血，而生育妇女可能产生新生儿溶血病的风险，但是相比健康权和生育权，医院更应当尊重患者的生命权，把保护患者的生命权放在第一位。当然，这种情况下必须向患者或其亲属解释清楚并在《输血同意书》上签字后才能实施。齐鲁医院没有对董明某尽到科学、安全的输血以抢救其生命的高度注意义务，存在医疗过错，与董明某死亡后果之间存在一定的因果关系，但属次要过错。

3. 关于省血液中心。原审法院认为，根据 2005 年卫生部《血站管理办法》的规定，指导临床医疗用血是省血液中心的重要职责。同时，作为血液中心，有向医院及时提供各种型别血液的责任，由于平时没有准备足够的 Rh(D)阴性血液，也没有完善的应对 Rh(D)阴性血病人供血的紧急措施或预案，从而使董明某失去了获得救治的机会。据此，省血液中心存在过错，与董明某死亡后果之间存在一定的因果关系。

关于焦点问题二，原审法院认为，司法鉴定作为民事证据之一，是否采信，应由合议庭根据案件的实际情况酌情予以确定。鉴定中心的某些分析意见，原审法院结合庭审期间对鉴定人员的质询，对符合本案实际的，原审法院予以采信。对济阳县中医院、齐鲁医院、省血液中心的过错责任的分担问题，原审法院认为，济阳县中医院为董明某实施的医疗行为存在过错，且是主要过错，应承担80%的责任，齐鲁医院和省血液中心为董明某实施的医疗行为存在过错，为次要过错，各承担10%的责任。关于董明某本人是否承担责任问题，原审法院认为，对于侵权结果的责任承担，受害人有过错的，可以减轻加害人的责任。董明某本人虽然为Rh(D)阴性O型血，此种血型在中国汉族人群中仅占3‰～4‰，系稀有血型，加之其入院时为中度贫血体质，但这些因素不是其自身的过错，并不必然导致死亡后果的发生，且两者对导致其死亡后果的原因力相对较弱，所以董明某在已承担了死亡后果的情况下，不应再承担责任。

关于焦点问题三，原审法院认为，公民的生命健康权受法律保护。公民、法人由于过错侵害他人人身权利的应承担民事责任。因本案发生在《侵权责任法》实施之前，故应根据《民法通则》和《人身损害赔偿解释》等相关法律规定，对济阳县中医院、齐鲁医院、省血液中心造成的损害后果及相关经济损失进行赔偿。对于原告主张的医疗费、死亡赔偿金、丧葬费、被抚养人生活费、护理费、伙食补助费等请求，符合相关法律规定，原审法院予以支持。

关于原告主张的医疗费192273元。在济阳县中医院支付19008元，该部分费用应由济阳县中医院全部承担；在齐鲁医院支付173265元，济阳县中医院应承担138612元，齐鲁医院、省血液中心各承担17327元。济阳县中医院共承担医疗费15762元。

关于死亡赔偿金，应为2011年山东省农村人均纯收入8342元×20年=166840元；济阳县中医院应承担133472元，齐鲁医院、省血液中心各承担16684元；关于丧葬费，应为2011年山东省在岗职工年平均工资38114元÷2=19057元；其中，济阳县中医院承担152456元，齐鲁医院、省血液中心各承担19057元。对于原告主张的殡仪费3430元，停尸费500元，应包含在丧葬费中。故对于原告另行主张两项费用，于法无据，原审法院不予支持；关于董传某和付绍某的赡养费和张本某的抚养费，根据《人身损害赔偿解释》的规定，结合本案，因董传某和付绍某在董明某死亡时均未丧失劳动能力，且董传某和付绍某也未提供证据证明两人无生活来源或经济困难,故对于董传某和付绍某要求支付赡养费的请求,原审法院不予支持。对于张本某要求支付抚养费的请求,符合相关法律规定,原审法院予以支持。具体数额为2011年山东省农民人均生活消费支出5901元×15÷2=442575元,其中,济阳县中医院应承担35406元,齐鲁医院、省血液中心各承担44258元;关于护理费200元,济阳县中医院应承担160元,齐鲁医院、省血液中心各承担20元;关于伙食补助费应为30元,济阳县中医院承担24元,齐鲁医院、省血液中心各承担3元。关于精神损害抚慰金,因济阳县中医院、齐鲁医院、省血液中心的过失行为致患者董明某死亡,给患者的亲属造成了终生遗憾,给予受害人亲属精神损害抚慰金,可以慰藉受害人亲属受伤的心灵。根据最高人民法院《关于确定民事侵权精神损害赔偿责任若干问题的解释》的规定,确定精神损害的赔偿数额,应根据侵权人的过错程度、侵害的手段、行为方式等具体情节、侵权人的行为后果、受诉法院地的平均生活水平等因素确定。结合本案案情,原审法院酌定为济阳县中医院、齐鲁医院、省血液中心赔偿张端某、张本某、董传某、付绍某精神抚慰金共计100000元(张端某、张本某、董传某、付绍某每人分得25000元),其中,由济阳县中医院承担80000元,齐鲁医院、省血液中心各承担10000元。

对于张端某、张本某、董传某、付绍某要求三家医院赔礼道歉的请求,原审法院认为,济阳县中医院、齐鲁医院、省血液中心的医疗过失行为虽然给张端某、张本某、董传某、付绍某造成严重后果,但并非出于济阳县中医院、齐鲁医院省血液中心的故意心理,在已判令三家医院承担精神损害抚慰金的情况下,不宜再适用赔礼道歉的民事责任承担方式,故对于张端某、张本某、董传某、付绍某的该项诉讼请求,原审法院不予支持。

据此,济南市历下区人民法院经审判委员会研究决定判决:(1)山东大学齐鲁医院于本判决生效之日起10日内赔偿张端某、张本某、董传某、付绍某住院治疗费17327元;(2)山东省血液中心于本判决生效之日起10日内赔偿张端某、张本某、董传某、付绍某住院治疗费17327元;(3)济阳县中医院于本判决生效之日起10日内赔偿张端某、张本某、董传某、付绍某住院治疗费15762元;(4)山东大学齐鲁医院于本判决生效之日起10日内赔偿张端某、张本某、董传某、付绍某死亡赔偿金16684元;(5)山东省血液中心于本判决生效之日起10

日内赔偿张端某、张本某、董传某、付绍某死亡赔偿金16684元；(6)济阳县中医院于本判决生效之日起10日内赔偿张端某、张本某、董传某、付绍某死亡赔偿金133472元；(7)山东大学齐鲁医院于本判决生效之日起10日内赔偿张端某、张本某、董传某、付绍某丧葬费19057元；(8)山东省血液中心于本判决生效之日起10日内赔偿张端某、张本某、董传某、付绍某丧葬费19057元；(9)济阳县中医院于本判决生效之日起10日内赔偿张本某、董传某、付绍某丧葬费152456元；(10)山东大学齐鲁医院于本判决生效之日起10日内赔偿张本某抚养费44258元；(11)山东省血液中心于本判决生效之日起10日内赔偿张本某抚养费44258元；(12)济阳县中医院于本判决生效之日起10日内赔偿张本某抚养费35406元；(13)山东大学齐鲁医院于本判决生效之日起10日内赔偿张端某、张本某、董传某、付绍某陪护费20元；(14)山东省血液中心于本判决生效之日起10日内赔偿张端某、张本某、董传某、付绍某陪护费20元；(15)济阳县中医院于本判决生效之日起10日内赔偿张端某、张本某、董传某、付绍某陪护费160元；(16)山东大学齐鲁医院于本判决生效之日起10日内赔偿张端某、张本某、董传某、付绍某伙食补助费3元；(17)山东省血液中心于本判决生效之日起10日内赔偿张端某、张本某、董传某、付绍某伙食补助费3元；(18)济阳县中医院于本判决生效之日起10日内赔偿张端某、张本某、董传某、付绍某伙食补助费24元；(19)山东大学齐鲁医院于本判决生效之日起10日内赔偿张端某、张本某、董传某、付绍某精神损害抚慰金1万元；(20)山东省血液中心于本判决生效之日起10日内赔偿张端某、张本某、董传某、付绍某精神损害抚慰金1万元；(21)济阳县中医院于本判决生效之日起10日内赔偿张端某、张本某、董传某、付绍某精神损害抚慰金8万元；(22)驳回张端某、张本某、董传某、付绍某其他诉讼请求。

省血液中心不服原审判决上诉称：(1)原审法院认定上诉人存在过错于法无据。Rh(D)阴性血属稀有血型，如冷藏储存，则最长能保存35天，若不能及时使用则过期作废。为了抢救更多的生命，只能将稀有的珍贵的血冰冻储存，这样可以保存10年，但解冻需要6个小时。上诉人采取了紧急措施，加快解冻进程，采取了紧急预案，上诉人没有过错。关于业务指导的问题，上诉人确有对临床医疗用血进行业务指导的职责，但是业务指导职责和对被指导者行为负责是两回事。(2)原审法院认定上诉人的行为和董明某的死亡存在一定的因果关系显属错误。(3)责任分担不合理。被上诉人齐鲁医院的过错大于上诉人,原审法院判决上诉人与被上诉人齐鲁医院承担同等责任,不合理,不公平。请求二审法院撤销一审判决并判令众被上诉人承担诉讼费用。

二审法院认为,本案的争议焦点为:上诉人在本次医疗事故中是否存在过错及其责任承担比例。司法鉴定科学技术研究所司法鉴定中心经鉴定认为,上诉人没有建议被上诉人齐鲁医院对董明某进行配合型输血,属于对Rh(D)阴性血型患者如何科学、安全输血未尽到高度注意义务,存在医疗过错,与董明某死亡后果之间存在一定的因果关系,医疗过错的参与度拟为10%左右。上诉人并未提供相应的证据推翻该份鉴定意见书,应作为有效证据予以采信。另外,在整个医疗事故中,上诉人并没有及时提供足够的Rh(D)阴性血,也没有完善应对Rh(D)阴性血病人的供血紧急措施或预案,上诉人存在一定的过错,也系导致董明某死亡的另一因素。综上,上诉人关于其没有过错不应承担赔偿责任的上诉理由不成立。原审法院判决上诉人承担10%的赔偿责任并无不当,应予以维持。据此,判决:驳回上诉,维持原判。

【相关法条链接】

《立法法》第93条。

附　录

目　录

一、本司法解释全文

最高人民法院关于审理医疗损害责任纠纷案件适用法律若干问题的解释

(2017年3月27日由最高人民法院审判委员会第1713次会议通过
2017年12月13日公布　法释〔2017〕20号
自2017年12月14日起施行)

为正确审理医疗损害责任纠纷案件,依法维护当事人的合法权益,推动构建和谐医患关系,促进卫生健康事业发展,根据《中华人民共和国侵权责任法》《中华人民共和国民事诉讼法》等法律规定,结合审判实践,制定本解释。

第一条　患者以在诊疗活动中受到人身或者财产损害为由请求医疗机构,医疗产品的生产者、销售者或者血液提供机构承担侵权责任的案件,适用本解释。

患者以在美容医疗机构或者开设医疗美容科室的医疗机构实施的医疗美容活动中受到人身或者财产损害为由提起的侵权纠纷案件,适用本解释。

当事人提起的医疗服务合同纠纷案件,不适用本解释。

第二条　患者因同一伤病在多个医疗机构接受诊疗受到损害,起诉部分或者全部就诊的医疗机构的,应予受理。

患者起诉部分就诊的医疗机构后,当事人依法申请追加其他就诊的医疗机构为共同被告或者第三人的,应予准许。必要时,人民法院可以依法追加相关当事人参加诉讼。

第三条　患者因缺陷医疗产品受到损害,起诉部分或者全部医疗产品的生产者、销售者和医疗机构的,应予受理。

患者仅起诉医疗产品的生产者、销售者、医疗机构中部分主体，当事人依法申请追加其他主体为共同被告或者第三人的，应予准许。必要时，人民法院可以依法追加相关当事人参加诉讼。

患者因输入不合格的血液受到损害提起侵权诉讼的，参照适用前两款规定。

第四条 患者依据侵权责任法第五十四条规定主张医疗机构承担赔偿责任的，应当提交到该医疗机构就诊、受到损害的证据。

患者无法提交医疗机构及其医务人员有过错、诊疗行为与损害之间具有因果关系的证据，依法提出医疗损害鉴定申请的，人民法院应予准许。

医疗机构主张不承担责任的，应当就侵权责任法第六十条第一款规定情形等抗辩事由承担举证证明责任。

第五条 患者依据侵权责任法第五十五条规定主张医疗机构承担赔偿责任的，应当按照前条第一款规定提交证据。

实施手术、特殊检查、特殊治疗的，医疗机构应当承担说明义务并取得患者或者患者近亲属书面同意，但属于侵权责任法第五十六条规定情形的除外。医疗机构提交患者或者患者近亲属书面同意证据的，人民法院可以认定医疗机构尽到说明义务，但患者有相反证据足以反驳的除外。

第六条 侵权责任法第五十八条规定的病历资料包括医疗机构保管的门诊病历、住院志、体温单、医嘱单、检验报告、医学影像检查资料、特殊检查（治疗）同意书、手术同意书、手术及麻醉记录、病理资料、护理记录、医疗费用、出院记录以及国务院卫生行政主管部门规定的其他病历资料。

患者依法向人民法院申请医疗机构提交由其保管的与纠纷有关的病历资料等，医疗机构未在人民法院指定期限内提交的，人民法院可以依照侵权责任法第五十八条第二项规定推定医疗机构有过错，但是因不可抗力等客观原因无法提交的除外。

第七条 患者依据侵权责任法第五十九条规定请求赔偿的，应当提交使用医疗产品或者输入血液、受到损害的证据。

患者无法提交使用医疗产品或者输入血液与损害之间具有因果关系的证据，依法申请鉴定的，人民法院应予准许。

医疗机构，医疗产品的生产者、销售者或者血液提供机构主张不承担责任的，应当对医疗产品不存在缺陷或者血液合格等抗辩事由承担举证证明责任。

第八条 当事人依法申请对医疗损害责任纠纷中的专门性问题进行鉴定的，人民法院应予准许。

当事人未申请鉴定，人民法院对前款规定的专门性问题认为需要鉴定的，应当依职权委托鉴定。

第九条 当事人申请医疗损害鉴定的，由双方当事人协商确定鉴定人。

当事人就鉴定人无法达成一致意见，人民法院提出确定鉴定人的方法，当事人同意的，按照该方法确定；当事人不同意的，由人民法院指定。

鉴定人应当从具备相应鉴定能力、符合鉴定要求的专家中确定。

第十条 委托医疗损害鉴定的，当事人应当按照要求提交真实、完整、充分的鉴定材料。提交的鉴定材料不符合要求的，人民法院应当通知当事人更换或者补充相应材料。

在委托鉴定前，人民法院应当组织当事人对鉴定材料进行质证。

第十一条 委托鉴定书，应当有明确的鉴定事项和鉴定要求。鉴定人应当按照委托鉴定的事项和要求进行鉴定。

下列专门性问题可以作为申请医疗损害鉴定的事项：

（一）实施诊疗行为有无过错；

（二）诊疗行为与损害后果之间是否存在因果关系以及原因力大小；

（三）医疗机构是否尽到了说明义务、取得患者或者患者近亲属书面同意的义务；

（四）医疗产品是否有缺陷、该缺陷与损害后果之间是否存在因果关系以及原因力的大小；

（五）患者损伤残疾程度；

（六）患者的护理期、休息期、营养期；

（七）其他专门性问题。

鉴定要求包括鉴定人的资质、鉴定人的组成、鉴定程序、鉴定意见、鉴定期限等。

第十二条 鉴定意见可以按照导致患者损害的全部原因、主要原因、同等原因、次要原因、轻微原因或者与患者损害无因果关系，表述诊疗行为或者医疗产品等造成患者损害的原因力大小。

第十三条 鉴定意见应当经当事人质证。

当事人申请鉴定人出庭作证，经人民法院审查同意，或者人民法院认为鉴定人有必要出庭的，应当通知鉴定人出庭作证。双方当事人同意鉴定人通过书面说明、视听传输技术或者视听资料等方式作证的，可以准许。

鉴定人因健康原因、自然灾害等不可抗力或者其他正当理由不能按期出庭的，可以延期开庭；经人民法院许可，也可以通过书面说明、视听传输技术或者视听资料等方式作证。

无前款规定理由，鉴定人拒绝出庭作证，当事人对鉴定意见又不认可的，对该鉴定意见不予采信。

第十四条 当事人申请通知一至二名具有医学专门知识的人出庭，对鉴定意见或者案件的其他专门性事实问题提出意见，人民法院准许的，应当通知具有医学专门知识的人出庭。

前款规定的具有医学专门知识的人提出的意见，视为当事人的陈述，经质证可以作为认定案件事实的根据。

第十五条 当事人自行委托鉴定人作出的医疗损害鉴定意见，其他当事人认可的，可予采信。

当事人共同委托鉴定人作出的医疗损害鉴定意见，一方当事人不认可的，应当提出明确的异议内容和理由。经审查，有证据足以证明异议成立的，对鉴定意见不予采信；异议不成立的，应予采信。

第十六条 对医疗机构及其医务人员的过错，应当依据法律、行政法规、规章以及其他有关诊疗规范进行认定，可以综合考虑患者病情的紧急程度、患者个体差异、当地的医疗水平、医疗机构与医务人员资质等因素。

第十七条 医务人员违反侵权责任法第五十五条第一款规定义务，但未造成患者人身损害，患者请求医疗机构承担损害赔偿责任的，不予支持。

第十八条 因抢救生命垂危的患者等紧急情况且不能取得患者意见时，下列情形可以认定为侵权责任法第五十六条规定的不能取得患者近亲属意见：

（一）近亲属不明的；

（二）不能及时联系到近亲属的；

（三）近亲属拒绝发表意见的；

（四）近亲属达不成一致意见的；

（五）法律、法规规定的其他情形。

前款情形，医务人员经医疗机构负责人或者授权的负责人批准立即实施相应医疗措施，患者因此请求医疗机构承担赔偿责任的，不予支持；医疗机构及其医务人员怠于实施相应医疗措施造成损害，患者请求医疗机构承担赔偿责任的，应予支持。

第十九条 两个以上医疗机构的诊疗行为造成患者同一损害，患者请求医疗机构承担赔偿责任的，应当区分不同情况，依照侵权责任法第八条、第十一条或者第十二条的规定，确定各医疗机构承担的赔偿责任。

第二十条 医疗机构邀请本单位以外的医务人员对患者进行诊疗，因受邀医务人员的过错造成患者损害的，由邀请医疗机构承担赔偿责任。

第二十一条 因医疗产品的缺陷或者输入不合格血液受到损害，患者请求医疗机构，缺陷医疗产品的生产者、销售者或者血液提供机构承担赔偿责任的，应予支持。

医疗机构承担赔偿责任后，向缺陷医疗产品的生产者、销售者或者血液提供机构追偿的，应予支持。

因医疗机构的过错使医疗产品存在缺陷或者血液不合格，医疗产品的生产者、销售者或者血液提供机构承担赔偿责任后，向医疗机构追偿的，应予支持。

第二十二条 缺陷医疗产品与医疗机构的过错诊疗行为共同造成患者同一损害，患者请求医疗机构与医疗产品的生产者或者销售者承担连带责任的，应予支持。

医疗机构或者医疗产品的生产者、销售者承担赔偿责任后，向其他责任主体追偿的，应当根据诊疗行为与缺陷医疗产品造成患者损害的原因力大小确定相应的数额。

输入不合格血液与医疗机构的过错诊疗行为共同造成患者同一损害的，参照适用前两款规定。

第二十三条 医疗产品的生产者、销售者明知医疗产品存在缺陷仍然生产、销售，造成患者死亡或者健康严重损害，被侵权人请求生产者、销售者赔偿损失及二倍以下惩罚性赔偿的，人民法院应予支持。

第二十四条 被侵权人同时起诉两个以上医疗机构承担赔偿责任，人民法院经审理，受诉法院所在地的医疗机构依法不承担赔偿责任，其他医疗机构承担赔偿责任的，残疾赔偿金、死亡赔偿金的计算，按下列情形分别处理：

（一）一个医疗机构承担责任的，按照该医疗机构所在地的赔偿标准执行；

（二）两个以上医疗机构均承担责任的，可以按照其中赔偿标准较高的医疗机构所在地标准执行。

第二十五条 患者死亡后，其近亲属请求医疗损害赔偿的，适用本解释；支付患者医疗费、丧葬费等合理费用的人请求赔偿该费用的，适用本解释。

本解释所称的"医疗产品"包括药品、消毒药剂、医疗器械等。

第二十六条 本院以前发布的司法解释与本解释不一致的，以本解释为准。

本解释施行后尚未终审的案件，适用本解释；本解释施行前已经终审，当事人申请再审或者按照审判监督程序决定再审的案件，不适用本解释。

二、答记者问（全文）

为构建和谐医患关系推进健康中国建设提供司法保障

——最高人民法院研究室负责人就《最高人民法院关于审理医疗损害责任纠纷案件适用法律若干问题的解释》答记者问

2017年12月14日，最高人民法院发布了《最高人民法院关于审理医疗损害责任纠纷案件适用法律若干问题的解释》（以下简称《解释》）。就《解释》发布的背景和主要内容，记者采访了最高人民法院研究室负责人。

问：《解释》起草的背景是什么？

答：医疗卫生事业与广大人民群众的生活息息相关，医患关系是构建社会主义和谐社会的重要内容。党中央高度重视医疗卫生事业，十八届五中全会明确提出推进健康中国建设的总体要求，习近平总书记在全国卫生与健康大会上阐述了建设健康中国的重大意义，党的十九大报告进一步强调实施健康中国战略，指出“人民健康是民族昌盛和国家富强的重要标志。要完善国民健康政策，为人民群众提供全方位全周期健康服务。”最高人民法院认真贯彻落实中央精神和习近平总书记重要指示，要求各级人民法院充分发挥司法职能，为我国卫生与健康事业改革发展、保障人民健康、构建和谐医患关系、加快推进健康中国建设提供有力司法服务和保障。周强院长明确要求进一步健全医疗纠纷调解和司法解决机制，促进卫生与健康事业的法治化治理，为增进人民健康提供司法保障。

近年来，全国法院受理医疗损害责任纠纷案件数量总体上较为平稳。2014年受理19944件，2015年受理23221件，2016年受理21480件，在整个民商事案件中占比不大。但各方面普遍反映，医疗损害责任纠纷审理难度大、审理周期长、案件调撤率低，其中有关举证责任、鉴定程序、责任构成、责任承担等法律适用中的争点、难点问题多,亟须统一裁判尺度。有鉴于此,最高人民法院在深入调研基础上,起草了《解释》,于2017年3月27日最高人民法院审判委员会第1713次会议审议通过,并于2017年12月14日发布。《解释》的制定和发布,是最高人民法院贯彻落实党中央部署和习近平总书记重要指示精神,推动实施新时代健康中国战略,推动构建和谐医患关系,促进平安医院建设,维护广大人民群众健康福祉的有力举措。

问:请简要介绍一下《解释》的起草过程。

答:《解释》的起草工作开始于2011年,历时6年多,前后修改20余稿。我们始终坚持以问题为导向,充分进行调研,收集整理并认真研究了全国各地法院制定的审理医疗损害责任纠纷案件数十万字的指导意见材料,先后多次到浙江、北京、江苏、福建等地实地调研;多次召开卫生系统座谈会,充分听取卫计委有关部门、医学会、医学专家和医院代表意见;在高校召开专家学者论证会,认真听取法学、医学专家意见;召开全国部分法院调研座谈会,听取审理医疗损害案件一线办案法官意见。经过起草小组多次讨论修改后,书面征求卫计委、司法部、国务院法制办等单位、各高级人民法院以及最高人民法院内相关部门意见,共收到反馈意见400余条。在对各方意见认真梳理、充分研究吸收后,报送全国人大常委会法工委征求意见,最终形成送审稿提交院审判委员会审议。

为广泛汇聚民意民智,把社会各界的意见建议充分反映到司法解释中,2017年3月27日,周强院长主持最高人民法院审判委员会召开会议审议《解释》时,专门邀请了部分全国人大代表、全国政协委员和专家学者列席会议。《解释》审议通过后,我们又围绕代表委员们所提意见与建议,进行了认真细致的研究,对《解释》相关内容作了有针对性完善,最终发布实施。

问:起草《解释》遵循的基本原则是什么?

答:《解释》的起草,主要遵循了以下原则:

一是认真贯彻中央有关政策精神,运用法治思维和法治方式推动构建和谐医患关系。《解释》的起草,认真贯彻党的十八届三中、四中、五中全会精神,反映新时代中国特色社会主义思想,按照全面依法治国、实施健康中国战略的总体部署和“一手抓严厉打击涉医违法犯罪活动、一手抓医疗纠纷预防与处理长效机制建设”的工作要求,统一医疗损害责任纠纷案件的裁判尺度,推动健全医疗损害责任纠纷案件法律适用的长效机制。

二是平衡好保护患者合法权益与保障医药卫生事业健康发展的关系。《解释》的起草,认真贯彻“把人民健康放在优先发展的战略地位”的总体要求,尊重医学自身的特点与规律,合理分配医疗风险,既要依法保护患者合法权益,又要促进卫生与健康事业的法治化发展,从而实现为增进人民健康福祉提供法治保障、满足人民日益增长的美好生活需要的司法目标。

三是坚持合法性解释原则。《解释》的起草,按照崇尚法治、尊重法律、恪守规则的精神,紧紧围绕侵权责任法、民事诉讼法等法律,对于法律规定较为原则的规则予以细化,以更有效的指导审判实践。

四是坚持问题导向与总结审判经验相结合。《解释》针对当前审判实践中亟须解决且有一定普遍性的问题,通过梳理并总结吸收各地审判实践经验,比如北京、上海、安徽、广东、江苏等地关于诊疗过错认定、产品责任承担等的经验做法,对医疗损害责任纠纷的法律适用难点、争点问题作了细化规定。

问:《解释》对医疗美容损害责任纠纷的法律适用是如何规定的?

答:审判实践中,因为美容问题引发的纠纷如何适用法律,尤其是对此类纠纷是否属于医疗损害责任纠纷的范畴争议较大。明确医疗美容损害责任纠纷的法律适用规则,对于规范医疗美容行业健康有序发展、维护广大人民群众的健康利益具有重要意义。在充分调研论证基础上,参考《医疗机构管理条例实施细则》第 88 条、《医疗美容服务管理办法》第 2 条的规定,《解释》明确了医疗美容属于“诊疗活动”的范围,规定因医疗美容行为引发的纠纷应属于医疗损害责任的范围,应当适用医疗损害责任的规定。同时,《解释》还参考《医疗机构管理条例实施细则》《医疗美容服务管理办法》的有关规定,对医疗美容损害责任纠纷作了明确界定,以与生活美容类损害责任纠纷相区别。

问:《解释》对医疗损害责任纠纷举证作了怎样的规定?

答:举证证明责任问题,是每个医疗损害责任纠纷必然要遇到的问题,也是医疗损害责任纠纷案件中较受关注的问题。明确举证责任分配规则,也是确定鉴定申请程序及后续责任承担规则的基础。2002 年施行的最高人民法院《关于民事诉讼证据的若干规定》关于医疗损害责任纠纷中因果关系和过错要件适用举证责任倒置的做法,虽然缓和了患者举证责任,也在一定时期内起到其应有作用,但在执行过程中也出现了一些其他后果,无助于医学发展进步,不利于从根本上维护患者看病就医权利。

《侵权责任法》第54条明确规定,患者在诊疗活动中受到损害,医疗机构及其医务人员有过错的,由医疗机构承担赔偿责任。《解释》在严格遵循立法本意前提下,以构建和维护和谐医患关系为出发点,在大量实证调研和借鉴域外经验做法基础上,进一步明确了司法适用规则,即患者依据《侵权责任法》第54条规定主张医疗机构承担赔偿责任的,应当提交到该医疗机构就诊、受到损害的证据;患者无法提交医疗机构及其医务人员有过错、诊疗活动与损害之间具有因果关系的证据,依法提出医疗损害鉴定申请的,人民法院应予准许;医疗机构主张不承担责任的,应当就《侵权责任法》第60条第1款规定情形等抗辩事由承担举证证明责任。对于医疗产品责任纠纷,《解释》也遵循上述思路规定了患者无法提交使用医疗产品或者输入血液与损害之间具有因果关系证据,依法申请鉴定的,人民法院应予准许。

《解释》的上述规定,既遵循了《侵权责任法》确立的过错责任原则,又避免了因举证证明责任分配不当而导致双方实体权利义务显著失衡而激化医患矛盾,充分考虑到患者存在医学专业性不足、信息不对称等客观情况,对患者进行了适当的举证责任缓和。这一规定属于在医疗损害责任纠纷案件审理过程中的法律适用规则,并不涉及立案受理问题。医疗损害责任纠纷案件立案要按照立案登记制的要求,依法做到有案必立、有诉必理。

问:《解释》对规范医疗损害鉴定程序作了哪些规定?

答:由于医学本身的专业性,诊疗行为有无过错及其与患者损害后果有无因果关系、原因力的大小等往往需要通过鉴定程序来解决。没有医疗损害鉴定,多数医疗损害责任纠纷案件的处理会非常困难,因此医疗损害鉴定对于医疗损害责任纠纷案件的处理的重要性不言而喻。但实践中存在鉴定程序不规范、鉴定意见公信力不足、鉴定人出庭难等问题,在很大程度上影响了案件的公正处理。正因为如此,《解释》依据《民事诉讼法》有关鉴定程序的规定,基于促进鉴定程序的规范化、科学化,提高鉴定意见的公信力,对医疗损害鉴定意见的采信、鉴定人出庭等问题作了规定。具体而言,主要有以下几个方面:

其一,针对实践中鉴定人的资质要求不规范以及当事人是选择鉴定机构还是鉴定专家等问题,《解释》明确了医疗损害鉴定的根本在于借助专家的专门知识、技能和经验,辅助法官对专门性事实问题作出判断,以保证案件裁判的公正。因此,《解释》依据《民事诉讼法》的有关规定,明确了鉴定人的确定,应当从具备相应的鉴定能力、符合鉴定要求的专家中选择的基本要求。当然这并不影响当事人通过先选择鉴定机构,再确定鉴定专家的实践做法。人民法院应当根据案件具体情况对鉴定专家作必要审查,确保鉴定专家具备相应鉴定能力。涉及临床医学方面专门性问题的鉴定,应当具备临床医学鉴定方面的资质要求;涉及法医学方面专门性问题的,应当具备法医学方面的资质要求。

其二,针对实践中鉴定材料提交混乱影响鉴定程序正常开展的问题,《解释》明确了当事人应当按照要求提交真实、完整、充分的鉴定材料的基本要求,并对补充提交鉴定材料、鉴定材料的质证作了明确规定。

其三,针对实践中鉴定人资质不符合要求、鉴定期限过长、鉴定意见书写不规范,甚至有的鉴定意见无法作为案件证据使用的问题,《解释》规定了当事人申请或者人民法院依职权委托鉴定的,应当有明确的鉴定内容和要求,对其中需要鉴定的专门性问题和鉴定要求的事项作了具体列举。

其四,医疗损害责任纠纷案件中普遍存在原发疾病、个人体质及诊疗过错等共同作用导致损害发生的多因一果问题,实践中鉴定意见对于原因力的表述不一,影响了人民法院对鉴定意见的准确采信。针对这一问题,《解释》根据《侵权责任法》的基本理论,从人民法院裁判案件的角度对医疗损害责任中诊疗行为与患者自身疾病等其他造成患者损害的原因之间的原因力大小区分了六种情形予以规定,从而规范鉴定意见对原因问题的写法,以便人民法院更准确的确定当事人之间的责任。

问:《解释》对医疗损害鉴定意见的质证问题作了哪些规定?

答:对此,《解释》主要从强化鉴定人出庭作证程序和明确适用专家辅助人制度两个方面作出了规定,既弥补当事人尤其是患者一方对鉴定意见专业性方面举证能力的不足,又充分发挥庭审作用,为人民法院依法准确认定案件事实提供程序保障。

2012 年修订的《民事诉讼法》第 78 条明确规定了鉴定人出庭作证的具体情形及相应法律后果。鉴定人出庭作证难的问题在更加依赖鉴定意见的医疗损害责任纠纷案件中更加突出，相应的规范鉴定人出庭作证程序对于医疗损害责任纠纷的处理就显得更加重要。为此，《解释》依据《民事诉讼法》的有关规定，在明确规定鉴定意见的质证要求的基础上，细化了医疗损害责任纠纷中鉴定人出庭作证的程序要求。

同时，考虑到医疗损害纠纷案件本身的专业性特点，有必要发挥专家辅助人制度对于依法妥善解决医疗纠纷的重要作用。实践中对专家辅助人提出意见的证据定性及效力问题存有争议，这一问题在医疗损害责任纠纷中较为突出。为增强当事人对鉴定意见进行质证的能力，充分发挥庭审实质作用，《解释》依据《民事诉讼法》第79条的规定，对医疗损害责任纠纷中的专家辅助人制度作了规定，突出强调该专家辅助人须具有医学专门知识，并在参考其他相关司法解释的基础上，明确了专家辅助人所提意见经过质证，可以作为认定事实的根据。

问：《解释》对人民法院采信当事人自行委托鉴定人作出的医疗损害鉴定意见是怎样规定的？

答：审判实践中，当事人自行委托鉴定的情形不在少数，对此效力认定的问题，存有较大争议。普遍认为，当事人一方自行委托鉴定存在明显的弊端，由此作出的鉴定意见往往仅会对委托鉴定的一方当事人有利，欠缺公正性。调研中也有意见指出，自行委托鉴定对于诉前解决医疗纠纷具有一定的积极意义。因此，为保证鉴定意见的信服力，推动当事人依法启动鉴定程序，经过慎重考虑，《解释》就医疗损害鉴定中单方委托鉴定的问题，适当提高了人民法院采信自行委托鉴定意见的门槛，规定了一方当事人自行委托鉴定作出的医疗损害鉴定意见，在另一方当事人认可的情况下，人民法院可以对该鉴定意见予以采信。同时，对于双方当事人共同自行委托鉴定的情形，基于当事人处分原则，对此应予准许，这在价值导向上也有利于通过诉前调解等方式化解矛盾。如果一方当事人对双方共同委托而作出的鉴定意见不认可，则应当提出明确的异议内容并予以质证；在该异议不成立的情况下，人民法院应当采信该鉴定意见。

问：《解释》对紧急救治情形的法律适用是如何规定的？

答：《侵权责任法》第56条规定了紧急情况下医疗机构实施紧急医疗措施的内容，但实践中对于如何认识该条中“难以取得患者或者其近亲属同意”以及紧急救助情形下的责任承担问题分歧较大,亟须进一步明确。在深入调研、反复论证的基础上,《解释》对因抢救生命垂危的患者等紧急情况且不能取得患者近亲属意见的情形作出细化规定的基础上,本着鼓励和维护医疗机构在患者处于紧急情况下积极施救的价值导向,规定对于抢救生命垂危的患者等紧急情况,不能取得患者或者其近亲属意见的,医务人员经医疗机构负责人或者授权的负责人批准立即实施相应的医疗措施,患者因此请求医疗机构承担赔偿责任的,人民法院不予支持。同时,对于医疗机构怠于立即实施相应的医疗措施,导致患者受到损害的,《解释》也明确规定了医疗机构应当承担相应的赔偿责任。这样不仅有利于指导实务操作,有利于规范医疗机构行为,也有利于保障生命垂危等紧急情况下患者得到及时救治,维护其生命、健康权益。

问:《解释》对医疗产品责任纠纷案件中适用惩罚性赔偿是如何规定的?

答:《侵权责任法》在产品责任一章中确立了惩罚性赔偿制度,其目的在于通过制裁故意将缺陷产品投放市场并且已经造成了使用人严重人身损害的行为,督促生产者、经营者规范其行为,以充分保护产品使用人的合法权益。医疗产品事关广大人民群众生命健康,从某种意义上讲,缺陷医疗产品的危害较普通产品的危害更为严重。在医疗产品责任纠纷中适用惩罚性赔偿,对于规范医疗领域存在的医疗产品市场不规范、制售假冒伪劣医疗产品屡禁不止等问题具有重要意义。由于《侵权责任法》第 47 条并没有规定相应的惩罚性赔偿的标准,经过慎重考虑,《解释》参照《消费者权益保护法》第 55 条第 2 款的规定,明确规定了医疗产品的生产者明知医疗产品存在缺陷仍然生产或者医疗产品的销售者明知医疗产品存在缺陷仍然销售的,造成患者死亡或者健康严重损害,患者请求生产者或者销售者赔偿损失及所受损失二倍以下的惩罚性赔偿的,人民法院应予支持。这对于威慑或者阻遏明知医疗产品存在缺陷仍然生产、销售的行为,维护广大人民群众的生命健康利益,具有重要而积极的作用。

三、相关法律规范

中华人民共和国侵权责任法(节录)

(2009年12月26日第十一届全国人民代表大会常务委员会第十二次会议通过 2009年12月26日中华人民共和国主席令第21号公布 自2010年7月1日起施行)

第一章 一般规定

第二条 侵害民事权益,应当依照本法承担侵权责任。

本法所称民事权益,包括生命权、健康权、姓名权、名誉权、荣誉权、肖像权、隐私权、婚姻自主权、监护权、所有权、用益物权、担保物权、著作权、专利权、商标专用权、发现权、股权、继承权等人身、财产权益。

第三条 被侵权人有权请求侵权人承担侵权责任。

第四条 侵权人因同一行为应当承担行政责任或者刑事责任的,不影响依法承担侵权责任。

因同一行为应当承担侵权责任和行政责任、刑事责任,侵权人的财产不足以支付的,先承担侵权责任。

第五条 其他法律对侵权责任另有特别规定的,依照其规定。

第二章 责任构成和责任方式

第六条 行为人因过错侵害他人民事权益,应当承担侵权责任。

根据法律规定推定行为人有过错,行为人不能证明自己没有过错的,应当承担侵权责任。

第七条 行为人损害他人民事权益,不论行为人有无过错,法律规定应当承担侵权责任的，依照其规定。

第八条 二人以上共同实施侵权行为，造成他人损害的，应当承担连带责任。

第九条 教唆、帮助他人实施侵权行为的，应当与行为人承担连带责任。

教唆、帮助无民事行为能力人、限制民事行为能力人实施侵权行为的，应当承担侵权责任；该无民事行为能力人、限制民事行为能力人的监护人未尽到监护责任的，应当承担相应的责任。

第十条 二人以上实施危及他人人身、财产安全的行为，其中一人或者数人的行为造成他人损害，能够确定具体侵权人的，由侵权人承担责任；不能确定具体侵权人的，行为人承担连带责任。

第十一条 二人以上分别实施侵权行为造成同一损害，每个人的侵权行为都足以造成全部损害的，行为人承担连带责任。

第十二条 二人以上分别实施侵权行为造成同一损害，能够确定责任大小的，各自承担相应的责任；难以确定责任大小的，平均承担赔偿责任。

第十三条 法律规定承担连带责任的，被侵权人有权请求部分或者全部连带责任人承担责任。

第十四条 连带责任人根据各自责任大小确定相应的赔偿数额；难以确定责任大小的，平均承担赔偿责任。

支付超出自己赔偿数额的连带责任人，有权向其他连带责任人追偿。

第十五条 承担侵权责任的方式主要有：

（一）停止侵害；

（二）排除妨碍；

（三）消除危险；

（四）返还财产；

（五）恢复原状；

（六）赔偿损失；

（七）赔礼道歉；

（八）消除影响、恢复名誉。

以上承担侵权责任的方式，可以单独适用，也可以合并适用。

第十六条 侵害他人造成人身损害的,应当赔偿医疗费、护理费、交通费等为治疗和康复支出的合理费用,以及因误工减少的收入。造成残疾的,还应当赔偿残疾生活辅助具费和残疾赔偿金。造成死亡的,还应当赔偿丧葬费和死亡赔偿金。

第十七条 因同一侵权行为造成多人死亡的,可以以相同数额确定死亡赔偿金。

第十八条 被侵权人死亡的,其近亲属有权请求侵权人承担侵权责任。被侵权人为单位,该单位分立、合并的,承继权利的单位有权请求侵权人承担侵权责任。

被侵权人死亡的,支付被侵权人医疗费、丧葬费等合理费用的人有权请求侵权人赔偿费用,但侵权人已支付该费用的除外。

第十九条 侵害他人财产的,财产损失按照损失发生时的市场价格或者其他方式计算。

第二十条 侵害他人人身权益造成财产损失的,按照被侵权人因此受到的损失赔偿;被侵权人的损失难以确定,侵权人因此获得利益的,按照其获得的利益赔偿;侵权人因此获得的利益难以确定,被侵权人和侵权人就赔偿数额协商不一致,向人民法院提起诉讼的,由人民法院根据实际情况确定赔偿数额。

第二十一条 侵权行为危及他人人身、财产安全的,被侵权人可以请求侵权人承担停止侵害、排除妨碍、消除危险等侵权责任。

第二十二条 侵害他人人身权益,造成他人严重精神损害的,被侵权人可以请求精神损害赔偿。

第二十三条 因防止、制止他人民事权益被侵害而使自己受到损害的,由侵权人承担责任。侵权人逃逸或者无力承担责任,被侵权人请求补偿的,受益人应当给予适当补偿。

第二十四条 受害人和行为人对损害的发生都没有过错的,可以根据实际情况,由双方分担损失。

第二十五条 损害发生后,当事人可以协商赔偿费用的支付方式。协商不一致的,赔偿费用应当一次性支付;一次性支付确有困难的,可以分期支付,但应当提供相应的担保。

第三章 不承担责任和减轻责任的情形

第二十六条 被侵权人对损害的发生也有过错的,可以减轻侵权人的责任。

第二十七条 损害是因受害人故意造成的,行为人不承担责任。

第二十八条 损害是因第三人造成的,第三人应当承担侵权责任。

第二十九条 因不可抗力造成他人损害的,不承担责任。法律另有规定的,依照其规定。

第三十条 因正当防卫造成损害的,不承担责任。正当防卫超过必要的限度,造成不应有的损害的,正当防卫人应当承担适当的责任。

第三十一条 因紧急避险造成损害的,由引起险情发生的人承担责任。如果危险是由自然原因引起的,紧急避险人不承担责任或者给予适当补偿。紧急避险采取措施不当或者超过必要的限度,造成不应有的损害的,紧急避险人应当承担适当的责任。

第四章 关于责任主体的特殊规定

第三十四条 用人单位的工作人员因执行工作任务造成他人损害的,由用人单位承担侵权责任。

劳务派遣期间,被派遣的工作人员因执行工作任务造成他人损害的,由接受劳务派遣的用工单位承担侵权责任;劳务派遣单位有过错的,承担相应的补充责任。

第三十五条 个人之间形成劳务关系,提供劳务一方因劳务造成他人损害的,由接受劳务一方承担侵权责任。提供劳务一方因劳务自己受到损害的,根据双方各自的过错承担相应的责任。

第五章 产 品 责 任

第四十一条 因产品存在缺陷造成他人损害的,生产者应当承担侵权责任。

第四十二条 因销售者的过错使产品存在缺陷,造成他人损害的,销售者应当承担侵权责任。

销售者不能指明缺陷产品的生产者也不能指明缺陷产品的供货者的，销售者应当承担侵权责任。

第四十三条 因产品存在缺陷造成损害的，被侵权人可以向产品的生产者请求赔偿，也可以向产品的销售者请求赔偿。

产品缺陷由生产者造成的，销售者赔偿后，有权向生产者追偿。

因销售者的过错使产品存在缺陷的，生产者赔偿后，有权向销售者追偿。

第四十四条 因运输者、仓储者等第三人的过错使产品存在缺陷，造成他人损害的，产品的生产者、销售者赔偿后，有权向第三人追偿。

第四十五条 因产品缺陷危及他人人身、财产安全的，被侵权人有权请求生产者、销售者承担排除妨碍、消除危险等侵权责任。

第四十六条 产品投入流通后发现存在缺陷的，生产者、销售者应当及时采取警示、召回等补救措施。未及时采取补救措施或者补救措施不力造成损害的，应当承担侵权责任。

第四十七条 明知产品存在缺陷仍然生产、销售，造成他人死亡或者健康严重损害的，被侵权人有权请求相应的惩罚性赔偿。

第七章 医疗损害责任

第五十四条 患者在诊疗活动中受到损害，医疗机构及其医务人员有过错的，由医疗机构承担赔偿责任。

第五十五条 医务人员在诊疗活动中应当向患者说明病情和医疗措施。需要实施手术、特殊检查、特殊治疗的，医务人员应当及时向患者说明医疗风险、替代医疗方案等情况，并取得其书面同意；不宜向患者说明的，应当向患者的近亲属说明，并取得其书面同意。

医务人员未尽到前款义务，造成患者损害的，医疗机构应当承担赔偿责任。

第五十六条 因抢救生命垂危的患者等紧急情况，不能取得患者或者其近亲属意见的，经医疗机构负责人或者授权的负责人批准，可以立即实施相应的医疗措施。

第五十七条 医务人员在诊疗活动中未尽到与当时的医疗水平相应的诊

疗义务,造成患者损害的,医疗机构应当承担赔偿责任。

第五十八条 患者有损害,因下列情形之一的,推定医疗机构有过错:

(一)违反法律、行政法规、规章以及其他有关诊疗规范的规定;

(二)隐匿或者拒绝提供与纠纷有关的病历资料;

(三)伪造、篡改或者销毁病历资料。

第五十九条 因药品、消毒药剂、医疗器械的缺陷,或者输入不合格的血液造成患者损害的,患者可以向生产者或者血液提供机构请求赔偿,也可以向医疗机构请求赔偿。患者向医疗机构请求赔偿的,医疗机构赔偿后,有权向负有责任的生产者或者血液提供机构追偿。

第六十条 患者有损害,因下列情形之一的,医疗机构不承担赔偿责任:

(一)患者或者其近亲属不配合医疗机构进行符合诊疗规范的诊疗;

(二)医务人员在抢救生命垂危的患者等紧急情况下已经尽到合理诊疗义务;

(三)限于当时的医疗水平难以诊疗。

前款第一项情形中,医疗机构及其医务人员也有过错的,应当承担相应的赔偿责任。

第六十一条 医疗机构及其医务人员应当按照规定填写并妥善保管住院志、医嘱单、检验报告、手术及麻醉记录、病理资料、护理记录、医疗费用等病历资料

患者要求查阅、复制前款规定的病历资料的,医疗机构应当提供。

第六十二条 医疗机构及其医务人员应当对患者的隐私保密。泄露患者隐私或者未经患者同意公开其病历资料,造成患者损害的,应当承担侵权责任。

第六十三条 医疗机构及其医务人员不得违反诊疗规范实施不必要的检查。

第六十四条 医疗机构及其医务人员的合法权益受法律保护。干扰医疗秩序,妨害医务人员工作、生活的,应当依法承担法律责任。

中华人民共和国合同法

第一百零七条 当事人一方不履行合同义务或者履行合同义务不符合约定的,应当承担继续履行、采取补救措施或者赔偿损失等违约责任。

第一百一十三条 当事人一方不履行合同义务或者履行合同义务不符合约定，给对方造成损失的，损失赔偿额应当相当于因违约所造成的损失，包括合同履行后可以获得的利益，但不得超过违反合同一方订立合同时预见到或者应当预见到的因违反合同可能造成的损失。

经营者对消费者提供商品或者服务有欺诈行为的，依照《中华人民共和国消费者权益保护法》的规定承担损害赔偿责任。

第一百一十九条 当事人一方违约后，对方应当采取适当措施防止损失的扩大；没有采取适当措施致使损失扩大的，不得就扩大的损失要求赔偿。

当事人因防止损失扩大而支出的合理费用，由违约方承担。

第一百二十二条 因当事人一方的违约行为，侵害对方人身、财产权益的，受损害方有权选择依照本法要求其承担违约责任或者依照其他法律要求其承担侵权责任。

中华人民共和国民事诉讼法（节录）

（1991 年 4 月 9 日第七届全国人民代表大会第四次会议通过　根据 2007 年 10 月 28 日第十届全国人民代表大会常务委员会第三十次会议《关于修改〈中华人民共和国民事诉讼法〉的决定》第一次修正　根据 2012 年 8 月 31 日第十一届全国人民代表大会常务委员会第二十八次会议《关于修改〈中华人民共和国民事诉讼法〉的决定》第二次修正　根据 2017 年 6 月 27 日第十二届全国人民代表大会常务委员会第二十八次会议《关于修改〈中华人民共和国民事诉讼法〉和〈中华人民共和国行政诉讼法〉的决定》第三次修正）

第六十四条 当事人对自己提出的主张，有责任提供证据。

当事人及其诉讼代理人因客观原因不能自行收集的证据，或者人民法院认为审理案件需要的证据，人民法院应当调查收集。

人民法院应当按照法定程序，全面地、客观地审查核实证据。

第六十五条 当事人对自己提出的主张应当及时提供证据。

人民法院根据当事人的主张和案件审理情况，确定当事人应当提供的证据及其期限。当事人在该期限内提供证据确有困难的，可以向人民法院申请延长期限，人民法院根据当事人的申请适当延长。当事人逾期提供证据的，人民法院应当责令其说明理由；拒不说明理由或者理由不成立的，人民法院根据不同情形可以不予采纳该证据，或者采纳该证据但予以训诫、罚款。

第六十六条 人民法院收到当事人提交的证据材料，应当出具收据，写明证据名称、页数、份数、原件或者复印件以及收到时间等，并由经办人员签名或者盖章。

第六十八条 证据应当在法庭上出示，并由当事人互相质证。对涉及国家秘密、商业秘密和个人隐私的证据应当保密，需要在法庭出示的，不得在公开开庭时出示。

第六十九条 经过法定程序公证证明的法律事实和文书，人民法院应当作为认定事实的根据，但有相反证据足以推翻公证证明的除外。

第七十条 书证应当提交原件。物证应当提交原物。提交原件或者原物确有困难的，可以提交复制品、照片、副本、节录本。

提交外文书证，必须附有中文译本。

第七十一条 人民法院对视听资料，应当辨别真伪，并结合本案的其他证据，审查确定能否作为认定事实的根据。

第七十二条 凡是知道案件情况的单位和个人，都有义务出庭作证。有关单位的负责人应当支持证人作证。

不能正确表达意思的人，不能作证。

第七十三条 经人民法院通知，证人应当出庭作证。有下列情形之一的，经人民法院许可，可以通过书面证言、视听传输技术或者视听资料等方式作证：

（一）因健康原因不能出庭的；

（二）因路途遥远，交通不便不能出庭的；

（三）因自然灾害等不可抗力不能出庭的；

（四）其他有正当理由不能出庭的。

第七十四条 证人因履行出庭作证义务而支出的交通、住宿、就餐等必要费用以及误工损失，由败诉一方当事人负担。当事人申请证人作证的，由该当事人先行垫付；当事人没有申请，人民法院通知证人作证的，由人民法院先行垫付。

第七十五条 人民法院对当事人的陈述，应当结合本案的其他证据，审查确定能否作为认定事实的根据。

当事人拒绝陈述的，不影响人民法院根据证据认定案件事实。

第七十六条 当事人可以就查明事实的专门性问题向人民法院申请鉴定。当事人申请鉴定的，由双方当事人协商确定具备资格的鉴定人；协商不成的，由人民法院指定。

当事人未申请鉴定，人民法院对专门性问题认为需要鉴定的，应当委托具备资格的鉴定人进行鉴定。

第七十七条 鉴定人有权了解进行鉴定所需要的案件材料，必要时可以询问当事人、证人。

鉴定人应当提出书面鉴定意见，在鉴定书上签名或者盖章。

第七十八条 当事人对鉴定意见有异议或者人民法院认为鉴定人有必要出庭的，鉴定人应当出庭作证。经人民法院通知，鉴定人拒不出庭作证的，鉴定意见不得作为认定事实的根据；支付鉴定费用的当事人可以要求返还鉴定费用。

第七十九条 当事人可以申请人民法院通知有专门知识的人出庭，就鉴定人作出的鉴定意见或者专业问题提出意见。

第一百条 人民法院对于可能因当事人一方的行为或者其他原因，使判决难以执行或者造成当事人其他损害的案件，根据对方当事人的申请，可以裁定对其财产进行保全、责令其作出一定行为或者禁止其作出一定行为；当事人没有提出申请的，人民法院在必要时也可以裁定采取保全措施。

人民法院采取保全措施，可以责令申请人提供担保，申请人不提供担保的，裁定驳回申请。

人民法院接受申请后，对情况紧急的，必须在四十八小时内作出裁定；裁定采取保全措施的，应当立即开始执行。

第一百零一条 利害关系人因情况紧急，不立即申请保全将会使其合法权益受到难以弥补的损害的,可以在提起诉讼或者申请仲裁前向被保全财产所在地、被申请人住所地或者对案件有管辖权的人民法院申请采取保全措施。申请人应当提供担保,不提供担保的,裁定驳回申请。

人民法院接受申请后,必须在四十八小时内作出裁定;裁定采取保全措施的,应当立即开始执行。

申请人在人民法院采取保全措施后三十日内不依法提起诉讼或者申请仲裁的,人民法院应当解除保全。

第一百零二条 保全限于请求的范围,或者与本案有关的财物。

第一百零三条 财产保全采取查封、扣押、冻结或者法律规定的其他方法。人民法院保全财产后,应当立即通知被保全财产的人。

财产已被查封、冻结的,不得重复查封、冻结。

第一百零四条 财产纠纷案件,被申请人提供担保的,人民法院应当裁定解除保全。

第一百零五条 申请有错误的,申请人应当赔偿被申请人因保全所遭受的损失。

第一百零六条 人民法院对下列案件,根据当事人的申请,可以裁定先予执行:

(一)追索赡养费、扶养费、抚育费、抚恤金、医疗费用的;

(二)追索劳动报酬的;

(三)因情况紧急需要先予执行的。

第一百零七条 人民法院裁定先予执行的,应当符合下列条件:

(一)当事人之间权利义务关系明确,不先予执行将严重影响申请人的生活或者生产经营的;

(二)被申请人有履行能力。

人民法院可以责令申请人提供担保,申请人不提供担保的,驳回申请。申请人败诉的,应当赔偿被申请人因先予执行遭受的财产损失。

第一百零八条 当事人对保全或者先予执行的裁定不服的,可以申请复议一次。复议期间不停止裁定的执行。

最高人民法院关于适用《中华人民共和国民事诉讼法》的解释(节录)

(2014年12月18日最高人民法院审判委员会第1636次会议通过
2015年1月30日公布　法释〔2015〕5号　自2015年2月4日起施行)

第五十条　法人的法定代表人以依法登记的为准,但法律另有规定的除外。依法不需要办理登记的法人,以其正职负责人为法定代表人;没有正职负责人的,以其主持工作的副职负责人为法定代表人。

法定代表人已经变更,但未完成登记,变更后的法定代表人要求代表法人参加诉讼的,人民法院可以准许。

其他组织,以其主要负责人为代表人。

第五十一条　在诉讼中,法人的法定代表人变更的,由新的法定代表人继续进行诉讼,并应向人民法院提交新的法定代表人身份证明书。原法定代表人进行的诉讼行为有效。

前款规定,适用于其他组织参加的诉讼。

第五十二条　民事诉讼法第四十八条规定的其他组织是指合法成立、有一定的组织机构和财产,但又不具备法人资格的组织,包括:

(一)依法登记领取营业执照的个人独资企业;

(二)依法登记领取营业执照的合伙企业;

(三)依法登记领取我国营业执照的中外合作经营企业、外资企业;

(四)依法成立的社会团体的分支机构、代表机构;

(五)依法设立并领取营业执照的法人的分支机构;

(六)依法设立并领取营业执照的商业银行、政策性银行和非银行金融机构的分支机构;

(七)经依法登记领取营业执照的乡镇企业、街道企业;

(八)其他符合本条规定条件的组织。

第五十三条 法人非依法设立的分支机构,或者虽依法设立,但没有领取营业执照的分支机构,以设立该分支机构的法人为当事人。

第五十四条 以挂靠形式从事民事活动,当事人请求由挂靠人和被挂靠人依法承担民事责任的,该挂靠人和被挂靠人为共同诉讼人。

第五十五条 在诉讼中,一方当事人死亡,需要等待继承人表明是否参加诉讼的,裁定中止诉讼。人民法院应当及时通知继承人作为当事人承担诉讼,被继承人已经进行的诉讼行为对承担诉讼的继承人有效。

第五十六条 法人或者其他组织的工作人员执行工作任务造成他人损害的,该法人或者其他组织为当事人。

第七十三条 必须共同进行诉讼的当事人没有参加诉讼的,人民法院应当依照民事诉讼法第一百三十二条的规定,通知其参加;当事人也可以向人民法院申请追加。人民法院对当事人提出的申请,应当进行审查,申请理由不成立的,裁定驳回;申请理由成立的,书面通知被追加的当事人参加诉讼。

第七十四条 人民法院追加共同诉讼的当事人时,应当通知其他当事人。应当追加的原告,已明确表示放弃实体权利的,可不予追加;既不愿意参加诉讼,又不放弃实体权利的,仍应追加为共同原告,其不参加诉讼,不影响人民法院对案件的审理和依法作出判决。

第八十一条 根据民事诉讼法第五十六条的规定,有独立请求权的第三人有权向人民法院提出诉讼请求和事实、理由,成为当事人;无独立请求权的第三人,可以申请或者由人民法院通知参加诉讼。

第一审程序中未参加诉讼的第三人,申请参加第二审程序的,人民法院可以准许。

第八十二条 在一审诉讼中,无独立请求权的第三人无权提出管辖异议,无权放弃、变更诉讼请求或者申请撤诉,被判决承担民事责任的,有权提起上诉。

第八十三条 在诉讼中,无民事行为能力人、限制民事行为能力人的监护人是他的法定代理人。事先没有确定监护人的,可以由有监护资格的人协商确定;协商不成的,由人民法院在他们之中指定诉讼中的法定代理人。当事人没有民法通则第十六条第一款、第二款或者第十七条第一款规定的监护人的,可以指定该法第十六条第四款或者第十七条第三款规定的有关组织担任诉讼中的法定代理人。

第八十四条 无民事行为能力人、限制民事行为能力人以及其他依法不能作为诉讼代理人的，当事人不得委托其作为诉讼代理人。

第八十五条 根据民事诉讼法第五十八条第二款第二项规定，与当事人有夫妻、直系血亲、三代以内旁系血亲、近姻亲关系以及其他有抚养、赡养关系的亲属，可以当事人近亲属的名义作为诉讼代理人。

第八十六条 根据民事诉讼法第五十八条第二款第二项规定，与当事人有合法劳动人事关系的职工，可以当事人工作人员的名义作为诉讼代理人。

第九十条 当事人对自己提出的诉讼请求所依据的事实或者反驳对方诉讼请求所依据的事实，应当提供证据加以证明，但法律另有规定的除外。

在作出判决前，当事人未能提供证据或者证据不足以证明其事实主张的，由负有举证证明责任的当事人承担不利的后果。

第九十一条 人民法院应当依照下列原则确定举证证明责任的承担，但法律另有规定的除外：

（一）主张法律关系存在的当事人，应当对产生该法律关系的基本事实承担举证证明责任；

（二）主张法律关系变更、消灭或者权利受到妨害的当事人，应当对该法律关系变更、消灭或者权利受到妨害的基本事实承担举证证明责任。

第九十二条 一方当事人在法庭审理中，或者在起诉状、答辩状、代理词等书面材料中，对于己不利的事实明确表示承认的，另一方当事人无需举证证明。

对于涉及身份关系、国家利益、社会公共利益等应当由人民法院依职权调查的事实，不适用前款自认的规定。

自认的事实与查明的事实不符的，人民法院不予确认。

第九十三条 下列事实，当事人无须举证证明：

（一）自然规律以及定理、定律；

（二）众所周知的事实；

（三）根据法律规定推定的事实；

（四）根据已知的事实和日常生活经验法则推定出的另一事实；

（五）已为人民法院发生法律效力的裁判所确认的事实；

（六）已为仲裁机构生效裁决所确认的事实；

（七）已为有效公证文书所证明的事实。

前款第二项至第四项规定的事实，当事人有相反证据足以反驳的除外；第五项至第七项规定的事实，当事人有相反证据足以推翻的除外。

第九十四条 民事诉讼法第六十四条第二款规定的当事人及其诉讼代理人因客观原因不能自行收集的证据包括：

（一）证据由国家有关部门保存，当事人及其诉讼代理人无权查阅调取的；

（二）涉及国家秘密、商业秘密或者个人隐私的；

（三）当事人及其诉讼代理人因客观原因不能自行收集的其他证据。

当事人及其诉讼代理人因客观原因不能自行收集的证据，可以在举证期限届满前书面申请人民法院调查收集。

第九十五条 当事人申请调查收集的证据，与待证事实无关联、对证明待证事实无意义或者其他无调查收集必要的，人民法院不予准许。

第九十六条 民事诉讼法第六十四条第二款规定的人民法院认为审理案件需要的证据包括：

（一）涉及可能损害国家利益、社会公共利益的；

（二）涉及身份关系的；

（三）涉及民事诉讼法第五十五条规定诉讼的；

（四）当事人有恶意串通损害他人合法权益可能的；

（五）涉及依职权追加当事人、中止诉讼、终结诉讼、回避等程序性事项的。

除前款规定外，人民法院调查收集证据，应当依照当事人的申请进行。

第九十七条 人民法院调查收集证据，应当由两人以上共同进行。调查材料要由调查人、被调查人、记录人签名、捺印或者盖章。

第九十八条 当事人根据民事诉讼法第八十一条第一款规定申请证据保全的，可以在举证期限届满前书面提出。

证据保全可能对他人造成损失的，人民法院应当责令申请人提供相应的担保。

第九十九条 人民法院应当在审理前的准备阶段确定当事人的举证期限。

举证期限可以由当事人协商，并经人民法院准许。

人民法院确定举证期限，第一审普通程序案件不得少于十五日，当事人提供新的证据的第二审案件不得少于十日。

举证期限届满后，当事人对已经提供的证据，申请提供反驳证据或者对证据来源、形式等方面的瑕疵进行补正的，人民法院可以酌情再次确定举证期限，该期限不受前款规定的限制。

第一百条 当事人申请延长举证期限的，应当在举证期限届满前向人民法院提出书面申请。

申请理由成立的，人民法院应当准许，适当延长举证期限，并通知其他当事人。延长的举证期限适用于其他当事人。

申请理由不成立的，人民法院不予准许，并通知申请人。

第一百零一条 当事人逾期提供证据的，人民法院应当责令其说明理由，必要时可以要求其提供相应的证据。

当事人因客观原因逾期提供证据，或者对方当事人对逾期提供证据未提出异议的，视为未逾期。

第一百零二条 当事人因故意或者重大过失逾期提供的证据，人民法院不予采纳。但该证据与案件基本事实有关的，人民法院应当采纳，并依照民事诉讼法第六十五条、第一百一十五条第一款的规定予以训诫、罚款。

当事人非因故意或者重大过失逾期提供的证据，人民法院应当采纳，并对当事人予以训诫。

当事人一方要求另一方赔偿因逾期提供证据致使其增加的交通、住宿、就餐、误工、证人出庭作证等必要费用的，人民法院可予支持。

第一百零八条 对负有举证证明责任的当事人提供的证据，人民法院经审查并结合相关事实，确信待证事实的存在具有高度可能性的，应当认定该事实存在。

对一方当事人为反驳负有举证证明责任的当事人所主张事实而提供的证据，人民法院经审查并结合相关事实，认为待证事实真伪不明的，应当认定该事实不存在。

法律对于待证事实所应达到的证明标准另有规定的，从其规定。

第一百零九条 当事人对欺诈、胁迫、恶意串通事实的证明，以及对口头遗嘱或者赠与事实的证明，人民法院确信该待证事实存在的可能性能够排除合理怀疑的，应当认定该事实存在。

第一百一十条 人民法院认为有必要的，可以要求当事人本人到庭，就案件有关事实接受询问。在询问当事人之前，可以要求其签署保证书。

保证书应当载明据实陈述、如有虚假陈述愿意接受处罚等内容。当事人应当在保证书上签名或者捺印。

负有举证证明责任的当事人拒绝到庭、拒绝接受询问或者拒绝签署保证书，待证事实又欠缺其他证据证明的，人民法院对其主张的事实不予认定。

第一百一十一条 民事诉讼法第七十条规定的提交书证原件确有困难，包括下列情形：

（一）书证原件遗失、灭失或者毁损的；

（二）原件在对方当事人控制之下，经合法通知提交而拒不提交的；

（三）原件在他人控制之下，而其有权不提交的；

（四）原件因篇幅或者体积过大而不便提交的；

（五）承担举证证明责任的当事人通过申请人民法院调查收集或者其他方式无法获得书证原件的。

前款规定情形，人民法院应当结合其他证据和案件具体情况，审查判断书证复制品等能否作为认定案件事实的根据。

第一百一十二条 书证在对方当事人控制之下的，承担举证证明责任的当事人可以在举证期限届满前书面申请人民法院责令对方当事人提交。

申请理由成立的，人民法院应当责令对方当事人提交，因提交书证所产生的费用，由申请人负担。对方当事人无正当理由拒不提交的，人民法院可以认定申请人所主张的书证内容为真实。

第一百一十三条 持有书证的当事人以妨碍对方当事人使用为目的，毁灭有关书证或者实施其他致使书证不能使用行为的，人民法院可以依照民事诉讼法第一百一十一条规定，对其处以罚款、拘留。

第一百一十四条 国家机关或者其他依法具有社会管理职能的组织，在其职权范围内制作的文书所记载的事项推定为真实，但有相反证据足以推翻的除外。必要时,人民法院可以要求制作文书的机关或者组织对文书的真实性予以说明。

第一百一十五条 单位向人民法院提出的证明材料,应当由单位负责人及制作证明材料的人员签名或者盖章,并加盖单位印章。人民法院就单位出具的证明材料,可以向单位及制作证明材料的人员进行调查核实。必要时,可以要求制作证明材料的人员出庭作证。

单位及制作证明材料的人员拒绝人民法院调查核实,或者制作证明材料的人员无正当理由拒绝出庭作证的,该证明材料不得作为认定案件事实的根据。

第一百一十六条 视听资料包括录音资料和影像资料。

电子数据是指通过电子邮件、电子数据交换、网上聊天记录、博客、微博客、手机短信、电子签名、域名等形成或者存储在电子介质中的信息。

存储在电子介质中的录音资料和影像资料,适用电子数据的规定。

第一百一十七条 当事人申请证人出庭作证的,应当在举证期限届满前提出。

符合本解释第九十六条第一款规定情形的,人民法院可以依职权通知证人出庭作证。

未经人民法院通知,证人不得出庭作证,但双方当事人同意并经人民法院准许的除外。

第一百一十八条 民事诉讼法第七十四条规定的证人因履行出庭作证义务而支出的交通、住宿、就餐等必要费用,按照机关事业单位工作人员差旅费用和补贴标准计算;误工损失按照国家上年度职工日平均工资标准计算。

人民法院准许证人出庭作证申请的,应当通知申请人预缴证人出庭作证费用。

第一百一十九条 人民法院在证人出庭作证前应当告知其如实作证的义务以及作伪证的法律后果,并责令其签署保证书,但无民事行为能力人和限制民事行为能力人除外。

证人签署保证书适用本解释关于当事人签署保证书的规定。

第一百二十条 证人拒绝签署保证书的,不得作证,并自行承担相关费用。

第一百二十一条 当事人申请鉴定,可以在举证期限届满前提出。申请鉴定的事项与待证事实无关联,或者对证明待证事实无意义的,人民法院不予准许。

人民法院准许当事人鉴定申请的,应当组织双方当事人协商确定具备相应资格的鉴定人。当事人协商不成的,由人民法院指定。

符合依职权调查收集证据条件的,人民法院应当依职权委托鉴定,在询问当事人的意见后,指定具备相应资格的鉴定人。

第一百二十二条 当事人可以依照民事诉讼法第七十九条的规定,在举证期限届满前申请一至二名具有专门知识的人出庭,代表当事人对鉴定意见进行质证,或者对案件事实所涉及的专业问题提出意见。

具有专门知识的人在法庭上就专业问题提出的意见,视为当事人的陈述。

人民法院准许当事人申请的,相关费用由提出申请的当事人负担。

第一百二十三条 人民法院可以对出庭的具有专门知识的人进行询问。经法庭准许,当事人可以对出庭的具有专门知识的人进行询问,当事人各自申请的具有专门知识的人可以就案件中的有关问题进行对质。

具有专门知识的人不得参与专业问题之外的法庭审理活动。

第一百二十四条 人民法院认为有必要的,可以根据当事人的申请或者依职权对物证或者现场进行勘验。勘验时应当保护他人的隐私和尊严。

人民法院可以要求鉴定人参与勘验。必要时,可以要求鉴定人在勘验中进行鉴定。

最高人民法院关于审理人身损害赔偿案件适用法律若干问题的解释(节录)

(2003年12月4日最高人民法院审判委员会第1299次会议通过
2003年12月26日公布 法释〔2003〕20号 自2004年5月1日起施行)

第一条 因生命、健康、身体遭受侵害,赔偿权利人起诉请求赔偿义务人赔偿财产损失和精神损害的,人民法院应予受理。

本条所称"赔偿权利人",是指因侵权行为或者其他致害原因直接遭受人身损害的受害人、依法由受害人承担扶养义务的被扶养人以及死亡受害人的近亲属。

本条所称"赔偿义务人",是指因自己或者他人的侵权行为以及其他致害原因依法应当承担民事责任的自然人、法人或者其他组织。

第二条 受害人对同一损害的发生或者扩大有故意、过失的,依照民法通则第一百三十一条的规定,可以减轻或者免除赔偿义务人的赔偿责任。但侵权人因故意或者重大过失致人损害,受害人只有一般过失的,不减轻赔偿义务人的赔偿责任。

适用民法通则第一百零六条第三款规定确定赔偿义务人的赔偿责任时,受害人有重大过失的,可以减轻赔偿义务人的赔偿责任。

第三条 二人以上共同故意或者共同过失致人损害,或者虽无共同故意、共同过失,但其侵害行为直接结合发生同一损害后果的,构成共同侵权,应当依照民法通则第一百三十条规定承担连带责任。

二人以上没有共同故意或者共同过失,但其分别实施的数个行为间接结合发生同一损害后果的,应当根据过失大小或者原因力比例各自承担相应的赔偿责任。

第五条 赔偿权利人起诉部分共同侵权人的,人民法院应当追加其他共同侵权人作为共同被告。赔偿权利人在诉讼中放弃对部分共同侵权人的诉讼请求的,其他共同侵权人对被放弃诉讼请求的被告应当承担的赔偿份额不承担连带责任。责任范围难以确定的,推定各共同侵权人承担同等责任。

人民法院应当将放弃诉讼请求的法律后果告知赔偿权利人,并将放弃诉讼请求的情况在法律文书中叙明。

第十七条 受害人遭受人身损害,因就医治疗支出的各项费用以及因误工减少的收入,包括医疗费、误工费、护理费、交通费、住宿费、住院伙食补助费、必要的营养费,赔偿义务人应当予以赔偿。

受害人因伤致残的,其因增加生活上需要所支出的必要费用以及因丧失劳动能力导致的收入损失,包括残疾赔偿金、残疾辅助器具费、被扶养人生活费,以及因康复护理、继续治疗实际发生的必要的康复费、护理费、后续治疗费，赔偿义务人也应当予以赔偿。

受害人死亡的，赔偿义务人除应当根据抢救治疗情况赔偿本条第一款规定的相关费用外，还应当赔偿丧葬费、被扶养人生活费、死亡补偿费以及受害人亲属办理丧葬事宜支出的交通费、住宿费和误工损失等其他合理费用。

第十八条 受害人或者死者近亲属遭受精神损害，赔偿权利人向人民法院请求赔偿精神损害抚慰金的，适用《最高人民法院关于确定民事侵权精神损害赔偿责任若干问题的解释》予以确定。

精神损害抚慰金的请求权，不得让与或者继承。但赔偿义务人已经以书面方式承诺给予金钱赔偿，或者赔偿权利人已经向人民法院起诉的除外。

第十九条 医疗费根据医疗机构出具的医药费、住院费等收款凭证，结合病历和诊断证明等相关证据确定。赔偿义务人对治疗的必要性和合理性有异议的，应当承担相应的举证责任。

医疗费的赔偿数额，按照一审法庭辩论终结前实际发生的数额确定。器官功能恢复训练所必要的康复费、适当的整容费以及其他后续治疗费，赔偿权利人可以待实际发生后另行起诉。但根据医疗证明或者鉴定结论确定必然发生的费用，可以与已经发生的医疗费一并予以赔偿。

第二十条 误工费根据受害人的误工时间和收入状况确定。

误工时间根据受害人接受治疗的医疗机构出具的证明确定。受害人因伤致残持续误工的，误工时间可以计算至定残日前一天。

受害人有固定收入的，误工费按照实际减少的收入计算。受害人无固定收入的，按照其最近三年的平均收入计算；受害人不能举证证明其最近三年的平均收入状况的，可以参照受诉法院所在地相同或者相近行业上一年度职工的平均工资计算。

第二十一条 护理费根据护理人员的收入状况和护理人数、护理期限确定。

护理人员有收入的，参照误工费的规定计算；护理人员没有收入或者雇佣护工的，参照当地护工从事同等级别护理的劳务报酬标准计算。护理人员原则上为一人，但医疗机构或者鉴定机构有明确意见的，可以参照确定护理人员人数。

护理期限应计算至受害人恢复生活自理能力时止。受害人因残疾不能恢复生活自理能力的,可以根据其年龄、健康状况等因素确定合理的护理期限,但最长不超过二十年。

受害人定残后的护理,应当根据其护理依赖程度并结合配制残疾辅助器具的情况确定护理级别。

第二十二条 交通费根据受害人及其必要的陪护人员因就医或者转院治疗实际发生的费用计算。交通费应当以正式票据为凭;有关凭据应当与就医地点、时间、人数、次数相符合。

第二十三条 住院伙食补助费可以参照当地国家机关一般工作人员的出差伙食补助标准予以确定。

受害人确有必要到外地治疗,因客观原因不能住院,受害人本人及其陪护人员实际发生的住宿费和伙食费,其合理部分应予赔偿。

第二十四条 营养费根据受害人伤残情况参照医疗机构的意见确定。

第二十五条 残疾赔偿金根据受害人丧失劳动能力程度或者伤残等级,按照受诉法院所在地上一年度城镇居民人均可支配收入或者农村居民人均纯收入标准,自定残之日起按二十年计算。但六十周岁以上的,年龄每增加一岁减少一年;七十五周岁以上的,按五年计算。

受害人因伤致残但实际收入没有减少,或者伤残等级较轻但造成职业妨害严重影响其劳动就业的,可以对残疾赔偿金作相应调整。

第二十六条 残疾辅助器具费按照普通适用器具的合理费用标准计算。伤情有特殊需要的,可以参照辅助器具配制机构的意见确定相应的合理费用标准。

辅助器具的更换周期和赔偿期限参照配制机构的意见确定。

第二十七条 丧葬费按照受诉法院所在地上一年度职工月平均工资标准,以六个月总额计算。

第二十八条 被扶养人生活费根据扶养人丧失劳动能力程度,按照受诉法院所在地上一年度城镇居民人均消费性支出和农村居民人均年生活消费支出标准计算。被扶养人为未成年人的,计算至十八周岁;被扶养人无劳动能力又无其他生活来源的,计算二十年。但六十周岁以上的,年龄每增加一岁减少一年;七十五周岁以上的,按五年计算。

被扶养人是指受害人依法应当承担扶养义务的未成年人或者丧失劳动能力又无其他生活来源的成年近亲属。被扶养人还有其他扶养人的,赔偿义务人只赔偿受害人依法应当负担的部分。被扶养人有数人的,年赔偿总额累计不超过上一年度城镇居民人均消费性支出额或者农村居民人均年生活消费支出额。

第二十九条 死亡赔偿金按照受诉法院所在地上一年度城镇居民人均可支配收入或者农村居民人均纯收入标准,按二十年计算。但六十周岁以上的,年龄每增加一岁减少一年;七十五周岁以上的,按五年计算。

第三十条 赔偿权利人举证证明其住所地或者经常居住地城镇居民人均可支配收入或者农村居民人均纯收入高于受诉法院所在地标准的,残疾赔偿金或者死亡赔偿金可以按照其住所地或者经常居住地的相关标准计算。

被扶养人生活费的相关计算标准,依照前款原则确定。

第三十一条 人民法院应当按照民法通则第一百三十一条以及本解释第二条的规定,确定第十九条至第二十九条各项财产损失的实际赔偿金额。

前款确定的物质损害赔偿金与按照第十八条第一款规定确定的精神损害抚慰金,原则上应当一次性给付。

第三十二条 超过确定的护理期限、辅助器具费给付年限或者残疾赔偿金给付年限,赔偿权利人向人民法院起诉请求继续给付护理费、辅助器具费或者残疾赔偿金的,人民法院应予受理。赔偿权利人确需继续护理、配制辅助器具,或者没有劳动能力和生活来源的,人民法院应当判令赔偿义务人继续给付相关费用五至十年。

第三十三条 赔偿义务人请求以定期金方式给付残疾赔偿金、被扶养人生活费、残疾辅助器具费的,应当提供相应的担保。人民法院可以根据赔偿义务人的给付能力和提供担保的情况,确定以定期金方式给付相关费用。但一审法庭辩论终结前已经发生的费用、死亡赔偿金以及精神损害抚慰金,应当一次性给付。

第三十四条 人民法院应当在法律文书中明确定期金的给付时间、方式以及每期给付标准。执行期间有关统计数据发生变化的,给付金额应当适时进行相应调整。

定期金按照赔偿权利人的实际生存年限给付,不受本解释有关赔偿期限的限制。

第三十五条 本解释所称"城镇居民人均可支配收入"、"农村居民人均纯收入"、"城镇居民人均消费性支出"、"农村居民人均年生活消费支出"、"职工平均工资",按照政府统计部门公布的各省、自治区、直辖市以及经济特区和计划单列市上一年度相关统计数据确定。

"上一年度",是指一审法庭辩论终结时的上一统计年度。

最高人民法院关于审理食品药品纠纷案件适用法律若干问题的规定

(2013年12月9日最高人民法院审判委员会第1599次会议通过
2013年12月23日公布 法释〔2013〕28号 自2014年3月15日起施行)

为正确审理食品药品纠纷案件,根据《中华人民共和国侵权责任法》《中华人民共和国合同法》《中华人民共和国消费者权益保护法》《中华人民共和国食品安全法》《中华人民共和国民事诉讼法》等法律的规定,结合审判实践,制定本规定。

第一条 消费者因食品、药品纠纷提起民事诉讼,符合民事诉讼法规定受理条件的,人民法院应予受理。

第二条 因食品、药品存在质量问题造成消费者损害,消费者可以分别起诉或者同时起诉销售者和生产者。

消费者仅起诉销售者或者生产者的,必要时人民法院可以追加相关当事人参加诉讼。

第三条 因食品、药品质量问题发生纠纷,购买者向生产者、销售者主张权利,生产者、销售者以购买者明知食品、药品存在质量问题而仍然购买为由进行抗辩的，人民法院不予支持。

第四条 食品、药品生产者、销售者提供给消费者的食品或者药品的赠品发生质量安全问题，造成消费者损害，消费者主张权利，生产者、销售者以消费者未对赠品支付对价为由进行免责抗辩的，人民法院不予支持。

第五条 消费者举证证明所购买食品、药品的事实以及所购食品、药品不符合合同的约定，主张食品、药品的生产者、销售者承担违约责任的，人民法院应予支持。

消费者举证证明因食用食品或者使用药品受到损害，初步证明损害与食用食品或者使用药品存在因果关系，并请求食品、药品的生产者、销售者承担侵权责任的，人民法院应予支持，但食品、药品的生产者、销售者能证明损害不是因产品不符合质量标准造成的除外。

第六条 食品的生产者与销售者应当对于食品符合质量标准承担举证责任。认定食品是否合格，应当以国家标准为依据；没有国家标准的，应当以地方标准为依据；没有国家标准、地方标准的，应当以企业标准为依据。食品的生产者采用的标准高于国家标准、地方标准的，应当以企业标准为依据。没有前述标准的，应当以食品安全法的相关规定为依据。

第七条 食品、药品虽在销售前取得检验合格证明，且食用或者使用时尚在保质期内，但经检验确认产品不合格，生产者或者销售者以该食品、药品具有检验合格证明为由进行抗辩的，人民法院不予支持。

第八条 集中交易市场的开办者、柜台出租者、展销会举办者未履行食品安全法规定的审查、检查、管理等义务，发生食品安全事故，致使消费者遭受人身损害，消费者请求集中交易市场的开办者、柜台出租者、展销会举办者承担连带责任的，人民法院应予支持。

第九条 消费者通过网络交易平台购买食品、药品遭受损害，网络交易平台提供者不能提供食品、药品的生产者或者销售者的真实名称、地址与有效联系方式，消费者请求网络交易平台提供者承担责任的，人民法院应予支持。

网络交易平台提供者承担赔偿责任后，向生产者或者销售者行使追偿权的，人民法院应予支持。

网络交易平台提供者知道或者应当知道食品、药品的生产者、销售者利用其平台侵害消费者合法权益，未采取必要措施，给消费者造成损害，消费者要求其与生产者、销售者承担连带责任的，人民法院应予支持。

第十条 未取得食品生产资质与销售资质的个人、企业或者其他组织，挂靠具有相应资质的生产者与销售者，生产、销售食品，造成消费者损害，消费者请求挂靠者与被挂靠者承担连带责任的，人民法院应予支持。

消费者仅起诉挂靠者或者被挂靠者的，必要时人民法院可以追加相关当事人参加诉讼。

第十一条 消费者因虚假广告推荐的食品、药品存在质量问题遭受损害，依据消费者权益保护法等法律相关规定请求广告经营者、广告发布者承担连带责任的，人民法院应予支持。

社会团体或者其他组织、个人，在虚假广告中向消费者推荐食品、药品，使消费者遭受损害，消费者依据消费者权益保护法等法律相关规定请求其与食品、药品的生产者、销售者承担连带责任的，人民法院应予支持。

第十二条 食品、药品检验机构故意出具虚假检验报告，造成消费者损害，消费者请求其承担连带责任的，人民法院应予支持。

食品、药品检验机构因过失出具不实检验报告，造成消费者损害，消费者请求其承担相应责任的，人民法院应予支持。

第十三条 食品认证机构故意出具虚假认证，造成消费者损害，消费者请求其承担连带责任的，人民法院应予支持。

食品认证机构因过失出具不实认证，造成消费者损害，消费者请求其承担相应责任的，人民法院应予支持。

第十四条 生产、销售的食品、药品存在质量问题，生产者与销售者需同时承担民事责任、行政责任和刑事责任，其财产不足以支付，当事人依照侵权责任法等有关法律规定，请求食品、药品的生产者、销售者首先承担民事责任的，人民法院应予支持。

第十五条 生产不符合安全标准的食品或者销售明知是不符合安全标准的食品，消费者除要求赔偿损失外，向生产者、销售者主张支付价款十倍赔偿金或者依照法律规定的其他赔偿标准要求赔偿的，人民法院应予支持。

第十六条 食品、药品的生产者与销售者以格式合同、通知、声明、告示等方式作出排除或者限制消费者权利,减轻或者免除经营者责任、加重消费者责任等对消费者不公平、不合理的规定,消费者依法请求认定该内容无效的,人民法院应予支持。

第十七条 消费者与化妆品、保健品等产品的生产者、销售者、广告经营者、广告发布者、推荐者、检验机构等主体之间的纠纷,参照适用本规定。

消费者协会依法提起公益诉讼的,参照适用本规定。

第十八条 本规定施行后人民法院正在审理的一审、二审案件适用本规定。

本规定施行前已经终审,本规定施行后当事人申请再审或者按照审判监督程序决定再审的案件,不适用本规定。

最高人民法院关于确定民事侵权精神损害赔偿责任若干问题的解释

(2001 年 2 月 26 日最高人民法院审判委员会第 1161 次会议通过
2001 年 3 月 8 日公布　法释〔2001〕7 号　自 2001 年 3 月 10 日起施行)

为在审理民事侵权案件中正确确定精神损害赔偿责任,根据《中华人民共和国民法通则》等有关法律规定,结合审判实践经验,对有关问题作如下解释:

第一条 自然人因下列人格权利遭受非法侵害,向人民法院起诉请求赔偿精神损害的,人民法院应当依法予以受理:

(一)生命权、健康权、身体权;

(二)姓名权、肖像权、名誉权、荣誉权;

(三)人格尊严权、人身自由权。

违反社会公共利益、社会公德侵害他人隐私或者其他人格利益,受害人以侵权为由向人民法院起诉请求赔偿精神损害的,人民法院应当依法予以受理。

第二条 非法使被监护人脱离监护,导致亲子关系或者近亲属间的亲属关系遭受严重损害,监护人向人民法院起诉请求赔偿精神损害的,人民法院应当依法予以受理。

第三条 自然人死亡后，其近亲属因下列侵权行为遭受精神痛苦，向人民法院起诉请求赔偿精神损害的，人民法院应当依法予以受理：

（一）以侮辱、诽谤、贬损、丑化或者违反社会公共利益、社会公德的其他方式，侵害死者姓名、肖像、名誉、荣誉；

（二）非法披露、利用死者隐私，或者以违反社会公共利益、社会公德的其他方式侵害死者隐私；

（三）非法利用、损害遗体、遗骨，或者以违反社会公共利益、社会公德的其他方式侵害遗体、遗骨。

第四条 具有人格象征意义的特定纪念物品，因侵权行为而永久性灭失或者毁损，物品所有人以侵权为由，向人民法院起诉请求赔偿精神损害的，人民法院应当依法予以受理。

第五条 法人或者其他组织以人格权利遭受侵害为由，向人民法院起诉请求赔偿精神损害的，人民法院不予受理。

第六条 当事人在侵权诉讼中没有提出赔偿精神损害的诉讼请求，诉讼终结后又基于同一侵权事实另行起诉请求赔偿精神损害的，人民法院不予受理。

第七条 自然人因侵权行为致死，或者自然人死亡后其人格或者遗体遭受侵害，死者的配偶、父母和子女向人民法院起诉请求赔偿精神损害的，列其配偶、父母和子女为原告；没有配偶、父母和子女的，可以由其他近亲属提起诉讼，列其他近亲属为原告。

第八条 因侵权致人精神损害，但未造成严重后果，受害人请求赔偿精神损害的，一般不予支持，人民法院可以根据情形判令侵权人停止侵害、恢复名誉、消除影响、赔礼道歉。

因侵权致人精神损害，造成严重后果的，人民法院除判令侵权人承担停止侵害、恢复名誉、消除影响、赔礼道歉等民事责任外，可以根据受害人一方的请求判令其赔偿相应的精神损害抚慰金。

第九条 精神损害抚慰金包括以下方式：

（一）致人残疾的，为残疾赔偿金；

（二）致人死亡的，为死亡赔偿金；

(三)其他损害情形的精神抚慰金。

第十条 精神损害的赔偿数额根据以下因素确定:

(一)侵权人的过错程度,法律另有规定的除外;

(二)侵害的手段、场合、行为方式等具体情节;

(三)侵权行为所造成的后果;

(四)侵权人的获利情况;

(五)侵权人承担责任的经济能力;

(六)受诉法院所在地平均生活水平。

法律、行政法规对残疾赔偿金、死亡赔偿金等有明确规定的,适用法律、行政法规的规定。

第十一条 受害人对损害事实和损害后果的发生有过错的,可以根据其过错程度减轻或者免除侵权人的精神损害赔偿责任。

第十二条 在本解释公布施行之前已经生效施行的司法解释,其内容有与本解释不一致的,以本解释为准。

最高人民法院关于适用《中华人民共和国侵权责任法》若干问题的通知

(2010 年 6 月 30 日 法发〔2010〕23 号)

各省、自治区、直辖市高级人民法院,解放军军事法院,新疆维吾尔自治区高级人民法院生产建设兵团分院:

《中华人民共和国侵权责任法》(以下简称侵权责任法),自 2010 年 7 月 1 日起施行。为了正确适用侵权责任法,现就有关问题通知如下:

一、侵权责任法施行后发生的侵权行为引起的民事纠纷案件,适用侵权责任法的规定。侵权责任法施行前发生的侵权行为引起的民事纠纷案件,适用当时的法律规定。

二、侵权行为发生在侵权责任法施行前,但损害后果出现在侵权责任法施行后的民事纠纷案件,适用侵权责任法的规定。

三、人民法院适用侵权责任法审理民事纠纷案件,根据当事人的申请或者依职权决定进行医疗损害鉴定的,按照《全国人民代表大会常务委员会关于司法鉴定管理问题的决定》、《人民法院对外委托司法鉴定管理规定》及国家有关部门的规定组织鉴定。

四、人民法院适用侵权责任法审理民事纠纷案件,如受害人有被抚养人的,应当依据《最高人民法院关于审理人身损害赔偿案件适用法律若干问题的解释》第二十八条的规定,将被抚养人生活费计入残疾赔偿金或死亡赔偿金。

各级人民法院在适用侵权责任法过程中遇到的其他重大问题,请及时层报我院。

中华人民共和国执业医师法(节录)

(1998年6月26日第九届全国人民代表大会常务委员会第三次会议通过　2009年8月27日第十一届全国人民代表大会常务委员会第十次会议《关于修改部分法律的决定》修正)

第二条　依法取得执业医师资格或者执业助理医师资格,经注册在医疗、预防、保健机构中执业的专业医务人员,适用本法。

本法所称医师,包括执业医师和执业助理医师。

第十四条　医师经注册后,可以在医疗、预防、保健机构中按照注册的执业地点、执业类别、执业范围执业,从事相应的医疗、预防、保健业务。

未经医师注册取得执业证书,不得从事医师执业活动。

第十五条　有下列情形之一的,不予注册:

(一)不具有完全民事行为能力的;

(二)因受刑事处罚,自刑罚执行完毕之日起至申请注册之日止不满二年的;

(三)受吊销医师执业证书行政处罚,自处罚决定之日起至申请注册之日止不满二年的；

（四）有国务院卫生行政部门规定不宜从事医疗、预防、保健业务的其他情形的。

受理申请的卫生行政部门对不符合条件不予注册的，应当自收到申请之日起三十日内书面通知申请人，并说明理由。申请人有异议的，可以自收到通知之日起十五日内，依法申请复议或者向人民法院提起诉讼。

第十六条 医师注册后有下列情形之一的，其所在的医疗、预防、保健机构应当在三十日内报告准予注册的卫生行政部门，卫生行政部门应当注销注册，收回医师执业证书：

（一）死亡或者被宣告失踪的；

（二）受刑事处罚的；

（三）受吊销医师执业证书行政处罚的；

（四）依照本法第三十一条规定暂停执业活动期满，再次考核仍不合格的；

（五）中止医师执业活动满二年的；

（六）有国务院卫生行政部门规定不宜从事医疗、预防、保健业务的其他情形的。

被注销注册的当事人有异议的，可以自收到注销注册通知之日起十五日内，依法申请复议或者向人民法院提起诉讼。

第十七条 医师变更执业地点、执业类别、执业范围等注册事项的，应当到准予注册的卫生行政部门依照本法第十三条的规定办理变更注册手续。

第二十一条 医师在执业活动中享有下列权利：

（一）在注册的执业范围内，进行医学诊查、疾病调查、医学处置、出具相应的医学证明文件，选择合理的医疗、预防、保健方案；

（二）按照国务院卫生行政部门规定的标准，获得与本人执业活动相当的医疗设备基本条件；

（三）从事医学研究、学术交流，参加专业学术团体；

（四）参加专业培训，接受继续医学教育；

（五）在执业活动中，人格尊严、人身安全不受侵犯；

（六）获取工资报酬和津贴，享受国家规定的福利待遇；

（七）对所在机构的医疗、预防、保健工作和卫生行政部门的工作提出意见和建议，依法参与所在机构的民主管理。

第二十二条 医师在执业活动中履行下列义务：

（一）遵守法律、法规，遵守技术操作规范；

（二）树立敬业精神，遵守职业道德，履行医师职责，尽职尽责为患者服务；

（三）关心、爱护、尊重患者，保护患者的隐私；

（四）努力钻研业务，更新知识，提高专业技术水平；

（五）宣传卫生保健知识，对患者进行健康教育。

第二十三条 医师实施医疗、预防、保健措施，签署有关医学证明文件，必须亲自诊查、调查，并按照规定及时填写医学文书，不得隐匿、伪造或者销毁医学文书及有关资料。

医师不得出具与自己执业范围无关或者与执业类别不相符的医学证明文件。

第二十四条 对急危患者，医师应当采取紧急措施进行诊治；不得拒绝急救处置。

第二十五条 医师应当使用经国家有关部门批准使用的药品、消毒药剂和医疗器械。

除正当诊断治疗外，不得使用麻醉药品、医疗用毒性药品、精神药品和放射性药品。

第二十六条 医师应当如实向患者或者其家属介绍病情，但应注意避免对患者产生不利后果。

医师进行实验性临床医疗，应当经医院批准并征得患者本人或者其家属同意。

第三十条 执业助理医师应当在执业医师的指导下，在医疗、预防、保健机构中按照其执业类别执业。

在乡、民族乡、镇的医疗、预防、保健机构中工作的执业助理医师，可以根据医疗诊治的情况和需要，独立从事一般的执业活动。

第四十四条 计划生育技术服务机构中的医师，适用本法。

中华人民共和国药品管理法(节录)

(1984年9月20日第六届全国人民代表大会常务委员会第七次会议通过　2001年2月28日第九届全国人民代表大会常务委员会第二十次会议修订　根据2013年12月28日第十二届全国人民代表大会常务委员会第六次会议《关于修改〈中华人民共和国海洋环境保护法〉等七部法律的决定》第一次修正　根据2015年4月24日第十二届全国人民代表大会常务委员会第十四次会议《关于修改〈中华人民共和国药品管理法〉的决定》第二次修正)

第二章　药品生产企业管理

第七条　开办药品生产企业,须经企业所在地省、自治区、直辖市人民政府药品监督管理部门批准并发给《药品生产许可证》。无《药品生产许可证》的,不得生产药品。

《药品生产许可证》应当标明有效期和生产范围,到期重新审查发证。

药品监督管理部门批准开办药品生产企业,除依据本法第八条规定的条件外,还应当符合国家制定的药品行业发展规划和产业政策,防止重复建设。

第八条　开办药品生产企业,必须具备以下条件:

(一)具有依法经过资格认定的药学技术人员、工程技术人员及相应的技术工人;

(二)具有与其药品生产相适应的厂房、设施和卫生环境;

(三)具有能对所生产药品进行质量管理和质量检验的机构、人员以及必要的仪器设备;

(四)具有保证药品质量的规章制度。

第九条　药品生产企业必须按照国务院药品监督管理部门依据本法制定的《药品生产质量管理规范》组织生产。药品监督管理部门按照规定对药品生产企业是否符合《药品生产质量管理规范》的要求进行认证；对认证合格的，发给认证证书。

《药品生产质量管理规范》的具体实施办法、实施步骤由国务院药品监督管理部门规定。

第十条 除中药饮片的炮制外，药品必须按照国家药品标准和国务院药品监督管理部门批准的生产工艺进行生产，生产记录必须完整准确。药品生产企业改变影响药品质量的生产工艺的，必须报原批准部门审核批准。

中药饮片必须按照国家药品标准炮制；国家药品标准没有规定的，必须按照省、自治区、直辖市人民政府药品监督管理部门制定的炮制规范炮制。省、自治区、直辖市人民政府药品监督管理部门制定的炮制规范应当报国务院药品监督管理部门备案。

第十一条 生产药品所需的原料、辅料，必须符合药用要求。

第十二条 药品生产企业必须对其生产的药品进行质量检验；不符合国家药品标准或者不按照省、自治区、直辖市人民政府药品监督管理部门制定的中药饮片炮制规范炮制的，不得出厂。

第十三条 经省、自治区、直辖市人民政府药品监督管理部门批准，药品生产企业可以接受委托生产药品。

第三章 药品经营企业管理

第十四条 开办药品批发企业，须经企业所在地省、自治区、直辖市人民政府药品监督管理部门批准并发给《药品经营许可证》；开办药品零售企业，须经企业所在地县级以上地方药品监督管理部门批准并发给《药品经营许可证》。无《药品经营许可证》的，不得经营药品。

《药品经营许可证》应当标明有效期和经营范围，到期重新审查发证。

药品监督管理部门批准开办药品经营企业，除依据本法第十五条规定的条件外，还应当遵循合理布局和方便群众购药的原则。

第十五条 开办药品经营企业必须具备以下条件：

（一）具有依法经过资格认定的药学技术人员；

（二）具有与所经营药品相适应的营业场所、设备、仓储设施、卫生环境；

（三）具有与所经营药品相适应的质量管理机构或者人员；

（四）具有保证所经营药品质量的规章制度。

第十六条 药品经营企业必须按照国务院药品监督管理部门依据本法制定的《药品经营质量管理规范》经营药品。药品监督管理部门按照规定对药品经营企业是否符合《药品经营质量管理规范》的要求进行认证；对认证合格的，发给认证证书。

《药品经营质量管理规范》的具体实施办法、实施步骤由国务院药品监督管理部门规定。

第十七条 药品经营企业购进药品，必须建立并执行进货检查验收制度，验明药品合格证明和其他标识；不符合规定要求的，不得购进。

第十八条 药品经营企业购销药品，必须有真实完整的购销记录。购销记录必须注明药品的通用名称、剂型、规格、批号、有效期、生产厂商、购（销）货单位、购（销）货数量、购销价格、购（销）货日期及国务院药品监督管理部门规定的其他内容。

第十九条 药品经营企业销售药品必须准确无误，并正确说明用法、用量和注意事项；调配处方必须经过核对，对处方所列药品不得擅自更改或者代用。对有配伍禁忌或者超剂量的处方，应当拒绝调配；必要时，经处方医师更正或者重新签字，方可调配。

药品经营企业销售中药材，必须标明产地。

第二十条 药品经营企业必须制定和执行药品保管制度，采取必要的冷藏、防冻、防潮、防虫、防鼠等措施，保证药品质量。

药品入库和出库必须执行检查制度。

第二十一条 城乡集市贸易市场可以出售中药材，国务院另有规定的除外。

城乡集市贸易市场不得出售中药材以外的药品，但持有《药品经营许可证》的药品零售企业在规定的范围内可以在城乡集市贸易市场设点出售中药材以外的药品。具体办法由国务院规定。

第四章　医疗机构的药剂管理

第二十二条 医疗机构必须配备依法经过资格认定的药学技术人员。非药学技术人员不得直接从事药剂技术工作。

第二十三条 医疗机构配制制剂，须经所在地省、自治区、直辖市人民政府卫生行政部门审核同意，由省、自治区、直辖市人民政府药品监督管理部门批准，发给《医疗机构制剂许可证》。无《医疗机构制剂许可证》的，不得配制制剂。

《医疗机构制剂许可证》应当标明有效期，到期重新审查发证。

第二十四条 医疗机构配制制剂，必须具有能够保证制剂质量的设施、管理制度、检验仪器和卫生条件。

第二十五条 医疗机构配制的制剂，应当是本单位临床需要而市场上没有供应的品种，并须经所在地省、自治区、直辖市人民政府药品监督管理部门批准后方可配制。配制的制剂必须按照规定进行质量检验；合格的，凭医师处方在本医疗机构使用。特殊情况下，经国务院或者省、自治区、直辖市人民政府的药品监督管理部门批准，医疗机构配制的制剂可以在指定的医疗机构之间调剂使用。

医疗机构配制的制剂，不得在市场销售。

第二十六条 医疗机构购进药品，必须建立并执行进货检查验收制度，验明药品合格证明和其他标识；不符合规定要求的，不得购进和使用。

第二十七条 医疗机构的药剂人员调配处方，必须经过核对，对处方所列药品不得擅自更改或者代用。对有配伍禁忌或者超剂量的处方，应当拒绝调配；必要时，经处方医师更正或者重新签字，方可调配。

第二十八条 医疗机构必须制定和执行药品保管制度，采取必要的冷藏、防冻、防潮、防虫、防鼠等措施，保证药品质量。

第五章 药品管理

第二十九条 研制新药，必须按照国务院药品监督管理部门的规定如实报送研制方法、质量指标、药理及毒理试验结果等有关资料和样品，经国务院药品监督管理部门批准后，方可进行临床试验。药物临床试验机构资格的认定办法，由国务院药品监督管理部门、国务院卫生行政部门共同制定。

完成临床试验并通过审批的新药，由国务院药品监督管理部门批准，发给新药证书。

第三十条 药物的非临床安全性评价研究机构和临床试验机构必须分别执行药物非临床研究质量管理规范、药物临床试验质量管理规范。

药物非临床研究质量管理规范、药物临床试验质量管理规范由国务院确定的部门制定。

第三十一条 生产新药或者已有国家标准的药品的,须经国务院药品监督管理部门批准,并发给药品批准文号;但是,生产没有实施批准文号管理的中药材和中药饮片除外。实施批准文号管理的中药材、中药饮片品种目录由国务院药品监督管理部门会同国务院中医药管理部门制定。

药品生产企业在取得药品批准文号后,方可生产该药品。

第三十二条 药品必须符合国家药品标准。中药饮片依照本法第十条第二款的规定执行。

国务院药品监督管理部门颁布的《中华人民共和国药典》和药品标准为国家药品标准。

国务院药品监督管理部门组织药典委员会,负责国家药品标准的制定和修订。

国务院药品监督管理部门的药品检验机构负责标定国家药品标准品、对照品。

第三十三条 国务院药品监督管理部门组织药学、医学和其他技术人员,对新药进行审评,对已经批准生产的药品进行再评价。

第三十四条 药品生产企业、药品经营企业、医疗机构必须从具有药品生产、经营资格的企业购进药品;但是,购进没有实施批准文号管理的中药材除外。

第三十五条 国家对麻醉药品、精神药品、医疗用毒性药品、放射性药品,实行特殊管理。管理办法由国务院制定。

第三十六条 国家实行中药品种保护制度。具体办法由国务院制定。

第三十七条 国家对药品实行处方药与非处方药分类管理制度。具体办法由国务院制定。

第三十八条 禁止进口疗效不确、不良反应大或者其他原因危害人体健康的药品。

第三十九条　药品进口，须经国务院药品监督管理部门组织审查，经审查确认符合质量标准、安全有效的，方可批准进口，并发给进口药品注册证书。

医疗单位临床急需或者个人自用进口的少量药品，按照国家有关规定办理进口手续。

第四十条　药品必须从允许药品进口的口岸进口，并由进口药品的企业向口岸所在地药品监督管理部门登记备案。海关凭药品监督管理部门出具的《进口药品通关单》放行。无《进口药品通关单》的，海关不得放行。

口岸所在地药品监督管理部门应当通知药品检验机构按照国务院药品监督管理部门的规定对进口药品进行抽查检验，并依照本法第四十一条第二款的规定收取检验费。

允许药品进口的口岸由国务院药品监督管理部门会同海关总署提出，报国务院批准。

第四十一条　国务院药品监督管理部门对下列药品在销售前或者进口时，指定药品检验机构进行检验；检验不合格的，不得销售或者进口：

（一）国务院药品监督管理部门规定的生物制品；

（二）首次在中国销售的药品；

（三）国务院规定的其他药品。

前款所列药品的检验费项目和收费标准由国务院财政部门会同国务院价格主管部门核定并公告。检验费收缴办法由国务院财政部门会同国务院药品监督管理部门制定。

第四十二条　国务院药品监督管理部门对已经批准生产或者进口的药品，应当组织调查；对疗效不确、不良反应大或者其他原因危害人体健康的药品，应当撤销批准文号或者进口药品注册证书。

已被撤销批准文号或者进口药品注册证书的药品，不得生产或者进口、销售和使用；已经生产或者进口的，由当地药品监督管理部门监督销毁或者处理。

第四十三条　国家实行药品储备制度。

国内发生重大灾情、疫情及其他突发事件时，国务院规定的部门可以紧急调用企业药品。

第四十四条 对国内供应不足的药品,国务院有权限制或者禁止出口。

第四十五条 进口、出口麻醉药品和国家规定范围内的精神药品,必须持有国务院药品监督管理部门发给的《进口准许证》、《出口准许证》。

第四十六条 新发现和从国外引种的药材,经国务院药品监督管理部门审核批准后,方可销售。

第四十七条 地区性民间习用药材的管理办法,由国务院药品监督管理部门会同国务院中医药管理部门制定。

第四十八条 禁止生产(包括配制,下同)、销售假药。

有下列情形之一的,为假药:

(一)药品所含成份与国家药品标准规定的成份不符的;

(二)以非药品冒充药品或者以他种药品冒充此种药品的。

有下列情形之一的药品,按假药论处:

(一)国务院药品监督管理部门规定禁止使用的;

(二)依照本法必须批准而未经批准生产、进口,或者依照本法必须检验而未经检验即销售的;

(三)变质的;

(四)被污染的;

(五)使用依照本法必须取得批准文号而未取得批准文号的原料药生产的;

(六)所标明的适应证或者功能主治超出规定范围的。

第四十九条 禁止生产、销售劣药。

药品成份的含量不符合国家药品标准的,为劣药。

有下列情形之一的药品,按劣药论处:

(一)未标明有效期或者更改有效期的;

(二)不注明或者更改生产批号的;

(三)超过有效期的;

(四)直接接触药品的包装材料和容器未经批准的;

(五)擅自添加着色剂、防腐剂、香料、矫味剂及辅料的;

(六)其他不符合药品标准规定的。

第五十条 列入国家药品标准的药品名称为药品通用名称。已经作为药品通用名称的，该名称不得作为药品商标使用。

第五十一条 药品生产企业、药品经营企业和医疗机构直接接触药品的工作人员，必须每年进行健康检查。患有传染病或者其他可能污染药品的疾病的，不得从事直接接触药品的工作。

第六章 药品包装的管理

第五十二条 直接接触药品的包装材料和容器，必须符合药用要求，符合保障人体健康、安全的标准，并由药品监督管理部门在审批药品时一并审批。

药品生产企业不得使用未经批准的直接接触药品的包装材料和容器。

对不合格的直接接触药品的包装材料和容器，由药品监督管理部门责令停止使用。

第五十三条 药品包装必须适合药品质量的要求，方便储存、运输和医疗使用。

发运中药材必须有包装。在每件包装上，必须注明品名、产地、日期、调出单位，并附有质量合格的标志。

第五十四条 药品包装必须按照规定印有或者贴有标签并附有说明书。

标签或者说明书上必须注明药品的通用名称、成份、规格、生产企业、批准文号、产品批号、生产日期、有效期、适应证或者功能主治、用法、用量、禁忌、不良反应和注意事项。

麻醉药品、精神药品、医疗用毒性药品、放射性药品、外用药品和非处方药的标签，必须印有规定的标志。

第七章 药品价格和广告的管理

第五十五条 依法实行市场调节价的药品，药品的生产企业、经营企业和医疗机构应当按照公平、合理和诚实信用、质价相符的原则制定价格，为用药者提供价格合理的药品。

药品的生产企业、经营企业和医疗机构应当遵守国务院价格主管部门关于药价管理的规定，制定和标明药品零售价格，禁止暴利和损害用药者利益的价格欺诈行为。

第五十六条 药品的生产企业、经营企业、医疗机构应当依法向政府价格主管部门提供其药品的实际购销价格和购销数量等资料。

第五十七条 医疗机构应当向患者提供所用药品的价格清单;医疗保险定点医疗机构还应当按照规定的办法如实公布其常用药品的价格,加强合理用药的管理。具体办法由国务院卫生行政部门规定。

第五十八条 禁止药品的生产企业、经营企业和医疗机构在药品购销中帐外暗中给予、收受回扣或者其他利益。

禁止药品的生产企业、经营企业或者其代理人以任何名义给予使用其药品的医疗机构的负责人、药品采购人员、医师等有关人员以财物或者其他利益。禁止医疗机构的负责人、药品采购人员、医师等有关人员以任何名义收受药品的生产企业、经营企业或者其代理人给予的财物或者其他利益。

第五十九条 药品广告须经企业所在地省、自治区、直辖市人民政府药品监督管理部门批准,并发给药品广告批准文号;未取得药品广告批准文号的,不得发布。

处方药可以在国务院卫生行政部门和国务院药品监督管理部门共同指定的医学、药学专业刊物上介绍,但不得在大众传播媒介发布广告或者以其他方式进行以公众为对象的广告宣传。

第六十条 药品广告的内容必须真实、合法,以国务院药品监督管理部门批准的说明书为准,不得含有虚假的内容。

药品广告不得含有不科学的表示功效的断言或者保证;不得利用国家机关、医药科研单位、学术机构或者专家、学者、医师、患者的名义和形象作证明。

非药品广告不得有涉及药品的宣传。

第六十一条 省、自治区、直辖市人民政府药品监督管理部门应当对其批准的药品广告进行检查,对于违反本法和《中华人民共和国广告法》的广告,应当向广告监督管理机关通报并提出处理建议,广告监督管理机关应当依法作出处理。

第六十二条 药品价格和广告,本法未规定的,适用《中华人民共和国价格法》、《中华人民共和国广告法》的规定。

第八章　药品监督

第六十三条　药品监督管理部门有权按照法律、行政法规的规定对报经其审批的药品研制和药品的生产、经营以及医疗机构使用药品的事项进行监督检查，有关单位和个人不得拒绝和隐瞒。

药品监督管理部门进行监督检查时，必须出示证明文件，对监督检查中知悉的被检查人的技术秘密和业务秘密应当保密。

第六十四条　药品监督管理部门根据监督检查的需要，可以对药品质量进行抽查检验。抽查检验应当按照规定抽样，并不得收取任何费用。所需费用按照国务院规定列支。

药品监督管理部门对有证据证明可能危害人体健康的药品及其有关材料可以采取查封、扣押的行政强制措施，并在七日内作出行政处理决定；药品需要检验的，必须自检验报告书发出之日起十五日内作出行政处理决定。

第六十五条　国务院和省、自治区、直辖市人民政府的药品监督管理部门应当定期公告药品质量抽查检验的结果；公告不当的，必须在原公告范围内予以更正。

第六十六条　当事人对药品检验机构的检验结果有异议的，可以自收到药品检验结果之日起七日内向原药品检验机构或者上一级药品监督管理部门设置或者确定的药品检验机构申请复验，也可以直接向国务院药品监督管理部门设置或者确定的药品检验机构申请复验。受理复验的药品检验机构必须在国务院药品监督管理部门规定的时间内作出复验结论。

第六十七条　药品监督管理部门应当按照规定，依据《药品生产质量管理规范》、《药品经营质量管理规范》，对经其认证合格的药品生产企业、药品经营企业进行认证后的跟踪检查。

第六十八条　地方人民政府和药品监督管理部门不得以要求实施药品检验、审批等手段限制或者排斥非本地区药品生产企业依照本法规定生产的药品进入本地区。

第六十九条　药品监督管理部门及其设置的药品检验机构和确定的专业从事药品检验的机构不得参与药品生产经营活动，不得以其名义推荐或者监制、监销药品。

药品监督管理部门及其设置的药品检验机构和确定的专业从事药品检验的机构的工作人员不得参与药品生产经营活动。

第七十条 国家实行药品不良反应报告制度。药品生产企业、药品经营企业和医疗机构必须经常考察本单位所生产、经营、使用的药品质量、疗效和反应。发现可能与用药有关的严重不良反应,必须及时向当地省、自治区、直辖市人民政府药品监督管理部门和卫生行政部门报告。具体办法由国务院药品监督管理部门会同国务院卫生行政部门制定。

对已确认发生严重不良反应的药品,国务院或者省、自治区、直辖市人民政府的药品监督管理部门可以采取停止生产、销售、使用的紧急控制措施,并应当在五日内组织鉴定,自鉴定结论作出之日起十五日内依法作出行政处理决定。

第七十一条 药品生产企业、药品经营企业和医疗机构的药品检验机构或者人员,应当接受当地药品监督管理部门设置的药品检验机构的业务指导。

第十章 附 则

第一百条 本法下列用语的含义是:

药品,是指用于预防、治疗、诊断人的疾病,有目的地调节人的生理机能并规定有适应证或者功能主治、用法和用量的物质,包括中药材、中药饮片、中成药、化学原料药及其制剂、抗生素、生化药品、放射性药品、血清、疫苗、血液制品和诊断药品等。

辅料,是指生产药品和调配处方时所用的赋形剂和附加剂。

药品生产企业,是指生产药品的专营企业或者兼营企业。

药品经营企业,是指经营药品的专营企业或者兼营企业。

第一百零一条 中药材的种植、采集和饲养的管理办法,由国务院另行制定。

第一百零二条 国家对预防性生物制品的流通实行特殊管理。具体办法由国务院制定。

第一百零三条 中国人民解放军执行本法的具体办法,由国务院、中央军事委员会依据本法制定。

第一百零四条 本法自 2001 年 12 月 1 日起施行。

医疗事故处理条例(节录)

(2002年4月4日国务院令第351号公布
自2002年9月1日起施行)

第二章　医疗事故的预防与处置

第五条　医疗机构及其医务人员在医疗活动中,必须严格遵守医疗卫生管理法律、行政法规、部门规章和诊疗护理规范、常规,恪守医疗服务职业道德。

第六条　医疗机构应当对其医务人员进行医疗卫生管理法律、行政法规、部门规章和诊疗护理规范、常规的培训和医疗服务职业道德教育。

第七条　医疗机构应当设置医疗服务质量监控部门或者配备专(兼)职人员,具体负责监督本医疗机构的医务人员的医疗服务工作,检查医务人员执业情况,接受患者对医疗服务的投诉,向其提供咨询服务。

第八条　医疗机构应当按照国务院卫生行政部门规定的要求,书写并妥善保管病历资料。

因抢救急危患者,未能及时书写病历的,有关医务人员应当在抢救结束后6小时内据实补记,并加以注明。

第九条　严禁涂改、伪造、隐匿、销毁或者抢夺病历资料。

第十条　患者有权复印或者复制其门诊病历、住院志、体温单、医嘱单、化验单(检验报告)、医学影像检查资料、特殊检查同意书、手术同意书、手术及麻醉记录单、病理资料、护理记录以及国务院卫生行政部门规定的其他病历资料。

患者依照前款规定要求复印或者复制病历资料的,医疗机构应当提供复印或者复制服务并在复印或者复制的病历资料上加盖证明印记。复印或者复制病历资料时,应当有患者在场。

医疗机构应患者的要求,为其复印或者复制病历资料,可以按照规定收取工本费。具体收费标准由省、自治区、直辖市人民政府价格主管部门会同同级卫生行政部门规定。

第十一条　在医疗活动中，医疗机构及其医务人员应当将患者的病情、医疗措施、医疗风险等如实告知患者，及时解答其咨询；但是，应当避免对患者产生不利后果。

第十二条　医疗机构应当制定防范、处理医疗事故的预案，预防医疗事故的发生，减轻医疗事故的损害。

第十三条　医务人员在医疗活动中发生或者发现医疗事故、可能引起医疗事故的医疗过失行为或者发生医疗事故争议的，应当立即向所在科室负责人报告，科室负责人应当及时向本医疗机构负责医疗服务质量监控的部门或者专（兼）职人员报告；负责医疗服务质量监控的部门或者专（兼）职人员接到报告后，应当立即进行调查、核实，将有关情况如实向本医疗机构的负责人报告，并向患者通报、解释。

第十四条　发生医疗事故的，医疗机构应当按照规定向所在地卫生行政部门报告。

发生下列重大医疗过失行为的，医疗机构应当在 12 小时内向所在地卫生行政部门报告：

（一）导致患者死亡或者可能为二级以上的医疗事故；

（二）导致 3 人以上人身损害后果；

（三）国务院卫生行政部门和省、自治区、直辖市人民政府卫生行政部门规定的其他情形。

第十五条　发生或者发现医疗过失行为，医疗机构及其医务人员应当立即采取有效措施，避免或者减轻对患者身体健康的损害，防止损害扩大。

第十六条　发生医疗事故争议时，死亡病例讨论记录、疑难病例讨论记录、上级医师查房记录、会诊意见、病程记录应当在医患双方在场的情况下封存和启封。封存的病历资料可以是复印件，由医疗机构保管。

第十七条　疑似输液、输血、注射、药物等引起不良后果的，医患双方应当共同对现场实物进行封存和启封，封存的现场实物由医疗机构保管；需要检验的，应当由双方共同指定的、依法具有检验资格的检验机构进行检验；双方无法共同指定时，由卫生行政部门指定。

疑似输血引起不良后果,需要对血液进行封存保留的,医疗机构应当通知提供该血液的采供血机构派员到场。

第十八条 患者死亡,医患双方当事人不能确定死因或者对死因有异议的,应当在患者死亡后48小时内进行尸检;具备尸体冻存条件的,可以延长至7日。尸检应当经死者近亲属同意并签字。

尸检应当由按照国家有关规定取得相应资格的机构和病理解剖专业技术人员进行。承担尸检任务的机构和病理解剖专业技术人员有进行尸检的义务。

医疗事故争议双方当事人可以请法医病理学人员参加尸检,也可以委派代表观察尸检过程。拒绝或者拖延尸检,超过规定时间,影响对死因判定的,由拒绝或者拖延的一方承担责任。

第十九条 患者在医疗机构内死亡的,尸体应当立即移放太平间。死者尸体存放时间一般不得超过2周。逾期不处理的尸体,经医疗机构所在地卫生行政部门批准,并报经同级公安部门备案后,由医疗机构按照规定进行处理。

第三章 医疗事故的技术鉴定

第二十条 卫生行政部门接到医疗机构关于重大医疗过失行为的报告或者医疗事故争议当事人要求处理医疗事故争议的申请后,对需要进行医疗事故技术鉴定的,应当交由负责医疗事故技术鉴定工作的医学会组织鉴定;医患双方协商解决医疗事故争议,需要进行医疗事故技术鉴定的,由双方当事人共同委托负责医疗事故技术鉴定工作的医学会组织鉴定。

第二十一条 设区的市级地方医学会和省、自治区、直辖市直接管辖的县(市)地方医学会负责组织首次医疗事故技术鉴定工作。省、自治区、直辖市地方医学会负责组织再次鉴定工作。

必要时,中华医学会可以组织疑难、复杂并在全国有重大影响的医疗事故争议的技术鉴定工作。

第二十二条 当事人对首次医疗事故技术鉴定结论不服的,可以自收到首次鉴定结论之日起15日内向医疗机构所在地卫生行政部门提出再次鉴定的申请。

第二十三条 负责组织医疗事故技术鉴定工作的医学会应当建立专家库。

专家库由具备下列条件的医疗卫生专业技术人员组成：

（一）有良好的业务素质和执业品德；

（二）受聘于医疗卫生机构或者医学教学、科研机构并担任相应专业高级技术职务3年以上。

符合前款第（一）项规定条件并具备高级技术任职资格的法医可以受聘进入专家库。

负责组织医疗事故技术鉴定工作的医学会依照本条例规定聘请医疗卫生专业技术人员和法医进入专家库，可以不受行政区域的限制。

第二十四条 医疗事故技术鉴定，由负责组织医疗事故技术鉴定工作的医学会组织专家鉴定组进行。

参加医疗事故技术鉴定的相关专业的专家，由医患双方在医学会主持下从专家库中随机抽取。在特殊情况下，医学会根据医疗事故技术鉴定工作的需要，可以组织医患双方在其他医学会建立的专家库中随机抽取相关专业的专家参加鉴定或者函件咨询。

符合本条例第二十三条规定条件的医疗卫生专业技术人员和法医有义务受聘进入专家库，并承担医疗事故技术鉴定工作。

第二十五条 专家鉴定组进行医疗事故技术鉴定，实行合议制。专家鉴定组人数为单数，涉及的主要学科的专家一般不得少于鉴定组成员的二分之一；涉及死因、伤残等级鉴定的，并应当从专家库中随机抽取法医参加专家鉴定组。

第二十六条 专家鉴定组成员有下列情形之一的，应当回避，当事人也可以以口头或者书面的方式申请其回避：

（一）是医疗事故争议当事人或者当事人的近亲属的；

（二）与医疗事故争议有利害关系的；

（三）与医疗事故争议当事人有其他关系，可能影响公正鉴定的。

第二十七条 专家鉴定组依照医疗卫生管理法律、行政法规、部门规章和诊疗护理规范、常规，运用医学科学原理和专业知识，独立进行医疗事故技术鉴定，对医疗事故进行鉴别和判定，为处理医疗事故争议提供医学依据。

任何单位或者个人不得干扰医疗事故技术鉴定工作，不得威胁、利诱、辱骂、殴打专家鉴定组成员。

专家鉴定组成员不得接受双方当事人的财物或者其他利益。

第二十八条 负责组织医疗事故技术鉴定工作的医学会应当自受理医疗事故技术鉴定之日起5日内通知医疗事故争议双方当事人提交进行医疗事故技术鉴定所需的材料。

当事人应当自收到医学会的通知之日起10日内提交有关医疗事故技术鉴定的材料、书面陈述及答辩。医疗机构提交的有关医疗事故技术鉴定的材料应当包括下列内容：

（一）住院患者的病程记录、死亡病例讨论记录、疑难病例讨论记录、会诊意见、上级医师查房记录等病历资料原件；

（二）住院患者的住院志、体温单、医嘱单、化验单（检验报告）、医学影像检查资料、特殊检查同意书、手术同意书、手术及麻醉记录单、病理资料、护理记录等病历资料原件；

（三）抢救急危患者，在规定时间内补记的病历资料原件；

（四）封存保留的输液、注射用物品和血液、药物等实物，或者依法具有检验资格的检验机构对这些物品、实物作出的检验报告；

（五）与医疗事故技术鉴定有关的其他材料。

在医疗机构建有病历档案的门诊、急诊患者，其病历资料由医疗机构提供；没有在医疗机构建立病历档案的，由患者提供。

医患双方应当依照本条例的规定提交相关材料。医疗机构无正当理由未依照本条例的规定如实提供相关材料，导致医疗事故技术鉴定不能进行的，应当承担责任。

第二十九条 负责组织医疗事故技术鉴定工作的医学会应当自接到当事人提交的有关医疗事故技术鉴定的材料、书面陈述及答辩之日起45日内组织鉴定并出具医疗事故技术鉴定书。

负责组织医疗事故技术鉴定工作的医学会可以向双方当事人调查取证。

第三十条 专家鉴定组应当认真审查双方当事人提交的材料，听取双方当事人的陈述及答辩并进行核实。

双方当事人应当按照本条例的规定如实提交进行医疗事故技术鉴定所需要的材料，并积极配合调查。当事人任何一方不予配合，影响医疗事故技术鉴定的，由不予配合的一方承担责任。

第三十一条 专家鉴定组应当在事实清楚、证据确凿的基础上，综合分析患者的病情和个体差异，作出鉴定结论，并制作医疗事故技术鉴定书。鉴定结论以专家鉴定组成员的过半数通过。鉴定过程应当如实记载。

医疗事故技术鉴定书应当包括下列主要内容：

（一）双方当事人的基本情况及要求；

（二）当事人提交的材料和负责组织医疗事故技术鉴定工作的医学会的调查材料；

（三）对鉴定过程的说明；

（四）医疗行为是否违反医疗卫生管理法律、行政法规、部门规章和诊疗护理规范、常规；

（五）医疗过失行为与人身损害后果之间是否存在因果关系；

（六）医疗过失行为在医疗事故损害后果中的责任程度；

（七）医疗事故等级；

（八）对医疗事故患者的医疗护理医学建议。

第三十二条 医疗事故技术鉴定办法由国务院卫生行政部门制定。

第三十三条 有下列情形之一的，不属于医疗事故：

（一）在紧急情况下为抢救垂危患者生命而采取紧急医学措施造成不良后果的；

（二）在医疗活动中由于患者病情异常或者患者体质特殊而发生医疗意外的；

（三）在现有医学科学技术条件下，发生无法预料或者不能防范的不良后果的；

（四）无过错输血感染造成不良后果的；

（五）因患方原因延误诊疗导致不良后果的；

（六）因不可抗力造成不良后果的。

第三十四条 医疗事故技术鉴定，可以收取鉴定费用。经鉴定，属于医疗事故的，鉴定费用由医疗机构支付；不属于医疗事故的，鉴定费用由提出医疗事故处理申请的一方支付。鉴定费用标准由省、自治区、直辖市人民政府价格主管部门会同同级财政部门、卫生行政部门规定。

第四章　医疗事故的行政处理与监督

第三十五条　卫生行政部门应当依照本条例和有关法律、行政法规、部门规章的规定，对发生医疗事故的医疗机构和医务人员作出行政处理。

第三十六条　卫生行政部门接到医疗机构关于重大医疗过失行为的报告后，除责令医疗机构及时采取必要的医疗救治措施，防止损害后果扩大外，应当组织调查，判定是否属于医疗事故；对不能判定是否属于医疗事故的，应当依照本条例的有关规定交由负责医疗事故技术鉴定工作的医学会组织鉴定。

第三十七条　发生医疗事故争议，当事人申请卫生行政部门处理的，应当提出书面申请。申请书应当载明申请人的基本情况、有关事实、具体请求及理由等。

当事人自知道或者应当知道其身体健康受到损害之日起 1 年内，可以向卫生行政部门提出医疗事故争议处理申请。

第三十八条　发生医疗事故争议，当事人申请卫生行政部门处理的，由医疗机构所在地的县级人民政府卫生行政部门受理。医疗机构所在地是直辖市的，由医疗机构所在地的区、县人民政府卫生行政部门受理。

有下列情形之一的，县级人民政府卫生行政部门应当自接到医疗机构的报告或者当事人提出医疗事故争议处理申请之日起 7 日内移送上一级人民政府卫生行政部门处理：

（一）患者死亡；

（二）可能为二级以上的医疗事故；

（三）国务院卫生行政部门和省、自治区、直辖市人民政府卫生行政部门规定的其他情形。

第三十九条　卫生行政部门应当自收到医疗事故争议处理申请之日起 10 日内进行审查，作出是否受理的决定。对符合本条例规定，予以受理，需要进行医疗事故技术鉴定的，应当自作出受理决定之日起 5 日内将有关材料交由负责医疗事故技术鉴定工作的医学会组织鉴定并书面通知申请人；对不符合本条例规定，不予受理的，应当书面通知申请人并说明理由。

当事人对首次医疗事故技术鉴定结论有异议，申请再次鉴定的，卫生行政部门应当自收到申请之日起 7 日内交由省、自治区、直辖市地方医学会组织再次鉴定。

第四十条 当事人既向卫生行政部门提出医疗事故争议处理申请，又向人民法院提起诉讼的，卫生行政部门不予受理；卫生行政部门已经受理的，应当终止处理。

第四十一条 卫生行政部门收到负责组织医疗事故技术鉴定工作的医学会出具的医疗事故技术鉴定书后，应当对参加鉴定的人员资格和专业类别、鉴定程序进行审核；必要时，可以组织调查，听取医疗事故争议双方当事人的意见。

第四十二条 卫生行政部门经审核，对符合本条例规定作出的医疗事故技术鉴定结论，应当作为对发生医疗事故的医疗机构和医务人员作出行政处理以及进行医疗事故赔偿调解的依据；经审核，发现医疗事故技术鉴定不符合本条例规定的，应当要求重新鉴定。

第四十三条 医疗事故争议由双方当事人自行协商解决的，医疗机构应当自协商解决之日起 7 日内向所在地卫生行政部门作出书面报告，并附具协议书。

第四十四条 医疗事故争议经人民法院调解或者判决解决的，医疗机构应当自收到生效的人民法院的调解书或者判决书之日起 7 日内向所在地卫生行政部门作出书面报告，并附具调解书或者判决书。

第四十五条 县级以上地方人民政府卫生行政部门应当按照规定逐级将当地发生的医疗事故以及依法对发生医疗事故的医疗机构和医务人员作出行政处理的情况，上报国务院卫生行政部门。

第六章 罚 则

第五十三条 卫生行政部门的工作人员在处理医疗事故过程中违反本条例的规定，利用职务上的便利收受他人财物或者其他利益，滥用职权，玩忽职守，或者发现违法行为不予查处，造成严重后果的，依照刑法关于受贿罪、滥用职权罪、玩忽职守罪或者其他有关罪的规定，依法追究刑事责任；尚不够刑事处罚的,依法给予降级或者撤职的行政处分。

第五十四条 卫生行政部门违反本条例的规定,有下列情形之一的,由上级卫生行政部门给予警告并责令限期改正;情节严重的,对负有责任的主管人员和其他直接责任人员依法给予行政处分:

(一)接到医疗机构关于重大医疗过失行为的报告后,未及时组织调查的;

(二)接到医疗事故争议处理申请后,未在规定时间内审查或者移送上一级人民政府卫生行政部门处理的;

(三)未将应当进行医疗事故技术鉴定的重大医疗过失行为或者医疗事故争议移交医学会组织鉴定的;

(四)未按照规定逐级将当地发生的医疗事故以及依法对发生医疗事故的医疗机构和医务人员的行政处理情况上报的;

(五)未依照本条例规定审核医疗事故技术鉴定书的。

第五十五条 医疗机构发生医疗事故的,由卫生行政部门根据医疗事故等级和情节,给予警告;情节严重的,责令限期停业整顿直至由原发证部门吊销执业许可证,对负有责任的医务人员依照刑法关于医疗事故罪的规定,依法追究刑事责任;尚不够刑事处罚的,依法给予行政处分或者纪律处分。

对发生医疗事故的有关医务人员,除依照前款处罚外,卫生行政部门并可以责令暂停6个月以上1年以下执业活动;情节严重的,吊销其执业证书。

第五十六条 医疗机构违反本条例的规定,有下列情形之一的,由卫生行政部门责令改正;情节严重的,对负有责任的主管人员和其他直接责任人员依法给予行政处分或者纪律处分:

(一)未如实告知患者病情、医疗措施和医疗风险的;

(二)没有正当理由,拒绝为患者提供复印或者复制病历资料服务的;

(三)未按照国务院卫生行政部门规定的要求书写和妥善保管病历资料的;

(四)未在规定时间内补记抢救工作病历内容的;

(五)未按照本条例的规定封存、保管和启封病历资料和实物的;

(六)未设置医疗服务质量监控部门或者配备专(兼)职人员的;

(七)未制定有关医疗事故防范和处理预案的;

(八)未在规定时间内向卫生行政部门报告重大医疗过失行为的;

（九）未按照本条例的规定向卫生行政部门报告医疗事故的；

（十）未按照规定进行尸检和保存、处理尸体的。

第五十七条 参加医疗事故技术鉴定工作的人员违反本条例的规定，接受申请鉴定双方或者一方当事人的财物或者其他利益，出具虚假医疗事故技术鉴定书，造成严重后果的，依照刑法关于受贿罪的规定，依法追究刑事责任；尚不够刑事处罚的，由原发证部门吊销其执业证书或者资格证书。

第五十八条 医疗机构或者其他有关机构违反本条例的规定，有下列情形之一的，由卫生行政部门责令改正，给予警告；对负有责任的主管人员和其他直接责任人员依法给予行政处分或者纪律处分；情节严重的，由原发证部门吊销其执业证书或者资格证书：

（一）承担尸检任务的机构没有正当理由，拒绝进行尸检的；

（二）涂改、伪造、隐匿、销毁病历资料的。

第五十九条 以医疗事故为由，寻衅滋事、抢夺病历资料，扰乱医疗机构正常医疗秩序和医疗事故技术鉴定工作，依照刑法关于扰乱社会秩序罪的规定，依法追究刑事责任；尚不够刑事处罚的，依法给予治安管理处罚。

第七章 附 则

第六十条 本条例所称医疗机构，是指依照《医疗机构管理条例》的规定取得《医疗机构执业许可证》的机构。

县级以上城市从事计划生育技术服务的机构依照《计划生育技术服务管理条例》的规定开展与计划生育有关的临床医疗服务，发生的计划生育技术服务事故，依照本条例的有关规定处理；但是，其中不属于医疗机构的县级以上城市从事计划生育技术服务的机构发生的计划生育技术服务事故，由计划生育行政部门行使依照本条例有关规定由卫生行政部门承担的受理、交由负责医疗事故技术鉴定工作的医学会组织鉴定和赔偿调解的职能；对发生计划生育技术服务事故的该机构及其有关责任人员，依法进行处理。

第六十一条 非法行医，造成患者人身损害，不属于医疗事故，触犯刑律的，依法追究刑事责任；有关赔偿，由受害人直接向人民法院提起诉讼。

医疗机构管理条例(节录)

(1994 年 2 月 26 日国务院令第 149 号公布　根据 2016 年 2 月 6 日国务院令第 666 号《国务院关于修改部分行政法规的决定》修改)

第二条　本条例适用于从事疾病诊断、治疗活动的医院、卫生院、疗养院、门诊部、诊所、卫生所(室)以及急救站等医疗机构。

第三条　医疗机构以救死扶伤,防病治病,为公民的健康服务为宗旨。

第十七条　医疗机构的执业登记,由批准其设置的人民政府卫生行政部门办理。

按照本条例第十三条规定设置的医疗机构的执业登记,由所在地的省、自治区、直辖市人民政府卫生行政部门办理。

机关、企业和事业单位设置的为内部职工服务的门诊部、诊所、卫生所(室)的执业登记,由所在地的县级人民政府卫生行政部门办理。

第二十条　医疗机构改变名称、场所、主要负责人、诊疗科目、床位,必须向原登记机关办理变更登记。

第二十一条　医疗机构歇业,必须向原登记机关办理注销登记。经登记机关核准后,收缴《医疗机构执业许可证》。

医疗机构非因改建、扩建、迁建原因停业超过 1 年的,视为歇业。

第二十四条　任何单位或者个人,未取得《医疗机构执业许可证》,不得开展诊疗活动。

第二十五条　医疗机构执业,必须遵守有关法律、法规和医疗技术规范。

第二十六条　医疗机构必须将《医疗机构执业许可证》、诊疗科目、诊疗时间和收费标准悬挂于明显处所。

第二十七条　医疗机构必须按照核准登记的诊疗科目开展诊疗活动。

第二十八条　医疗机构不得使用非卫生技术人员从事医疗卫生技术工作。

第三十一条　医疗机构对危重病人应当立即抢救。对限于设备或者技术条件不能诊治的病人，应当及时转诊。

第三十二条 未经医师（士）亲自诊查病人，医疗机构不得出具疾病诊断书、健康证明书或者死亡证明书等证明文件；未经医师（士）、助产人员亲自接产，医疗机构不得出具出生证明书或者死产报告书。

第三十三条 医疗机构施行手术、特殊检查或者特殊治疗时，必须征得患者同意，并应当取得其家属或者关系人同意并签字；无法取得患者意见时，应当取得家属或者关系人同意并签字；无法取得患者意见又无家属或者关系人在场，或者遇到其他特殊情况时，经治医师应当提出医疗处置方案，在取得医疗机构负责人或者被授权负责人员的批准后实施。

第三十四条 医疗机构发生医疗事故，按照国家有关规定处理。

第三十五条 医疗机构对传染病、精神病、职业病等患者的特殊诊治和处理，应当按照国家有关法律、法规的规定办理。

医疗器械监督管理条例（节录）

（2000年1月4日国务院令第276号公布 根据2014年3月7日国务院令第650号第一次修订 根据2017年5月4日《国务院关于修改〈医疗器械监督管理条例〉的决定》第二次修订）

第一章 总 则

第四条 国家对医疗器械按照风险程度实行分类管理。

第一类是风险程度低，实行常规管理可以保证其安全、有效的医疗器械。

第二类是具有中度风险，需要严格控制管理以保证其安全、有效的医疗器械。

第三类是具有较高风险，需要采取特别措施严格控制管理以保证其安全、有效的医疗器械。

评价医疗器械风险程度，应当考虑医疗器械的预期目的、结构特征、使用方法等因素。

国务院食品药品监督管理部门负责制定医疗器械的分类规则和分类目录，并根据医疗器械生产、经营、使用情况，及时对医疗器械的风险变化进行分析、评价，对分类目录进行调整。制定、调整分类目录，应当充分听取医疗器械生产经营企业以及使用单位、行业组织的意见，并参考国际医疗器械分类实践。医疗器械分类目录应当向社会公布。

第五条 医疗器械的研制应当遵循安全、有效和节约的原则。国家鼓励医疗器械的研究与创新，发挥市场机制的作用，促进医疗器械新技术的推广和应用，推动医疗器械产业的发展。

第六条 医疗器械产品应当符合医疗器械强制性国家标准；尚无强制性国家标准的，应当符合医疗器械强制性行业标准。

一次性使用的医疗器械目录由国务院食品药品监督管理部门会同国务院卫生计生主管部门制定、调整并公布。重复使用可以保证安全、有效的医疗器械，不列入一次性使用的医疗器械目录。对因设计、生产工艺、消毒灭菌技术等改进后重复使用可以保证安全、有效的医疗器械，应当调整出一次性使用的医疗器械目录。

第三章 医疗器械生产

第二十条 从事医疗器械生产活动，应当具备下列条件：

（一）有与生产的医疗器械相适应的生产场地、环境条件、生产设备以及专业技术人员；

（二）有对生产的医疗器械进行质量检验的机构或者专职检验人员以及检验设备；

（三）有保证医疗器械质量的管理制度；

（四）有与生产的医疗器械相适应的售后服务能力；

（五）产品研制、生产工艺文件规定的要求。

第二十一条 从事第一类医疗器械生产的，由生产企业向所在地设区的市级人民政府食品药品监督管理部门备案并提交其符合本条例第二十条规定条件的证明资料。

第二十二条 从事第二类、第三类医疗器械生产的，生产企业应当向所在地省、自治区、直辖市人民政府食品药品监督管理部门申请生产许可并提交其符合本条例第二十条规定条件的证明资料以及所生产医疗器械的注册证。

受理生产许可申请的食品药品监督管理部门应当自受理之日起30个工作日内对申请资料进行审核，按照国务院食品药品监督管理部门制定的医疗器械生产质量管理规范的要求进行核查。对符合规定条件的，准予许可并发给医疗器械生产许可证；对不符合规定条件的，不予许可并书面说明理由。

医疗器械生产许可证有效期为5年。有效期届满需要延续的，依照有关行政许可的法律规定办理延续手续。

第二十三条 医疗器械生产质量管理规范应当对医疗器械的设计开发、生产设备条件、原材料采购、生产过程控制、企业的机构设置和人员配备等影响医疗器械安全、有效的事项作出明确规定。

第二十四条 医疗器械生产企业应当按照医疗器械生产质量管理规范的要求，建立健全与所生产医疗器械相适应的质量管理体系并保证其有效运行；严格按照经注册或者备案的产品技术要求组织生产，保证出厂的医疗器械符合强制性标准以及经注册或者备案的产品技术要求。

医疗器械生产企业应当定期对质量管理体系的运行情况进行自查，并向所在地省、自治区、直辖市人民政府食品药品监督管理部门提交自查报告。

第二十五条 医疗器械生产企业的生产条件发生变化，不再符合医疗器械质量管理体系要求的，医疗器械生产企业应当立即采取整改措施；可能影响医疗器械安全、有效的，应当立即停止生产活动，并向所在地县级人民政府食品药品监督管理部门报告。

第二十六条 医疗器械应当使用通用名称。通用名称应当符合国务院食品药品监督管理部门制定的医疗器械命名规则。

第二十七条 医疗器械应当有说明书、标签。说明书、标签的内容应当与经注册或者备案的相关内容一致。

医疗器械的说明书、标签应当标明下列事项：

（一）通用名称、型号、规格；

（二）生产企业的名称和住所、生产地址及联系方式；

（三）产品技术要求的编号；

（四）生产日期和使用期限或者失效日期；

（五）产品性能、主要结构、适用范围；

（六）禁忌证、注意事项以及其他需要警示或者提示的内容；

（七）安装和使用说明或者图示；

（八）维护和保养方法，特殊储存条件、方法；

（九）产品技术要求规定应当标明的其他内容。

第二类、第三类医疗器械还应当标明医疗器械注册证编号和医疗器械注册人的名称、地址及联系方式。

由消费者个人自行使用的医疗器械还应当具有安全使用的特别说明。

第二十八条 委托生产医疗器械，由委托方对所委托生产的医疗器械质量负责。受托方应当是符合本条例规定、具备相应生产条件的医疗器械生产企业。委托方应当加强对受托方生产行为的管理，保证其按照法定要求进行生产。

具有高风险的植入性医疗器械不得委托生产，具体目录由国务院食品药品监督管理部门制定、调整并公布。

第四章 医疗器械经营与使用

第二十九条 从事医疗器械经营活动，应当有与经营规模和经营范围相适应的经营场所和贮存条件，以及与经营的医疗器械相适应的质量管理制度和质量管理机构或者人员。

第三十条 从事第二类医疗器械经营的，由经营企业向所在地设区的市级人民政府食品药品监督管理部门备案并提交其符合本条例第二十九条规定条件的证明资料。

第三十一条 从事第三类医疗器械经营的，经营企业应当向所在地设区的市级人民政府食品药品监督管理部门申请经营许可并提交其符合本条例第二十九条规定条件的证明资料。

受理经营许可申请的食品药品监督管理部门应当自受理之日起30个工作日内进行审查，必要时组织核查。对符合规定条件的，准予许可并发给医疗器械经营许可证;对不符合规定条件的,不予许可并书面说明理由。

医疗器械经营许可证有效期为5年。有效期届满需要延续的,依照有关行政许可的法律规定办理延续手续。

第三十二条 医疗器械经营企业、使用单位购进医疗器械,应当查验供货者的资质和医疗器械的合格证明文件,建立进货查验记录制度。从事第二类、第三类医疗器械批发业务以及第三类医疗器械零售业务的经营企业,还应当建立销售记录制度。

记录事项包括:

(一)医疗器械的名称、型号、规格、数量;

(二)医疗器械的生产批号、有效期、销售日期;

(三)生产企业的名称;

(四)供货者或者购货者的名称、地址及联系方式;

(五)相关许可证明文件编号等。

进货查验记录和销售记录应当真实,并按照国务院食品药品监督管理部门规定的期限予以保存。国家鼓励采用先进技术手段进行记录。

第三十三条 运输、贮存医疗器械,应当符合医疗器械说明书和标签标示的要求;对温度、湿度等环境条件有特殊要求的,应当采取相应措施,保证医疗器械的安全、有效。

第三十四条 医疗器械使用单位应当有与在用医疗器械品种、数量相适应的贮存场所和条件。医疗器械使用单位应当加强对工作人员的技术培训,按照产品说明书、技术操作规范等要求使用医疗器械。

医疗器械使用单位配置大型医用设备,应当符合国务院卫生计生主管部门制定的大型医用设备配置规划,与其功能定位、临床服务需求相适应,具有相应的技术条件、配套设施和具备相应资质、能力的专业技术人员,并经省级以上人民政府卫生计生主管部门批准,取得大型医用设备配置许可证。

大型医用设备配置管理办法由国务院卫生计生主管部门会同国务院有关部门制定。大型医用设备目录由国务院卫生计生主管部门商国务院有关部门提出,报国务院批准后执行。

第三十五条 医疗器械使用单位对重复使用的医疗器械,应当按照国务院卫生计生主管部门制定的消毒和管理的规定进行处理。

一次性使用的医疗器械不得重复使用，对使用过的应当按照国家有关规定销毁并记录。

第三十六条 医疗器械使用单位对需要定期检查、检验、校准、保养、维护的医疗器械，应当按照产品说明书的要求进行检查、检验、校准、保养、维护并予以记录，及时进行分析、评估，确保医疗器械处于良好状态，保障使用质量；对使用期限长的大型医疗器械，应当逐台建立使用档案，记录其使用、维护、转让、实际使用时间等事项。记录保存期限不得少于医疗器械规定使用期限终止后5年。

第三十七条 医疗器械使用单位应当妥善保存购入第三类医疗器械的原始资料，并确保信息具有可追溯性。

使用大型医疗器械以及植入和介入类医疗器械的，应当将医疗器械的名称、关键性技术参数等信息以及与使用质量安全密切相关的必要信息记载到病历等相关记录中。

第三十八条 发现使用的医疗器械存在安全隐患的，医疗器械使用单位应当立即停止使用，并通知生产企业或者其他负责产品质量的机构进行检修；经检修仍不能达到使用安全标准的医疗器械，不得继续使用。

第三十九条 食品药品监督管理部门和卫生计生主管部门依据各自职责，分别对使用环节的医疗器械质量和医疗器械使用行为进行监督管理。

第四十条 医疗器械经营企业、使用单位不得经营、使用未依法注册、无合格证明文件以及过期、失效、淘汰的医疗器械。

第四十一条 医疗器械使用单位之间转让在用医疗器械，转让方应当确保所转让的医疗器械安全、有效，不得转让过期、失效、淘汰以及检验不合格的医疗器械。

第四十二条 进口的医疗器械应当是依照本条例第二章的规定已注册或者已备案的医疗器械。

进口的医疗器械应当有中文说明书、中文标签。说明书、标签应当符合本条例规定以及相关强制性标准的要求，并在说明书中载明医疗器械的原产地以及代理人的名称、地址、联系方式。没有中文说明书、中文标签或者说明书、标签不符合本条规定的,不得进口。

第四十三条 出入境检验检疫机构依法对进口的医疗器械实施检验;检验不合格的,不得进口。

国务院食品药品监督管理部门应当及时向国家出入境检验检疫部门通报进口医疗器械的注册和备案情况。进口口岸所在地出入境检验检疫机构应当及时向所在地设区的市级人民政府食品药品监督管理部门通报进口医疗器械的通关情况。

第四十四条 出口医疗器械的企业应当保证其出口的医疗器械符合进口国(地区)的要求。

第四十五条 医疗器械广告应当真实合法,不得含有虚假、夸大、误导性的内容。

医疗器械广告应当经医疗器械生产企业或者进口医疗器械代理人所在地省、自治区、直辖市人民政府食品药品监督管理部门审查批准,并取得医疗器械广告批准文件。广告发布者发布医疗器械广告,应当事先核查广告的批准文件及其真实性;不得发布未取得批准文件、批准文件的真实性未经核实或者广告内容与批准文件不一致的医疗器械广告。省、自治区、直辖市人民政府食品药品监督管理部门应当公布并及时更新已经批准的医疗器械广告目录以及批准的广告内容。

省级以上人民政府食品药品监督管理部门责令暂停生产、销售、进口和使用的医疗器械,在暂停期间不得发布涉及该医疗器械的广告。

医疗器械广告的审查办法由国务院食品药品监督管理部门会同国务院工商行政管理部门制定。

血液制品管理条例(节录)

(1996年12月30日国务院令第208号公布　根据2016年2月6日国务院令第666号《国务院关于修改部分行政法规的决定》修改)

第二章　原料血浆的管理

第五条　单采血浆站由血液制品生产单位设置或者由县级人民政府卫生行政部门设置,专门从事单采血浆活动,具有独立法人资格。其他任何单位和个人不得从事单采血浆活动。

第六条　设置单采血浆站,必须具备下列条件:

(一)符合单采血浆站布局、数量、规模的规划;

(二)具有与所采集原料血浆相适应的卫生专业技术人员;

(三)具有与所采集原料血浆相适应的场所及卫生环境;

(四)具有识别供血浆者的身份识别系统;

(五)具有与所采集原料血浆相适应的单采血浆机械及其他设施;

(六)具有对所采集原料血浆进行质量检验的技术人员以及必要的仪器设备。

第七条　申请设置单采血浆站的,由县级人民政府卫生行政部门初审,经设区的市、自治州人民政府卫生行政部门或者省、自治区人民政府设立的派出机关的卫生行政机构审查同意,报省、自治区、直辖市人民政府卫生行政部门核发《单采血浆许可证》,并报国务院卫生行政部门备案。

单采血浆站只能对省、自治区、直辖市人民政府卫生行政部门划定区域内的供血浆者进行筛查和采集血浆。

第八条　《单采血浆许可证》应当规定有效期。

第九条　在一个采血浆区域内,只能设置一个单采血浆站。

严禁单采血浆站采集非划定区域内的供血浆者和其他人员的血浆。

第十条 单采血浆站必须对供血浆者进行健康检查;检查合格的,由县级人民政府卫生行政部门核发《供血浆证》。

供血浆者健康检查标准,由国务院卫生行政部门制定。

第十一条 《供血浆证》由省、自治区、直辖市人民政府卫生行政部门负责设计和印制。《供血浆证》不得涂改、伪造、转让。

第十二条 单采血浆站在采集血浆前,必须对供血浆者进行身份识别并核实其《供血浆证》,确认无误的,方可按照规定程序进行健康检查和血液化验;对检查、化验合格的,按照有关技术操作标准及程序采集血浆,并建立供血浆者健康检查及供血浆记录档案;对检查、化验不合格的,由单采血浆站收缴《供血浆证》,并由所在地县级人民政府卫生行政部门监督销毁。

严禁采集无《供血浆证》者的血浆。

血浆采集技术操作标准及程序,由国务院卫生行政部门制定。

第十三条 单采血浆站只能向一个与其签订质量责任书的血液制品生产单位供应原料血浆,严禁向其他任何单位供应原料血浆。

第十四条 单采血浆站必须使用单采血浆机械采集血浆,严禁手工操作采集血浆。采集的血浆必须按单人份冰冻保存,不得混浆。

严禁单采血浆站采集血液或者将所采集的原料血浆用于临床。

第十五条 单采血浆站必须使用有产品批准文号并经国家药品生物制品检定机构逐批检定合格的体外诊断试剂以及合格的一次性采血浆器材。

采血浆器材等一次性消耗品使用后,必须按照国家有关规定予以销毁,并作记录。

第十六条 单采血浆站采集的原料血浆的包装、储存、运输,必须符合国家规定的卫生标准和要求。

第十七条 单采血浆站必须依照传染病防治法及其实施办法等有关规定,严格执行消毒管理及疫情上报制度。

第三章 血液制品生产经营单位管理

第二十三条 严禁血液制品生产单位出让、出租、出借以及与他人共用《药品生产企业许可证》和产品批准文号。

第二十四条 血液制品生产单位不得向无《单采血浆许可证》的单采血浆站或者未与其签订质量责任书的单采血浆站及其他任何单位收集原料血浆。

血液制品生产单位不得身其他任何单位供应原料血浆。

第二十五条 血液制品生产单位在原料血浆投料生产前,必须使用有产品批准文号并经国家药品生物制品检定机构逐批检定合格的体外诊断试剂,对每一人份血浆进行全面复检,并作检测记录。

原料血浆经复检不合格的,不得投料生产,并必须在省级药品监督员监督下按照规定程序和方法予以销毁,并作记录。

原料血浆经复检发现有经血液途径传播的疾病的,必须通知供应血浆的单采血浆站,并及时上报所在地省、自治区、直辖市人民政府卫生行政部门。

第二十六条 血液制品出厂前,必须经过质量检验;经检验不符合国家标准的,严禁出厂。

第二十七条 开办血液制品经营单位,由省、自治区、直辖市人民政府卫生行政部门审核批准。

第二十八条 血液制品经营单位应当具备与所经营的产品相适应的冷藏条件和熟悉所经营品种的业务人员。

第二十九条 血液制品生产经营单位生产、包装、储存、运输、经营血液制品,应当符合国家规定的卫生标准和要求。

护士条例(节录)

(2008年1月23日国务院令第517号公布
自2008年5月12日起施行)

第八条 申请护士执业注册的,应当向拟执业地省、自治区、直辖市人民政府卫生主管部门提出申请。收到申请的卫生主管部门应当自收到申请之日起20个工作日内做出决定,对具备本条例规定条件的,准予注册,并发给护士执业证书;对不具备本条例规定条件的,不予注册,并书面说明理由。

护士执业注册有效期为5年。

第九条 护士在其执业注册有效期内变更执业地点的，应当向拟执业地省、自治区、直辖市人民政府卫生主管部门报告。收到报告的卫生主管部门应当自收到报告之日起7个工作日内为其办理变更手续。护士跨省、自治区、直辖市变更执业地点的，收到报告的卫生主管部门还应当向其原执业地省、自治区、直辖市人民政府卫生主管部门通报。

第十条 护士执业注册有效期届满需要继续执业的，应当在护士执业注册有效期届满前30日向执业地省、自治区、直辖市人民政府卫生主管部门申请延续注册。收到申请的卫生主管部门对具备本条例规定条件的，准予延续，延续执业注册有效期为5年；对不具备本条例规定条件的，不予延续，并书面说明理由。

护士有行政许可法规定的应当予以注销执业注册情形的，原注册部门应当依照行政许可法的规定注销其执业注册。

第十六条 护士执业，应当遵守法律、法规、规章和诊疗技术规范的规定。

第十七条 护士在执业活动中，发现患者病情危急，应当立即通知医师；在紧急情况下为抢救垂危患者生命，应当先行实施必要的紧急救护。

护士发现医嘱违反法律、法规、规章或者诊疗技术规范规定的，应当及时向开具医嘱的医师提出；必要时，应当向该医师所在科室的负责人或者医疗卫生机构负责医疗服务管理的人员报告。

第十八条 护士应当尊重、关心、爱护患者，保护患者的隐私。

第十九条 护士有义务参与公共卫生和疾病预防控制工作。发生自然灾害、公共卫生事件等严重威胁公众生命健康的突发事件，护士应当服从县级以上人民政府卫生主管部门或者所在医疗卫生机构的安排，参加医疗救护。

第二十一条 医疗卫生机构不得允许下列人员在本机构从事诊疗技术规范规定的护理活动：

（一）未取得护士执业证书的人员；

（二）未依照本条例第九条的规定办理执业地点变更手续的护士；

（三）护士执业注册有效期届满未延续执业注册的护士。

在教学、综合医院进行护理临床实习的人员应当在护士指导下开展有关工作。

国家卫生计生委办公厅、国家中医药管理局办公室关于印发电子病历应用管理规范(试行)的通知

(2017年2月15日　国卫办医发〔2017〕8号)

各省、自治区、直辖市卫生计生委、中医药管理局,新疆生产建设兵团卫生局:

为贯彻落实全国卫生与健康大会精神及深化医药卫生体制改革有关要求,规范电子病历临床使用与管理,促进电子病历有效共享,推进医疗机构信息化建设,国家卫生计生委、国家中医药管理局组织制定了《电子病历应用管理规范(试行)》。现印发给你们(可从国家卫生计生委官方网站"医政医管"栏目下载),请遵照执行。

电子病历应用管理规范(试行)

第一章　总　　则

第一条　为规范医疗机构电子病历(含中医电子病历,下同)应用管理,满足临床工作需要,保障医疗质量和医疗安全,保证医患双方合法权益,根据《中华人民共和国执业医师法》、《中华人民共和国电子签名法》、《医疗机构管理条例》等法律法规,制定本规范。

第二条　实施电子病历的医疗机构,其电子病历的建立、记录、修改、使用、保存和管理等适用本规范。

第三条　电子病历是指医务人员在医疗活动过程中,使用信息系统生成的文字、符号、图表、图形、数字、影像等数字化信息,并能实现存储、管理、传输和重现的医疗记录,是病历的一种记录形式,包括门(急)诊病历和住院病历。

第四条　电子病历系统是指医疗机构内部支持电子病历信息的采集、存储、访问和在线帮助,并围绕提高医疗质量、保障医疗安全、提高医疗效率而提

供信息处理和智能化服务功能的计算机信息系统。

第五条 国家卫生计生委和国家中医药管理局负责指导全国电子病历应用管理工作。地方各级卫生计生行政部门(含中医药管理部门)负责本行政区域内的电子病历应用监督管理工作。

第二章 电子病历的基本要求

第六条 医疗机构应用电子病历应当具备以下条件:

(一)具有专门的技术支持部门和人员,负责电子病历相关信息系统建设、运行和维护等工作;具有专门的管理部门和人员,负责电子病历的业务监管等工作;

(二)建立、健全电子病历使用的相关制度和规程;

(三)具备电子病历的安全管理体系和安全保障机制;

(四)具备对电子病历创建、修改、归档等操作的追溯能力;

(五)其他有关法律、法规、规范性文件及省级卫生计生行政部门规定的条件。

第七条 《医疗机构病历管理规定(2013 年版)》、《病历书写基本规范》、《中医病历书写基本规范》适用于电子病历管理。

第八条 电子病历使用的术语、编码、模板和数据应当符合相关行业标准和规范的要求,在保障信息安全的前提下,促进电子病历信息有效共享。

第九条 电子病历系统应当为操作人员提供专有的身份标识和识别手段,并设置相应权限。操作人员对本人身份标识的使用负责。

第十条 有条件的医疗机构电子病历系统可以使用电子签名进行身份认证,可靠的电子签名与手写签名或盖章具有同等的法律效力。

第十一条 电子病历系统应当采用权威可靠时间源。

第三章 电子病历的书写与存储

第十二条 医疗机构使用电子病历系统进行病历书写,应当遵循客观、真实、准确、及时、完整、规范的原则。

门(急)诊病历书写内容包括门(急)诊病历首页、病历记录、化验报告、医学影像检查资料等。

住院病历书写内容包括住院病案首页、入院记录、病程记录、手术同意书、麻醉同意书、输血治疗知情同意书、特殊检查(特殊治疗)同意书、病危(重)通知单、医嘱单、辅助检查报告单、体温单、医学影像检查报告、病理报告单等。

第十三条 医疗机构应当为患者电子病历赋予唯一患者身份标识,以确保患者基本信息及其医疗记录的真实性、一致性、连续性、完整性。

第十四条 电子病历系统应当对操作人员进行身份识别,并保存历次操作印痕,标记操作时间和操作人员信息,并保证历次操作印痕、标记操作时间和操作人员信息可查询、可追溯。

第十五条 医务人员采用身份标识登录电子病历系统完成书写、审阅、修改等操作并予以确认后,系统应当显示医务人员姓名及完成时间。

第十六条 电子病历系统应当设置医务人员书写、审阅、修改的权限和时限。实习医务人员、试用期医务人员记录的病历,应当由具有本医疗机构执业资格的上级医务人员审阅、修改并予确认。上级医务人员审阅、修改、确认电子病历内容时,电子病历系统应当进行身份识别、保存历次操作痕迹、标记准确的操作时间和操作人信息。

第十七条 电子病历应当设置归档状态,医疗机构应当按照病历管理相关规定,在患者门(急)诊就诊结束或出院后,适时将电子病历转为归档状态。电子病历归档后原则上不得修改,特殊情况下确需修改的,经医疗机构医务部门批准后进行修改并保留修改痕迹。

第十八条 医疗机构因存档等需要可以将电子病历打印后与非电子化的资料合并形成病案保存。具备条件的医疗机构可以对知情同意书、植入材料条形码等非电子化的资料进行数字化采集后纳入电子病历系统管理,原件另行妥善保存。

第十九条 门(急)诊电子病历由医疗机构保管的,保存时间自患者最后一次就诊之日起不少于15年;住院电子病历保存时间自患者最后一次出院之日起不少于30年。

第四章 电子病历的使用

第二十条 电子病历系统应当设置病历查阅权限,并保证医务人员查阅病历的需要,能够及时提供并完整呈现该患者的电子病历资料。呈现的电子病历应当显示患者个人信息、诊疗记录、记录时间及记录人员、上级审核人员的姓名等。

第二十一条 医疗机构应当为申请人提供电子病历的复制服务。医疗机构可以提供电子版或打印版病历。复制的电子病历文档应当可供独立读取,打印的电子病历纸质版应当加盖医疗机构病历管理专用章。

第二十二条 有条件的医疗机构可以为患者提供医学影像检查图像、手术录像、介入操作录像等电子资料复制服务。

第五章 电子病历的封存

第二十三条 依法需要封存电子病历时,应当在医疗机构或者其委托代理人、患者或者其代理人双方共同在场的情况下,对电子病历共同进行确认,并进行复制后封存。封存的电子病历复制件可以是电子版;也可以对打印的纸质版进行复印,并加盖病案管理章后进行封存。

第二十四条 封存的电子病历复制件应当满足以下技术条件及要求:

(一)储存于独立可靠的存储介质,并由医患双方或双方代理人共同签封;

(二)可在原系统内读取,但不可修改;

(三)操作痕迹、操作时间、操作人员信息可查询、可追溯;

(四)其他有关法律、法规、规范性文件和省级卫生计生行政部门规定的条件及要求。

第二十五条 封存后电子病历的原件可以继续使用。电子病历尚未完成,需要封存时,可以对已完成的电子病历先行封存,当医务人员按照规定完成后,再对新完成部分进行封存。

第六章 附 则

第二十六条 本规范所称的电子签名,是指《电子签名法》第二条规定的数据电文中以电子形式所含、所附用于识别签名人身份并表明签名人认可其中内容的数据。“可靠的电子签名”是指符合《电子签名法》第十三条有关条件的电子签名。

第二十七条 本规范所称电子病历操作人员包括使用电子病历系统的医务人员，维护、管理电子病历信息系统的技术人员和实施电子病历质量监管的行政管理人员。

第二十八条 本规范所称电子病历书写是指医务人员使用电子病历系统，对通过问诊、查体、辅助检查、诊断、治疗、护理等医疗活动获得的有关资料进行归纳、分析、整理形成医疗活动记录的行为。

第二十九条 省级卫生计生行政部门可根据本规范制定实施细则。

第三十条 《电子病历基本规范（试行）》（卫医政发〔2010〕24号）、《中医电子病历基本规范（试行）》（国中医药发〔2010〕18号）同时废止。

第三十一条 本规范自2017年4月1日起施行。

医疗机构病历管理规定（2013年版）

（2013年11月20日国家卫生和计划生育委员会、国家中医药管理局发布
国卫医发〔2013〕31号 自2014年1月1日起施行）

第一章 总 则

第一条 为加强医疗机构病历管理，保障医疗质量与安全，维护医患双方的合法权益，制定本规定。

第二条 病历是指医务人员在医疗活动过程中形成的文字、符号、图表、影像、切片等资料的总和，包括门（急）诊病历和住院病历。病历归档以后形成病案。

第三条 本规定适用于各级各类医疗机构对病历的管理。

第四条 按照病历记录形式不同，可区分为纸质病历和电子病历。电子病历与纸质病历具有同等效力。

第五条 医疗机构应当建立健全病历管理制度，设置病案管理部门或者配备专（兼）职人员，负责病历和病案管理工作。

医疗机构应当建立病历质量定期检查、评估与反馈制度。医疗机构医务部门负责病历的质量管理。

第六条 医疗机构及其医务人员应当严格保护患者隐私,禁止以非医疗、教学、研究目的泄露患者的病历资料。

第二章 病历的建立

第七条 医疗机构应当建立门(急)诊病历和住院病历编号制度,为同一患者建立唯一的标识号码。已建立电子病历的医疗机构,应当将病历标识号码与患者身份证明编号相关联,使用标识号码和身份证明编号均能对病历进行检索。

门(急)诊病历和住院病历应当标注页码或者电子页码。

第八条 医务人员应当按照《病历书写基本规范》、《中医病历书写基本规范》、《电子病历基本规范(试行)》和《中医电子病历基本规范(试行)》要求书写病历。

第九条 住院病历应当按照以下顺序排序:体温单、医嘱单、入院记录、病程记录、术前讨论记录、手术同意书、麻醉同意书、麻醉术前访视记录、手术安全核查记录、手术清点记录、麻醉记录、手术记录、麻醉术后访视记录、术后病程记录、病重(病危)患者护理记录、出院记录、死亡记录、输血治疗知情同意书、特殊检查(特殊治疗)同意书、会诊记录、病危(重)通知书、病理资料、辅助检查报告单、医学影像检查资料。

病案应当按照以下顺序装订保存:住院病案首页、入院记录、病程记录、术前讨论记录、手术同意书、麻醉同意书、麻醉术前访视记录、手术安全核查记录、手术清点记录、麻醉记录、手术记录、麻醉术后访视记录、术后病程记录、出院记录、死亡记录、死亡病例讨论记录、输血治疗知情同意书、特殊检查(特殊治疗)同意书、会诊记录、病危(重)通知书、病理资料、辅助检查报告单、医学影像检查资料、体温单、医嘱单、病重(病危)患者护理记录。

第三章 病历的保管

第十条 门(急)诊病历原则上由患者负责保管。医疗机构建有门(急)诊病历档案室或者已建立门(急)诊电子病历的,经患者或者其法定代理人同意,其门(急)诊病历可以由医疗机构负责保管。

住院病历由医疗机构负责保管。

第十一条 门(急)诊病历由患者保管的,医疗机构应当将检查检验结果及时交由患者保管。

第十二条 门(急)诊病历由医疗机构保管的,医疗机构应当在收到检查检验结果后 24 小时内,将检查检验结果归入或者录入门(急)诊病历,并在每次诊疗活动结束后首个工作日内将门(急)诊病历归档。

第十三条 患者住院期间,住院病历由所在病区统一保管。因医疗活动或者工作需要,须将住院病历带离病区时,应当由病区指定的专门人员负责携带和保管。

医疗机构应当在收到住院患者检查检验结果和相关资料后 24 小时内归入或者录入住院病历。

患者出院后,住院病历由病案管理部门或者专(兼)职人员统一保存、管理。

第十四条 医疗机构应当严格病历管理,任何人不得随意涂改病历,严禁伪造、隐匿、销毁、抢夺、窃取病历。

第四章 病历的借阅与复制

第十五条 除为患者提供诊疗服务的医务人员,以及经卫生计生行政部门、中医药管理部门或者医疗机构授权的负责病案管理、医疗管理的部门或者人员外,其他任何机构和个人不得擅自查阅患者病历。

第十六条 其他医疗机构及医务人员因科研、教学需要查阅、借阅病历的,应当向患者就诊医疗机构提出申请,经同意并办理相应手续后方可查阅、借阅。查阅后应当立即归还,借阅病历应当在 3 个工作日内归还。查阅的病历资料不得带离患者就诊医疗机构。

第十七条 医疗机构应当受理下列人员和机构复制或者查阅病历资料的申请,并依规定提供病历复制或者查阅服务:

(一)患者本人或者其委托代理人;

(二)死亡患者法定继承人或者其代理人。

第十八条　医疗机构应当指定部门或者专（兼）职人员负责受理复制病历资料的申请。受理申请时，应当要求申请人提供有关证明材料，并对申请材料的形式进行审核。

（一）申请人为患者本人的，应当提供其有效身份证明；

（二）申请人为患者代理人的，应当提供患者及其代理人的有效身份证明，以及代理人与患者代理关系的法定证明材料和授权委托书；

（三）申请人为死亡患者法定继承人的，应当提供患者死亡证明、死亡患者法定继承人的有效身份证明，死亡患者与法定继承人关系的法定证明材料；

（四）申请人为死亡患者法定继承人代理人的，应当提供患者死亡证明、死亡患者法定继承人及其代理人的有效身份证明，死亡患者与法定继承人关系的法定证明材料，代理人与法定继承人代理关系的法定证明材料及授权委托书。

第十九条　医疗机构可以为申请人复制门（急）诊病历和住院病历中的体温单、医嘱单、住院志（入院记录）、手术同意书、麻醉同意书、麻醉记录、手术记录、病重（病危）患者护理记录、出院记录、输血治疗知情同意书、特殊检查（特殊治疗）同意书、病理报告、检验报告等辅助检查报告单、医学影像检查资料等病历资料。

第二十条　公安、司法、人力资源社会保障、保险以及负责医疗事故技术鉴定的部门，因办理案件、依法实施专业技术鉴定、医疗保险审核或仲裁、商业保险审核等需要，提出审核、查阅或者复制病历资料要求的，经办人员提供以下证明材料后，医疗机构可以根据需要提供患者部分或全部病历：

（一）该行政机关、司法机关、保险或者负责医疗事故技术鉴定部门出具的调取病历的法定证明；

（二）经办人本人有效身份证明；

（三）经办人本人有效工作证明（需与该行政机关、司法机关、保险或者负责医疗事故技术鉴定部门一致）。

保险机构因商业保险审核等需要，提出审核、查阅或者复制病历资料要求的，还应当提供保险合同复印件、患者本人或者其代理人同意的法定证明材料；患者死亡的，应当提供保险合同复印件、死亡患者法定继承人或者其代理人同意的法定证明材料。合同或者法律另有规定的除外。

第二十一条 按照《病历书写基本规范》和《中医病历书写基本规范》要求,病历尚未完成,申请人要求复制病历时,可以对已完成病历先行复制,在医务人员按照规定完成病历后,再对新完成部分进行复制。

第二十二条 医疗机构受理复制病历资料申请后,由指定部门或者专(兼)职人员通知病案管理部门或专(兼)职人员,在规定时间内将需要复制的病历资料送至指定地点,并在申请人在场的情况下复制;复制的病历资料经申请人和医疗机构双方确认无误后,加盖医疗机构证明印记。

第二十三条 医疗机构复制病历资料,可以按照规定收取工本费。

第五章 病历的封存与启封

第二十四条 依法需要封存病历时,应当在医疗机构或者其委托代理人、患者或者其代理人在场的情况下,对病历共同进行确认,签封病历复制件。

医疗机构申请封存病历时,医疗机构应当告知患者或者其代理人共同实施病历封存;但患者或者其代理人拒绝或者放弃实施病历封存的,医疗机构可以在公证机构公证的情况下,对病历进行确认,由公证机构签封病历复制件。

第二十五条 医疗机构负责封存病历复制件的保管。

第二十六条 封存后病历的原件可以继续记录和使用。

按照《病历书写基本规范》和《中医病历书写基本规范》要求,病历尚未完成,需要封存病历时,可以对已完成病历先行封存,当医师按照规定完成病历后,再对新完成部分进行封存。

第二十七条 开启封存病历应当在签封各方在场的情况下实施。

第六章 病历的保存

第二十八条 医疗机构可以采用符合档案管理要求的缩微技术等对纸质病历进行处理后保存。

第二十九条 门(急)诊病历由医疗机构保管的,保存时间自患者最后一次就诊之日起不少于 15 年;住院病历保存时间自患者最后一次住院出院之日起不少于 30 年。

第三十条 医疗机构变更名称时,所保管的病历应当由变更后医疗机构继续保管。

医疗机构撤销后，所保管的病历可以由省级卫生计生行政部门、中医药管理部门或者省级卫生计生行政部门、中医药管理部门指定的机构按照规定妥善保管。

第七章　附　　则

第三十一条　本规定由国家卫生计生委负责解释。

第三十二条　本规定自2014年1月1日起施行。原卫生部和国家中医药管理局于2002年公布的《医疗机构病历管理规定》（卫医发〔2002〕193号）同时废止。

医师外出会诊管理暂行规定

（2005年4月30日卫生部令第42号发布
自2005年7月1日起施行）

第一条　为规范医疗机构之间医师会诊行为，促进医学交流与发展，提高医疗水平，保证医疗质量和医疗安全，方便群众就医，保护患者、医师、医疗机构的合法权益，根据《执业医师法》、《医疗机构管理条例》的规定，制定本规定。

第二条　本规定所称医师外出会诊是指医师经所在医疗机构批准，为其他医疗机构特定的患者开展执业范围内的诊疗活动。

医师未经所在医疗机构批准，不得擅自外出会诊。

第三条　各级卫生行政部门应当加强对医师外出会诊的监督管理。

第四条　医疗机构在诊疗过程中，根据患者的病情需要或者患者要求等原因，需要邀请其他医疗机构的医师会诊时，经治科室应当向患者说明会诊、费用等情况，征得患者同意后，报本单位医务管理部门批准；当患者不具备完全民事行为能力时，应征得其近亲属或者监护人同意。

第五条　邀请会诊的医疗机构（以下称邀请医疗机构）拟邀请其他医疗机

构(以下称会诊医疗机构)的医师会诊,需向会诊医疗机构发出书面会诊邀请函。内容应当包括拟会诊患者病历摘要、拟邀请医师或者邀请医师的专业及技术职务任职资格、会诊的目的、理由、时间和费用等情况,并加盖邀请医疗机构公章。

用电话或者电子邮件等方式提出会诊邀请的,应当及时补办书面手续。

第六条 有下列情形之一的,医疗机构不得提出会诊邀请:

(一)会诊邀请超出本单位诊疗科目或者本单位不具备相应资质的;

(二)本单位的技术力量、设备、设施不能为会诊提供必要的医疗安全保障的;

(三)会诊邀请超出被邀请医师执业范围的;

(四)省级卫生行政部门规定的其他情形。

第七条 会诊医疗机构接到会诊邀请后,在不影响本单位正常业务工作和医疗安全的前提下,医务管理部门应当及时安排医师外出会诊。会诊影响本单位正常业务工作但存在特殊需要的情况下,应当经会诊医疗机构负责人批准。

第八条 有下列情形之一的,医疗机构不得派出医师外出会诊:

(一)会诊邀请超出本单位诊疗科目或者本单位不具备相应资质的;

(二)会诊邀请超出被邀请医师执业范围的;

(三)邀请医疗机构不具备相应医疗救治条件的;

(四)省级卫生行政部门规定的其他情形。

第九条 会诊医疗机构不能派出会诊医师时,应当及时告知邀请医疗机构。

第十条 医师接受会诊任务后,应当详细了解患者的病情,亲自诊查患者,完成相应的会诊工作,并按照规定书写医疗文书。

第十一条 医师在会诊过程中应当严格执行有关的卫生管理法律、法规、规章和诊疗规范、常规。

第十二条 医师在会诊过程中发现难以胜任会诊工作,应当及时、如实告知邀请医疗机构,并终止会诊。

医师在会诊过程中发现邀请医疗机构的技术力量、设备、设施条件不适宜收治该患者,或者难以保障会诊质量和安全的,应当建议将该患者转往其他具备收治条件的医疗机构诊治。

第十三条 会诊结束后，邀请医疗机构应当将会诊情况通报会诊医疗机构。医师应当在返回本单位2个工作日内将外出会诊的有关情况报告所在科室负责人和医务管理部门。

第十四条 医师在外出会诊过程中发生的医疗事故争议，由邀请医疗机构按照《医疗事故处理条例》的规定进行处理。必要时，会诊医疗机构应当协助处理。

第十五条 会诊中涉及的会诊费用按照邀请医疗机构所在地的规定执行。差旅费按照实际发生额结算，不得重复收费。属医疗机构根据诊疗需要邀请的，差旅费由医疗机构承担；属患者主动要求邀请的，差旅费由患者承担，收费方应向患者提供正式收费票据。会诊中涉及的治疗、手术等收费标准可在当地规定的基础上酌情加收，加收幅度由省级价格主管部门会同同级卫生行政部门确定。

邀请医疗机构支付会诊费用应当统一支付给会诊医疗机构，不得支付给会诊医师本人。会诊医疗机构由于会诊产生的收入，应纳入单位财务部门统一核算。

第十六条 会诊医疗机构应当按照有关规定给付会诊医师合理报酬。医师在国家法定节假日完成会诊任务的，会诊医疗机构应当按照国家有关规定提高会诊医师的报酬标准。

第十七条 医师在外出会诊时不得违反规定接受邀请医疗机构报酬，不得收受或者索要患者及其家属的钱物，不得牟取其他不正当利益。

第十八条 医疗机构应当加强对本单位医师外出会诊的管理，建立医师外出会诊管理档案，并将医师外出会诊情况与其年度考核相结合。

第十九条 医疗机构违反本规定第六条、第八条、第十五条的，由县级以上卫生行政部门责令改正，给予警告；诊疗活动超出登记范围的，按照《医疗机构管理条例》第四十七条处理。

第二十条 医师违反第二条、第七条规定擅自外出会诊或者在会诊中违反第十七条规定的，由所在医疗机构记入医师考核档案；经教育仍不改正的，依法给予行政处分或者纪律处分。

医师外出会诊违反《执业医师法》有关规定的，按照《执业医师法》第三十七条处理。

第二十一条 医疗机构疏于对本单位医师外出会诊管理的，县级以上卫生行政部门应当对医疗机构及其主要负责人和负有责任的主管人员进行通报批评。

第二十二条 医师受卫生行政部门调遣到其他医疗机构开展诊疗活动的，不适用本规定。

第二十三条 本规定自2005年7月1日起施行。

医疗美容服务管理办法

（2002年1月22日卫生部令第19号公布 根据2016年1月19日中华人民共和国国家卫生和计划生育委员会令第8号《国家卫生计生委关于修改〈外国医师来华短期行医暂行管理办法〉等8件部门规章的决定》修正）

第一章 总 则

第一条 为规范医疗美容服务，促进医疗美容事业的健康发展，维护就医者的合法权益，依据《执业医师法》、《医疗机构管理条例》和《护士管理办法》，制定本办法。

第二条 本办法所称医疗美容，是指运用手术、药物、医疗器械以及其他具有创伤性或者侵入性的医学技术方法对人的容貌和人体各部位形态进行的修复与再塑。

本办法所称美容医疗机构，是指以开展医疗美容诊疗业务为主的医疗机构。

本办法所称主诊医师是指具备本办法第十一条规定条件，负责实施医疗美容项目的执业医师。

医疗美容科为一级诊疗科目,美容外科、美容牙科、美容皮肤科和美容中医科为二级诊疗科目。

医疗美容项目由卫生部委托中华医学会制定并发布。

第三条 凡开展医疗美容服务的机构和个人必须遵守本办法。

第四条 卫生部(含国家中医药管理局)主管全国医疗美容服务管理工作。县级以上地方人民政府卫生行政部门(含中医药行政管理部门,下同)负责本行政区域内医疗美容服务监督管理工作。

第二章 机构设置、登记

第五条 申请举办美容医疗机构或医疗机构设置医疗美容科室必须同时具备下列条件:

(一)具有承担民事责任的能力;

(二)有明确的医疗美容诊疗服务范围;

(三)符合《医疗机构基本标准(试行)》;

(四)省级以上人民政府卫生行政部门规定的其他条件。

第六条 申请举办美容医疗机构的单位或者个人,应按照本办法以及《医疗机构管理条例》和《医疗机构管理条例实施细则》的有关规定办理设置审批和登记注册手续。

卫生行政部门自收到合格申办材料之日起30日内作出批准或不予批准的决定,并书面答复申办者。

第七条 卫生行政部门应在核发美容医疗机构《设置医疗机构批准书》和《医疗机构执业许可证》的同时,向上一级卫生行政部门备案。

上级卫生行政部门对下级卫生行政部门违规作出的审批决定应自发现之日起30日内予以纠正或撤销。

第八条 美容医疗机构必须经卫生行政部门登记注册并获得《医疗机构执业许可证》后方可开展执业活动。

第九条 医疗机构增设医疗美容科目的,必须具备本办法规定的条件,按照《医疗机构管理条例》及其实施细则规定的程序,向登记注册机关申请变更登记。

第十条 美容医疗机构和医疗美容科室开展医疗美容项目应当由登记机关指定的专业学会核准,并向登记机关备案。

第三章 执业人员资格

第十一条 负责实施医疗美容项目的主诊医师必须同时具备下列条件:

(一)具有执业医师资格,经执业医师注册机关注册;

(二)具有从事相关临床学科工作经历。其中,负责实施美容外科项目的应具有6年以上从事美容外科或整形外科等相关专业临床工作经历;负责实施美容牙科项目的应具有5年以上从事美容牙科或口腔科专业临床工作经历;负责实施美容中医科和美容皮肤科项目的应分别具有3年以上从事中医专业和皮肤病专业临床工作经历;

(三)经过医疗美容专业培训或进修并合格,或已从事医疗美容临床工作1年以上;

(四)省级人民政府卫生行政部门规定的其他条件。

第十二条 不具备本办法第十一条规定的主诊医师条件的执业医师,可在主诊医师的指导下从事医疗美容临床技术服务工作。

第十三条 从事医疗美容护理工作的人员,应同时具备下列条件:

(一)具有护士资格,并经护士注册机关注册;

(二)具有二年以上护理工作经历;

(三)经过医疗美容护理专业培训或进修并合格,或已从事医疗美容临床护理工作6个月以上。

第十四条 未经卫生行政部门核定并办理执业注册手续的人员不得从事医疗美容诊疗服务。

第四章 执 业 规 则

第十五条 实施医疗美容项目必须在相应的美容医疗机构或开设医疗美容科室的医疗机构中进行。

第十六条 美容医疗机构和医疗美容科室应根据自身条件和能力在卫生行政部门核定的诊疗科目范围内开展医疗服务,未经批准不得擅自扩大诊疗范围。

美容医疗机构及开设医疗美容科室的医疗机构不得开展未向登记机关备案的医疗美容项目。

第十七条 美容医疗机构执业人员要严格执行有关法律、法规和规章，遵守医疗美容技术操作规程。

美容医疗机构使用的医用材料须经有关部门批准。

第十八条 医疗美容服务实行主诊医师负责制。医疗美容项目必须由主诊医师负责或在其指导下实施。

第十九条 执业医师对就医者实施治疗前，必须向就医者本人或亲属书面告知治疗的适应证、禁忌证、医疗风险和注意事项等，并取得就医者本人或监护人的签字同意。未经监护人同意，不得为无行为能力或者限制行为能力人实施医疗美容项目。

第二十条 美容医疗机构和医疗美容科室的从业人员要尊重就医者的隐私权，未经就医者本人或监护人同意，不得向第三方披露就医者病情及病历资料。

第二十一条 美容医疗机构和医疗美容科室发生重大医疗过失，要按规定及时报告当地人民政府卫生行政部门。

第二十二条 美容医疗机构和医疗美容科室应加强医疗质量管理，不断提高服务水平。

第五章 监 督 管 理

第二十三条 任何单位和个人，未取得《医疗机构执业许可证》并经登记机关核准开展医疗美容诊疗科目，不得开展医疗美容服务。

第二十四条 各级地方人民政府卫生行政部门要加强对医疗美容项目备案的审核。发现美容医疗机构及开设医疗美容科的医疗机构不具备开展某医疗美容项目的条件和能力，应及时通知该机构停止开展该医疗美容项目。

第二十五条 各相关专业学会和行业协会要积极协助卫生行政部门规范医疗美容服务行为，加强行业自律工作。

第二十六条 美容医疗机构和医疗美容科室发生医疗纠纷或医疗事故，按照国家有关规定处理。

第二十七条 发布医疗美容广告必须按照国家有关广告管理的法律、法规的规定办理。

第二十八条 对违反本办法规定的，依据《执业医师法》、《医疗机构管理条例》和《护士管理办法》有关规定予以处罚。

第六章 附 则

第二十九条 外科、口腔科、眼科、皮肤科、中医科等相关临床学科在疾病治疗过程中涉及的相关医疗美容活动不受本办法调整。

第三十条 县级以上人民政府卫生行政部门应在本办法施行后一年内，按本办法规定对已开办的美容医疗机构和开设医疗美容科室的医疗机构进行审核并重新核发《医疗机构执业许可证》。

第三十一条 本办法自2002年5月1日起施行。

院前医疗急救管理办法

（2013年11月29日国家卫生和计划生育委员会令第3号公布
自2014年2月1日起施行）

第一章 总 则

第一条 为加强院前医疗急救管理，规范院前医疗急救行为，提高院前医疗急救服务水平，促进院前医疗急救事业发展，根据《执业医师法》、《医疗机构管理条例》、《护士条例》等法律法规，制定本办法。

第二条 本办法适用于从事院前医疗急救工作的医疗机构和人员。

本办法所称院前医疗急救，是指由急救中心（站）和承担院前医疗急救任务的网络医院（以下简称急救网络医院）按照统一指挥调度，在患者送达医疗机构救治前，在医疗机构外开展的以现场抢救、转运途中紧急救治以及监护为主的医疗活动。

第三条 院前医疗急救是政府举办的公益性事业，鼓励、支持社会力量参与。卫生计生行政部门按照“统筹规划、整合资源、合理配置、提高效能”的原则，统一组织、管理、实施。

卫生计生行政部门应当建立稳定的经费保障机制，保证院前医疗急救与当地社会、经济发展和医疗服务需求相适应。

第四条 国家卫生计生委负责规划和指导全国院前医疗急救体系建设，监督管理全国院前医疗急救工作。

县级以上地方卫生计生行政部门负责规划和实施本辖区院前医疗急救体系建设，监督管理本辖区院前医疗急救工作。

第二章 机 构 设 置

第五条 院前医疗急救以急救中心（站）为主体，与急救网络医院组成院前医疗急救网络共同实施。

第六条 县级以上地方卫生计生行政部门应当将院前医疗急救网络纳入当地医疗机构设置规划，按照就近、安全、迅速、有效的原则设立，统一规划、统一设置、统一管理。

第七条 急救中心（站）由卫生计生行政部门按照《医疗机构管理条例》设置、审批和登记。

第八条 设区的市设立一个急救中心。因地域或者交通原因，设区的市院前医疗急救网络未覆盖的县（县级市），可以依托县级医院或者独立设置一个县级急救中心（站）。

设区的市级急救中心统一指挥调度县级急救中心（站）并提供业务指导。

第九条 急救中心（站）应当符合医疗机构基本标准。县级以上地方卫生计生行政部门根据院前医疗急救网络布局、医院专科情况等指定急救网络医院，并将急救网络医院名单向社会公告。急救网络医院按照其承担任务达到急救中心（站）基本要求。

未经卫生计生行政部门批准，任何单位及其内设机构、个人不得使用急救中心（站）的名称开展院前医疗急救工作。

第十条 急救中心（站）负责院前医疗急救工作的指挥和调度，按照院前医疗急救需求配备通讯系统、救护车和医务人员，开展现场抢救和转运途中救治、监护。急救网络医院按照急救中心(站)指挥和调度开展院前医疗急救工作。

第十一条 县级以上地方卫生计生行政部门根据区域服务人口、服务半径、地理环境、交通状况等因素，合理配置救护车。

救护车应当符合救护车卫生行业标准，标志图案、标志灯具和警报器应当符合国家、行业标准和有关规定。

第十二条 急救中心(站)、急救网络医院救护车以及院前医疗急救人员的着装应当统一标识，统一标注急救中心(站)名称和院前医疗急救呼叫号码。

第十三条 全国院前医疗急救呼叫号码为“120”。

急救中心(站)设置“120”呼叫受理系统和指挥中心，其他单位和个人不得设置“120”呼叫号码或者其他任何形式的院前医疗急救呼叫电话。

第十四条 急救中心(站)通讯系统应当具备系统集成、救护车定位追踪、呼叫号码和位置显示、计算机辅助指挥、移动数据传输、无线集群语音通讯等功能。

第十五条 县级以上地方卫生计生行政部门应当加强对院前医疗急救专业人员的培训，定期组织急救中心(站)和急救网络医院开展演练，推广新知识和先进技术，提高院前医疗急救和突发事件紧急医疗救援能力与水平。

第十六条 县级以上地方卫生计生行政部门应当按照有关规定，根据行政区域内人口数量、地域范围、经济条件等因素，加强急救中心(站)的应急储备工作。

第三章 执业管理

第十七条 急救中心(站)和急救网络医院开展院前医疗急救工作应当遵守医疗卫生管理法律、法规、规章和技术操作规范、诊疗指南。

第十八条 急救中心(站)应当制定院前医疗急救工作规章制度及人员岗位职责，保证院前医疗急救工作的医疗质量、医疗安全、规范服务和迅速处置。

第十九条 从事院前医疗急救的专业人员包括医师、护士和医疗救护员。

医师和护士应当按照有关法律法规规定取得相应执业资格证书。

医疗救护员应当按照国家有关规定经培训考试合格取得国家职业资格证

书;上岗前,应当经设区的市级急救中心培训考核合格。

在专业技术职务评审、考核、聘任等方面应当对上述人员给予倾斜。

第二十条 医疗救护员可以从事的相关辅助医疗救护工作包括:

(一)对常见急症进行现场初步处理;

(二)对患者进行通气、止血、包扎、骨折固定等初步救治;

(三)搬运、护送患者;

(四)现场心肺复苏;

(五)在现场指导群众自救、互救。

第二十一条 急救中心(站)应当配备专人每天 24 小时受理“120”院前医疗急救呼叫。“120”院前医疗急救呼叫受理人员应当经设区的市级急救中心培训合格。

第二十二条 急救中心(站)应当在接到“120”院前医疗急救呼叫后,根据院前医疗急救需要迅速派出或者从急救网络医院派出救护车和院前医疗急救专业人员。不得因指挥调度原因拒绝、推诿或者延误院前医疗急救服务。

第二十三条 急救中心(站)和急救网络医院应当按照就近、就急、满足专业需要、兼顾患者意愿的原则,将患者转运至医疗机构救治。

第二十四条 急救中心(站)和急救网络医院应当做好“120”院前医疗急救呼叫受理、指挥调度等记录及保管工作,并按照医疗机构病历管理相关规定,做好现场抢救、监护运送、途中救治和医院接收等记录及保管工作。

第二十五条 急救中心(站)和急救网络医院按照国家有关规定收取院前医疗急救服务费用,不得因费用问题拒绝或者延误院前医疗急救服务。

第二十六条 急救中心(站)应当按照有关规定做好突发事件紧急医疗救援的现场救援和信息报告工作。

第二十七条 急救中心(站)和急救网络医院不得将救护车用于非院前医疗急救服务。

除急救中心(站)和急救网络医院外,任何单位和个人不得使用救护车开展院前医疗急救工作。

第二十八条 急救中心(站)应当按照相关规定作好应急储备物资管理等相关工作。

第二十九条 急救中心(站)和急救网络医院应当向公众提供急救知识和技能的科普宣传和培训,提高公众急救意识和能力。

第四章 监督管理

第三十条 县级以上地方卫生计生行政部门应当加强对院前医疗急救工作的监督与管理。

第三十一条 县级以上地方卫生计生行政部门应当加强急救中心(站)和急救网络医院的设置管理工作,对其执业活动进行检查指导。

第三十二条 县级以上地方卫生计生行政部门发现本辖区任何单位及其内设机构、个人未经批准使用急救中心(站)的名称或救护车开展院前医疗急救工作的,应当依法依规严肃处理,并向同级公安机关通报情况。

第三十三条 上级卫生计生行政部门应当加强对下级卫生计生行政部门的监督检查,发现下级卫生计生行政部门未履行职责的,应当责令其纠正或者直接予以纠正。

第三十四条 急救中心(站)和急救网络医院应当对本机构从业人员的业务水平、工作成绩和职业道德等情况进行管理、培训和考核,并依法依规给予相应的表彰、奖励、处理等。

第五章 法律责任

第三十五条 任何单位或者个人未经卫生计生行政部门批准擅自开展院前医疗急救服务的,由县级以上地方卫生计生行政部门按照《医疗机构管理条例》等有关规定予以处理。

第三十六条 急救中心(站)和急救网络医院使用非卫生专业技术人员从事院前医疗急救服务的,由县级以上地方卫生计生行政部门按照《执业医师法》、《医疗机构管理条例》和《护士条例》等有关法律法规的规定予以处理。

第三十七条 医疗机构有下列情形之一的,由县级以上地方卫生计生行政部门责令改正、通报批评、给予警告;对直接负责的主管人员和其他直接责任人员,根据情节轻重,依法给予警告、记过、降低岗位等级、撤职、开除等处分:

(一)未经批准擅自使用“120”院前医疗急救呼叫号码或者其他带有院前

医疗急救呼叫性质号码的；

（二）未经批准擅自使用救护车开展院前医疗急救服务的；

（三）急救中心（站）因指挥调度或者费用等因素拒绝、推诿或者延误院前医疗急救服务的；

（四）违反本办法其他规定的。

第六章　附　　则

第三十八条　本办法所称医疗救护员，是指人力资源社会保障部第四批新职业情况说明所定义，运用救护知识和技能，对各种急症、意外事故、创伤和突发公共卫生事件施行现场初步紧急救护的人员。

第三十九条　本办法所称救护车，是指符合救护车卫生行业标准、用于院前医疗急救的特种车辆。

第四十条　在突发事件中，公民、法人和其他单位开展的卫生救护不适用于本办法。

第四十一条　本办法自2014年2月1日起施行。

全国人民代表大会常务委员会
关于司法鉴定管理问题的决定

（2005年2月28日第十届全国人民代表大会常务委员会第十四次会议通过　根据2015年4月24日第十二届全国人民代表大会常务委员会第十四次会议《关于修改〈中华人民共和国义务教育法〉等五部法律的决定》修正）

为了加强对鉴定人和鉴定机构的管理，适应司法机关和公民、组织进行诉讼的需要，保障诉讼活动的顺利进行，特作如下决定：

一、司法鉴定是指在诉讼活动中鉴定人运用科学技术或者专门知识对诉讼涉及的专门性问题进行鉴别和判断并提供鉴定意见的活动。

二、国家对从事下列司法鉴定业务的鉴定人和鉴定机构实行登记管理制度：

（一）法医类鉴定；

（二）物证类鉴定；

（三）声像资料鉴定；

（四）根据诉讼需要由国务院司法行政部门商最高人民法院、最高人民检察院确定的其他应当对鉴定人和鉴定机构实行登记管理的鉴定事项。

法律对前款规定事项的鉴定人和鉴定机构的管理另有规定的，从其规定。

三、国务院司法行政部门主管全国鉴定人和鉴定机构的登记管理工作。省级人民政府司法行政部门依照本决定的规定，负责对鉴定人和鉴定机构的登记、名册编制和公告。

四、具备下列条件之一的人员，可以申请登记从事司法鉴定业务：

（一）具有与所申请从事的司法鉴定业务相关的高级专业技术职称；

（二）具有与所申请从事的司法鉴定业务相关的专业执业资格或者高等院校相关专业本科以上学历，从事相关工作五年以上；

（三）具有与所申请从事的司法鉴定业务相关工作十年以上经历，具有较强的专业技能。

因故意犯罪或者职务过失犯罪受过刑事处罚的，受过开除公职处分的，以及被撤销鉴定人登记的人员，不得从事司法鉴定业务。

五、法人或者其他组织申请从事司法鉴定业务的，应当具备下列条件：

（一）有明确的业务范围；

（二）有在业务范围内进行司法鉴定所必需的仪器、设备；

（三）有在业务范围内进行司法鉴定所必需的依法通过计量认证或者实验室认可的检测实验室；

（四）每项司法鉴定业务有三名以上鉴定人。

六、申请从事司法鉴定业务的个人、法人或者其他组织，由省级人民政府司法行政部门审核，对符合条件的予以登记，编入鉴定人和鉴定机构名册并公告。

省级人民政府司法行政部门应当根据鉴定人或者鉴定机构的增加和撤销登记情况，定期更新所编制的鉴定人和鉴定机构名册并公告。

七、侦查机关根据侦查工作的需要设立的鉴定机构，不得面向社会接受委托从事司法鉴定业务。

人民法院和司法行政部门不得设立鉴定机构。

八、各鉴定机构之间没有隶属关系；鉴定机构接受委托从事司法鉴定业务，不受地域范围的限制。

鉴定人应当在一个鉴定机构中从事司法鉴定业务。

九、在诉讼中，对本决定第二条所规定的鉴定事项发生争议，需要鉴定的，应当委托列入鉴定人名册的鉴定人进行鉴定。鉴定人从事司法鉴定业务，由所在的鉴定机构统一接受委托。

鉴定人和鉴定机构应当在鉴定人和鉴定机构名册注明的业务范围内从事司法鉴定业务。

鉴定人应当依照诉讼法律规定实行回避。

十、司法鉴定实行鉴定人负责制度。鉴定人应当独立进行鉴定，对鉴定意见负责并在鉴定书上签名或者盖章。多人参加的鉴定，对鉴定意见有不同意见的，应当注明。

十一、在诉讼中，当事人对鉴定意见有异议的，经人民法院依法通知，鉴定人应当出庭作证。

十二、鉴定人和鉴定机构从事司法鉴定业务，应当遵守法律、法规，遵守职业道德和职业纪律，尊重科学，遵守技术操作规范。

十三、鉴定人或者鉴定机构有违反本决定规定行为的，由省级人民政府司法行政部门予以警告，责令改正。

鉴定人或者鉴定机构有下列情形之一的，由省级人民政府司法行政部门给予停止从事司法鉴定业务三个月以上一年以下的处罚；情节严重的，撤销登记：

（一）因严重不负责任给当事人合法权益造成重大损失的；

（二）提供虚假证明文件或者采取其他欺诈手段，骗取登记的；

（三）经人民法院依法通知，拒绝出庭作证的；

（四）法律、行政法规规定的其他情形。

鉴定人故意作虚假鉴定，构成犯罪的，依法追究刑事责任；尚不构成犯罪的，依照前款规定处罚。

十四、司法行政部门在鉴定人和鉴定机构的登记管理工作中，应当严格依法办事，积极推进司法鉴定的规范化、法制化。对于滥用职权、玩忽职守，造成严重后果的直接责任人员，应当追究相应的法律责任。

十五、司法鉴定的收费标准由省、自治区、直辖市人民政府价格主管部门会同同级司法行政部门制定。

十六、对鉴定人和鉴定机构进行登记、名册编制和公告的具体办法，由国务院司法行政部门制定，报国务院批准。

十七、本决定下列用语的含义是：

（一）法医类鉴定，包括法医病理鉴定、法医临床鉴定、法医精神病鉴定、法医物证鉴定和法医毒物鉴定。

（二）物证类鉴定，包括文书鉴定、痕迹鉴定和微量鉴定。

（三）声像资料鉴定，包括对录音带、录像带、磁盘、光盘、图片等载体上记录的声音、图像信息的真实性、完整性及其所反映的情况过程进行的鉴定和对记录的声音、图像中的语言、人体、物体作出种类或者同一认定。

十八、本决定自2005年10月1日起施行。

全国人大法工委关于对法医类鉴定与医疗事故技术鉴定关系问题的意见

（2005年9月22日　法工委复字〔2005〕29号）

卫生部：

你部2005年4月18日（卫政法函〔2005〕75号）来函收悉。经研究，交换意见如下：

关于司法鉴定管理问题的决定第二条规定，国家对从事法医类鉴定的鉴定人和鉴定机构实行登记管理制度。医疗事故技术鉴定的组织方式与一般的法医类鉴定有很大区别，医疗事故技术鉴定的内容也不都属于法医类鉴定。但医疗事故技术鉴定中涉及的有关问题，如尸检、伤残鉴定等，属于法医类鉴定范围。对此类鉴定事项,在进行医疗事故技术鉴定时,由已列入鉴定人名册的法医参加鉴定为宜。

司法鉴定人和司法鉴定机构名册管理办法

(2010 年 4 月 12 日　司发通〔2010〕84 号)

第一条　为了规范司法鉴定人和司法鉴定机构名册编制和公告工作,方便司法机关、公民、法人和其他组织进行诉讼活动,根据《全国人民代表大会常务委员会关于司法鉴定管理问题的决定》和《司法鉴定机构登记管理办法》、《司法鉴定人登记管理办法》等有关法律、法规、规章,制定本办法。

第二条　经司法行政机关审核登记的司法鉴定人和司法鉴定机构的名册编制、公告和管理工作,适用本办法。

第三条　司法行政机关编制的司法鉴定人和司法鉴定机构名册的名称为《国家司法鉴定人和司法鉴定机构名册》。名册分为纸质版和电子版两种形式。

第四条　《国家司法鉴定人和司法鉴定机构名册》是司法鉴定人和司法鉴定机构接受委托从事司法鉴定活动的法定依据。

第五条　省级司法行政机关负责本行政区域《国家司法鉴定人和司法鉴定机构名册》的编制、公告和管理工作。

司法部负责指导、监督《国家司法鉴定人和司法鉴定机构名册》的编制、公告和管理工作,并按年度汇编、公布全国统一的《国家司法鉴定人和司法鉴定机构名册》。

第六条　省级司法行政机关根据上一年度截止到 12 月 31 日已登记的司法鉴定人和司法鉴定机构的情况,于每年 3 月底前完成本年度《国家司法鉴定人和司法鉴定机构名册》的编制工作。

各省级司法行政机关编制的纸质版《国家司法鉴定人和司法鉴定机构名册》封面应当注明本行政区域的名称和编制年份。

第七条　《国家司法鉴定人和司法鉴定机构名册》应当载明机构名称、许可证号、机构负责人、机构住所、邮政编码、电话、业务范围、执业司法鉴定人的姓名等。具有独立法人资格的司法鉴定机构应当注明法定代表人。同时载明省级司法行政机关司法鉴定管理机构的名称和查询、监督电话。

第八条 《国家司法鉴定人和司法鉴定机构名册》的印制格式和编排要求，包括开本、版式、使用标识、封面颜色、编辑体例、内容顺序、文字格式以及编制程序等，由司法部统一规定。司法鉴定机构的业务范围和司法鉴定人的执业类别的排列顺序，按照《全国人民代表大会常务委员会关于司法鉴定管理问题的决定》和司法部颁布的有关司法鉴定执业活动分类规范的顺序排列。

第九条 《国家司法鉴定人和司法鉴定机构名册》使用国家规范汉字和符合国家标准的数字、符号。

民族区域自治地方的省级司法行政部门，可以根据本地区实际情况，在编制的名册中同时使用本民族区域自治地方的民族文字。

第十条 省级司法行政机关编制完成本年度《国家司法鉴定人和司法鉴定机构名册》后，应当于每年 4 月 15 日前向司法部备案，并将纸质版名册分送本行政区域内司法机关和政府有关部门。

司法部按年度汇编全国统一的《国家司法鉴定人和司法鉴定机构名册》，并将纸质版名册分送中央、地方司法机关和政府有关部门。

第十一条 本年度《国家司法鉴定人和司法鉴定机构名册》编制完成后应当及时公告。公民、法人和其他组织可以通过公告或者政府网站查询《国家司法鉴定人和司法鉴定机构名册》。

第十二条 本年度《国家司法鉴定人和司法鉴定机构名册》编制完成后发生司法鉴定人或者司法鉴定机构新增、变更、撤销、注销等情形的，省级司法行政机关应当及时公告并更新电子版名册。

第十三条 在诉讼活动中，对《全国人民代表大会常务委员会关于司法鉴定管理问题的决定》第二条所规定的鉴定事项发生争议，需要鉴定的，应当委托列入《国家司法鉴定人和司法鉴定机构名册》的司法鉴定人和司法鉴定机构进行鉴定。

第十四条 司法行政机关编制、公告和管理《国家司法鉴定人和司法鉴定机构名册》所需费用向同级财政部门申请专项保障经费。

第十五条 未经省级以上司法行政机关批准或者委托，任何部门不得编制、公布和出版、印发《国家司法鉴定人和司法鉴定机构名册》或者类似名册。

第十六条 本办法自发布之日起施行。

医疗事故技术鉴定暂行办法

（2002 年 7 月 31 日卫生部令第 30 号公布
自 2002 年 9 月 1 日起施行）

第一章 总 则

第一条 为规范医疗事故技术鉴定工作，确保医疗事故技术鉴定工作有序进行，依据《医疗事故处理条例》的有关规定制定本办法。

第二条 医疗事故技术鉴定工作应当按照程序进行，坚持实事求是的科学态度，做到事实清楚、定性准确、责任明确。

第三条 医疗事故技术鉴定分为首次鉴定和再次鉴定。

设区的市级和省、自治区、直辖市直接管辖的县（市）级地方医学会负责组织专家鉴定组进行首次医疗事故技术鉴定工作。

省、自治区、直辖市地方医学会负责组织医疗事故争议的再次鉴定工作。

负责组织医疗事故技术鉴定工作的医学会（以下简称医学会）可以设立医疗事故技术鉴定工作办公室，具体负责有关医疗事故技术鉴定的组织和日常工作。

第四条 医学会组织专家鉴定组，依照医疗卫生管理法律、行政法规、部门规章和诊疗护理技术操作规范、常规，运用医学科学原理和专业知识，独立进行医疗事故技术鉴定。

第二章 专家库的建立

第五条 医学会应当建立专家库。专家库应当依据学科专业组名录设置学科专业组。

医学会可以根据本地区医疗工作和医疗事故技术鉴定实际，对本专家库学科专业组设立予以适当增减和调整。

第六条 具备下列条件的医疗卫生专业技术人员可以成为专家库候选人：

（一）有良好的业务素质和执业品德；

（二）受聘于医疗卫生机构或者医学教学、科研机构并担任相应专业高级技术职务3年以上；

（三）健康状况能够胜任医疗事故技术鉴定工作。

符合前款（一）、（三）项规定条件并具备高级技术职务任职资格的法医可以受聘进入专家库。

负责首次医疗事故技术鉴定工作的医学会原则上聘请本行政区域内的专家建立专家库；当本行政区域内的专家不能满足建立专家库需要时，可以聘请本省、自治区、直辖市范围内的专家进入本专家库。

负责再次医疗事故技术鉴定工作的医学会原则上聘请本省、自治区、直辖市范围内的专家建立专家库；当本省、自治区、直辖市范围内的专家不能满足建立专家库需要时，可以聘请其他省、自治区、直辖市的专家进入本专家库。

第七条 医疗卫生机构或医学教学、科研机构、同级的医药卫生专业学会应当按照医学会要求，推荐专家库成员候选人；符合条件的个人经所在单位同意后也可以直接向组建专家库的医学会申请。

医学会对专家库成员候选人进行审核。审核合格的，予以聘任，并发给中华医学会统一格式的聘书。

符合条件的医疗卫生专业技术人员和法医，有义务受聘进入专家库。

第八条 专家库成员聘用期为4年。在聘用期间出现下列情形之一的，应当由专家库成员所在单位及时报告医学会，医学会应根据实际情况及时进行调整：

（一）因健康原因不能胜任医疗事故技术鉴定的；

（二）变更受聘单位或被解聘的；

（三）不具备完全民事行为能力的；

（四）受刑事处罚的；

（五）省级以上卫生行政部门规定的其他情形。

聘用期满需继续聘用的，由医学会重新审核、聘用。

第三章 鉴定的提起

第九条 双方当事人协商解决医疗事故争议，需进行医疗事故技术鉴定的，应共同书面委托医疗机构所在地负责首次医疗事故技术鉴定工作的医学会进行医疗事故技术鉴定。

第十条 县级以上地方人民政府卫生行政部门接到医疗机构关于重大医疗过失行为的报告或者医疗事故争议当事人要求处理医疗事故争议的申请后，对需要进行医疗事故技术鉴定的，应当书面移交负责首次医疗事故技术鉴定工作的医学会组织鉴定。

第十一条 协商解决医疗事故争议涉及多个医疗机构的，应当由涉及的所有医疗机构与患者共同委托其中任何一所医疗机构所在地负责组织首次医疗事故技术鉴定工作的医学会进行医疗事故技术鉴定。

医疗事故争议涉及多个医疗机构，当事人申请卫生行政部门处理的，只可以向其中一所医疗机构所在地卫生行政部门提出处理申请。

第四章 鉴定的受理

第十二条 医学会应当自受理医疗事故技术鉴定之日起5日内，通知医疗事故争议双方当事人按照《医疗事故处理条例》第二十八条规定提交医疗事故技术鉴定所需的材料。

当事人应当自收到医学会的通知之日起10日内提交有关医疗事故技术鉴定的材料、书面陈述及答辩。

对不符合受理条件的，医学会不予受理。不予受理的，医学会应说明理由。

第十三条 有下列情形之一的，医学会不予受理医疗事故技术鉴定：

（一）当事人一方直接向医学会提出鉴定申请的；

（二）医疗事故争议涉及多个医疗机构，其中一所医疗机构所在地的医学会已经受理的；

（三）医疗事故争议已经人民法院调解达成协议或判决的；

（四）当事人已向人民法院提起民事诉讼的（司法机关委托的除外）；

（五）非法行医造成患者身体健康损害的；

（六）卫生部规定的其他情形。

第十四条 委托医学会进行医疗事故技术鉴定，应当按规定缴纳鉴定费。

第十五条 双方当事人共同委托医疗事故技术鉴定的，由双方当事人协商预先缴纳鉴定费。

卫生行政部门移交进行医疗事故技术鉴定的，由提出医疗事故争议处理的当事人预先缴纳鉴定费。经鉴定属于医疗事故的，鉴定费由医疗机构支付；经鉴定不属于医疗事故的，鉴定费由提出医疗事故争议处理申请的当事人支付。

县级以上地方人民政府卫生行政部门接到医疗机构关于重大医疗过失行为的报告后，对需要移交医学会进行医疗事故技术鉴定的，鉴定费由医疗机构支付。

第十六条 有下列情形之一的，医学会中止组织医疗事故技术鉴定：

（一）当事人未按规定提交有关医疗事故技术鉴定材料的；

（二）提供的材料不真实的；

（三）拒绝缴纳鉴定费的；

（四）卫生部规定的其他情形。

第五章 专家鉴定组的组成

第十七条 医学会应当根据医疗事故争议所涉及的学科专业，确定专家鉴定组的构成和人数。

专家鉴定组组成人数应为3人以上单数。

医疗事故争议涉及多学科专业的，其中主要学科专业的专家不得少于专家鉴定组成员的二分之一。

第十八条 医学会应当提前通知双方当事人，在指定时间、指定地点，从专家库相关学科专业组中随机抽取专家鉴定组成员。

第十九条 医学会主持双方当事人抽取专家鉴定组成员前，应当将专家库相关学科专业组中专家姓名、专业、技术职务、工作单位告知双方当事人。

第二十条 当事人要求专家库成员回避的，应当说明理由。符合下列情形之一的，医学会应当将回避的专家名单撤出，并经当事人签字确认后记录在案：

(一)医疗事故争议当事人或者当事人的近亲属的;

(二)与医疗事故争议有利害关系的;

(三)与医疗事故争议当事人有其他关系,可能影响公正鉴定的。

第二十一条 医学会对当事人准备抽取的专家进行随机编号,并主持双方当事人随机抽取相同数量的专家编号,最后一个专家由医学会随机抽取。

双方当事人还应当按照上款规定的方法各自随机抽取一个专家作为候补。

涉及死因、伤残等级鉴定的,应当按照前款规定由双方当事人各自随机抽取一名法医参加鉴定组。

第二十二条 随机抽取结束后,医学会当场向双方当事人公布所抽取的专家鉴定组成员和候补成员的编号并记录在案。

第二十三条 现有专家库成员不能满足鉴定工作需要时,医学会应当向双方当事人说明,并经双方当事人同意,可以从本省、自治区、直辖市其他医学会专家库中抽取相关学科专业组的专家参加专家鉴定组;本省、自治区、直辖市医学会专家库成员不能满足鉴定工作需要时,可以从其他省、自治区、直辖市医学会专家库中抽取相关学科专业组的专家参加专家鉴定组。

第二十四条 从其他医学会建立的专家库中抽取的专家无法到场参加医疗事故技术鉴定,可以以函件的方式提出鉴定意见。

第二十五条 专家鉴定组成员确定后,在双方当事人共同在场的情况下,由医学会对封存的病历资料启封。

第二十六条 专家鉴定组应当认真审查双方当事人提交的材料,妥善保管鉴定材料,保护患者的隐私,保守有关秘密。

第六章 医疗事故技术鉴定

第二十七条 医学会应当自接到双方当事人提交的有关医疗事故技术鉴定的材料、书面陈述及答辩之日起 45 日内组织鉴定并出具医疗事故技术鉴定书。

第二十八条 医学会可以向双方当事人和其他相关组织、个人进行调查取证,进行调查取证时不得少于 2 人。调查取证结束后,调查人员和调查对象应当在有关文书上签字。如调查对象拒绝签字的,应当记录在案。

第二十九条 医学会应当在医疗事故技术鉴定7日前,将鉴定的时间、地点、要求等书面通知双方当事人。双方当事人应当按照通知的时间、地点、要求参加鉴定。

参加医疗事故技术鉴定的双方当事人每一方人数不超过3人。

任何一方当事人无故缺席、自行退席或拒绝参加鉴定的,不影响鉴定的进行。

第三十条 医学会应当在医疗事故技术鉴定7日前书面通知专家鉴定组成员。专家鉴定组成员接到医学会通知后认为自己应当回避的,应当于接到通知时及时提出书面回避申请,并说明理由;因其他原因无法参加医疗事故技术鉴定的,应当于接到通知时及时书面告知医学会。

第三十一条 专家鉴定组成员因回避或因其他原因无法参加医疗事故技术鉴定时,医学会应当通知相关学科专业组候补成员参加医疗事故技术鉴定。

专家鉴定组成员因不可抗力因素未能及时告知医学会不能参加鉴定或虽告知但医学会无法按规定组成专家鉴定组的,医疗事故技术鉴定可以延期进行。

第三十二条 专家鉴定组组长由专家鉴定组成员推选产生,也可以由医疗事故争议所涉及的主要学科专家中具有最高专业技术职务任职资格的专家担任。

第三十三条 鉴定由专家鉴定组组长主持,并按照以下程序进行:

(一)双方当事人在规定的时间内分别陈述意见和理由。陈述顺序先患方,后医疗机构;

(二)专家鉴定组成员根据需要可以提问,当事人应当如实回答。必要时,可以对患者进行现场医学检查;

(三)双方当事人退场;

(四)专家鉴定组对双方当事人提供的书面材料、陈述及答辩等进行讨论;

(五)经合议,根据半数以上专家鉴定组成员的一致意见形成鉴定结论。专家鉴定组成员在鉴定结论上签名。专家鉴定组成员对鉴定结论的不同意见,应当予以注明。

第三十四条 医疗事故技术鉴定书应当根据鉴定结论作出,其文稿由专家鉴定组组长签发。

医疗事故技术鉴定书盖医学会医疗事故技术鉴定专用印章。

医学会应当及时将医疗事故技术鉴定书送达移交鉴定的卫生行政部门，经卫生行政部门审核，对符合规定作出的医疗事故技术鉴定结论，应当及时送达双方当事人；由双方当事人共同委托的，直接送达双方当事人。

第三十五条 医疗事故技术鉴定书应当包括下列主要内容：

（一）双方当事人的基本情况及要求；

（二）当事人提交的材料和医学会的调查材料；

（三）对鉴定过程的说明；

（四）医疗行为是否违反医疗卫生管理法律、行政法规、部门规章和诊疗护理规范、常规；

（五）医疗过失行为与人身损害后果之间是否存在因果关系；

（六）医疗过失行为在医疗事故损害后果中的责任程度；

（七）医疗事故等级；

（八）对医疗事故患者的医疗护理医学建议。

经鉴定为医疗事故的，鉴定结论应当包括上款（四）至（八）项内容；经鉴定不属于医疗事故的，应当在鉴定结论中说明理由。

医疗事故技术鉴定书格式由中华医学会统一制定。

第三十六条 专家鉴定组应当综合分析医疗过失行为在导致医疗事故损害后果中的作用、患者原有疾病状况等因素，判定医疗过失行为的责任程度。医疗事故中医疗过失行为责任程度分为：

（一）完全责任，指医疗事故损害后果完全由医疗过失行为造成。

（二）主要责任，指医疗事故损害后果主要由医疗过失行为造成，其他因素起次要作用。

（三）次要责任，指医疗事故损害后果主要由其他因素造成，医疗过失行为起次要作用。

（四）轻微责任，指医疗事故损害后果绝大部分由其他因素造成，医疗过失行为起轻微作用。

第三十七条 医学会参加医疗事故技术鉴定会的工作人员，应如实记录鉴定会过程和专家的意见。

第三十八条 因当事人拒绝配合，无法进行医疗事故技术鉴定的，应当终止本次鉴定，由医学会告知移交鉴定的卫生行政部门或共同委托鉴定的双方当事人，说明不能鉴定的原因。

第三十九条 医学会对经卫生行政部门审核认为参加鉴定的人员资格和专业类别或者鉴定程序不符合规定，需要重新鉴定的，应当重新组织鉴定。重新鉴定时不得收取鉴定费。

如参加鉴定的人员资格和专业类别不符合规定的，应当重新抽取专家，组成专家鉴定组进行重新鉴定。

如鉴定的程序不符合规定而参加鉴定的人员资格和专业类别符合规定的，可以由原专家鉴定组进行重新鉴定。

第四十条 任何一方当事人对首次医疗事故技术鉴定结论不服的，可以自收到首次医疗事故技术鉴定书之日起 15 日内，向原受理医疗事故争议处理申请的卫生行政部门提出再次鉴定的申请，或由双方当事人共同委托省、自治区、直辖市医学会组织再次鉴定。

第四十一条 县级以上地方人民政府卫生行政部门对发生医疗事故的医疗机构和医务人员进行行政处理时，应当以最后的医疗事故技术鉴定结论作为处理依据。

第四十二条 当事人对鉴定结论无异议，负责组织医疗事故技术鉴定的医学会应当及时将收到的鉴定材料中的病历资料原件等退还当事人，并保留有关复印件。

当事人提出再次鉴定申请的，负责组织首次医疗事故技术鉴定的医学会应当及时将收到的鉴定材料移送负责组织再次医疗事故技术鉴定的医学会。

第四十三条 医学会应当将专家鉴定组成员签名的鉴定结论、由专家鉴定组组长签发的医疗事故技术鉴定书文稿和复印或者复制的有关病历资料等存档，保存期限不得少于 20 年。

第四十四条 在受理医患双方共同委托医疗事故技术鉴定后至专家鉴定组作出鉴定结论前，双方当事人或者一方当事人提出停止鉴定的，医疗事故技术鉴定终止。

第四十五条 医学会应当于每年3月31日前将上一年度医疗事故技术鉴定情况报同级卫生行政部门。

第七章 附 则

第四十六条 必要时,对疑难、复杂并在全国有重大影响的医疗事故争议,省级卫生行政部门可以商请中华医学会组织医疗事故技术鉴定。

第四十七条 本办法由卫生部负责解释。

第四十八条 本办法自2002年9月1日起施行。

最高人民法院、司法部关于建立司法鉴定管理与使用衔接机制的意见

(2016年10月9日 司发通〔2016〕98号)

各省、自治区、直辖市高级人民法院、司法厅(局),解放军军事法院,新疆维吾尔自治区高级人民法院生产建设兵团分院,新疆生产建设兵团司法局:

为贯彻落实党的十八届四中、五中全会精神,充分发挥司法鉴定在审判活动中的积极作用,最高人民法院、司法部根据《全国人民代表大会常务委员会关于司法鉴定管理问题的决定》(以下简称《决定》),就建立司法鉴定管理与使用衔接机制提出以下意见。

一、加强沟通协调,促进司法鉴定管理与使用良性互动

建立司法鉴定管理与使用衔接机制,规范司法鉴定工作,提高司法鉴定质量,是发挥司法鉴定作用,适应以审判为中心的诉讼制度改革的重要举措。人民法院和司法行政机关要充分认识司法鉴定管理与使用衔接机制对于促进司法公正、提高审判质量与效率的重要意义,立足各自职能定位,加强沟通协调,共同推动司法鉴定工作健康发展,确保审判活动的顺利进行。

司法行政机关要严格按照《决定》规定履行登记管理职能,切实加强对法医类、物证类、声像资料、环境损害司法鉴定以及根据诉讼需要由司法部商最高人

民法院、最高人民检察院确定的其他应当实行登记管理的鉴定事项的管理，严格把握鉴定机构和鉴定人准入标准，加强对鉴定能力和质量的管理，规范鉴定行为，强化执业监管，健全淘汰退出机制，清理不符合规定的鉴定机构和鉴定人，推动司法鉴定工作依法有序进行。

人民法院要根据审判工作需要，规范鉴定委托，完善鉴定材料的移交程序，规范技术性证据审查工作，规范庭审质证程序，指导和保障鉴定人出庭作证，加强审查判断鉴定意见的能力，确保司法公正。

人民法院和司法行政机关要以问题为导向，进一步理顺司法活动与行政管理的关系，建立常态化的沟通协调机制，开展定期和不定期沟通会商，协调解决司法鉴定委托与受理、鉴定人出庭作证等实践中的突出问题，不断健全完善相关制度。

人民法院和司法行政机关要积极推动信息化建设，建立信息交流机制，开展有关司法鉴定程序规范、名册编制、公告等政务信息和相关资料的交流传阅，加强鉴定机构和鉴定人执业资格、能力评估、奖惩记录、鉴定人出庭作证等信息共享，推动司法鉴定管理与使用相互促进。

二、完善工作程序，规范司法鉴定委托与受理

委托与受理是司法鉴定的关键环节，是保障鉴定活动顺利实施的重要条件。省级司法行政机关要适应人民法院委托鉴定需要，依法科学、合理编制鉴定机构和鉴定人名册，充分反映鉴定机构和鉴定人的执业能力和水平，在向社会公告的同时，提供多种获取途径和检索服务，方便人民法院委托鉴定。

人民法院要加强对委托鉴定事项特别是重新鉴定事项的必要性和可行性的审查，择优选择与案件审理要求相适应的鉴定机构和鉴定人。

司法行政机关要严格规范鉴定受理程序和条件，明确鉴定机构不得违规接受委托；无正当理由不得拒绝接受人民法院的鉴定委托；接受人民法院委托鉴定后，不得私自接收当事人提交而未经人民法院确认的鉴定材料；鉴定机构应规范鉴定材料的接收和保存，实现鉴定过程和检验材料流转的全程记录和有效控制；鉴定过程中需要调取或者补充鉴定材料的，由鉴定机构或者当事人向委托法院提出申请。

三、加强保障监督,确保鉴定人履行出庭作证义务

鉴定人出庭作证对于法庭通过质证解决鉴定意见争议具有重要作用。人民法院要加强对鉴定意见的审查,通过强化法庭质证解决鉴定意见争议,完善鉴定人出庭作证的审查、启动和告知程序,在开庭前合理期限以书面形式告知鉴定人出庭作证的相关事项。人民法院要为鉴定人出庭提供席位、通道等,依法保障鉴定人出庭作证时的人身安全及其他合法权益。经人民法院同意,鉴定人可以使用视听传输技术或者同步视频作证室等作证。刑事法庭可以配置同步视频作证室,供依法应当保护或其他确有保护必要的鉴定人作证时使用,并可采取不暴露鉴定人外貌、真实声音等保护措施。

鉴定人在人民法院指定日期出庭发生的交通费、住宿费、生活费和误工补贴,按照国家有关规定应当由当事人承担的,由人民法院代为收取。

司法行政机关要监督、指导鉴定人依法履行出庭作证义务。对于无正当理由拒不出庭作证的,要依法严格查处,追究鉴定人和鉴定机构及机构代表人的责任。

四、严处违法违规行为,维持良好司法鉴定秩序

司法鉴定事关案件当事人切身利益,对于司法鉴定违法违规行为必须及时处置,严肃查处。司法行政机关要加强司法鉴定监督,完善处罚规则,加大处罚力度,促进鉴定人和鉴定机构规范执业。监督信息应当向社会公开。鉴定人和鉴定机构对处罚决定有异议的,可依法申请行政复议或者提起行政诉讼。人民法院在委托鉴定和审判工作中发现鉴定机构或鉴定人存在违规受理、无正当理由不按照规定或约定时限完成鉴定、经人民法院通知无正当理由拒不出庭作证等违法违规情形的,可暂停委托其从事人民法院司法鉴定业务,并告知司法行政机关或发出司法建议书。司法行政机关按照规定的时限调查处理,并将处理结果反馈人民法院。鉴定人或者鉴定机构经依法认定有故意作虚假鉴定等严重违法行为的,由省级人民政府司法行政部门给予停止从事司法鉴定业务三个月至一年的处罚;情节严重的,撤销登记;构成犯罪的,依法追究刑事责任;人民法院可视情节不再委托其从事人民法院司法鉴定业务;在执业活动中因故意或者重大过失给当事人造成损失的,依法承担民事责任。

人民法院和司法行政机关要根据本地实际情况,切实加强沟通协作,根据本意见建立灵活务实的司法鉴定管理与使用衔接机制,发挥司法鉴定在促进司法公正、提高司法公信力、维护公民合法权益和社会公平正义中的重要作用。

图书在版编目(CIP)数据

最高人民法院审理医疗损害责任纠纷司法解释规则精释与案例指导 / 杜万华等编著. -- 北京：法律出版社，2018

ISBN 978-7-5197-1937-1

Ⅰ. ①最… Ⅱ. ①杜… Ⅲ. ①医疗事故-民事纠纷-处理-法律解释-中国 Ⅳ. ①D922.165

中国版本图书馆 CIP 数据核字(2018)第 009921 号

最高人民法院审理医疗损害责任纠纷司法解释规则精释与案例指导
ZUIGAO RENMIN FAYUAN SHENLI YILIAO SUNHAI ZEREN JIUFEN SIFAJIESHI GUIZE JINGSHI YU ANLI ZHIDAO

杜万华 郭 锋 吴兆祥 陈龙业 等编著

责任编辑 赵明霞 慕雪丹
装帧设计 汪奇峰

出版 法律出版社
总发行 中国法律图书有限公司
经销 新华书店
印刷 固安华明印业有限公司
责任印制 胡晓雅

编辑统筹 法商出版分社
开本 710 毫米×1000 毫米 1/16
印张 30.75
字数 460 千
版本 2018 年 1 月第 1 版
印次 2018 年 1 月第 1 次印刷

法律出版社/北京市丰台区莲花池西里 7 号(100073)
网址/www.lawpress.com.cn
投稿邮箱/info@lawpress.com.cn
举报维权邮箱/jbwq@lawpress.com.cn
销售热线/010-63939792/9779
咨询电话/010-63939796

中国法律图书有限公司/北京市丰台区莲花池西里 7 号(100073)
全国各地中法图分、子公司销售电话：
统一销售客服/400-660-6393
第一法律书店/010-63939781/9782　西安分公司/029-85330678　重庆分公司/023-67453036
上海分公司/021-62071010/1636　深圳分公司/0755-83072995

书号:ISBN 978-7-5197-1937-1　**定价**:128.00 元